十二五”国家重点图书出版规划项目
中国社会科学院创新工程学术出版资助项目

总主编：金 碚

书是国家自然基金项目（项目号71072072）“社会资
视角下上市公司终极股东控制与剥夺问题研究”成果

经济管理学科前沿研究报告系列丛书

THE FRONTIER REPORT ON DISCIPLINE OF CORPORATE GOVERNANCE

高 闯 主 编
李 枫 副主编

公司治理学学科前沿研究报告

图书在版编目（CIP）数据

公司治理学学科前沿研究报告/高闯主编. —北京：经济管理出版社，2013.9
ISBN 978-7-5096-2576-7

Ⅰ. ①公… Ⅱ. ①高… Ⅲ. ①公司—企业管理—研究报告 Ⅳ. ①F276.6

中国版本图书馆 CIP 数据核字（2013）第 173860 号

组稿编辑：张 艳
责任编辑：张 艳 杨 雪
责任印制：杨国强
责任校对：陈 颖

出版发行：经济管理出版社
（北京市海淀区北蜂窝 8 号中雅大厦 A 座 11 层 100038）
网 址：www. E-mp. com. cn
电 话：(010) 51915602
印 刷：三河市延风印装厂
经 销：新华书店
开 本：787mm×1092mm/16
印 张：23.75
字 数：534 千字
版 次：2013 年 11 月第 1 版 2013 年 11 月第 1 次印刷
书 号：ISBN 978-7-5096-2576-7
定 价：79.00 元

《经济管理学科前沿研究报告》
专家委员会

《经济管理学科前沿研究报告》编辑委员会

序　言

中国社会科学院哲学社会科学创新工程的实施，对加快建设哲学社会科学创新体系，实现中国社会科学院成为马克思主义的坚强阵地、党中央国务院的思想库和智囊团、哲学社会科学的最高殿堂的定位要求，提升中国社会科学院在国际、国内哲学社会科学领域的话语权和影响力，加快中国社会科学院哲学社会科学学科建设，推进哲学社会科学的繁荣发展具有重大意义。

为了准确把握经济和管理学科前沿发展状况，评估各学科发展近况，及时跟踪国内外学科发展的最新动态，引领学科发展方向，积极推进学科建设，特组织院内外专家研究撰写《经济管理学科前沿研究报告》。本系列报告的研究和出版得到了国家新闻出版广播电影电视总局的支持和肯定，并将本系列报告丛书列为"十二五"国家重点图书出版项目。

《经济管理学科前沿研究报告》包括经济学和管理学两大学科。经济学包括能源经济学、旅游经济学、服务经济学、农业经济学、国际经济合作、世界经济学、资源与环境经济学、区域经济学、财政学、金融学、产业经济学、国际贸易学、劳动经济学、数量经济学、统计学。管理学包括管理学、创新管理学、战略管理学、技术管理与技术创新、公司治理学、会计（审计）学、财务管理学、市场营销学、人力资源管理学、组织行为学、企业信息管理学、公共政策与政府管理、物流供应链管理、创业与中小企业管理、管理科学与工程。

《经济管理学科前沿研究报告》依托中国社会科学院独特的学术地位和超前的研究优势，撰写出具有一流水准的哲学社会科学前沿报告，致力于体现以下特点：

（1）前沿性。本系列报告要体现国内外学科发展的最新前沿动态，包括各学术领域内的最新理论观点和方法、热点问题及重大理论创新。

（2）系统性。本系列报告将囊括学科发展的所有范畴和领域。一方面，学科覆盖具有全面性，包括不同学科的科研成果、理论发展、科研队伍的建设，以及某学科发展过程中具有的优势和存在的问题。另一方面，就各学科而言，还将涉及该学科下的各个二级学科，既包括学科的传统范畴，也包括新兴领域。

（3）权威性。本系列报告将由各个学科内长期从事理论研究的专家、学者主编，组织本领域内一流的专家、学者进行撰写，无疑将是各学科内的权威学术研究。

（4）资料性。本系列报告不仅系统总结和评价了每年各个学科的发展历程，还提炼了各学科学术发展进程中的重大问题、重大事件及重要学术成果，因此具有工具书式的资料性，为哲学社会科学研究的进一步发展奠定了新的基础。

《经济管理学科前沿研究报告》全面体现了经济、管理学科及其分支学科国内外的发展状况、最新动态、重要理论观点、前沿问题、热点问题等。该系列报告包括经济学和管理学一级学科和二级学科，其中经济学科 15 个，管理学科 15 个。将按年度撰写出版 30 个学科前沿报告，成为系统研究的年度连续出版物。这项工作虽然是学术研究的一项基础工作，但意义十分重大。要想做好这项工作，需要开展大量的组织、协调、研究工作，更需要专家学者付出大量的时间和艰苦的努力，在此，特向参与本研究的院内外专家、学者和参与出版工作的同仁表示由衷的敬意和感谢。相信在大家的齐心努力下，将会进一步推动中国对经济学和管理学学科建设的研究，同时，也希望本报告的连续出版将推动我国经济和管理学科研究水平有较大提高。

金　碚

2013 年 3 月

前 言

1932 年，Berle 和 Means 合作出版的《The Modern Corporation and Private Property》一书正式拉开了公司治理理论研究的序幕。其后，公司治理问题引起全球范围内经济学、管理学、法学和社会学等诸多学科的广大研究者的浓厚兴趣，并取得丰硕成果。最近 20 年，随着人类经济的不断发展，世界范围内的一系列公司治理问题逐渐浮出水面，并掀起一次又一次的研究热潮，特别是 2001 年美国的公司财务丑闻曝光之后，公司治理问题更是引起了全社会的广泛关注，中国学者也积极加入其中，取得了不少研究成果。十年之后，作者在总结经验的同时对 2011 年国内外发表的相关文献和出版的著作进行收集、梳理、总结，并分成五个部分展示在读者面前，希望在帮助读者了解 2011 年公司治理研究成果的基础上对该学科能有更加深刻的理解。

收集、梳理资料是进行科学研究的基础工作，会占用学者大量的时间和精力。本书不但对 2011 年公司治理学科的相关资料进行了收集、梳理和列示，而且还结合作者的经验、思想、体会总结出一些有共性、有启发性的结论、观点，希望能够给读者带来一点帮助。各花入各眼，不同读者会读出不同的体会，所以作者的结论、观点都是结合书中所列示的内容提出，并且还列出了参考文献。这样既方便读者跟随作者去了解、体会 2011 年公司治理的相关研究成果，又方便读者参阅原始资料，展开进一步的研究。

本书的写作虽然是对学术资料的收集、梳理、总结、解读以及评述，但对于公司治理爱好者以及初学者来说也是非常实用的参考书。书中内容不但节省了读者查找、收集资料的时间，而且书中所展示的文章和书籍是在考虑公司治理学科各部分内容的基础上选择出来的，包括了国内外的研究成果和理论、实务等各个方面，非常具有代表性。阅读此书后，读者不但会对该学科的基础知识有更加深刻的理解，而且对把握该学科的前沿和热点问题也非常有帮助，能帮助初学者尽快进入深层次的学习。具体来说，本书包括以下内容：

第一章是对公司治理学 2011 年国内外研究的综合评述，分为八节内容。公司治理涉及内容非常庞杂，梳理、评述非常不易。作者在总结分析的基础上将其分为七个部分进行总结、论述，第八节是一个总的评述。这部分内容以研究主题为线索展开写作，将国内外的学术论文整理、比较，列出一些有代表性的观点，并进行总结评述，试图将非常庞杂的内容能够非常有条理、清晰地展现出来，并在各节小评述的基础上在第八节做了一个总的评述。这部分内容不但可以帮助读者尽快了解国内外该学科的前沿和热点问题，而且通过评述可以获得更加深刻的理解。当然，由于所列示观点虽然是一个研究方向，但研究对象差别较大，所以做出的总结、评述也显简单，不过这对帮助读者理解这方面的知识是非常有帮助的。在本章最后还列出了参考文献，方便读者查阅。

第二章是公司治理学 2011 年期刊论文精选。这一章展示了 15 篇中文文章的全文和 10 篇英文文章的内容摘要，方便读者阅读。这些文章的选择考虑到了公司治理学科的各部分内容，选择的都是一些有代表性的文章。由于篇幅的限制和作者观点的需要，并未将所有优秀的论文介绍出来，所以如果读者还有其他需要，可以根据需要从本书的其他部分中查找、选出，根据本书提供的线索获得所需资料。

第三章是公司治理学 2011 年出版图书的精选介绍。在这一章中，作者介绍了 12 本中文图书和 10 本英文图书，这些图书的选择同样考虑到公司治理学科的各个部分。这些图书选择将学术与实践相结合，除了学者著作，还有在公司工作多年的成功人士所写的著作。这些图书有表达作者观点、紧跟学术前沿的，还有挖掘历史、学术与基础相结合的，读者可以根据自己的需要进行选择。此外，作者还对每本著作都配有相应的文字介绍，根据这些介绍，读者不但可以了解著作的主要内容、知悉相关知识，还有利于读者的选择。当然除了书中所介绍的图书，2011 年还有很多优秀的公司治理著作，读者可以根据需要进行选择。这里图书的选择仅是出于作者表达观点的需要而确定。

第四章是公司治理学 2011 年大事记。这一年国内外都有很多关于公司治理学科的学术活动和会议，作者选择了几个较有代表性的会议做了介绍，其中包括了 10 个国内学术会议和 9 个国外学术会议。通过这些介绍，读者不但可以了解相关的学术活动，而且可以了解到公司治理学科的前沿问题和研究动向。

第五章是公司治理学 2011 年中文文献索引。本章根据 2008 年版北大核心期刊目录进行了文章查找和编排，按照月份列示出来，为读者查找提供方便。

在本书出版之际，我们要特别感谢经济管理出版社总编辑沈志渔、副社长杨世伟和责任编辑张艳为本书出版所给予的指导。在本书的写作过程中需要收集、整理、阅读大量的文章和书籍，在此对给予帮助的学者、同学表示感谢。首都经济贸易大学博士研究生周会斌、安维东和硕士研究生黄伟、王帅帅、方晨、王文杰、杨丽丽在查找资料、翻译外文文献等方面付出了辛勤的劳动。由于水平所限，本书还有很多不足，诚望读者批评指正。

目 录

第一章 公司治理学 2011 年国内外研究综述

从 1932 年 Berle 和 Means 合作出版著作《The Modern Corporation and Private Property》一书开始，对公司治理的研究至今已经 80 多年，相关的学术成果很丰富。这些学术研究越来越细化，对实践的借鉴和指导作用也越来越强。特别是 2001 年美国的公司丑闻曝光之后，对于公司治理就更加关注，在这十年中公司治理研究获得极大推进。十年之后，作者在总结经验的同时对 2011 年国内外发表的相关文献进行梳理，试图发现现阶段该领域中的研究特点，提出一些有建设性的建议和展望。

公司治理作为近些年发展较快的学科，涉及内容十分丰富，也极为庞杂。为了明确研究思路，本章研究将公司治理分为总论、分论和评论三大部分。总论部分是对公司治理结构、理论等内容进行总结、梳理、分析，分论部分则主要是分为股东、董事会、经理层、利益相关者、治理监督和其他内容分别进行梳理、分析，所选论文也都是很有影响力的杂志上发表的文章，以期能对 2011 年国内外的相关研究成果有个较为清晰的脉络和全面的反映、总结。本章最后一节在前面七节总结、评述的基础上对 2011 年的公司治理文献做了一个总的评论，并加以展望。

第一节 公司治理总论综述

公司治理是一组规范公司相关各方权、责、利的制度安排，是现代企业中最重要的制度架构。回顾历史，不同国家的经济发展各有特点，在自身特有的文化、政治、经济等环境约束、影响下逐步形成了各自的公司治理特点。有些国家的公司治理特点比较接近，而有些国家的公司治理特点则相差较远。粗略来分，可分为两类：以英美国家为代表的公司治理表现出股权分散的特点。在这些国家的公司治理中股权相对分散在个人和机构投资者手中，主要通过外部市场（如产品市场、资本市场和经理人市场）对公司经理进行监督，企业融资也以从资本市场获得为主。而以日德为代表的公司治理表现出股权相对集中的特点。银行持股、企业间相互持股的情况比较多见，公司融资主要是通过银行进行，对管理层的监督也主要是通过公司内部直接控制机制进行。

虽然有些国家的公司治理表现出一些共同点，但也都有自身的特点，都是自身在漫长的历史发展中逐渐演化而成。所以可以看出，公司治理的构建不但要借鉴别国经验，更要结合本国特点，不能盲目照搬。在这一节中，作者对公司治理的理论和总体情况进行综述，希望能够对公司治理的学习和借鉴提供一些有益的用处。

一、公司治理与公司绩效间的关系研究

关于公司治理与公司绩效间的关系研究，国内外都有很多学者关注。Heibatollah Sami、Justin Wang 和 Haiyan Zhou 选择中国公司进行研究，通过模型分析后发现公司治理与公司绩效和价值间有着明显的正相关关系。[1] Gloria Y. Tian 和 Garry Twite 选择了 2000~2005 年澳大利亚公司作为研究对象进行分析。研究发现，内部公司治理水平的提高能够促进公司的生产效率。但是当公司面临激烈的市场竞争时，内部治理的影响会减弱。公司的所有权结构与生产效率间的关系并不大，公司收购力度和公司生产率没有关系。[2] Julia Chou、Lilian Ngb、Valeriy Sibilkov 和 Qinghai Wang 通过实证分析后得出结论，产品市场的竞争与公司治理间有着明显的联系，强烈的市场竞争往往会伴随着弱的公司治理。研究发现，在激烈的产品市场竞争中，好的公司治理并没有给公司带来更多的利益。在产品竞争较为缓和的情况下，公司治理好的公司比治理差的公司的经营情况要好。[3] Feng Li 和 Suraj Srinivasan 通过实证研究后发现，创始人的存在与公司价值间有正相关性。在创始人领导的公司中更注重根据首席执行官的业绩来决定他的收入，在他领导的兼并收购中回报率也较高。[4]

国内学者刘银国、朱龙通过公司治理与企业价值相关性的实证研究主要得到以下结论：①公司治理水平的确影响着企业价值，且两者呈显著的正相关关系。即治理水平越高的公司，其企业价值也越大。②公司治理水平对公司短期绩效的影响较公司价值更为显著。这从一定程度上反映出，我国公司治理的结构安排与机制设立更侧重于以短期绩效为目标，虽然短期绩效与公司价值在某种程度上具有正向关联性，但从国外的实践来看，过于追逐短期绩效往往不利于公司的长远发展，不利于公司做大做强。因此，在我国公司治理的未来发展中，公司的治理机构与治理机制的设计需要更多地关注公司短期绩效与公司价值的平衡问题，只有这样，公司才可能实现持续的良性发展。[5]

可以看出，国内外学者关于公司治理与公司绩效间关系的研究结果都是正相关关系，良好的公司治理有利于促进公司绩效和生产效率的提高。但从几位外国学者的研究结果可以发现，公司治理效果的发挥是受到环境影响的。当市场环境竞争激烈时，面对危机，公司需要提高效率时，公司内的“权威”就相对比较重要。这时相对于良好的公司治理状况而言，公司的决策和运行效率需要放在第一位，公司治理作用的发挥也就受到限制。从 Feng Li 和 Suraj Srinivasan 的研究结果也可以看出，在创始人领导的公司中权威的影响较大，在他的积极影响下公司更容易出现正面的经营绩效。所以，良好的公司治理机制对于公司的发展来说是很重要的，但需要根据环境的变化加以调整。就像 Glen W.S. Dowell 等学者研究的那样，公司治理机制是需要根据环境加以调整的，不能以“不变”应“万变”，

这并不是好的治理机制。

与国外学者相比，国内学者的研究更多的是结合中国的实际情况展开。刘银国、朱龙等学者的研究成果发现了中国现阶段中国公司发展中的不足，提出了很有价值的建议。

二、公司治理对风险规避的影响

从 2008 年世界经济危机爆发之后，“注重公司治理，规避、减少决策、经营风险”成为国内外很多学者关注的热点话题。特别是国外学者在这方面更加关注，投入了很多研究，获得不少研究成果。

Pascal Nguyen 通过模型和实证分析后发现，股权集中度较高和家族企业在做公司决策时更愿意承担更大的风险。冒险行为是由于强大的控制和相关利益调整所刺激导致的，并与家族控制和所有权集中相联系。研究结果显示，公司治理结构与公司的风险偏好有很大的关系，股权集中较高的公司获取高收益的可能性较大。因此作者证明了加强公司内部治理对增进风险的控制能力是非常有帮助的。[6] Vincent Aebi、Gabriele Sabato 和 Markus Schmid 通过实证研究发现，在金融危机中首席风险官直接向董事会报告的公司绩效明显更好一些；而那些首席执行官直接向首席执行官报告的公司绩效更差一些。当首席执行官与首席风险官有利益冲突时，或者首席风险官直接报告首席执行官时，风险的变化过程不能得到适当的关注。[7] Glen W. S. Dowell、Margaret B.Shackell 和 Nathan V.Stuart 通过实证分析后得出结论，公司治理的机制要根据它的环境加以调整，不同环境条件下采用不同的治理机制。当公司面临困难时，独立的、小规模的董事会更有益于公司；如果公司集中权力能更快地应对危机时，首席执行官拥有权力将对公司有利。[8] Effiezal Aswadi Abdul Wahab、Mazlina Mat Zain 和 Kieran James 对 1999~2002 年的 379 家企业的面板数据进行分析，揭示了公司治理与审计工作（以审计费用为代表）之间有显著的正相关关系，因为治理好的企业可能需要更大量的审计工作。然而，这种正相关关系在 2001 年马来西亚公司治理法规改革以后开始减弱，暗示了马来西亚公司治理法规的改革在增强投资者信心方面起到了重要作用，它降低了企业的控制和固有的风险，从而最终有助于减少马来西亚的审计工作。[9] “供给”理论认为，完善的公司治理措施会改善企业经营环境，降低固有风险，因此会减少审计工作，从而减少审计费用。“需求”理论认为，由于个体决策可能会在不同股东之间转移利润和成本，那么当多个股东参与公司治理决策时对审计的净投入就可能增加。作者的研究发现是“供给”效应，而非“需求”效应成为马来西亚公司治理法案改革后这种正相关关系减弱的主要市场推动力。并且在控制了可能影响审计服务费用的政治关联因素后，研究结果仍然有效。

国内学者也对风险规避问题展开了研究。刘银国、张琛根据模型的回归结果得到以下结论：①反映股权集中度的指标前十大股东持股比例和银行风险正相关，说明我国上市银行的大股东倾向于利用其对银行的控制能力，通过投资高风险性项目谋取控制权收益，而银行的管理层在面对大股东的冒险行为时，往往采取合谋谋取私利，或者由于心有余而力不足失去了正确的经营方式，银行的稳健经营受到威胁，风险由此产生。②反映董事会的两个指标董事会规模和独立董事比例的回归系数都为负，说明随着上市银行董事会制度的不断完善，董事会规模的扩大和独立董事比例的提高对于降低银行风险有显著的作用，董事会在控制银行风险和保障银行的正确决策方面都起到了重要的作用。③监事会规模和银行风险负相关，但没有通过显著性检验，说明监事会的存在在一定程度上起到了监督作用，能够防范银行风险，但是监事会在整个高层管理人员中的地位还有待提高，起到的作用有限。④高管人员持股比例和银行风险负相关，说明适当的股权激励能促使高管人员更加注重银行的经营，把自身的利益和银行长期发展联系起来，保障银行的长期稳定运营。⑤员工参与公司治理程度和银行风险负相关，但没有通过检验，说明在银行中员工参与公司治理只是一种形式上的参与，银行员工虽然身在董事会和监事会，但是相对于其他成员，他们的地位处于绝对的劣势。同时银行也只是名义上授予了员工的控制权，却没有剩余收益权与之相对应，员工很难有积极性去参与公司的决策。所以员工参与公司治理还没有起到实质上的作用。[10]

可以看出，对于这一问题的研究国内学者不像国外学者那样更加关注，这可能是跟所在的环境有关。中国在 2008 年的经济危机中受到的影响最小，很多老百姓甚至都感觉不到经济危机的影响，所以中国学者研究风险治理的就比较少，相关的研究成果也比较少。像刘银国等学者的研究更多是结合中国改革开放中的实际问题（中国商业银行中的风险防范这几年成为比较热门的话题）来考虑的。与国内相比，这次经济危机给国外很多国家都带来了巨大损失，给政府和老百姓都带来了巨大影响，所以很多政府和学者对于公司治理中的风险研究都给予了很大重视，相关的学术成果也比较多。从研究如何通过公司治理减少风险，到比较细致的审计等问题的研究都有不少学术成果，这对国内的理论和实践都会带来很大的帮助和启示。

三、国内学者的关注热点

与国外学者相比，国内学者更多针对的是中国改革中出现的热点问题展开研究，其目的也更多的是为中国的改革发展做出一些贡献。在公司治理总论部分的研究中，关于控制权问题和投资决策问题的研究较多。

可能是受到“国美控制权争夺战”的影响，在 2011 年关于公司控制权的研究成为很多学者关注的热点话题。徐向艺、王俊韡提出，控制权转移的基本功能在于通过改变目标公司的股权结构将控制权转移，进而改善目标公司的绩效。他们通过实证研究分析后得出结论：第一，控制权转移后目标公司的绩效显著改善，但这种改善的持续性不足。第二，控制权转移后第一大股东持股对目标公司绩效的影响呈现倒“U”型关系，临界点在 50%~60%（不同的模型得出的临界点不同，但差异不大，此处取区间值）。当第一大股东的持股比例小于该临界点时，目标公司绩效随着大股东持股比例的上升而上升；当第一大股东的持股比例超过该临界点时，目标公司绩效随着大股东持股比例的上升而下降。大股东的

利益侵占和利益趋同效应显现。第三，控制权转移后股权制衡与大股东持股的交互作用对目标公司绩效的影响逐步改善。股东间的制衡能力逐步加强，大股东进行剥夺的行为得到抑制。可以看出，控制权转移有利于公司股权结构的改善和股权治理效应的发挥。[11] 岳宝宏和孙健采用回归模型的方法研究控制权转移中内幕交易者收益的影响因素，研究后发现：公司规模与内幕交易者的收益率显著负相关，公司规模越小内幕交易者的收益率越高；控制权转移前一年的盈利状况越好，随之发生的控制权转移越容易受到市场的追捧，内幕交易者的收益越好；第一大股东的持股比例与内幕交易者收益显著正相关，股权制衡程度与内幕交易者收益显著负相关。另外，现金交易的转移中内幕交易者的收益显著高于资产置换、无偿划拨和债转股等方式；控制权转移后卖方仍持有公司股份的转移事件中内幕交易者的收益显著高于转让后卖方不持有公司股份的情况。[12] 李斌、孙月静通过实证研究发现：国有公司多采取直接控制，民营公司多采取间接控制，民营公司中绝对控制的比例高于国有公司。在不同性质的公司中控制权的实现方式不一样对公司绩效的影响也不一样。在国有公司中，间接控制比直接控制的效果要好；而在民营公司中，直接控制下的公司绩效更好。[13] 林川、曹国华、丘邦翰和毕家豫通过实证研究后发现，CEO 兼任董事长或副董事长的上市公司的审计定价更高，并且高成长性公司的审计定价更高。加入 CEO 控制权与成长性因素交互项后，CEO 控制权对审计定价的影响不再显著。另外，这篇文章提供的经验证据还表明，公司规模、控制子公司家数、会计师事务所任期以及会计师事务所规模与审计定价显著正相关，应收账款比重及公司盈亏程度对审计定价的影响不显著。[14] 雷星晖、王寅通过实证分析后发现，我国家族上市企业的控制权私人收益与目标企业的资产负债率显著正相关，与目标企业的规模显著负相关，与控股股权转让比例存在不稳定的正相关关系；控制权私人收益水平与目标企业的财务状况、企业的股权分散程度以及大股东制衡无关。这一结果说明，我国家族上市企业尽管已经建立起完整的公司治理结构，但是控制权并未在治理结构内部进行合理的配置。我国家族上市企业的公司治理是有“形”无“神”的。[15] 赵立彬、张秋生和魏乐以东北高速公路股份有限公司作为案例进行分析研究后发现，“捆绑上市”的公司往往产生多个大股东，他们之间不仅没有形成良好的制衡，而且为了争夺公司控制导致混乱的公司治理，严重损害了公司价值。在任何一方都不出局或妥协的情况下，将公司分立可能是最好的解决办法。[16]

学者们对控制权的关注可能是受到“国美事件”的影响，但这也反映出中国改革发展中的关键问题。中国家族企业的传承涉及控制权问题，国有企业改革涉及控制权问题，中国公司治理的不断完善更是以控制权为核心。因此，学者们关于控制权的研究是迎合现阶段中国经济发展的需要，其研究成果也很有启发性。从上述学者的研究成果中可以看出，其涉及内容是非常丰富的：有控制权与公司绩效的关系，有不同治理主体获得控制权差异的研究，有如何完善控制权等。结合中国实际，并且内容丰富，对完善中国的公司治理大有益处。

在投资决策的问题上，中国学者也主要是从本国的需要出发展开研究的。郭冰、吕巍和周颖运用事件历史分析方法研究了公司治理和经验学习及其交互作用对企业连续并购行为的影响，研究后发现：公司治理机制会显著影响企业并购决策。虽然股权集中度对并购发生率的影响不明显，但随着管理层持股比率的增加，并购发生率显著上升。同时，CEO和董事长两职合一与并购发生概率正相关，并且董事会独立性越强，企业并购发生概率越低。公司治理机制强化了经验学习的效果，加深了以往并购累积经验的数量和质量对并购决策的影响。[17] 任海云利用层次回归方法和分组分析方法，检验机构投资者、国有控股、董事会、经理层股权激励对研发（R&D）投入与企业绩效关系的调节效应。通过分析检验得出以下结论：独立董事和机构投资者对中国R&D投入与企业绩效的关系都没有调节作用，国有控股和董事会会议强度是负向调节作用，而经理层股权激励对R&D绩效有显著的正向调节效应。说明对于R&D活动来说，由于其专业性和高度的信息不对称性，监督的难度比较大，通过给经理人一定的股权，使他们成为股东，用激励机制解决R&D活动中的代理问题可能效果更好。[18]

从上述观点中可以看出，公司治理对公司决策的决定是有明显影响的，经理层、CEO的权力大小、积极性如何对决策的做出有着很大关系。如今，中国经济进入改革发展的关键时期，有不少企业崛起，并购、加大科研投入成为中国很多企业进一步发展的路径选择。中国学者使用实证研究的方法，结合中国实际情况展开研究，获得的研究成果对促进中国法律改进、完善中国的公司治理非常有借鉴意义。

综观公司治理总论部分的研究，国内外学者都给予了非常多的关注，也获得了很多的学术成果。就国外学者的研究来说，基础性的内容较多，也有针对个别国家、个别问题的实证研究，提供了很有价值的研究成果。国内学者则基本都是从中国改革发展的需要出发展开研究，针对中国某一方面的内容展开研究的情况较多，为促进中国的经济发展提供了很多有参考价值的学术成果。

第二节　股东内容综述

从企业层面讲，股权问题应该算是公司治理中的逻辑起点，所以公司治理分论部分就从股东内容说起。在这部分中所提起的外文文献相对较少，但并不代表外国学者对股东问题不重视，而是出于逻辑关系的考虑将部分股东内容的论文放在其他部分的加以介绍。

一、关于控股股东的行为约束

控股股东与中小股东间的矛盾冲突以及中小股东权利的保护是公司治理中的热点话题，时至今日仍有很多学者对其进行研究。不过这一部分的英文文献相对较少，一个很重要的原因是在使用英文的主要国家中，英美国家的公司治理矛盾更多地表现为股东与管理层之间的矛盾，因此关于股东间矛盾的论文相对比较少。作者在查阅文献时主要查阅的是

英文文献期刊，这方面的论文获得的也就比较少。不过在这些英文期刊中也有一些学者对股东间的矛盾进行了研究、评述。

Sidharth Sinha 分析论证了，对于控股股东来说，最重要的不是通过硬性规定削减他对公司的控制权，而是要加强对中小股东的保护。特别是新企业家的进入会稀释控股股东的股权，所以国家要放低开公司的门槛，为穷人做生意提供更多的机会。这样会有越来越多的企业家产生，成为公司的股东，稀释控股股东的股权。他的这一观点很有新意，对解决股东间的矛盾也很有启发。[19]

在国内，吴育辉和吴世农经过实证分析后发现：①当公司仅存在大股东与中小股东间的利益冲突时，大股东的掏空程度受到公司成长性、中小投资者保护水平以及大股东持股比例的影响。公司成长性越高，大股东的掏空程度越低；中小投资者保护水平越高，大股东的掏空程度越低；大股东持股比例越高，大股东的掏空程度越低。②当公司同时存在大股东与中小股东，以及管理层与股东之间的利益冲突时，中小投资者保护水平越高，大股东的掏空倾向和掏空程度就越低；大股东对公司的了解程度和专业能力越高，大股东的掏空倾向和掏空程度就越低；大股东的持股比例越高，大股东的掏空倾向和掏空程度也就越低。中小投资者保护水平越高，管理层的自利倾向和自利程度也就越低；公司成长性越高，管理层的自利倾向和自利程度也就越低；管理层薪酬绩效敏感度越高，管理层的自利倾向和自利程度也就越低。[20]

王彩萍、李善民通过实证分析后发现：①从总体上看，我国机构投资者持股能提高上市公司股利分配的概率，与上市公司股利分配水平正相关，“第一类代理问题”仍是影响股利分配的主要原因，机构投资者能介入并影响公司治理决策，促进上市公司股利分配，降低管理层的代理成本。②具体来说，机构投资者作用在终极控制人不同的上市公司中存在显著差异，在国有控股上市公司中，机构投资者对股利分配不存在显著影响，而在非国有控股上市公司中，机构投资者对股利分配的正向影响显著。这表明，从机构投资者对股利分配影响的角度来看，企业微观制度环境的差异是影响机构投资者在上市公司中治理作用的重要因素。[21]

郝颖、刘星通过实证分析得出：①终极控制人的现金流权比例越低，越有动机增加资本在固定资产、无形资产和长期股权上的自利性投入，导致总体投资规模扩张。②地方企业集团投资扩张受终极控制人自利动机的影响最强，央企投资所受影响最弱，民营企业居中。③随着控制层级的增加，终极控制人决策权的履行成本增大，企业资本配置行为因直接控制人持股比例高低而表现出“利益攫取”与“利益协同”两种效应。④在较高持股比例的股权利益激励下，直接控制人将减少自利性资本投入，抑制过度投资，提高资本配置效率。[22]

徐莉萍和辛宇进行了实证分析，研究表明，作为宏观治理环境的一个重要组成部分，媒体在股权分置改革中发挥着非常重要的治理作用。媒体关注程度越高，治理环境越好，“公司治理溢价”越高，非流通股股东的私有利益越少，信息环境和信息质量越有保证，中小流通股股东所面临的信息风险越低，其所要求的实际对价也会相对较低。同时，密集的媒体披露水平可以明显影响甚至强化非流通股持股对实际对价所产生的正向相关关系。[23]

叶会、李善民通过实证研究得出如下结论：①大股东在控制权联盟中的控制能力越强，或者处于控股地位时，其能够获取的控制权利益水平就越高，进而对股权支付的价格越高；②与非控股大股东相比，处于控股地位的大股东更倾向于以私有收益的方式实现控制权利益；③与民营大股东相比，国有性质的大股东更倾向于以私有收益的方式实现控制权利益；④较好的市场环境能够有效抑制获取控制权私利的行为，尤其是对控股股东和国有股东获取私利行为的抑制程度更高、效果更明显。[24]

国内学者分别从控股股东掏空行为的抑制和中小股东权利的保护两个角度对这一矛盾加以分析，得出很多有价值的结论。而且有些学者还结合中国特点，结合不同公司的产权差异进行分析，贴近中国实际，非常有指导意义。徐莉萍和辛宇还强调、研究了外部媒体的监督力量，这对完善公司治理也可以是一个很好的出路。他们认为，中国公司治理的完善应该将内部治理与外部治理相结合，结合中国的实际情况不断完善。特别的是，中国经济是从计划经济的基础上发展起来的，时至今日市场经济虽然获得极大发展，但政府对于公司发展的影响还是很大的，因此在强调完善公司内部治理的同时也应该发展外部治理，这样可能更加符合中国公司治理的发展特点。

二、股权变化对公司绩效和股东利益的影响

股权代表了股东从公司获取利益的权利，持有不同性质的股票或在不同的股权制度下，股东所获得的利益也是不一样的。虽然股票的产生是为了满足公司融资发展的需要，但到今天它更多地表现为公司治理的一部分，股票的种类和形式也更加多样化，发展出了优先股、记名股等多种股票。在很长一段时间内，中国的国家股和法人股都不能上市流通。股票的这种多样化发展更多地表现出公司治理的特点，对它的进一步改革、发展也就成为很多学者热议的话题。

Marco Bigelli、Vikas Mehrotra 和 P. Raghavendra Rau 以意大利为研究对象，通过模型、案例研究后发现，若控股股东在股票统一公告之前就持有大量不具有投票权的股票，那么在股票统一时他们获得的回报是很低的，但是因为股票统一会使无投票权股票价格上涨，当无投票权股票转换成有投票权股票时他们便可以获利，此时的投票权股东在丧失投票特权时不会再追加补偿。[25] 股票统一全过程的具体实施依赖于很多因素：少数股东保护机制、控股股东在统一前持有的股份、阻止恶意收购所需的最低限度的股份、有/无投票权股票的比例关系以及统一前的投票费用。当这些变量因时间、国家不同而发生变化时，控股股东面临着决策选择，而这些选择也会影响其他股东的福利。而且股票统一的公告会影响无投票权股票价格的上涨和有投票权股票价格的下降，但是对于公司价值却没有什么影响。

在国内，于静使用计量分析的方法对中国的股权分置改革加以分析，得出结论：股改确实提高了上市公司的绩效。[26] 李俊峰、王汀汀和张太原利用证监会新规颁布后公告大

股东增持的上市公司为样本，研究中国 A 股上市公司大股东的增持行为。与国内外关于内部人购买的实证研究结果相同，增持具有显著为正的公告效应，样本公司两日平均异常收益率为 31.21%。多因素分析中，增持之前大股东的持股比例和增持前的股价走势对于公告效应有显著的正向影响，这反映了投资者对此类公司的信心和大股东在上市公司治理中的积极作用。总体而言，我们对增持动机的考察并没有发现与市场择机或信号发送假设一致的证据，但是，市场确实将增持视为一种与价值相关的信息。[27]

可以看出，这一方面问题的研究都是从实际出发，结合实际展开。前面学者的研究是制度性的，主要都是以意大利、中国的改革实践作为样本，其研究成果对进一步的股票改革有着非常重要的借鉴意义。而李俊峰等学者发表在《中国社会科学》上的这篇文章则着重分析了上市公司大股东增持方面的影响，分析了这一股权变化对股市的积极作用。

三、其他研究热点问题

（一）机构投资者与盈余管理

盈余管理是指企业实际控制人运用职业判断编制财务报告和通过规划交易以变更财务报告的机会主义行为，其本质是一种利润操纵行为。这一行为会损害中小投资者的利益，因此也得到很多学者的关注。

李延喜、杜瑞和高锐通过设定非线性回归，从机构投资者持股比例和机构投资者股东数量两个方面研究了机构投资者对盈余管理的影响。研究发现机构投资者持股比例与盈余管理之间存在倒“U”型关系，13.07%是机构投资者有效监督管理者的分界线。持股比例较高的长期投资者能够抑制盈余管理行为，持股比例较低的短期投资者反而刺激了管理者操纵盈余的可能。盈余管理程度与机构股东个数呈正相关关系，持股的机构投资者数量越多，监管效率越低，盈余管理程度越高。[28] 李善民、王媛媛和王彩萍对机构投资者总体持股与盈余管理关系的实证检验发现，2004~2006 年我国机构投资者持股与上市公司盈余管理之间存在正相关关系，同时在控制住盈余管理对机构投资者可能存在的影响后，机构投资者对盈余管理的正向作用依然存在，这表明我国机构投资者总体上并没有对上市公司盈余管理起到积极的监督作用。[29]

2011 年的这两篇盈余管理论文都发表在《管理评论》上，可见该期刊对于这一问题的关注。从两位学者的研究成果来看，机构投资者参与公司治理会对盈余管理形成一定约束。不过从李延喜等学者的研究成果看，这种约束是分情况的。如何将这种约束作用最大限度地发挥出来，还需要更多的实践和学术研究。

（二）关联性问题研究

2011 年，李维安和王倩在《南开管理评论》上发表了一篇论文——《投资者保护微观效应文献综述：基于影响机制复杂性与结果多样性的新观察》。文中揭示了各利益体之间的关联性，很有启发意义。文中提到投资者保护，特别是股东保护能够降低内部人对外部投资者的侵占能力。侵占减少意味着相应委托—代理成本的降低，同时掏空行为的减少一方面直接增加了外部投资者的收益，提高了投资者参与企业融资的积极性；另一方面还促使内部人将主要精力转移到企业经营上，致力于公司治理水平的完善和决策的科学化，并最终体现为企业价值的提高。因此，投资者法律保护对不同方面的影响并不是独立的，而是相互关联的。正是由于不同效应之间的互动性，使投资者保护的影响机制和效果变得更加复杂。[30] 较强的股东保护虽然会增加股东的价值，但却可能损害债权人的利益；相反，债权人权力过大也可能会引起企业效率损失和股东回报的减少。因此，政府和企业在提高投资者权利保护时，需要对这一交叉效应做出权衡和考虑，尽量减少法律制度对微观主体的负面影响。

这篇文章告诉我们，要注意各利益主体之间的关联性，他们之间是相互影响的。我们看问题、解决问题要抓重点，但同时也要注意各利益主体之间的互动作用。这篇文章高屋建瓴，从理论高度分析了各利益主体之间的相互作用关系，很有启发意义。

同年，Ernst C. Osinga、Peter S.H. Leeflang、Shuba Srinivasan 和 Jaap E. Wieringa 发表文章，论述了投资对股东价值的影响。他们通过实证研究后发现，消费广告的投资不仅增加了股票收益，而且减少了系统性风险，从长期来说增加了股东财富。不过消费广告的投入增加了特殊风险，不过它不会影响投资者多元化的投资组合。当然，如果投资者认为消费广告的投资是一种风险投资的话，特殊风险也会随之上升。[31] 张荔、施继攀和章卫东则通过实证研究分析了股东性质、多元化类型与公司业绩间的关系，分析结果说明上市公司多元化经营的程度与股权的性质有关。中央控股的上市公司非相关多元化程度显著低于地方控股和私人控股的上市公司，地方控股的上市公司非相关多元化程度与私人控股的上市公司无显著差异。[32]

股权是公司治理的起点。无数事实证明，如果投资者失去信心，股市将不复存在；如果没有人投资建立企业，现代企业制度也将消失，因此股东利益的保护是公司治理必须考虑的内容。从 2011 年的相关文献来看，控股股东的掏空行为和中小股东的利益保护仍然是热点问题，研究者对它的分析研究更加细致，成果也更加丰富，但还需要实践不断检验。

其他的研究成果相对较分散，但经梳理后发现，这些研究成果基本可以分为两类。一类是对基础理论的发展，为股东内容的发展提供理论上的支持，像李维安教授的关联性研究就属于这一类。另一类是紧密结合实际的实证性研究，上述的大部分研究都属于这一类。这一类研究主要运用实证研究的方法分析改革实践中存在的问题，其研究成果也主要是指导实践问题的解决。所以，这部分内容看起来较为杂乱，但从另一个角度看则表现出股东权益保护的不断深入，公司治理在不断完善。

第三节 董事会内容综述

董事会是公司治理的核心，因此董事会组织结构的设计是否合理以及董事会是否能够有效地运作成为公司治理中最为重要的问题。关于这一部分的研究国内外学者都给予了高度重视，相关的学术成果也比较多。综观 2011 年的相关文献，对于董事会的研究大多是关于董事的性质、董事会结构、独立董事、董事会规模、董事会的战略参与等方面内容，主要都是围绕董事会的建设和功能发挥来研究。

一、董事性质的影响分析

董事会是由董事组成的，想要加强董事会的建设，董事的选任就显得非常重要，对于这一点，国内外学者也都非常关注。在国外，Stephen P. Ferris、Kenneth A. Kim、Takeshi Nishikawa 和 Emre Unlu 选择了 1985~2006 年 700 家聘任了名人作为董事的公司作为样本进行研究。研究后发现，聘请名人担任公司董事或者管理者会增加公司的效益，特别当该名人拥有与该商业有关的背景时更会促进公司效益的增加。[33] Amanda P. Cowen 和 Jeremy J. Marcel 对职业性贬损问题进行研究，选择了 63 位有过声誉受损经历的董事的职业生涯作为调查对象，主要运用资源依赖理论进行研究。研究后发现，由于董事会对从外部环境获得的资源和支持被撤回的恐惧，以及由此给公司治理带来的不利影响，所以声誉受损的董事通常会被勒令退出董事会。[34]

在国内，况学文、陈俊通过实证研究后发现：当管理者的权力较弱时，董事会性别多元化对高质量的外部审计需求有促进作用，相反这种促进作用会消失。同样，当管理者的权力较弱时，独立董事也会促进外部审计需求，但当管理者的权力较大时这种促进作用会消失。[35] 余玮通过实证研究发现：①控股股东的类型对董事会构成产生明显影响。相比非国有的上市公司，国有上市公司的董事会专业性差，但有政府背景的董事较多。②市场化进展程度直接影响董事会构成。地区市场化程度越高，上市公司董事专业性越高，同时有政府背景的董事减少。③董事会成员的特征影响企业业绩。当董事会中有专业背景但没有政府背景的董事人数较多时，公司经营业绩相对较好；当有政府背景但不具有专业背景的人数较多时，公司经营业绩越差。[36]

国内外学者分别从董事的选任和制约展开研究，希望从源头开始建立一个优秀的董事会。学者们的关注点有些区别，主要涉及董事的声誉资本、性别以及环境对董事选任的影响等方面的内容。从研究结论可以看出，声誉资本对于董事来说是重要的，特别是选任名人做董事，可能会获得更好的治理效果。而在中国，环境对于董事的选择有很大影响，并且这在客观上影响了公司绩效。

二、董事会结构分析

关于董事会结构的研究，国外学者 Jinyu He 和 Zhi Huang 通过选取美国 530 家制造企业进行实证分析，分析后发现：董事成员之间的不平等关系（至少在制造企业之间）与公司股票的收益率是有正相关的。此外，如果董事们在董事会中是占据中间位置而不是排名较高或较低，如果董事会规模更小，如果该公司以往的业绩一直很差，如果行业更加有活力，那么非正式层次的清晰度对公司股票收益有着更加积极的影响。研究结果初步确认，一个董事会的非正式组织（这里代表由非正式的层次董事局成员的不平等）通过为董事互动提供社会线索而对董事会的有效性产生明显的影响。[37] Carlos Pombo 和 Luis H. Gutiérrez 对哥伦比亚的公司进行实证分析后得出结论，外部董事，特别是忙碌的外部董事对公司的绩效具有积极的影响。但是如果对一个董事的任命过多也会产生消极影响，而董事会的机构会受公司绩效的影响。回归结果显示，股东行动主义可以对董事会起到监督作用，股东之间的制衡可以限制股东的掏空行为，并且好的公司治理标准与公司绩效间是积极的、相互促进的。私人所有或者家族控制的企业可以从外部董事的名誉、知识以及管理经验中获益。[38]

国内学者周翼翔基于动态内生性的分析框架研究后发现：①董事会独立性与绩效之间存在跨期作用关系，独立董事比重的增加虽不必然导致绩效的提高，绩效的提高却导致了董事会独立性的下降；②董事会规模与公司绩效之间的关系非常弱，尤其是在考虑跨期作用的情况下更是如此；③绩效以及董事会结构自身也存在着动态正向调整的过程；④在研究董事会结构与绩效关系时，结果会受到绩效变量选择的影响。[39] 2011 年，段云、王福胜和王正位分别在《南开管理评论》和《预测》上发表论文，对多个大股东存在下的董事会结构模型进行了研究。前面一篇文章通过模型分析后得出结论，如果公司存在多个大股东，则公司的董事会结构将会是公司各个股东之间利益较量的结果，此外，当公司最终控制人为国有性质的时候，公司董事会更倾向于被第一大股东控制。因此为了保护散户的利益，在政策的制定过程中，第二大股东的存在会削弱第一大股东在董事会安排中的自由度，分散第一大股东在董事会安排中的权力。引入大股东之间的制约平衡关系，可能是避免公司董事会成为“一言堂”、提高公司董事会结构合理度的一个手段。[40] 后面一篇文章也是在模型推导分析的基础上得出结论：第一，无论大股东之间是监督关系还是合谋关系，董事会中第一大股东可控的成员随第一大股东持股比例的增加而增加，随其他大股东持股比例的增加而减小；非第一大股东可控的董事成员随第一大股东持股比例的增加而减少，随其他大股东持股比例的增加而增加。第二，给定大股东的持股比例，相对于监督关系，在合谋关系下，董事会中第一大股东可控的董事会成员会更多，而非第一大股东可控的董事会成员更少。[41]

在这个部分，国内外学者分别从正式和非正式两个角度对董事会的结构进行研究。研究后发现，董事会作用的发挥是正式结构与非正式结构共同作用的结果。所以要想使董事

会的功能得以最大限度的发挥，必须注意两种结构的共同作用，对于这一方面的研究将会非常有意义。

三、关于独立董事制度的内容

独立董事制度是董事会内容的重点，在公司治理中起到了监督、决策、帮助公司发展等多种职能，2001 年引入中国后在国内获得极大发展，关于独立董事的研究也非常多。在国外，独立董事制度曾给美国公司的发展带来极大成功，但 2001 年美国发生的公司丑闻暴露出独立董事制度的不足，在掀起公司治理研究热潮的同时，学者和实务界专家对这一制度又开始重新审视，以新的观点来认识、研究这一制度。

澳大利亚学者 Lukas Setia-Atmaja、Janto Haman 和 George Tanewski 以 2000~2004 年的澳大利亚上市公司为样本进行研究，结果显示，高比例的独立董事有利于减少委托账户的发生，他们通过内部机制限制着盈余管理，从而减少第二种代理矛盾的发生。[42] Douglas O. Cook 和 Huabing（Barbara）Wang 通过分析独立董事成为多个公司的独立董事之前、之中和之后的情况来研究他所掌握的信息和能力的情况。我们发现，独立董事在审计和薪酬委员会任职能够增加其在抛售股票方面的信息优势。对于忙碌的独立董事监管的有效性，实证研究的结果是不确定的。最后，作者认为连锁董事比单个公司的独立董事表现得更为出色。特别的是，作者发现单个公司的独立董事变成连锁董事之后的表现会更加出色，而且连锁董事变成单个公司的董事之后，他的表现也不会变差。更进一步，作者发现连锁董事对多个公司信息了解的增加没有增加其交易绩效。这些结果与连锁董事的高回报是因为高能力而不是大信息量是相一致的。[43]

国内学者叶康涛、祝继高、陆正飞、张然通过实证研究的方法证明，当公司业绩较差时，独立董事更有可能对董事会议案提出公开质疑；同时，声誉越高、任职时间长于董事长任职时间的或者具有财务背景的独立董事更有可能提出公开质疑。[44] 徐高彦通过实证研究发现，独立董事的声誉、专业背景和独立董事人员的比例对大额关联销售有显著的抑制作用；独立董事的独立性有助于提升公司价值。不过这种价值的提升可能并不是简单地通过抑制大额关联销售实现的，市场在某些情况下似乎并未能有效识别大额关联销售比例下降带来的企业价值的提升。[45] 姚伟峰的实证研究结果证明，当前独立董事制度不能真正有效的主要原因在于当前独立董事选择制度不完善，只有充分改革独立董事选择的方法和程序，让真正有能力的人在独立董事的岗位上履行独立董事的工作，改革现在由大股东推荐独立董事的做法，独立董事制度才能真正发挥效用。[46] 郑春美、李文耀通过实证研究发现，独立董事缺会频率高的公司相对于独立董事缺会频率低的公司而言，违规发生的可能性就更大，说明违规公司对于独立董事的参会还是有所顾忌的，独立董事发挥了一定的监督作用。并且实证研究证明了相对于独立董事没有发表过异议的公司而言，独立董事发表过异议的公司违规可能性更大。相对于董事会规模小的公司而言，董事会规模越大的公司，违规的可能性更小。设立了审计委员会的公司相对于没有设立审计委员会的公司更可能违规。[47] 王茂昌通过模型推理分析得出，经理人经营时，独立董事较易维持独立性。良好的公司治理、会计师的审计功能及独立董事的监督功能可以降低投资人与企业家或经理人之间的信息不对称，会计师的审计功能与独立董事的监督功能具有替代关系。企业家期中增资后持股比率高于期初持股比率，且给予会计师及独立董事较高的报酬，是企业家选择对投资人不利的投资方案的信号。这篇文章聚焦独立董事的监督功能，仅探讨了独立董事的独立性问题，后续研究将集中于独立董事的兴利功能方面。[48]

国内外学者的研究成果基本上都肯定了独立董事制度对公司治理的积极作用，也从不同角度分析了如何完善这一制度。总体来看，独立董事制度的完善是一个系统化过程，应该从选任、独立性、董事会的结构和规模等多个方面共同努力才能实现，不能只看一点、不及其他。

四、董事会规模与独立性研究

提高董事会职能作用的发挥，董事会规模和独立性是非常重要的影响因素，国内外学者对这一问题都展开了研究。国外学者，Konari Uchida 通过对日本公司的实证分析后发现，公司缩小公司董事会的规模并不会相应地减少管理团队的人数。那些减小公司董事会规模的公司并没有显示出公司绩效的增加，也就是说公司股东的价值并没有增加。[49] Catherine Huirong Chen 和 Basil Al-Najjar 以中国企业为例进行实证分析，得出结论：中国企业董事会结构是由企业特征和其他我们所研究的治理机制内在决定的。董事会规模与监事会规模、公司规模、公司价值以及公司财政绩效正相关，与所有权集中程度负相关。并且董事会独立性与公司规模正相关，与监事会规模和公有制负相关。监事会规模对董事会规模具有积极的影响，而监事会规模和公有制对董事会独立性具有负面的影响。而且，董事会的独立性与监事会规模和公有制负相关，为独立董事、监事会以及公有制这些监督机制扮演次要的角色提供了证据。作者通过分析得出结论，中国公司中的监事会和独立董事的设立是由于政府的强制规定而产生的，受到传统制度和现有环境的影响，这种引入西方监督方式的结果并不理想。[50] Alexander F. Wagner 通过模型分析后发现，低能力的董事会的独立性较差，对首席执行官也更加支持，首席执行官只需要较小的代价就可以收买他们。高能力的董事会通常表现出更多的独立性，首席执行官如果想获得他们的支持就必须付出更高的代价，因此考虑到成本因素，CEO 不可能总是控制住董事会，并且认识到股东选择董事会是想让他们选择那些净现值为正的项目。当净现值为正的情况下董事会一般都会支持，因此考虑到成本因素，CEO 没必要付出大代价来换取董事会的忠诚，他会认为一个高素质的董事会更有吸引力。[51]

与之相比，国内学者江维琳、李琪琦和向锐采用面板数据，使用修正的 Jones 模型估计的可操作性应计利润的绝对值作为民营上市公司盈余管理水平的衡量指标，对董事会特征与公司盈余管理水平关系进行了系统研究，得到以下结论：大规模董事会有助于降低公司盈余管理水平；董事会独立性并不能够有效降低公司盈余管理水平；董事会议次数的增加反而显著地提高了公司盈余管理水平；两职合一的领导结构不利于提高董事会效率，降低公司盈余管理水平。

从这些研究结果中可以看出，关于董事会规模并没有负面结论，而且有学者证明大规模的董事会有助于公司治理改善。而关于董事会的独立性问题，国内外学者的研究结果并没有给予很多肯定，它对公司治理的正面影响并不明显。

五、国内研究新热点

在国内董事会的研究中，董事会参与公司战略管理成为这一年研究的热点。以南开大学为代表多位学者发表多篇论文，分析、研究了董事会与战略管理间的关系。与传统观点不同，今天的董事会对公司战略发挥了越来越大的影响，逐渐从偶尔、临时性地发挥作用转为战略决策的重要参与者。薛有志、李国栋通过实证分析得出结论，董事会结构对董事会参与战略的影响有限，董事会的角色正由监督治理职能向战略服务职能转变，两种职能具有一定的兼容性。并且证明了董事会战略参与程度与经营业绩负相关，造成这一结果的原因是董事会没能将监督治理职能与战略服务职能有机融合。解决这一问题的前提条件是强化董事会的独立性，这样在保证监督职能的同时参与公司的战略管理，使两者的作用都能得以发挥。[52] 谢绚丽、赵胜利在《管理世界》上发表文章，通过实证研究的方法证明，董事会结构对多元化战略有显著影响，并且与委托代理理论相比，资源依赖理论的解释力更强。对我们所研究的中小企业而言，董事会“提供资源”的职能对战略的影响更为显著。[53] 王鹏飞、周建分析论述了董事会介入战略管理过程主要取决于他的能力，因此产生了三种介入模式：第一种模式是分离模式，董事会能力无法影响企业竞争优势，而对企业战略管理的影响也仅限于决策的行政批准，不能对企业战略产生任何直接作用。第二种模式是调节模式，这是当董事会的能力达到一定水平时，董事会会采用适当的监管行为以制约管理层的战略行为。在这一过程中，董事会凭借自身的专业和关系能力实现对企业战略管理的建议和调整。第三种模式是中介模式，董事会凭借自身拥有的资源和能力，直接影响企业战略的制定和实施。[54]

Zahra 和 Pearce 在 1989 年就指出，董事会主要有三种职能：控制职能、战略职能和资源依赖职能。与中国企业发展相适应，国内学者这些年关于董事会控制职能和资源依赖职能的研究较多，战略职能谈到的较少。到 2011 年董事会的战略职能重新受到诸多学者的重视，实际上表现出中国企业公司治理发展的新特点，也是下一步完善的新方向。以南开大学为代表的研究团队对这一问题的研究，不仅肯定了董事会参与公司战略管理的积极作用，并且分析论证了如何使董事会的这一职能得到更好的发挥，这是多方因素共同作用的结果。

综观这一节的内容，都是围绕董事会的建设展开研究，体现出董事会研究的新方向和新特点。虽然这些研究的内容都是些老问题，但学者们的研究更加细致，而且都是根据当代出现的新特点、新问题展开，获得了很多有价值的研究成果。特别就国内学者，更是结合中国实际情况、紧贴改革实践，体现出现阶段中国学者研究的新特点。

第四节　经理层内容综述

所有权与经营权的分离是现代企业制度的重要特征之一，它和经理制的产生、发展、完善有着紧密关系。随着现代企业制度的发展，所有权与经营权的分离成为必然，随之而来的是由此所产生的“内部人控制”问题。经理层凭借其在公司经营管理中的特殊地位，利用职权谋取私利，对公司和股东的利益造成损害。因此，如何完善公司治理机制、通过激励与监督减少代理成本就成为实务界和学术界普遍关注的热点问题，相关的学术成果也不少。特别是现阶段的中国企业处在经济快速变革的年代，完善经理层治理就成为热议话题，相关的研究成果也有很多。

一、管理者收入的相关内容

激励是经理层治理的重要方法，通过经济收入进行激励更是常用的方法，关于这一方法的研究成果也很多。从收集到的资料看，基本可以分为两部分：一部分是管理者收入对公司治理的影响；另一部分是影响管理者收入的因素分析。

（一）管理层收入对公司治理的影响

经济收入是重要的激励方式，对这一方式的研究也有很多，其中一些很有代表性。在国外，Keunkwan Ryu 和 Jihye Yoo 使用韩国企业集团的面板数据，包括 16 个 7 年以上的企业集团下属的 193 家韩国子公司。实证研究结果表明，控制权既定时，在管理层持股比例大于 21%小于 42%的大多数企业中，当持股比例增加时，企业的盈利能力下降，但在管理层持股比例大于 42%的大多数企业中企业盈利能力和管理层持股比例之间有显著正相关关系。当管理层持股份额小于 1/5 时，大多是企业的现金流权和公司价值之间没有显著关系，然而当持股份额大于 2/5 时，现金流权和公司价值之间有显著的正相关关系。[55]

在国内，高雷和张杰通过实证研究后发现，代理成本高的公司会寻求高质量的外部审计，更倾向于聘请大规模的会计师事务所；管理层持股能起到完善公司内部治理机制的作用，减少代理冲突，从而降低公司对外部审计质量的需求。[56] 左晶晶、唐跃军通过实证研究得出结论，中国上市公司高管股权激励与企业国际化程度之间表现为倒“U”型关系，而且国有和民营上市公司薪酬激励和股权激励促使高管开展国际化经营的作用迥然相异。具体而言，中国民营上市公司主要通过股权激励促使高管积极推进国际化战略，高管薪酬激励对企业国际化程度作用不大。民营上市公司中高管人员和董事会的持股比例与国际化程度呈现倒“U”型关系，持股比例过高可能对高层管理人员和董事会形成一定程度的过度激励，不利于提升公司的国际化程度。国有上市公司高管股权激励水平较低，对提升其

国际化程度作用有限，国有上市公司主要依赖提高薪酬激励促使高管推进国际化战略。并且证明，目前中国国有上市公司薪酬激励并未对高管造成显著的过度激励。[57] 马德林也是采用实证研究的方法发现，股权制衡对高管薪酬的影响是很明显的。股权制衡度越高，股权越分散，大股东应当给予高管的薪酬激励也越高。公司业绩对高管货币薪酬的影响并不显著，高管薪酬更多的是受企业规模、地区、行业、年度差别的影响，并且证实了，分散化的股权应当给予高管更高货币薪酬以加强业绩导向的激励作用并没有得到实证支持。[58] 黄文伴、李延喜采用实证研究后发现，管理层年薪以及管理层持有公司股票与上市公司盈余管理程度都存在显著的负相关关系；管理层年薪与股权激励可以加强两者对上市公司盈余管理程度的约束，两者相结合的薪酬契约在约束上市公司盈余管理上更为有效。[59] 姜付秀和黄继承通过实证检验结果表明，作为显性激励因素的经理薪酬与作为约束机制的负债在提高企业价值时存在着显著的替代关系，同时，作为隐性激励因素的在职消费与负债在决定企业价值时也表现出明显的替代关系。作者进一步发现，在不同的企业所有权性质和市场化程度条件下，由于经理激励机制与债务约束机制具有一定的差异性，从而导致了二者之间替代关系的显著性程度存在差异。只有在这两种机制都能很好地发挥作用时，二者之间的替代关系才显著存在。[60] 陈胜蓝、卢锐使用中国资本市场 2001~2007 年超过 400 家 IPO 公司作为研究样本实证分析发行公司财务会计信息对高管薪酬水平的影响。首先，对高管货币薪酬水平的检验表明在控制其他因素的影响下，操控性应计与高管货币薪酬水平显著正相关，证据支持发行公司高管使用会计操控权增加其货币薪酬水平。其次，对高管股权激励的考察发现实施高管股权激励的发行公司与没有实施高管股权激励的发行公司相比，前者的现金流量平均水平显著较低，而操控性应计平均水平显著较高，表明实施高管股权激励的发行公司很可能存在普遍调高操控性应计行为。进一步的回归分析表明在控制其他因素的影响后，操控性应计与高管股权激励水平显著正相关，表明发行公司高管使用会计操控权提高其股权激励水平。[61] 伊志宏、李艳丽和高伟通过实证研究发现，机构投资者持股比例越高，越能够有效地提高高管薪酬—绩效敏感性。[62]

股权激励是近些年国内外普遍使用的经济激励方法，通过以上研究成果可以看出，这种方法的积极作用是肯定的。但是在中国的国有企业中，股权激励的使用受到很多因素的限制，比较下来使用货币薪酬的激励效果会更好。而且在部分情况下，高管的高薪酬并不一定是公司激励的表现，可能是经理层凭借自己对公司管理的优势影响其发生的，因此经理层的高薪酬激励要分情况分析，不能盲目、无条件地使用货币薪酬的激励方式。

（二）影响管理者收入的因素分析

关于高管的高薪酬问题，自 2008 年世界经济危机以来一直受到人们的关注，国内学者也对管理层的经济收入从多个角度进行了研究，获得了不少研究成果。刘善敏和林斌通过对上市公司进行实证分析后得出结论：①大股东对上市公司资金占用的大小确实影响经理人业绩薪酬的敏感度，且降低了这种敏感度。这说明大股东对上市公司的掏空不但降低了公司业绩，还减弱了对经理人的薪酬激励强度。②资金占用对经理人业绩薪酬敏感性的降低程度还取决于经理人与上市公司大股东或董事会的讨价还价能力，实际控制人的股权性质会影响这种能力。经理人的讨价还价能力表现为实际控制人为地方政府时最强、中央政府次之、私人时最弱，资金占用对经理人业绩薪酬敏感性的降低程度相应地表现为实际控制人为地方政府时最强、中央政府时次之、私人时最弱。[63] 朱方明、林雨杰通过实证研究后发现，首先，上市公司高管名义上的薪酬平均水平不如实际收入高，说明他们可能存在其他隐性收入，如其他表外收入、在职消费、权力寻租等。其次，高管薪酬尽管与行业、地区、企业规模、股权集中度、企业绩效等因素有联系，但并不呈规则的变动，说明高管薪酬决定的主要参照因素缺乏约束，尤其是企业绩效与高管薪酬联系不紧。最后，在高管薪酬的决定机制中，既没有充分考虑企业家和职业经理人的市场价值，也没有充分发挥投资人（尤其是中小股东）和企业员工的决策参与作用。[64] 毛磊、王宗军和王玲玲采用实证研究的方法，得出结论：整体而言，中国机构投资者持股显著提高了高管薪酬水平和薪酬业绩敏感度，然而不同的机构投资者对薪酬结构的影响存在较大差异，其中基金的影响作用最明显，而其他五类机构投资者 QFII、保险公司、社保基金、券商、信托公司，对薪酬水平和薪酬业绩敏感度不存在影响或影响不显著。这主要是由于不同的机构投资者在投资实力、投资策略等各方面的差异，导致他们对高管薪酬的监控动机和监控能力存在较大的差别。[65]

中国学者从不同角度讨论分析了影响高管薪酬的诸多因素，并且很多学者都认为要加强高管薪酬—业绩的敏感度，减少高管寻租的机会。不多作者认为，高管薪酬的确定是受到很多方面因素影响的。特别是在中国，企业的产权性质不一样，对高管薪酬的影响也不一样。因此高管薪酬的确定应该结合人力资源中的内容，根据公司的实际情况制定一套评价体系，通过系统的、科学的方法来确定，否则可能会引起高管的短期行为，对公司的长远发展不利。

二、管理者特性差异及影响分析

管理者是管理层的组成因子，他的特性不一样会对管理效果起到不同的影响，对于这一点国内外都有很多学者予以关注。Marta A. Geletkanycz 和 Brian K. Boyd 采用模型对 400 多家大型企业进行实证分析后发现：没有担任董事的 CEO 与长期面临竞争约束的企业的长期绩效正相关，并且与战略目标多元化的企业相比，没有担任董事的 CEO 的存在，更有助于战略目标集中的企业发展。他们揭示出，在公司面临混杂的竞争对手或不断减少成长机会或内部多样化水平较低时，没有担任董事的 CEO 的存在有助于企业长期绩效提升。研究进一步证明，CEO 的种种限制实际上可能抑制组织及组织领导人最大限度地提升企业长期绩效的可能。[66] Arijit Chatterjee 和 Donald C. Hambrick 通过实证研究发现，能力情况通常会影响执行过程中的风险承担。较自负的 CEO 对客观情况反应较小，并且能得到更多的社会赞誉。[67]

在国内，黄越、杨乃定和张宸璐通过实证分析后发现，我国高管团队异质性特征对企业绩效有影响。他们的年龄异质性和平均年龄对企业绩效有正影响，说明高管人员的经验、关系资源等特长在公司的经营管理中起着重要作用。并且文章验证，在不同股权集中度下，高管团队异质性特征与企业绩效间的关系是不同的。[68] 李婧、贺小刚通过实证研究后发现：①家族成员担任上市公司 CEO 能够减少控制性股东对上市公司的掏空行为，增加其支持行为，有利于促进企业技术创新能力的提升。相反，当非家族成员担任上市公司 CEO 时，由于代理成本问题，容易引发控股股东的掏空行为，导致上市公司资源匮乏，阻碍其技术创新能力的提升。②当家族上市公司资产规模较大或者寿命较长时，由于企业自身所具有的规模优势和社会资本优势可以为企业技术创新活动提供必须的资源，导致 CEO 与控股股东之间的亲缘关系对技术创新能力的影响较弱；相反，由于资源限制，二者之间的影响较强。[69]

关于管理者特性的研究有很多学者从不同角度予以关注：有从其职业身份考虑的，CEO 兼任或不兼任公司董事长会对公司绩效产生很大影响。但更多的学者关注其自身的特殊性所带来的不同，比如自信程度、性别年龄、与控股股东间的关系等，具有不同特性的管理者会带来不同的管理效果。

三、公司环境对领导者的影响分析

公司环境不一样，对于领导者能力的发挥是否会产生影响？关于这一点，国外有不少学者研究。Steven Boivie、Donald Lange、Michael L.Mcdonald 和 James D. Westphal 通过模型分析得出结论，在组织对 CEO 的认同度很高时董事会尽管独立程度很大，但还是不太可能减少代理成本。并且证明，当 CEO 的利益与组织的利益最大程度一致时，CEO 会有更多动机避免对公司的不利行为。只有内部驱动与外部监督相结合才更有利于公司治理效果的改善。[70] Michael Bradley 和 Dong Chen 通过实证分析后发现，公司给予领导更多的有限责任和保障后会更容易得到更高的信贷评级和更低的收益率差价。在这种情况下，使公司领导的权力与要承担的责任相分开，有利于他们做出低风险、有利于自己的战略，这样客观上有利于债权人利益的保护。但这对股东不利，所以股东有动机反对这样的规定。[71] Sun Hyun Park、James D. Westphal 和 Ithai Stern 通过实证分析后发现，内部管理者对 CEO 阿谀奉承容易导致自负的 CEO 产生偏差判断。并且发现，内部管理者一味地阿谀奉承 CEO 会降低公司绩效，最后可能导致首席执行官被开除。[72]

国内学者王俊秋通过实证研究发现，国有企业管理层更倾向于机会主义会计选择，独立董事比例和管理层持股比例与机会主义会计选择显著负相关，两职合一与机会主义会计选择显著正相关。研究还发现，国有企业中，独立董事和股权激励制度对管理层机会主义会计行为的约束更加显著。[73]

公司环境对管理者的领导能力会产生影响，国外学者对于这一点的关注较多。这种环境是通过公司章程或者法律硬性规定所造成的，比如领导者的权力和责任、独立董事的比例等；另一种环境是软环境，比如组织对领导者的认同、公司阿谀奉承的氛围，对领导者的影响是这两种环境共同作用的结果。所以在管理层的建设过程中，要重视这两种环境的建设和引导，通过公司环境与经理层的相互作用达到理想的治理效果。

总的来说，在经理层的建设中，管理者的选任、经理层的激励都是这些年研究的热点，特别是这两年内，对于公司环境建设也越来越关注，可以看出关于经理层治理的研究更加全面、细致。与国外学者相比，国内学者更加关注经济激励的研究，特别是股权激励，创新的内容较少。有的学者甚至对已经被威廉姆森等经济学家证明了的观点进行再证明，这是在今后的研究中需要注意的。

第五节　利益相关者内容综述

利益相关者是公司制度以及公司治理制度的参与者，但在公司治理的过程中经常处于弱势地位，很多情况下得不到公平、公正的对待。但是公司的健康发展必须考虑对利益相关者的保护，否则公司的发展必将面临瓶颈，阻碍公司前进的步伐。所以，利益相关者的保护非常重要，学术界也有不少学者非常重视这一问题的研究。查阅 2011 年的相关文献后发现了一些新特点，下面分为两个部分来给大家做一介绍。

一、利益相关者保护对公司治理的影响

在 2011 年的相关文献中关于利益相关者的研究已经不单单是如何加强保护，更多的是研究保护利益相关者的利益与公司绩效、发展的关系。

（一）各利益相关者保护对公司绩效影响的差异研究

对于这两者的关系，国内学者做了很多的实证分析研究。王晓巍和陈慧通过结构方程和实证分析的方法发现，企业对股东、债权人、政府、消费者和员工承担的责任都会提升企业价值。并且企业对股东承担的责任在提升企业价值中贡献度最大，然后依次是债权人、政府、消费者，贡献度最小的是员工。[74] 纪建悦、李坤通过实证分析后发现，利益相关者与企业财务绩效之间存在长期和短期均衡关系，但不同利益相关者对企业财务绩效的影响程度和方向存在差异。[75] 贺勇、刘冬荣研究了我国上市公司对主要利益相关者的财务履约问题，得到的主要结论是：我国上市公司财务履约总体上表现不佳；不同终极产权性质的上市公司的财务履约存在差异；私有产权上市公司财务履约比国资委控制的上市公司稍差，但两者的表现要好于其他股权性质的上市公司；股权结构影响上市公司财务履约表现，股权集中在一定程度上有正激励作用，有助于上市公司在财力上保证利益相关者的财务利益；对管理层进行股权激励有助于改善上市公司财务履约行为。[76]

这些学者利用统计等分析工具，研究了各利益相关主体保护对公司绩效影响上的差异，得到的结论是一致的：不同的利益主体对公司绩效的影响是不一样的，对某些利益主体的保护会对公司绩效起到积极的促进作用。贺勇和刘冬荣还结合中国公司的产权问题，

运用实证分析的方法研究了不同产权公司的财务履约情况，对完善利益相关者的保护提供了重要参考。

（二）企业社会责任的履行

随着利益相关者的范围不断扩大，人们越来越希望公司承担更多的社会责任。公司也更加主动地承担相应的社会责任，因为这既是树立公司品牌、与政府部门保持良好关系的机会，又是公司进一步健康发展的需要，国内外有很多学者对这一问题进行研究。Eun-Hee Kim 和 Thomas Lyon 以 Financial Times 公布的世界 500 强企业为数据样本进行分析，研究后发现，主动加入或者自然而然地牵扯进碳排放项目并不一定能够提升股东的价值。然而，随着俄罗斯对《京都议定书》的认可和批准，使这项议案产生影响，我们发现公司由于加入碳排放的项目增加了股东价值，而这种情况是发生在一个特殊时刻——气候变化规章制度的出台成为可能。据估计，股东价值增长将达到 86 亿美元，这相当于 2005 年碳市场规模的 86%。研究的结论是：当外部的商业环境能够对于气候有清醒认识时，机构投资者针对于气候变化的主动出击会提高股东价值。[77] Karen Fisher-Vanden 和 Karin S. Thorburn 通过对 1993~2008 年 117 个公告进行实证分析后发现，公司自动进行环境保护与公司利益最大化的目标是相矛盾的，特别是对一些公司治理水平较差的公司来说，公司价值的下降更加明显。因为这一因素的影响，公司管理者在作出决定时会非常慎重。由于市场因素的考虑，环境的改变不能指望公司的自愿履行，法律的强制规定和税收可能是最好的办法。[78]

在国内，郑杲娉和徐永新通过实证研究证明了累计超额回报率与慈善捐赠排名正相关与捐赠公司的成长性负相关，且累计超额回报率和捐赠排名的正相关关系随着时间推移而逐渐加强。此外，慈善捐赠对于股东财富的提升仅体现在大股东非绝对控股和机构持股的公司中，说明了有效的公司治理机制是确保企业做出最大化股东财富捐赠行为的必要条件。[79] 易开刚通过理论分析得出结论，公司治理与企业社会责任是可以统一在利益相关者理论与实践中的，企业承担社会责任的过程就是包括企业利益在内的各利益相关者利益的实现过程。[80]

通过以上研究我们可以发现，公司承担社会责任与股东价值、公司利益并不一定就是对立的，在一定条件下是可以统一起来的。一方面要完善内部公司治理机制，另一方面要完善相应的法律、法规、政策环境，甚至要加强这方面的国际合作，在内外两个条件都满足的情况下，公司主动承担社会责任是有可能促进公司和股东利益的。

二、债权人保护的新趋势

债权人作为利益相关者的重要组成部分，他的利益保护很早就被人们所重视，有很多学者对这一问题进行研究，提出很多保护债权人权益的方法和建议。不过这些方法、建议大多都是被动地保护债权人利益。现在在实践中出现了债权人凭借债权主动介入公司治理的现象，通过这种方式保护自身权益，国内外也有很多学者对这一现象进行研究。Tao-

Hsien Dolly King 和 Min-Ming Wen 通过实证研究后发现，公司的整体治理结构对投资决定有明显影响。债权人影响较大的公司倾向于高资本支出和低风险支出；在股东干预较弱的公司倾向于高科技投资；在股东和债权人影响都弱的公司治理结构中更倾向于进行风险投资。此外，在公司治理整体结构较强的情况下，公司更倾向于保守性的投资。[81]

在国内，李胜楠通过实证分析后发现，银行贷款在约束过度投资方面发挥了作用，并且短期贷款对投资扩张的约束力更大。而且国家终极控制上市公司中银行贷款和投资支出之间的相关性不大；非国家终极控制上市公司中银行贷款对投资起到了明显的制约作用。在国家终极控制上市公司中，短期贷款对投资扩张起到明显的制约作用，但是长期贷款却和投资支出显著正相关。并且，短期贷款仅在中央终极控制上市公司中发挥了明显的约束作用，而地方终极上市公司中的短期贷款的约束作用则不显著，但是其长期贷款对地方控制上市公司产生了明显的过度投资激励。[82] 肖作平通过实证研究得出结论，终极股东的控制权与所有权的分离度越大，债权人提供长期借债的情况就越少。并且与长期债务相比，短期债务在处理公司治理方面具有比较优势。相比较而言，短期债务能够减缓代理冲突，增加终极控制股东的掠夺风险和成本，抑制终极股东的剥夺行为。[83] 王鲁平、杨溢来和康华通过研究后发现，银行负债对投资决策确有一定的纪律约束作用，负债的相机治理作用及自由现流的约束理论在我国特殊的制度背景下仍然有很好的适用性。在国有商业银行改革的三个阶段中，银行借款与投资支出的表现不同。在商业化阶段短期借款由于预算软约束的存在表现为对投资的促进，而长期借款对过度投资有抑制，但治理效果不显著；在市场化阶段，短期借款和长期借款均与投资支出显著负相关；股份化改革之后，银行借款对投资的抑制作用增强。在终极所有权不同的上市公司中，银行借款对投资支出的治理作用存在差异；相对于国有上市公司来说，非国有上市公司的银行借款对投资支出的治理作用更强；而相对于地方政府直属上市公司来说，中央直属上市公司的银行借款对投资支出的治理作用较强；地方直属上市公司中，省级直属上市公司银行借款的治理作用强于县市级直属上市公司，说明终极所有权对于财务杠杆作用的发挥具有直接的影响，股权对经理人的监督力度越大，负债的治理效应越强。[84] 张敏、王成方和姜付秀通过实证分析发现，机构投资者不仅没有改善我国的贷款软约束问题，反而起到了“推波助澜”的作用，加剧了贷款的软约束程度。上述结果表明，从目前情况来看，我国的机构投资者更多的是仍然扮演着“投机者”的角色，它们的公司治理作用尚未得到体现。[85]

以日、德为代表的债权人介入公司治理的研究很早就被学者所关注，但是这些介入在很多情况下并不是单纯的债权人身份，其中大多会掺有股权的成分。以上的研究则是纯粹的债权人介入公司治理的研究，从不同角度分析了债权人介入公司治理后对公司的影响。有研究债权人介入后对公司决策、投资等方面影响的，中国学者更多的是结合公司的产权性质、贷款软约束等国内特性展开研究。虽然国内外学者研究的角度和内容有区别，但都发现债权人介入公司治理对公司治理改善的积极作用。

在这一节，我们介绍了一些关于利益相关者保护的研究成果。除了传统性的研究外，公司承担更多的社会责任成为这一年国内外很多学者关注的热点，并且通过研究发现，公

司承担一定的社会责任与公司、股东的利益并不一定是对立的，在公司治理完善和外部制度合理的情况，这种行为对公司绩效、股东价值会有正面的促进作用，这为两者的统一找到了一条路径。

债权人作为利益相关者的重要主体，其权益的保护很早就被关注，但通过对 2011 年相关文献的梳理后发现，对于债权人利益的保护已经不是被动的、主要依靠法律救济的方法，而是要主动出击，债权人凭借债权优势直接参与到公司治理中。这种方法不仅可以主动维护自身权益，而且可以促进公司治理的发展、完善，为公司治理的进一步发展提出一条路径。

第六节　公司监督治理综述

一、公司监督机制研究

自安然公司丑闻发生之后，政府、学术界和实务界对公司治理的研究倍加关注，掀起了对公司治理研究和改革的高潮。其中，关于公司监督机制的研究最为激烈，相关的学术成果也非常多。笔者查阅 2011 年的相关文献后发现，关于独立董事和信息披露制度的研究更加细致，学术成果也很多。不过出于写作逻辑关系的考虑，笔者将独立董事部分的内容放在董事会部分进行介绍，这里主要是对公司监督机制和信息披露内容的介绍。

Daisuke Nogata、Konari Uchida 和 Naohisa Goto 选择了日本企业的三种类型公司，银行、有监督的非金融公司和没有监督的公司，分析了它们发生收购兼并后股票价格的反应。通过研究发现：第一，对于有监督的非金融类公司来说，当发出收购兼并信息后股票价格并没有太大反应。当银行和没有监督的公司发出兼并收购的消息后，股市表现出利好的反应。第二，对于没有监督的公司来说，当发出收购兼并信息后，那些有严格公司治理结构公司的股票表现比那些没有严格公司治理结构公司的股票表现好。而且，当发出收购兼并的信息时，有监督的非金融公司与没有监督的公司相比，公司治理与股票价格间的关系表现较弱。这表明对于有监督的非金融公司来说，公司治理结构对于股东的重要性比没有监督的公司要弱。对于银行来说，与其他两种公司没有明显的区别。[86]

在国内，宋增基、郑海健和张宗益通过实证研究发现，监管机制和激励机制是可以相互替代的。在董事会是内部人控制的公司中，股东可以通过提高总经理薪酬敏感度、增加总经理持股比例、延长总经理任期等激励机制来实现利益最大化；同样，在两职分离、董事会持股比例高的公司中股东也可以通过监督机制和激励机制组合来实现股东利益最大化。由于董事会监督机制与管理层激励机制之间存在一定的替代效应，故可以通过治理机制的不同组合获取最大化的公司治理净收益。[87] 高国华、潘英丽通过实证分析发现，尽管资本监管和有效的公司治理机制能够显著降低银行的风险偏好，但是资本监管的边际风险约束力度随着公司治理结构中董事会规模、第一大股东持股比例和政府持股比例的增加而递减，银行风险选择的外部监管约束与内部治理约束存在一定的相互替代关系；管理层追求私人所有权收益的动机使其风险偏好随着资本要求的提高而上升，从而部分抵消了资本充足率约束对风险的控制作用。[88] 此外，王世权通过研究后提出，监事会的作用机理是以财务和业务监督为媒介的作用发挥。它的本质是通过业务监督与财务监督活动的展开，为缔约者提供一个减少缔约风险，增加缔约意愿的监督制衡机构的同时，又为以股东为首的利益相关者提供一个参与机制。[89]

可以看出，国内外学者都很重视公司监督机制的有效性，并且很注意监督机制与其他机制间的关系，通过实证研究的方法寻找监督机制进一步发挥作用的机理。在监督机制中，独立董事和监事会是非常重要的组成部分，但在上面的叙述中可以发现监事会的论文很少。这是因为这次查阅资料主要是英文期刊，而监事会制度的代表国家主要是德国和日本，这样关于监事会的论文就比较少，以至于显得相关学术成果较少。

二、信息披露制度研究

信息披露制度是公司治理中的重要组成部分，它是上市公司为保障投资者利益、接受社会公众监督而依照法律规定必须将自身的财务变化、经营状况等信息和资料向证券管理部门和证券交易所报告，并向社会公开或公告，以便使投资者充分了解情况的制度。它在本质上是一种资源，能给占有信息优势的人带来超常的经济优势和其他利益，在现代企业经营管理和证券市场的交易中更是一个关键，因此研究它的学者也非常多。

在国外，Chih-Hsien Liao 通过实证分析研究了股票激励是否对公司无形资产的自愿披露有影响。通过对一些高科技企业的研究发现，股票奖励对公司自愿披露无形资产有积极的影响，这种影响主要来自股票期权和限制性股票，而公司治理对无形资产披露的影响却不大。另外，好的公司治理可以促进股票激励作用的发挥，它们之间是一种互补关系而不是替代关系。结果显示，董事会的影响也很大。[90] Madan Bhasin 研究后发现，“智力资本”（IC）的披露对于股东做决定的影响是非常大的，特别是在知识经济时代。但从全球公司的调查来看，很少有公司愿意披露这一内容。作者选择了 16 家印度的和 20 家澳大利亚的 IT 公司作为研究对象进行实证分析，发现它们在 IC 的披露水平上都较低，更多的披露在性质上并没有量化。这些公司在 IC 披露上不统一，在测量、管理技术以及这些工具的使用方面缺乏具体的标准。[91] Vicki Wei Tang 采用实证分析，设置了独特的框架去隔离因信息披露引发惯例风险的影响，对中国大陆因为 A 股和 B 股在信息披露上的差距所带来的影响进行了研究。研究发现，在涉及到更高级别的 A 股和 B 股之间的价格差异时，在向国内外投资者公开披露信息方面存在着较大的差距。当信息转移成本较高和信息传递的潜在经济效益较低时，信息披露差距的影响更加明显，披露的差距与价格之间有正关联性。在控制了投资者对中国股市的平均信息精度后，发现信息不对称对资本成本没有影响

的实证，并且证明了披露和外国投资者的语言信息与价格之间有正相关关系，信息发布有助于从外国投资者那里减少资本的相对成本。[92] Yu Cong 和 Martin Freedman 通过实证研究发现，好的公司治理与环境披露间有积极的关系。[93]

在国内，王艳艳、于李胜通过实证研究后发现，管理层择时披露是现代信息披露理论研究的前沿问题。现有国内的研究表明，选择周末披露可能存在机会主义动机，但是这些研究忽视了我国上市公司特有的公司治理结构，未曾从股权结构的角度深入研究管理层择时披露的动机。作者还从股权集中度视角出发，分别探讨了国有控股公司和民营控股公司股权集中度与择时披露之间的关系。研究表明，对于国有控股公司股权集中度与管理层选择周末披露的概率呈正“U”型关系；对于民营控股公司股权集中度与管理层选择周末披露盈余公告的概率呈倒“U”型关系。进一步，由于我国民营上市公司控制链较长，终极控制权与现金流权分离问题严重，我们又从终极控制权，以及终极控制权与现金流权分离度角度研究了民营上市公司择时披露的影响因素。与股权集中度影响类似，作者发现在民营上市公司中，终极控制权持股比例与管理层选择周末披露盈余公告的概率呈倒“U”型关系，终极控制权与现金流权分离度与管理层选择周末披露盈余公告的概率呈正向关系。[94] 高敬忠、周晓苏和王英允通过实证研究证明，随着机构投资者持股比例的增加，管理层采取的盈余预告精确性提高（更具体的形式和更小的误差），及时性也增强。并且针对不同类型的机构投资者的检验发现，银行、财务公司类机构、一般基金类机构对管理层盈余预告选择的积极治理作用相对较强，而养老、保险类机构对管理层盈余预告选择的积极治理作用则相对较弱。在对机构投资者持股规模的分位检验中发现，处于不同规模分位时，机构投资者的作用基本一致，即随着其整体持股比例增大，管理层盈余预告的精确性、及时性也随之提高。但是，机构投资者持股比例的提高不但没有被抑制，反而导致了管理层盈余预告的乐观态度倾向。此外，作者还对股权分置改革的样本进行了检验，发现机构投资者持股对管理层盈余预告披露选择的积极治理作用比股权分置改革前有所增强，能够促使管理层发布更精确、及时的盈余预告，并对管理层的乐观态度倾向更具有抑制作用。[95] 张振新、杜光文和王振山选取了深圳市场 2006~2008 年主板和中小企业板上市公司数据，利用 Logistic回归模型分别实证分析了上市公司监事会和董事会特征对信息披露质量的影响。研究表明，监事持股比例与信息披露质量呈显著的正相关关系；监事会规模和监事会会议次数对信息披露质量的影响并不显著。公司财务杠杆水平与信息披露质量显著负相关，而公司规模、盈利水平与信息披露质量显著正相关，股权集中度、国有股比例对信息披露质量的影响不能确定。而在董事会的研究中发现董事会持股比例与信息披露质量显著正相关；董事会规模对信息披露质量影响不显著；董事会会议次数与信息披露质量显著负相关，表明董事会会议次数不反映董事工作的勤勉程度；独立董事比例对提高上市公司信息披露质量影响不显著，表明独立董事在公司治理中的作用有限。[96] 夏芸和徐欣通过实证研究后发现，提高企业内部控制信息披露质量能显著增加企业获得新增贷款的可能性，并且能显著降低债务融资成本和改善债务期限结构。研究结果表明，作者所构建的上市公司内部控制信息披露质量指数具有合理性，同时也说明企业应该重视隐性债务成本，通过加强内部控制信息披露缓解债务契约冲突，从而促进债务契约的有效签订。另外，由于结果表明内部控制信息披露有利于债权人利益保护的作用，因此，债权人在签订债务契约前，除了研究以会计信息为基础的指标体系外，更应该考察公司的内部控制信息披露质量。[97] 程新生、谭有超和廖梦颖通过实证研究得出结论，在市场化进程较高的地区，完善的法律制度和监管体系为强制披露的质量提供了配套制度保障，因此强制披露在这些地区显著提高了盈余质量。这充分说明了强制披露制度与其他制度之间存在着互补性关系，在其他相关制度缺失的环境下，单单依靠强制披露很难达到提高盈余质量的预期效果。[98] 刘亚莉、马晓燕和胡志颖通过实证研究后发现，披露内部控制缺陷的公司具有显著的公司治理特征。通过将披露内部控制缺陷的公司与控制样本公司的进一步比较研究和回归分析发现，报告内部控制缺陷公司的公司治理特征非常显著，主要体现在当年才成立审计委员会的公司以及董事长与总经理两职合一的公司报告内部控制缺陷的可能性更大。在外部审计方面，报告内部控制缺陷的公司会计师事务所变更频繁，而事务所规模以及审计意见类型报告与内部控制缺陷并不相关。[99] 曾庆生研究了我国上市公司内部人交易信息披露延迟现状及其影响因素，以及对内部人交易市场反应的影响。结果显示，我国内部人交易当日或次日披露比例高，披露延迟一个月以上的比例也高；内部人交易披露延迟与交易方向、交易窗口、交易规模和公司流通股比例显著相关，即内部人买入交易信息披露迟于卖出交易；信息敏感期的交易信息披露迟于其他期间发生的交易；交易规模越大，信息披露越及时，公司流通股比例越高，内部人交易披露延迟越少；交易者的职务仅在披露延迟严重的买入样本组产生影响。此外，市场对内部人卖出股票有显著的负面反应，而对买入股票的反应不显著；信息披露延迟和交易者身份与市场反应均无显著关系；在市场反应显著的卖出样本组，股权集中加剧了市场反应，而机构投资者持股减缓了市场反应。并且研究证据表明，信息披露延迟扭曲了内部人交易日至信息披露日之间的公司股票价格，影响了股票定价效率。因此，监管部门应加强内部人交易特别是信息敏感期内部人交易的披露监管，并适度惩罚披露违规者，以提高市场透明度和定价效率。并且，流通股比例的提高能减少内部人交易披露延迟，验证了股权分置改革的积极意义；内部人卖出股票的市场反应表明，应致力于降低股权集中度和增加机构投资者持股，以降低公司的信息不对称。[100] 徐玉德、李挺伟和洪金明选取 2007~2009 年 A 股深市上市公司为样本对象，具体考察了不同性质公司以及不同制度环境下信息披露水平对企业债务融资行为的影响。研究发现，信息披露质量是影响上市公司债务契约的重要因素，提高信息披露水平能显著降低企业的银行债务融资约束，信息披露质量高的公司更容易获得银行借款。进一步研究发现，这一作用还受到企业所有权性质和制度环境因素的影响：与国有企业相比，信息披露质量对非国有企业新增银行借款的影响更显著；在市场化程度越高、政府干预程度越低、法治水平越高的地区，信息披露质量对新增银行借款的影响越显著。[101]

可以发现，国内外学者都很注重信息披露的研究，但相比较之下，国外学者将信息的内涵扩展，不再仅仅局限于财务变化、经营状况方面的内容，而是把知识产权等无形资产也列入要披露的信息范围之内。而且，从研究结果看，这些无形资产信息的披露确实会影响到投资者的投资决定，是与投资者有关的信息。但是在实践中，这些无形资产信息涉及的公司商业秘密较多，披露出来可能会影响公司竞争力，所以在实践中披露出来的公司很少。不过就作者研究来看，将无形资产作为信息披露出来将会是一个发展趋势，不过需要平衡好公司竞争与投资者保护之间的矛盾。

与此相比，国内学者关于信息披露的研究范围还是局限于传统的财务内容和经营状况，主要是集中在如何及时、准确地披露信息。中国学者关于这一问题的研究较多，从各个角度分析如何提高我国的信息披露质量，结合实际，很有参考价值，总的来说都在强调一个良好的法制环境是保证信息披露制度的关键因素。

在公司治理的发展过程中，监督制度的建立是非常重要的一环，是保护各方主体利益的重要部分。在这一制度实现的过程中，针对各国不同环境的具体情况，人们设计出了独立董事制度、监事会制度、信息披露制度等多种制度来实现对公司治理的监督，并在这些制度基础上不断进行研究、改进，使这些制度逐步完善。从收集到的文献看，关于这些制度的研究更加细致、科学、结合实际，获得了很多有启发意义的研究成果。在今后的改革中可以借鉴这些研究成果，使监督机制更加完善，监督效果越来越好。

第七节　国有企业与家族企业治理综述

一、国有企业治理综述

国有企业作为中国经济生活中的重要组成部分，对推动中国经济发展起到了举足轻重的作用。改革开放 30 多年来，我国国有企业经历了从放权让利、承包制改革、股份制试点到建立现代企业制度的改革历程，发展成为“产权明晰、权责明确、政企分开、管理科学”的“新国企”。如何进一步推动中国国有企业的改革，完善其公司治理机制，成为中国学术界和实务界普遍关注的话题。

郝书辰、陶虎和田金方以山东省的国有企业作为研究对象，通过实证分析后发现：从运行效率和功能效率相结合的角度来分析，国有企业的治理效率呈现逐年增进的态势。并且以国有独资公司、国有控股企业、集体企业为代表的公有制企业的效率是较高的，对国民经济发展的贡献最大。国有独资企业无论运行效率还是功能效率或是总效率与国有独资公司、国有控股企业相比都较低，表明现代企业制度的建立与完善是国有企业改革的必由之路。研究后还发现，国有控股企业的治理效率优于国有独资公司和国有独资企业，但国有独资公司的效率明显高于国有独资企业的效率。[102] 代彬、彭程和郝颖通过研究后得出结论：首先，既然国企高管控制权的增强对会计信息透明度产生了负面影响，如何对高管的自利性会计选择行为进行监管就成为国企终极控制人——各级国资委应重点关注的问题；其次，我们的研究揭示高质量的外部审计能够发挥应有的公司治理作用，这促使我们要进一步强化资本市场独立审计的治理功效，并通过鼓励国内事务所之间的强强联合或与外资合作等方式不断提高审计监督质量；最后，作者通过研究还证实，在内部治理相对失效的环境下，审计师可能难以提供高质量的审计服务，这提示我们，只有当完善内部治理机制与提高外部审计质量内外兼修时，独立审计的应有功效才能得以有效发挥。[103] 邵传林提出，中国的国有企业是具有双重性质的企业制度安排，既要承担一定的公共目标，还要追求一定的经济目标。正确的做法应该是对国有企业进行分类、定位和改革，纯公共性质的国有企业应以社会效益为唯一目标，竞争性质的国有企业应以利润最大化为主要目标，而同时以社会性和经济性为目标的国有企业要兼顾社会效益和经济效率，并做好二者间的平衡。[104] 武常岐和钱婷通过实证研究得出结论，集团控制能有效减轻国有企业原本严重的管理层的代理问题，并且只有当外部监管程度低时，集团控制才会加剧国有企业的股东间代理问题。当外部监管程度高时，集团控制并不会加剧股东间代理问题。[105] 穆胜通过模型分析得出，绩效管理对于代理人来说是长期投资，国有企业的产权属性和组织文化使投资期过长，加上代理人的有限理性和短期行为倾向，导致绩效管理普遍被放弃。各级代理人剩余索取权的缺失是国有企业绩效管理困境的根本成因。并且还通过建立代理人损益模型，通过对 G 集团的实地跟踪，证实了国有企业的特性会对代理人的损益产生影响，并明确了影响机制。[106] 徐二明和张晗研究后提出，为了促进企业追求效率和效益，国家应该减少在上市公司中的国有股比例，加入更独立的投资人，特别是机构投资者。这样可以增加企业在产品创新中的投入，进而增加企业的竞争优势。政府还应该采取措施，改善市场条件，支持国有股主导与非国有股主导企业的各种创新活动。[107]

中国学者从多种角度对中国国有企业的改革、发展进行研究，提出了很多有建设性的意见。很多学者都认为，加强中国国有企业产权方面的改革是非常重要的一条路径，不同的股权结构对公司效率的影响是不同的，应将国有企业的股权结构向更有效的方向调整。此外，学者们大都同意加强国企的外部监督机制，这是国企进一步改革的重要方向。

二、家族企业治理综述

家族企业在各国的经济发展中起到了非常重要的作用，世界 500 强企业中很多都是从家族企业发展而来，至今在很多国家中家族企业还居于非常重要的地位。中国作为经济发展中的新兴国家，家族企业在推动中国改革开放的过程中起到了非常重要的作用。现在中国已有很多国内外知名的家族企业，而且很多家族企业正面临或者将要面临控制权的传承，特别在中国独生子女普遍的大环境下，这一问题显得更为棘手和困难。中国的家族企业如何发展，公司治理机制应如何构建，成为现在公司治理领域研究的热点话题。

家族企业的发展不但在中国重要，在国外的影响也是很大的，关于这一领域的研究成果也有很多。Chiara Mazzi 根据系统的审查标准从社会科学研究领域最相关的数据库中选取 23 篇论文，并对这 23 篇论文进行分析。分析研究后发现，这些研究成果没能提供同质

性的研究结果，它们就一些有关问题显示出一定程度的不一致，这说明家族企业和公司绩效之间的关系是复杂的。并且创始人管理的家族企业的绩效要高于非家族企业，但这并不一定意味着，当后代担任首席执行官或董事长的角色后，家族企业的绩效要比其他非家族企业绩效差，而是说他们无法达到创始人管理时企业所达到的绩效水平，但是与非家族企业的绩效水平相差无几。[108] Bruce Hearn 对北非 2000~2009 年的 IPO 公司进行了调查分析，研究发现家族对公司更深层次的介入增强了公司治理，这样可以减少监督成本和信息不对称的情况。并且证明了家族对公司治理的介入有利于中小投资者的保护。[109]

在国内，马丽波和刘亚丹分析论述了使用“圈内人”的关键是保证忠诚度，如果不能很好地保证这一点，使用“圈内人”管理公司的风险就非常大了。田银华、邝嫦娥和张敏通过实证研究得出结论：①高管控制力、总经理特质及企业营业收入 3 个因子对上市家族企业经营绩效产生正的影响，且高管控制力和总经理特质对经营绩效的影响较为显著。②董事会治理结构及企业总资产对上市家族企业经营绩效产生负的影响，且董事会治理结构的影响较为显著。③债权人治理结构对家族企业经营绩效的影响因企业规模和营业收入的不同而不同。[110] 陈德球和钟昀珈通过研究发现，家族企业的长期投资水平低于非家族企业，其偏好于资本支出而限制高风险的 R&D 活动，而且这种短期投资行为偏好在非创业型家族企业和职业经理人担任 CEO 的家族上市公司中更为显著。进一步研究发现，在制度效率较高的地区，由于投资机会较多且投资回报能够得到有效保护，家族企业愿意投入更多的资源，尤其是 R&D 支出。[111]

通过以上介绍可以看出，国内外学者对于家族企业与公司绩效间的关系研究比较关注；而且大多数的研究结果证明，在家族企业主导下的公司治理对公司的发展更好。并且通过学者的研究发现，家族企业控制的公司在投资、决策上都很细致、实际，对发展环境非常敏感，会根据环境的变化调整自己的发展战略，这也表现出家族企业发展的灵活性。马丽波等学者还结合社会资本的理论进行研究，表明学科交叉可以是推进这一领域研究的重要路径。

国有企业和家族企业是现有公司中非常重要的两类公司，特别对于处在社会主义初级阶段的中国来说，这两类公司的发展在很大程度上会影响到中国经济的发展。特别是现阶段的中国处于经济改革的关键时期，国有企业作为中国经济中的重要形态，它的成败关系到中国经济改革的成败，因此对于这一问题的研究就非常有必要。而家族企业作为中国经济中的重要组成部分，在现阶段中国这一特殊环境下，其控制权的交接班问题和家族企业的公司治理问题就显得尤为重要，结合中国实际推进这方面的研究是非常有价值的。从已有研究成果看取得了不少成绩，但需要进一步结合实际，提倡学者多到经营管理第一线去进行实地考察，这样对推动中国经济改革、发展会更有帮助。

第八节　评述与展望

一、总结

2011 年公司治理领域的研究成果非常丰硕，涉及内容也十分丰富，在对传统热点问题继续研究的同时表现出一定的新特点。作者在梳理相关文献的基础上进行研究，发现国内外的学者有很多相似之处，也有很多不同之处，具体来说表现出以下几方面的特点：

第一，在研究方法上国内外的学者都比较注重实证研究的方法，运用回归模型等分析工具和案例研究的方法明显较多，运用理论分析的文章明显较少。

这一结果的出现是与统计工具的普及紧密相联。随着 SPSS、Eviews 等统计软件的普及和不断改进，越来越多的学者使用实证研究的方法进行研究。特别是在中国，这些分析软件在经济领域的普及时间不长，使得这几年使用实证研究方法的中国学者越来越多，成为中国学术领域研究的新特点。与使用理论研究的方法相比较，实证研究方法更客观、科学，更紧密结合实际，可信度也更高，对实践的指导意义也更强。特别对于大多数青年学者，他们的理论功底相对薄弱，对理论研究的方法把握大多不好，因此使用实证研究的方法可以弥补这方面的不足，在研究中不断提升自己。

案例研究也是科学研究中的重要方法，在国内外的学术研究中经常用到，特别在 2011 年的相关文献中，中国学者使用案例研究的情况大大增加，这可能是跟“国美事件”终于在 2011 年告一段落有很大关系。案例研究虽然具有一定的主观性，但它能弥补其他研究方法的不足，在发现问题、寻找规律上有它的独特优势，因此在中国的学术研究中越来越多见，特别是相关论文在《管理世界》、《中国工业经济》等权威刊物中的数量不断增加，更能说明学术界对这一研究方法的重视。但是在这种方法的使用中要注意它的规范性，因为没有形成被学术界公认的研究范式，这一研究方法的科学性会受到很大质疑。

运用理论分析研究的论文在高级别的期刊中虽仍不少，但与实证研究的论文相比，这类论文的数量要少很多。这种研究需要很深厚的理论功底和多年积累，年轻学者恐怕很难具有所需能力。因此对于年轻学者来说，选择更加客观的研究工具可能是更好的选择。

第二，对指标之间的关系研究成为热点，并且时常打破传统界限，对一些传统中认为是对立的关系进行研究，试图获得一些新发现。

关系研究的盛行是与实证研究的广泛使用紧密相联的。在这些实证研究中大多采用回归分析的方法，研究的内容也主要是指标之间的相互关系，这样就使得研究成果中大量的成果都是关于指标之间的关系研究。这种研究方法的使用有它的好处，可以引导学术研究更加细致、科学、客观，使得所研究的问题越来越微观，针对性越来越强。就算是对同一

领域的现象进行研究，所研究的目标可能也会相差很远。所以这种研究方法的普及引导着学术研究更加细致，获得的成果针对性、实用性都更强。

也正是这样一种科学研究方法的普及，给学者提供了更为客观的研究工具，于是有些学者对一些传统中认为是对立的关系也展开了研究。例如郑杲娉、徐永新在《南开管理评论》上发表论文，运用实证研究的方法证明了企业的慈善捐赠对于股东和公司来说可能是有利的。王晓巍、陈慧也通过结构方程和实证分析的方法发现，企业对股东、债权人、政府、消费者和员工承担责任都会提升企业价值。郑春美、李文耀在《管理世界》上发表论文，也是通过实证分析证明了独立董事发生异议的公司比没有发生过异议的公司的违规概率要大。

这些学者所研究的内容和所获得的结论都是传统观点中认为是对立的关系，但是经过实证研究后发现，这些关系实际上并不像所想的那样矛盾，他们之间也有共同点。而传统一向认为是一致的关系，像独立董事的异议发生率与公司违规率，通过实证分析后发现是相反的。所以可以看出，实证分析和回归方法的广泛应用使得学术研究越来越细化，对于事物之间的关系剖析也越来越深刻。

第三，中国学者的研究大多都会结合中国改革中的实际问题进行，研究不断细化，对控股股东性质的关注成为热点。这是因为，在中国改革开放 30 多年后，公司的产权性质也变得越来越复杂，不同性质的控股公司对公司治理的影响也会产生差别，因此基于不同性质的控股股东进行研究就成为一个非常务实的角度。通过以上综合论述可以看出，在公司治理的不同研究领域中，都有学者结合公司的产权性质进行分析研究，获得了一些很有价值的研究成果。

在股东部分就不用多说了，特别是终极股东部分，从控股股东的性质进行研究更是常见的角度。在利益相关者部分，有些学者也分析到，不同性质的公司所产生的影响是不一样的。例如在债权部分，李胜楠就通过实证研究发现，国家控制和非国家控制的上市公司中，银行贷款对投资的制约作用是明显不一样的。段云、王福胜、王正位在研究董事会时也注意到这一点，他们通过模型分析得出，当公司是国有性质时董事会更有可能被第一大股东控制，因此要注意股权之间的平衡。在经理层部分，毛磊、王宗军、王玲玲通过实证研究发现，经理人的薪酬还与他的讨价还价能力有关，而这又受到公司性质的制约。在地方政府控制的公司中经理讨价还价的能力最强，中央政府次之，私人时最弱。在控制权部分，李斌、孙月静通过实证研究发现，国有公司多采取直接控制，民营公司多采取间接控制。

从上述分析总结可以看出，在公司治理的研究中国内外学者有很多的共同之处，在研究方法上都有很多学者偏好实证研究，因此“关系研究”也很盛行。不过通过比较也可以看出，由于被研究公司所处的环境不一样，因此在研究热点上也有不同。中国学者更多的是结合中国改革过程中的具体情况进行研究，主要是针对中国特有的情境，这也表现出中国学者研究和期刊论文的特点。随着中国改革开放的不断深入，国际化的中国需要中国学术与国际学术的相接轨，所以中国的期刊应该适当引进一些有代表性的国外学者的文章。

这样不但可以帮助中国学者了解国外公司治理领域的发展状况，启发中国学者的思维，而且在完善中国公司治理实践中也会有借鉴意义。

二、局限性

综观以上研究综述和结论分析我们可以发现 2011 年国内外学者研究公司治理的特点，有很多进步，也有很多不足。其不足之处主要表现在：

第一，研究内容过于微观、碎片化。通过梳理 2011 年公司治理的研究成果可以发现，学者们对公司治理的研究过于微观，大多只注重某一点，甚至是自己突发奇想，抓来就做模型分析。这样的研究目标过于微观，系统性不足，研究意义不够。站在微观的角度去观察、分析问题，从微观的角度去解释宏观问题，这样的研究成果会更有意义。

第二，中国学者在研究中过于喜欢套用模型，脱离实际。这种现象的出现可能与中国高校老师的科研压力有关。高校老师为了评职称或者完成科研任务，必须在一些高级别的杂志上发表论文。为了“求新”，很多学者就选择了模型分析的方法，套用、修改模型，得出一些脱离实际的结论。还有一些学者，运用众所不知的语言得出众所周知的结论，这种研究现象应该坚决杜绝。所以规范学术研究，保持科学研究的本色是非常重要的。

三、展望

作者通过总结分析后发现，今后一段时间内中国公司治理研究的进展应该更多地表现在以下两个方面：

第一，研究方法的多元化。在 2011 年的研究中，使用最多的研究方法就是实证研究。这一方法有它科学性的一面，但也有明显的局限性。从实践来看，模型研究与案例研究可以很好地弥补这一方法的不足，今后使用的程度会越来越多。

模型研究也较为科学、客观，而且较为灵活，能够根据多种需要予以应用。案例研究则弥补其他研究的不足，但较为主观，需要进一步规范化。这两种研究方法都各有特点，对发现本质都很有帮助。

第二，学科之间的交叉更为细化，特别是社会科学之间的交叉更成为一条重要的研究思路。

回顾 2011 年的相关文献可以发现，研究中的学科交叉除了与理工科相交叉较为多见外，社会科学之间的相互交叉研究也越来越多。像所研究文献中就有很多与经济学、社会学、心理学、法学等多种社会科学交叉起来开展研究，取得不少的研究成果。今后公司治理与其他学科的交叉将会更为深入，所获得的成果也会更加丰富。

参考文献

[1] Heibatollah Sami，Justin Wang，Haiyan Zhou. Corporate governance and operating performance of Chinese listed firms [J]. Journal of International Accounting，Auditing and Taxation，2011（20）.

[2] Gloria Y. Tian，Garry Twite.Corporate governance，external market discipline and firm productivity [J]. Journal of Corporate Finance，2011（17）.

[3] Julia Chou，Lilian Ngb，Valeriy Sibilkov，Qinghai Wang. Product market competition and corporate governance [J]. Review of Development Finance，2011（1）.

[4] Feng Li，Suraj Srinivasan. Corporate governance when founders are directors [J]. Journal of Financial Economics，2011.

[5] 刘银国，朱龙. 公司治理与企业价值的实证研究 [J]. 管理评论，2011（2）.

[6] Pascal Nguyen. Corporate governance and risk-taking：Evidence from Japanese firms [J]. Pacific-Basin Finance Journal，2011（19）.

[7] Vincent Aebi，Gabriele Sabato，Markus Schmid. Risk management，corporate governance，and bank performance in the financial crisis [J]. Journal of Banking & Finance，2011.

[8] Glen W. S. Dowell，Margaret B. Shackell，Nathan V. Stuart. Boards，Ceos，and Surviving A Financial Crisis：Evidence From the Internet Shakeout [J]. Strategic Management Journal，2011.

[9] Effiezal Aswadi Abdul Wahab，Mazlina Mat Zain，Kieran James. Audit fees in malaysia：does Corporate governance matter? [J]. Asian Academy of Management Journal of Accounting and Finance，2011.

[10] 刘银国，张琛. 基于公司治理的商业银行风险研究 [J]. 经济学动态，2011（7）.

[11] 徐向艺，王俊韡. 控制权转移、股权结构与目标公司绩效——来自深、沪上市公司 2001~2009 的经验数据 [J]. 中国工业经济，2011（8）.

[12] 岳宝宏，孙健. 控制权转移中的内幕交易者收益研究 [J]. 财经问题研究，2011（10）.

[13] 李斌，孙月静. 中国上市公司控制权特征及其对公司绩效的影响——基于改进的投票概率模型 [J]. 中国软科学，2011（1）.

[14] 林川，曹国华，丘邦翰，毕家豫. CEO 控制权、成长性与审计定价 [J]. 当代财经，2011（4）.

[15] 雷星晖，王寅. 我国家族上市公司控制权私人收益的影响因素研究 [J]. 管理评论，2011（4）.

[16] 赵立彬，张秋生，魏乐. 分立、公司治理与市场反应——东北高速公路股份有限公司案例研究 [J]. 华东经济管理，2011（11）.

[17] 郭冰，吕巍，周颖. 公司治理、经验学习与企业连续并购——基于我国上市公司并购决策的经验证据 [J]. 财经研究，2011（10）.

[18] 任海云. 公司治理对 R&D 投入与企业绩效关系调节效应研究 [J]. 管理科学，2011（5）.

[19] Sidharth Sinha. Equity markets with controlling shareholders [J]. Indian Institute of Management Ahmedabad，2011.

[20] 吴育辉，吴世农. 股权集中、大股东掏空与管理层自利行为 [J]. 管理科学学报，2011（8）.

[21] 王彩萍，李善民. 终极控制人、机构投资者持股与上市公司股利分配 [J]. 商业经济与管理，2011（6）.

[22] 郝颖，刘星. 大股东自利动机下的资本投资与配置效率研究 [J]. 中国管理科学，2011（1）.

[23] 徐莉萍，辛宇. 媒体治理与中小投资者保护 [J]. 南开管理评论，2011（6）.

[24] 叶会，李善民. 大股东地位、产权属性与控制权利益获取——基于大宗股权交易视角的分析 [J]. 财经研究，2011（9）.

[25] Marco Bigelli, Vikas Mehrotra, P. Raghavendra Rau. Why are shareholders not paid to give up their voting privileges? Unique evidence from Italy [J]. Journal of Corporate Finance, 2011 (17).

[26] 于静. 股权分置改革、终极控制者和公司绩效 [J]. 当代财经，2011 (7).

[27] 李俊峰，王汀汀，张太原. 上市公司大股东增持公告效应及动机分析 [J]. 中国社会科学，2011 (4).

[28] 李延喜，杜瑞，高锐. 机构投资者持股比例与上市公司盈余管理的实证研究 [J]. 管理评论，2011 (3).

[29] 李善民，王媛媛，王彩萍. 机构投资者持股对上市公司盈余管理影响的实证研究 [J]. 管理评论，2011 (7).

[30] 李维安，王倩. 投资者保护微观效应文献综述：基于影响机制复杂性与结果多样性的新观察 [J]. 南开管理评论，2011 (6).

[31] Ernst C. Osinga, Peter S. H. Leeflang, Shuba Srinivasan, Jaap E. Wieringa. Why do firms invest in consumer advertising with limited sales response? A shareholder perspective [J]. Journal of Marketing, 2011.

[32] 张荔，施继攀，章卫东. 股东性质、多元化类型与公司业绩关系的实证研究 [J]. 当代财经，2011 (1).

[33] Stephen P. Ferris, Kenneth A. Kim、Takeshi Nishikawa, Emre Unlu. Reaching for the stars: the appointment of celebrities to corporate boards [J]. Int Rev Econ, 2011.

[34] Amanda P., Cowen, Jeremy J, Marcel. Damaged goods: board decisions to dismiss reputationally compromised dierctors [J]. Academy of Management Journal, 2011 (3).

[35] 况学文，陈俊. 董事会性别多元化、管理者权力与审计需求 [J]. 南开管理评论，2011 (6).

[36] 余玮. 我国董事的专业性与政府背景分析 [J]. 华东经济管理，2011 (5).

[37] Jinyu He, Zhi Huang. Board informal hierarchy and firm financial performance: Exploring a tacit structure guiding boardroom interactions [J]. Academy of Management Journal, 2011 (6).

[38] Carlos Pombo, Luis H. Gutiérrez. Outside directors, board interlocks and firm performance: Empirical evidence from Colombian business groups [J]. Journal of Economics and Business, 2011.

[39] 周翼翔. 董事会结构与公司绩效关系的再探索——基于动态内生性视角的实证 [J]. 科学学与科学技术管理，2011 (9).

[40] 段云，王福胜，王正位. 多个大股东存在下的董事会结构模型及其实证检验 [J]. 南开管理评论，2011 (1).

[41] 段云，王福胜，王正位. 多个大股东控制下的董事会结构模型研究 [J]. 预测，2011 (1).

[42] Lukas Setia-Atmaja, Janto Haman, George Tanewski. The role of board independence in mitigating agency problem II in Australian family firms [J]. The British Accounting Review, 2011.

[43] Douglas O. Cook, Huabing (Barbara) Wang. The informativeness and ability of independent multi-firm directors [J]. Journal of Corporate Finance, 2011 (17).

[44] 叶康涛，祝继高，陆正飞，张然. 独立董事的独立性：基于董事会投票的证据 [J]. 经济研究，2011 (1).

[45] 徐高彦. 独立董事独立性、关联交易与公司价值——基于沪、深两市上市公司的经验证据 [J]. 审计与经济研究，2011 (4).

[46] 姚伟峰. 独立董事制度，真的有效吗？——基于上市公司行业数据的实证研究 [J]. 管理评论，2011 (10).

[47] 郑春美，李文耀. 基于会计监管的中国独立董事制度有效性实证研究 [J]. 管理世界，2011 (3).

[48] 王茂昌. 不同管理形态企业的会计师与独立董事功能 [J]. 审计与经济研究，2011 (2).

[49] Konari Uchida. Does corporate board downsizing increase shareholder value? Evidence from Japan [J]. International Review of Economics and Finance，2011 (20).

[50] Catherine Huirong Chen，BasilAl-Najjar. The determinants of board size and independence：Evidence from China [J]. International Business Review，2011.

[51] Alexander F. Wagner. Board independence and competence [J]. Journal of Financial Intermediation，2011 (20).

[52] 李国栋，薛有志. 董事会战略参与效应及其影响因素研究 [J]. 管理评论，2011 (3).

[53] 谢绚丽，赵胜利. 中小企业的董事会结构与战略选择——基于中国企业的实证研究 [J]. 管理世界，2011 (1).

[54] 王鹏飞，周建. 董事会战略介入模式研究——基于董事会能力的分析 [J]. 外国经济与管理，2011 (12).

[55] Keunkwan Ryu，Jihye Yoo. Relationship between management ownership and firm value among the business group affiliated firms in Korea [J]. Journal of Comparative Economics，2011.

[56] 高雷，张杰. 代理成本、管理层持股与审计质量 [J]. 财经研究，2011 (1).

[57] 左晶晶，唐跃军. 高管过度激励、所有权性质与企业国际化战略 [J]. 财经研究，2011 (6).

[58] 马德林. 股权制衡下高层管理人员薪酬影响因素研究 [J]. 审计与经济研究，2011 (3).

[59] 黄文伴，李延喜. 管理者薪酬契约与企业盈余管理程度关系 [J]. 科研管理，2011 (6).

[60] 姜付秀，黄继承. 经理激励、负债与企业价值 [J]. 经济研究，2011 (5).

[61] 陈胜蓝，卢锐. 新股发行、盈余管理与高管薪酬激励 [J]. 管理评论，2011 (7).

[62] 伊志宏，李艳丽，高伟. 市场化进程、机构投资者与薪酬激励 [J]. 经济理论与经济管理，2011 (10).

[63] 刘善敏，林斌. 基于大股东掏空下的经理人薪酬激励机制研究 [J]. 财经研究，2011 (8).

[64] 朱方明，林雨杰. 中国上市公司高管薪酬差异分析 [J]. 经济理论与经济管理，2011 (3).

[65] 毛磊，王宗军，王玲玲. 机构投资者与高管薪酬——中国上市公司研究 [J]. 管理科学，2011 (5).

[66] Marta A. Geletkanycz，Brian K. boyd. CEO outside directorships and firm performance a reconciliation of agency and embeddedness views [J]. Academy of Management Journal，2011.

[67] Arijit Chatterjee，Donald C. Hambrick. Executive personality，capability cues，and risk taking：how narcissistic CEOs react to their successes and stumbles [J]. Administrative Science Quarterly，2011.

[68] 黄越，杨乃定，张宸璐. 高层管理团队异质性对企业绩效的影响研究——以股权集中度为调节变量 [J]. 管理评论，2011 (11).

[69] 李婧，贺小刚. 控制性股东与 CEO 的亲缘关系对企业技术创新能力的影响 [J]. 科研管理研究，2011 (8).

[70] Steven Boivie，Donald Lange，Michael L.Mcdonald，James D. Westphal. Me or we：the effects of CEO organizational identification on agency costs [J]. Academy of Management Journal，2011 (3).

[71] Michael Bradley，Dong Chen. Corporate governance and the cost of debt：Evidence from director limited liability and indemnification provisions [J]. Journal of Corporaté Finance，2011 (17).

[72] Sun Hyun Park，James D. Westphal，Ithai Stern. set up for a fall：the insidious effects of flattery and

opinion conformity toward corporate leaders [J]. Administrative Science Quarterly, 2011.

[73] 王俊秋. 公司治理与管理层机会主义会计选择——基于新会计准则的实证分析 [J]. 经济管理, 2011 (3).

[74] 王晓巍, 陈慧. 基于利益相关者的企业社会责任与企业价值关系研究 [J] . 管理科学, 2011 (6).

[75] 纪建悦, 李坤. 利益相关者关系与企业财务绩效的实证研究——基于中国房地产上市公司的面板数据分析 [J]. 管理评论, 2011 (7).

[76] 贺勇, 刘冬荣. 终极产权、股权结构与财务履约差异——基于利益相关者的实证研究 [J] . 审计与经济研究, 2011 (3).

[77] Eun-Hee Kim, Thomas Lyon. When does institutional investor activism increase shareholder value: the carbon disclosure project [J]. The B. E. Journal of Economic Analysis & Policy, 2011.

[78] Karen Fisher-Vanden, KarinS. Thorburn.Voluntary corporate environmental initiatives and shareholder wealth [J]. Journal of Environmental Economics and Management, 2011.

[79] 郑杲娉, 徐永新. 慈善捐赠、公司治理与股东财富 [J]. 南开管理评论, 2011 (2).

[80] 易开刚. 企业社会责任的多重价值博弈与长效实现机制——基于公司治理的视角 [J]. 经济理论与经济管理, 2011 (12).

[81] Tao-Hsien Dolly King, Min-Ming Wen. Shareholder governance, bondholder governance, and managerial risk-taking [J]. Journal of Banking & Finance, 2011.

[82] 李胜楠. 我国上市公司银行贷款与投资行为的关系研究—— 基于终极控制人性质调节效应的分析 [J]. 管理学报, 2011 (3).

[83] 肖作平. 终极控制股东对债务期限结构选择的影响: 来自中国上市公司的经验证据 [J]. 南开管理评论, 2011 (6).

[84] 王鲁平, 杨湓来, 康华. 终极所有权、银行借款与投资行为的关系: 基于商业银行制度变迁背景的经验研究 [J]. 南开管理评论 2011 (6).

[85] 张敏, 王成方, 姜付秀. 我国的机构投资者具有治理效应吗? ——基于贷款软约束视角的实证分析 [J]. 经济管理, 2011 (4).

[86] Daisuke Nogata, Konari Uchida, Naohisa Goto.Is corporate governance important for regulated firms' shareholders? Evidence from Japanese mergers and acquisitions [J]. Journal of Economics and Business, 2011.

[87] 宋增基, 郑海健, 张宗益. 公司治理的监督机制与激励机制间的替代效应——基于中国上市公司 EVA 绩效的实证研究 [J]. 管理学报, 2011 (6).

[88] 高国华, 潘英丽. 资本监管、公司治理结构与银行风险行为 [J]. 软科学, 2011 (8).

[89] 王世权. 监事会的本原性质、作用机理与中国上市公司治理创新 [J]. 管理评论, 2011 (4).

[90] Chih-Hsien Liao. The effect of stock-based incentives and governance mechanisms on voluntary disclosure of intangibles [J]. Advances in Accounting, incorporating Advances in International Accounting, 2011.

[91] Madan Bhasin. Intellectual capital disclosures between a developing and developed nation [J]. International Journal of Contemporary Business Studies, 2011.

[92] Vicki Wei Tang. Isolating the effect of disclosure on information risk [J]. Journal of Accounting and Economics, 2011.

[93] Yu Cong, Martin Freedman. Corporate governance and environmental performance and disclosures [J]. Advances in Accounting, incorporating Advances in International Accounting, 2011.

[94] 王艳艳, 于李胜. 股权结构与择时披露 [J]. 南开管理评论, 2011 (5).

［95］高敬忠，周晓苏，王英允. 机构投资者持股对信息披露的治理作用研究——以管理层盈余预告为例［J］. 南开管理评论，2011（5）.

［96］张振新，杜光文，王振山. 监事会、董事会特征与信息披露质量［J］. 财经问题研究，2011（10）.

［97］夏芸，徐欣. 企业内部控制信息披露与债务契约——来自于中国房地产上市公司的经验证据［J］. 经济管理，2011（3）.

［98］程新生，谭有超，廖梦颖. 强制披露、盈余质量与市场化进程——基于制度互补性的分析［J］. 财经研究，2011（2）.

［99］刘亚莉，马晓燕，胡志颖. 上市公司内部控制缺陷的披露：基于治理特征的研究［J］. 审计与经济研究，2011（3）.

［100］曾庆生. 上市公司内部人交易披露延迟及其经济后果研究——来自上海股票市场的经验证据［J］. 财经研究，2011（2）.

［101］徐玉德，李挺伟，洪金明. 制度环境、信息披露质量与银行债务融资约束——来自深市 A 股上市公司的经验证据［J］. 财贸经济，2011（5）.

［102］郝书辰，陶虎，田金方. 不同股权结构的国有企业治理效率比较研究——以山东省为例［J］. 中国工业经济，2011（9）.

［103］代彬，彭程，郝颖. 国企高管控制权、审计监督与会计信息透明度［J］. 财经研究，2011（11）.

［104］邵传林. 国有企业性质的比较制度分析［J］. 经济学动态，2011（9）.

［105］武常岐，钱婷. 集团控制与国有企业治理［J］. 经济研究，2011（6）.

［106］穆胜. 我国国有企业绩效管理困境成因分析——基于 G 机场集团绩效管理项目的实地跟踪研究［J］. 科研管理，2011（6）.

［107］徐二明，张晗. 中国上市公司国有股权对创新战略选择和绩效的影响研究［J］. 管理学报，2011（2）.

［108］Chiara Mazzi. Family business and financial performance：Current state of knowledge and future research challenges［J］. Journal of Family Business Strategy，2011（2）.

［109］Bruce Hearn. The performance and the effects of family control in North African IPOs［J］. International Review of Financial Analysis，2011.

［110］马丽波，刘亚丹. 家族企业内创业：圈内人与圈外人选择研究［J］. 财经问题研究，2011（4）.

［111］陈德球，钟昀珈. 制度效率、家族化途径与家族投资偏好［J］. 财经研究，2011（12）.

第二章　公司治理学 2011 年期刊论文精选

本书是以介绍 2011 年国内外有关公司治理领域的相关内容为目的的前沿性著作。在第一章作者分七节对公司治理的各部分内容进行了综述，涉及国内外该学科领域的前沿、热点，在对相关学术观点梳理、分类陈述的基础上进行了简单的总结、评述，并且在第八节对前面内容做了一个总的评论。

公司治理研究范围较广，涉及内容也极为庞杂，本书尝试性地对这些研究成果进行总结、梳理、分析，试图寻找出该年的研究特点，为今后研究提供一定的参考。为配合第一章的总结、梳理，在第二章作者选取了 15 篇有代表性的中文论文和 10 篇有代表性的外文文献，将其主要内容展示给读者，希望能够帮助读者对这一年的研究成果有个更直观的理解，对公司治理各部分的内容有个更方便的了解。当然，除了这 25 篇论文，在 2011 年还有很多优秀的公司治理文章，此处的选择仅仅是为了配合作者观点的表达，所以作者可以根据自己的需要查阅其他文献。

第一节

中小企业的董事会结构与战略选择

——基于中国企业的实证研究*

谢绚丽　赵胜利

【摘　要】本文从委托代理理论和资源依赖理论出发，以中国深圳证券市场中小企业板的上市公司为研究对象，探讨中小企业的董事会结构与战略选择的关系。研究结果表明，董事会结构对公司的多元化战略有着显著的影响，而与委托代理理论相比，资源依赖理论能够更好地解释这种影响。笔者认为，这是由于：中小企业规模较小，所有者对于公司经营管理的介入度比较高，所以委托代理问题并不明显；而缺乏资源则是制约众多中小企业多元化扩张的主要瓶颈。

【关键词】中小企业；董事会；多元化；委托代理理论；资源依赖理论

一、引言

伴随着董事会角色的转化——从组织中无足轻重的单元，发展成为重要的决策实体，学者们也对董事会有了越来越多的研究。在过去的30年，对董事会的研究成为最多产的研究领域之一。

以往研究的焦点主要集中在董事会结构与公司绩效的关系，学者们主要通过两条路径来探讨。最主要的研究路径基于委托代理理论（Agency Theory）。董事会被看作公司治理结构中的重要组成部分，董事会的主要职能是代表股东的利益，监督管理层。学者们着重考察董事会的监管激励（独立性、股权激励等）与公司绩效的关系。另一条研究路径基于资源依赖理论（Resource Dependence Theory）。在这些研究中，董事会被看作是资源的提供者，这些资源包括提供建议、组织合法性、与外部的信息交流、获取外部的支持等（Pfeffer和Salancik，1978）。学者重点考察董事会资本——包括人力资本（经验、专业技

* 本文选自《管理世界》2011年第1期。

能、声誉)、关系资本(与外部组织的关系网)等与公司绩效的关系(Hillman 和 Dalziel,2003)。

在过去的研究中,董事会对公司战略的影响曾经被忽视。不过,随着董事会战略作用的日益凸显,现在董事会对公司战略决策和实施的影响得到了越来越多的重视。董事会逐渐从偶尔、临时性的发挥作用转为战略决策的重要参与者(Pearce 和 Zahra,1991)。通过参与到组织的战略决策之中,董事会使得组织能够根据外部环境的变化而相应调整(Mintzberg,1983;Pearce 和 Zahra,1991、1992)。

但不论是对董事会还是对战略的研究,学者们很少在中小企业的情境下来进行探讨。以对外部董事的研究为例,Gabrielsson 和 Huse(2005)曾指出:很少有研究探讨中小企业外部董事的角色和作用,即使涉及这一问题的研究也往往没有根据中小企业所有者介入度高、缺乏内部资源这些特点而调整相关的概念和理论。

所以,研究中小企业董事会结构与战略选择的关系,具有重要的理论价值。从中国的现实情况来看,研究中小企业董事会结构对战略选择的影响,深入地理解中小企业董事会的职能作用,也具有迫切的现实意义。

首先,中小企业日益成为中国经济社会中的重要组成部分,但是对中小企业董事会的研究还比较缺乏。2009 年的统计数据显示,我国中小企业已近 5000 万家,占全国企业总数的 99.3%,创造的最终产品和服务价值相当于国内生产总值的 60%左右。

其次,创业板的大幕已经拉开,越来越多的中小企业将在未来上市。探讨董事会如何发挥职能作用,怎样影响战略选择,有助于加深我们对中小企业董事会的理解。中小企业板作为创业板的前身已经运作了 5 年多。自 2009 年 7 月 26 日起,证监会开始受理创业板发行上市申请,更多的中小企业能够通过股市开展直接融资,满足自身的资金需求。而总结中小企业板的经验,探讨中小企业董事会结构与战略的关系,也可为创业板的上市公司所借鉴。

本文以下部分的结构依次是:理论回顾和假设、研究方法、实证检验及结果,以及研究结论与展望。

二、理论回顾和假设

为了探讨董事会结构与战略选择的关系,我们先回顾一下董事会和多元化战略的相关研究成果,明确董事会的职能是什么,中小企业又为何要采取多元化战略。

(一)董事会的职能

基于委托代理理论和资源依赖理论,笔者认为,董事会的两大重要职能分别是:代表股东利益,监管管理层;为组织提供资源(Hillman 和 Dalziel,2003)。随着董事会对战略

决策日益发挥重要的影响，有学者提出，战略决策是董事会的第三大职能（Goodstein、Gautam 和 Boeker，1994）。

委托代理理论认为，所有权与管理权的两权分离，使得所有者（委托人）与管理者（代理人）的利益出现了不一致。公司治理就是要通过一整套系统的内部、外部控制措施，来协调管理者与股东之间的利益冲突（Berle 和 Means，1968；Williamson，1984）。而董事会作为重要的内部控制措施（Barry Baysinger 和 Robert E. Hoskisson，1990），通过实施其合法权利，雇用、辞退及激励高管团队，保护权益资本。从而，董事会成为公司治理结构中的重要组成部分（Fama 和 Jensen，1983；Williamson，1984）。所以，从委托代理理论出发，董事会的功能就是监管功能（Monitoring Function）。

资源依赖理论将董事会看作组织与外界接触的“阀门”：从外部环境中获取资源传递给组织（Pfeffer，1972）。Pfeffer 和 Salancik（1978）指出：当组织任命人员到董事会之中时，它期望这个人能够支持组织，关注组织存在的问题，并尽力解决它。基于资源依赖理论，董事会的职能就被认为是提供资源。笔者认为，董事会能带给组织 4 个方面的资源：①专家意见，包括兼任高管的董事提供的公司内部信息意见，以及财务、法律、金融等方面的董事提供的管理建议和意见（Lorsch 和 Maclver，1989；Mintzberg，1983）；②合法性，帮助公司树立正面的公众形象；③与外部组织的信息交流渠道，使得公司与股东或供应商等能更好地联系；④外部重要资源的更易获得，如资本（Mizruchi 和 Stearns，1988），创新技术的扩散等（Haunschild 和 Beckman，1998）。

对于中小企业而言，董事会提供资源的职能显得尤为明显。中小企业一个重要特点就是缺乏内部资源，比如内部的知识积累在很大程度上是稀缺甚至不存在的，经验丰富的董事会能够克服中小企业资源的缺乏，对管理层的经验、知识和技能进行有力补充。董事会也能够通过发动和控制与外部环境的重要人际关系、资产纽带等来给中小企业增添价值（Gabrielsson 和 Huse，2005）。

Au、Peng 和 Wang（2000）通过案例研究指出，与西方的董事会相比，资源依赖理论更加适用于中国情境下的董事会。在中国文化背景下，事情往往依靠关系来解决，而制度变迁的宏观环境也使得发动人际网络变得必要，这都使得资源依赖理论的解释力更加突出（Peng，2003）。

除了实施监管和获取资源外，董事会对公司战略的影响得到越来越多的关注，有学者称之为董事会的第三种职能——战略职能（Goodstein，Gautam 和 Boeker，1994）。董事会直接参与到公司的战略决策之中，为公司未来的发展出谋划策。

（二）中小企业的多元化战略

多元化一直是战略管理领域的重要研究课题，但学者们对多元化战略的研究重点是关注大型企业，而对中小企业的多元化战略很少涉及。中小企业缺乏资金、技术和相应的管理能力，很容易让人认为中小企业不应该采取多元化战略。但是，研究表明，多元化战略同样是中小企业重要的公司层战略，相当比例的中小企业实行了多元化战略；从企业成长轨迹来看，众多小企业通过多元化战略发展成为大企业（孟执芳、陈志军，2005）。

Robson 等（1993）通过对 11 万家中小企业调查发现，34.6%的中小企业实施了多元化战略。林汉川等人（2003）通过对我国 7 省市 1400 多家中小企业调查发现，20.7%的中小企业以多元化为第一战略，43%的中小企业将多元化作为第二战略。可见，多元化战略并不是大公司所独有的，也在为很多中小企业所采用。

对于转型中的发展中国家而言，中小企业多元化也比较普遍。这是由于转型的经济体市场机会较多，而且市场发育水平低，企业通过内部分配资源可以大大降低交易成本。因此，企业一旦掌握某些稀缺资源，如资金、信息和管理人才等，通过多元化能够实现更好的经济效益（姚俊等，2004）。

（三）研究假设

鉴于学者们对董事会结构中“独立董事比例”、“董事会会议次数”、“外部人比例”、“持股董事比例”等因素与多元化战略的关系做了较多的研究，本文选取了两个研究较少的变量：“董事会成员职能背景多元化程度”、“关联董事的比例”。

董事会成员职能背景多元化程度，是指董事会成员来自各种不同的职能部门的分散程度。在本书中，我们划分的职能部门有：生产、研发、人力资源、市场、财会、金融、法律、综合管理 8 个部门。

职能背景多元化程度越高，表示董事会成员的职能背景构成越分散。职能背景对公司战略的影响，组织高层理论（Upper Echelon Theory）的学者对此有深入的探讨。尽管董事会中的每一位成员都应该对公司有一个总体的把握，但是不可避免的是，每个人以往的职能部门工作经历都会影响他思考问题的角度。正如 Hambrick 和 Mason（1984）所指出的，职能背景可能不会主宰最终做出的战略选择，但是可能会对战略选择施加影响。

董事会多元化的视角能够推动战略决策中采用更加广泛的解决方案和评判标准（Eisenhardt 和 Bourgeois，1988），从不同的角度来考虑问题，降低董事会对高管评估过程中的视野狭隘和刚愎自用（Kosnik，1990）。如果董事会成员来自研发、生产、财会、金融、法律、人力资源、营销等很多职能部门，那么在对高管进行评估时，每个成员都能从自己专业的角度考察，从而形成对高管更加客观、公正的评价，避免了因评价标准过于单一而带来的监管失效。所以，董事会成员职能背景的多元化，有利于董事会对高管更有效地实施监管。

对高管而言，从自身利益最大化的角度出发，有过度多元化的动机。虽然学者对于多元化和绩效的关系并未形成定论，但多元化对绩效的倒“U”形影响得到了比较普遍的认可（Baysinger 和 Hoskisson，1990；Porter，1987；Rumelt，1974、1982）。适度的多元化比单一业务能带来更高的组织绩效，而随着多元化程度的进一步增加，组织的绩效则开始下降。如图 1 所示。

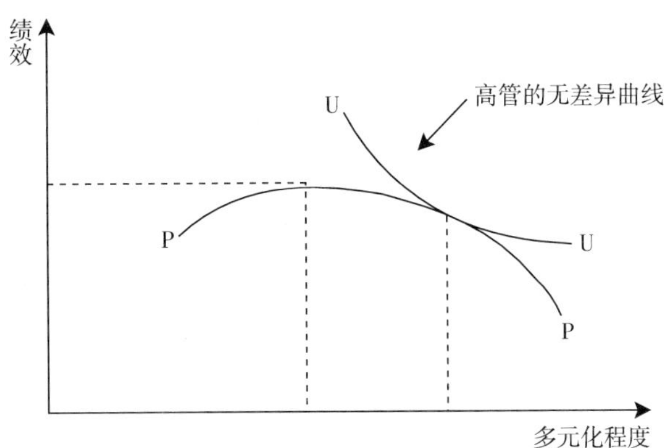

图 1　高管无差异曲线与多元化战略

在图 1 中，UU 曲线表示公司高管的无差异曲线。随着组织绩效的提高，高管的收入增加，并且声誉变得更好，效用也随之提高。而多元化程度的提高能够有效规避风险，也能带来高管效用的提高，正如 Amihud 和 Lev（1981）所说，风险规避型的高管会通过多元化来使得公司的收入流更加稳定，避免外部风险带来的灾难性后果。从 UU 曲线和 PP 曲线的切点来看，高管有过度多元化的动机，使企业的多元化程度超过最优值。

在中小企业中，由于创始人可能还没有实现退出，高管有可能同时也是企业的大股东。但是这类拥有较大股权的高管（Owner-manager）也同样与其他股东之间会产生委托代理问题（Jensen 和 Meckling，1976）。这是因为企业所有者—高管的利益与其他股东的利益是有分歧之处的。比如这些拥有股权的高管的资产往往是集中于企业的，而其他股东的资产是分散于各个企业里的，因此面对企业的多元化战略两者有着不同的偏好。所有者—管理者会倾向于规避风险的战略，比如多元化。而其他股东则不需要企业多元化，反而更偏好企业其他高风险的战略（如高研发投入），因为他们的总风险可以通过持有一个股票组合而降低（Copeland 和 Weston，1979）。

因此一个有效的董事会应该能够对高管实施有效的监控，客观地衡量高管所采取的多元化战略是否有利于公司总体利益。因而有效的监控可以降低公司高管出于自身利益考虑实施过度多元化战略的可能性。

综上所述，从委托代理理论出发，董事会职能背景多元化程度对多元化战略的影响可能是：

假设 1a：董事会成员职能背景的多元化程度与公司战略的多元化程度负相关。

从资源依赖理论出发，考虑董事会“提供资源”的职能，董事会职能背景的多元化，使得董事会能够为组织获取更多样的关键性资源（Pfeffer，1972、1973；Pfeffer 和 Salancik，1978）。这些资源包括外部的信息、多元化的建议和意见、人际网络、融资渠道、公共关系等。

公司实施多元化战略，首先需要尽量多地掌握外部信息，寻找多元化的机会；同时也要有能力评估和控制多元化的风险。董事会成员的职能背景多元化程度越高，那么这些来自法律、金融、财会、市场等多种职能背景的专家使得公司对外部多元化机会的把握有了更为广阔的视野，也能够进行科学的评价。多样化的关键资源，为公司实施多元化战略创造了有利的条件。

所以，从董事会"提供资源"职能对多元化战略的影响，我们的假设与假设 1a 相反，可以设为：

假设 1b：董事会成员职能背景的多元化程度与公司战略的多元化程度正相关。

从独立性的角度来看，董事会的成员可以分为内部人董事（Insider directors）和外部人董事（Outsider directors）。内部人董事是指目前同时担任公司高管的董事会成员，而外部人董事则是指所有非管理层的董事会成员。外部人董事又可以进一步分为关联董事（Affiliated directors）和非关联董事（Non-affiliated directors）。关联董事指与公司或公司管理层有业务联系或家庭联系的董事会成员，而非关联董事则是没有这种关系的董事会成员（Peng，2004），也可以认为是独立董事。

关联董事主要包括：前公司高管、高管的家庭成员、与公司有业务关联的董事会成员等。从董事会"实施监管"的职能考虑，关联人由于没有很高的独立性，所以可能更难以对高管进行有效的监管。关联董事与独立董事最大的区别就在于缺乏独立性，与公司的高管存在某种利益联系，未必会以股东利益的最大化作为行动的准则。在高管能够对董事会成员的提名权施加较大权力的公司中，经常会有高管的亲戚被任命为董事会成员。而这些亲戚，由于与高管存在利益关联，不能有效地监管高管的自利行为。

缺乏有效的监管，公司高管就更倾向于从自己利益出发做出战略决策，而不是从股东利益最大化的角度来决策。而多元化所带来的好处——雇用风险的降低使得高管采取"过度多元化"的战略。所以，从委托代理理论出发，对于关联董事与公司战略的关系，我们可以做如下假设：

假设 2a：关联董事的比例与公司战略的多元化正相关。

企业要进行多元化扩张，必须有相应的资源进行支持，至少需要包括如下几方面的资源：足够的资金支持、对于其他行业的了解、法律或金融等专业知识等。

关联董事主要包括高管的亲属、股东公司或子公司的代表等。对于我们考察的对象——中小板的上市企业而言，有下属子公司或股东公司的情况较少，大多数关联董事是属于管理者的家庭成员。从这一实际情况出发，我们认为，关联董事的融资渠道、信息渠道与管理层重叠度较高，从资源依赖理论的角度来看，这对于多元化战略是不利的。所以，对于关联董事与公司战略的关系，我们可做出如下假设：

假设 2b：关联董事的比例与公司战略的多元化负相关。

可以看出，对于我们所考察董事会结构的两个变量——董事会成员背景的多元化程度和关联董事比例，它们对公司多元化战略的影响，资源依赖理论和委托代理理论给出了完全相反的假设。

所以，进行实证研究，考察董事会结构与多元化战略的关系，也能同时对资源依赖理论和委托代理理论的适用性和解释力进行检验。

三、研究方法

（一）样本说明

什么是中小企业？总体而言，中小企业是一个相对模糊的概念，各国对中小企业定义各不相同，没有统一的标准。而划分企业规模的标准有员工人数、企业资产和企业销售收入 3 种。

根据 2003 年 3 月国家经济贸易委员会、国家发展计划委员会、财政部和国家统计局发布的《中小企业标准暂行规定》，各行业中小企业的划分标准为：工业：职工人数 2000 人以下，或销售额 30000 万元以下，或资产总额为 40000 万元以下；建筑业：职工人数 3000 人以下，或销售额 30000 万元以下，或资产总额 40000 万元以下；批发业：职工人数 200 人以下，或销售额 30000 万元以下；零售业：职工人数 500 人以下，或销售额 15000 万元以下；交通运输业：职工人数 3000 人以下，或销售额 30000 万元以下；邮政业：职工人数 1000 人以下，或销售额 30000 万元以下；住宿和餐饮业：职工人数 800 人以下，或销售额 15000 万元以下。

根据国家公布的标准，我们可以看出：划分为中小企业有员工人数、销售额和资产总额 3 个条件，而且各个行业所适用的标准还有所不同，这就加大了我们选择研究样本的难度。出于研究的方便性起见，我们选取了深圳证券交易市场"中小企业板"的上市公司，因为从上市标准而言，中小企业板的定位就是为主业突出、具有成长性和高科技含量的中小企业提供直接融资平台。当然，我们也应该看到：选择的这些样本代表的只是资金实力较为雄厚、成长性较好的中小企业，而没有代表所有的中小企业。

"中小企业板"设立于 2004 年 5 月 17 日，旨在服务中小企业。与主板市场相比，中小企业板在交易、信息披露、指数设立等方面都保持了一定的独立性。中小企业板被认为是创业板成立的前奏，为中小企业尤其是高新技术企业搭建了直接融资的平台，有效地解决了它们融资难的问题。

2004 年共有 38 家企业在该板块上市，2005 年有 12 家企业在该板块上市，而截至 2006 年底，共有 102 家中小企业在该板块上市。

为保证样本的容量，本书以 2006 年在深圳证券交易所中小企业板上市的全部中小企业（共计 102 家）为研究对象。为了避免截面数据造成的难以说明"是董事会结构决定多元化战略，还是多元化战略决定董事会结构"的问题，并且考虑到董事会结构对战略影响存在一定的滞后性，我们的董事会结构数据取自 2006 年，多元化战略数据取自 2008 年的财务报告（2007 年数据），存在一定的时间差。董事会及多元化战略的相关数据来自公开的财务报告、CSMAR 数据库及色诺芬数据库。在 102 家样本的基础上，根据每家公司公开信息的披露情况，我们把信息披露不完整、资料缺失的样本进行了删除，最后有效样本数量为 91 家。

本书采用的行业分类标准为 2001 年 4 月 3 日证监会发布的《上市公司行业分类指引》。该分类指引将产业分为门类、大类、种类，制造业还在门类和大类间设置了次类。笔者以大类作为划分产业集群的标准，即大写字母加后面两位数字为同一产业集群。

（二）自变量

在我们的研究中，考察的自变量有两个：董事会成员职能背景的多元化程度和关联董事的比例。董事会成员职能背景的多元化程度：根据董事会成员的主要工作经历，将其分为如下职能：生产、研发、人力资源、市场、财会、金融、法律、综合管理。董事会成员职能背景多元化程度的衡量如下所示：

$$Y = 1 - \sum_{i=1}^{n} X_i^2$$

其中，Y 表示董事会成员职能背景的多元化程度；X_i 表示第 i 个职能部门背景的董事会成员的比例，n 为职能类型的总数，在我们的研究中是 8 个职能类型。

董事会成员的职能背景需要进行一定的主观分析，我们根据其职业生涯的发展过程将其划入一定的职能部门。生产部门主要考虑的工作背景包括：车间主任、厂长、副厂长、生产科科长等；研发部门主要考虑的工作背景包括：工程师、高级工程师、教授级工程师、相关专业领域的教授等；人力资源部门主要考虑的工作背景包括：人事处、人力资源部等；市场部门主要考虑的工作背景包括：市场部门领导、销售经理、业务员等；财会部门主要考虑的工作背景有：财务总监、会计师、审计人员、会计学教授或会计协会领导；金融部门主要考虑的工作背景有：投资部、投资银行、基金公司、证券公司等；法律部门主要考虑的工作背景有：律师、法官、检察官等；综合管理部门主要是没有清晰职能背景的董事会成员，如董秘、经济学教授或政府官员等。由于职能背景涉及主观分析，而一些企业在财务报告中对董事会成员经历介绍过于简单，如只介绍他们在近 5 年的工作经历，这导致职能背景的数据与真实情况之间存在一定的偏差。

关联董事比例：根据关联董事的定义，“与公司或公司管理层有业务联系或家庭联系的董事会成员”，由于上市公司财务报告对关联董事的关联情况并没有详细的信息披露，我们可以从董事会成员中除去独立董事和兼任高管的内部董事，即得到关联董事的数目，进而求出关联董事的比例。

（三）多元化的衡量

我们采用多元化战略作为因变量，不过，学者对于多元化战略的衡量有很多方法。笔者对多元化衡量的各种方法进行综合比较，最终采用 RDI 作为衡量多元化战略的指标。

目前，学者对企业多元化战略的衡量主要有行业数目、EDI、RDI、HDI 4 种方法，笔者在此对 4 种方法做一下简单的介绍和评价。

1. 行业数目

行业数目法是 Ansoff 和 Gort 研究多元化战略时所运用的方法。根据一定的行业分类标准，统计企业涉足的行业数目，数目越多，则多元化程度越多。这种方法以一定的 SIC 编码作为依据，可重复性比较强。但是，这种方法也有一些问题，比如各个行业编码的分类密度是不相同的，可能会导致差异。而且，从现实情况而言，这种方法无法反映企业在各个行业之间资源的分配，可能也就无法准确衡量多元化。

2. EDI（熵指数）

Jacquemin 和 Berry（1979）以 SIC 为基础，将多元化划分为产业间多元化及产业内多元化程度两个部分。这样，可以分别用来衡量非相关多元化和相关多元化程度。

$$DR_j = \sum_{i \in j} p_i^j \ln(1/p_i^j)$$

$$DR = \sum_{j=1}^{m} DR_j p^j$$

$$DU = \sum_{j=1}^{n} p^j \ln(1/p^j)$$

$$DT = DR + DU$$

其中，DT 为总的多元化程度，DR 为相关多元化程度，DU 为非相关多元化程度。j 表示企业的业务被按照 SIC 分为 j 个产业集群，各个产业集群内部多元化程度加权即相关多元化程度；以各个产业集群为单位计算熵指数即非相关多元化程度。

熵指数方法将相关多元化、非相关多元化做了划分，便于进一步对战略分析。不过，由于中小企业分行业的营业收入只提供了其主营业务的收入，对于其他业务所处的行业披露不充分，使得单纯用 EDI 并不能很好区分企业间的战略差异。

3. RDI（Rumelt 多元化指数）

RDI 即 Rumelt 多元化指数，在 Wrigley（1970）研究的基础上，Rumelt（1974、1982）做了扩展，“以一个公司所从事业务在产品—市场相关性方面的 3 种比率为指标，建立了一对多元化战略的分类方法”。

Rumelt 用 3 种比率来衡量企业的多元化：专业化比率代表衡量一个公司多元化的程度，值越大表示多元化程度越低；相关比率用来衡量公司在水平多元化方面的关联程度；垂直比率衡量公司在垂直整合方面的关联程度。

Rumelt 方法克服了 SIC 分类法的缺点，能够衡量多元化类型，引入了战略管理的思想。但是，他的 3 种比率中，只有专业化比率是客观的，而相关比率和垂直比率的计算都依赖于一定的主观判断，可重复性比较差。

本书参照石水平等学者（2006）的研究方法，在 3 种比率中只选择专业化比率来衡量企业的多元化战略。

公式为：$R_s = p_{max}$　$RDI = 1 - R_s$

其中，R_s 指在一年内公司的主营收入中，最大单个产业营业收入占全部营业收入总额的比率。该比率越大，表示企业专业化经营程度越高，则多元化程度越低。这样一来，RDI 方法就具有了客观依据，不依赖于研究者的主观判断。而且，结合上市公司只披露主营业务营收比率的现状，RDI 方法能够较好地衡量各企业专业化程度的差异。

4. HDI（赫芬达尔指数）

Herfindhal 指数原来衡量企业集中化程度，后来 Berry 将其应用为多元化程度的衡量。公式为：

$$HDI = 1 - \sum_{i=1}^{n} p_i^2$$

其中，n 为企业经营的行业的数目，p_i 为分属于 SIC 每类别的产品的营业收入占公司总营业收入的比例。

Herfindhal 指数优点很明显：可以生成连续变量、基于 SIC 的分类标准，具备可重复性。但是，与 EDI 一样，受限于上市公司财务报告只披露其主营行业，不能很好地区分企业之间多元化战略的差异。

基于对上述 4 种衡量方法的分析，本书最终采用 RDI 来衡量企业的多元化程度，同时也采用 EDI 进行稳健性分析。

（四）控制变量

我们在本书中采用的控制变量有两类：公司层面的控制变量以及董事会层面的控制变量。公司层面的控制变量是：公司规模和成立时间；董事会层面的控制变量是：董事会成员的平均年龄、董事长和总经理的两职兼任以及独立董事成员比例。

公司层面的控制变量，国内外学者在相关研究中通常使用的两个控制变量是：公司规模大小和成立时间。

有学者（姜付秀，2006）的研究表明："公司规模与上市公司的多元化程度存在负相关关系"，"公司规模越大，公司选择多元化经营模式的可能性就越小"。参照已有研究，笔者采用总资产的自然对数作为控制变量。

公司成立时间会影响内部的协调成本。有文献指出，公司经营时间越长，制度化程度就越高，很可能内部的协调成本就会越高（姚俊等，2004）。而对于中小企业板的上市公司来说，很多企业是由一些前身的公司整体变更而来，成立时间并不能准确衡量公司的经营时间。如江苏琼花高科技股份有限公司（002002），是根据江苏省人民政府苏政复（2001）17 号批复，由扬州英利塑胶有限公司依法整体变更设立，2001 年领取变更后的企业法人营业执照；浙江伟星实业发展股份有限公司（002003）是由临海市伟星塑胶制品有限公司基础上整体改制变更设立的股份有限公司，并于 2000 年在浙江省工商行政管理局登记注册。所以，整体变更、改制的历史背景，使得领取工商注册的时间并不能准确衡量企业的经营时间。所以，本书的控制变量不采用成立时间，而采用上市时间。对于上市时间与多元化战略的关系，姜付秀（2006）的研究表明，"公司上市的时间长短对公司多元化经营模式的选择产生了较大的影响"，"公司上市的时间越长，公司的多元化程度越高"。

董事会层面的控制变量：在战略管理研究领域，董事会成员的平均年龄、两职兼任及独立董事比例是学者们研究董事会经常使用的变量，我们也将其作为本书中的控制变量。

年龄对公司战略的影响得到了广泛的研究。与年轻的董事会成员相比，年龄大的董事会成员更加保守（Hambrick 和 Mason，1984），越倾向于规避风险。所以，董事会成员平均年龄越大，多元化程度可能就越低。

两职兼任与公司绩效的关系已有较多的研究，但对战略的影响还有待考察。公司高管团队和董事会是战略管理领域两大最受广泛研究的课题，而董事长与总经理的两职兼任则横跨了这两大研究领域（Boyd，1995）。董事长与总经理两职兼任，会使得董事会的独立性降低，公司高管更有条件能够按自身利益决策，实施过度的多元化来规避风险。所以，两职兼任可能会与公司的多元化战略呈正相关关系。

独立董事的比例也是战略管理领域经常考察的董事会变量。和关联董事一样，独立董事也是公司的外部人，是公司治理结构中的一个重要组成部分。在本书中，我们把独立董事作为控制变量来考察。黄海波等（2007）和蒋卫平等（2010）等基于中国上市公司的实证研究表明，独立董事比例和多元化投资不具有显著的相关性。

同时，我们还考察了董事会会议次数和董事会持股比例两个因素。蒋卫平等（2010）的研究表明，董事会会议次数与多元化程度显著正相关。而 Dennis 等（1997）的研究认为，董事会成员的持股比例同多元化程度成反比。

我们利用 SPSS 对数据进行描述性统计、相关性分析及多元线性回归分析，通过实证分析来检验我们所提出的假设。

四、实证检验及结果

（一）描述性统计与相关性分析

首先，对自变量、因变量和控制变量进行描述性统计和相关性分析（如表 1 所示），我们可以看出。

（1）在 0.05 的显著性水平下，自变量“关联董事比例”、“职能背景多元化程度”与多元化战略 RDI、EDI 并没有显著的线性关系；

（2）公司层面控制变量“上市年限”与多元化战略 RDI、EDI 有着非常显著的负向线性关系；

（3）董事会层面控制变量“董事会成员平均年龄”与 RDI 有着显著的负向线性关系；“两职兼任”与 RDI、EDI 有着显著的正向相关关系。

也就是说，如果不对其他变量进行控制，单独对每个自变量和因变量进行两个变量相关性分析的话，线性关系并不显著。

表 1　描述性统计与相关系数表

变量	均值	方差	1	2	3	4	5	6	7	8	9	10
RDI	0.096	0.149										
EDI	0.198	0.353	0.929**									
关联董事比例	0.357	0.153	−0.125	−0.113								
职能背景多元化程度	0.691	0.084	0.162	0.133	0.069							
资产自然对数	20.822	0.728	−0.032	−0.047	−0.110	0.012						
上市年限	2.225	1.061	−0.288**	−0.291**	−0.199	0.042	−0.086					
平均年龄	47.972	3.961	−0.233*	−0.157	0.266*	−0.031	−0.137	−0.057				
两职兼任	0.220	0.416	0.307**	0.228*	−0.075	−0.026	0.041	0.021	0.129			
独立董事比例	0.354	0.058	−0.065	−0.072	−0.262*	−0.057	0.027	−0.069	−0.057	−0.013		
董事会会议次数	6.374	2.502	−0.017	−0.020	−0.118	−0.026	0.320**	0.339**	−0.169	0.102	0.110	
董事会持股比例	0.121	0.157	−0.024	−0.002	−0.296**	−0.065	0.223*	0.038	−0.126	0.083	0.078	0.119

注：*P<0.05（双尾检验）；**P<0.01（双尾检验）。

（二）多元线性回归分析

根据研究的需要，我们可以将回归模型设置如下：

$Y = \beta_0 + \beta_1X_1 + \beta_2X_2 + \beta_3X_3 + \beta_4X_4 + \beta_5X_5 + \beta_6X_6 + \beta_7X_7 + \beta_8X_8 + \beta_9X_9 + \varepsilon$

其中：

（1）Y 为因变量，代表公司的多元化战略，用 RDI 指标来衡量；

（2）β_0 为常数；

（3）β_1 和 β_2 为自变量，分别代表“董事会成员职能背景多元化程度”和“关联董事所占比例”；

（4）β_3 和 β_4 为公司层面的控制变量，分别代表“资产的自然对数”和“上市年限”；

（5）β_5、β_6、β_7、β_8 和 β_9 为董事会层面的控制变量，分别代表“董事会成员平均年龄”、“两职兼任”、“独立董事比例”、“董事会会议次数”和“董事会持股比例”。

以 RDI 为因变量，我们进行多元线性回归分析，结果如表 2 所示。

表 2　董事会结构与多元化战略 RDI

变量类型	变量	模型 1	模型 2
自变量	职能背景多元化程度		0.342**
	关联董事比例		−0.203*
公司层面控制变量	资产自然对数	−0.024	−0.028
	上市年限	−0.050***	−0.058***
董事会层面控制变量	平均年龄	−0.009**	−0.007*
	两职兼任	0.100***	0.099***
	独立董事比例	−0.232	−0.336

续表

变量类型	变量	模型 1	模型 2
董事会层面控制变量	董事会会议次数	0.004	0.005
	董事会持股比例	-0.016	-0.047
	R^2	0.253	0.318
	F	3.959***	4.144***
	ΔR^2		0.065**

注：①*P < 0.1（双尾检验）；**P < 0.05（双尾检验）；***P < 00.1（双尾检验）；②模型 1 只考虑控制变量与因变量的关系；③模型 2 在控制变量的基础上加入了自变量。

通过表 2，我们可以看出：与只有控制变量的模型相比，自变量的加入明显提高了模型的 R^2，使得模型的解释力更强。

根据模型 2，我们可以得出：

（1） 在其他变量不变的情况下，自变量“董事会成员职能背景多元化程度”与多元化战略 RDI 呈显著的正相关关系，假设 1a 被推翻，假设 1b 得到了验证；自变量“关联董事比例”与多元化战略呈显著的负相关关系，假设 2a 被推翻，假设 2b 得到了验证。

（2）在其他变量不变的情况下，公司层面控制变量“资产自然对数”与多元化战略 RDI 线性关系不显著；“上市年限”与多元化战略 RDI 呈现出非常显著的负相关关系。

（3）在其他变量不变的情况下，董事会层面控制变量“董事会成员平均年龄”与多元化战略 RDI 呈显著的负相关关系；“两职兼任”与多元化战略 RDI 呈非常显著的正相关关系；“独立董事比例”、“董事会会议次数”和“董事会持股比例”与多元化战略 RDI 没有显著的线性相关关系。

为了增强稳健性，我们选取 EDI 为因变量进行多元线性回归分析，结果如表 3 所示。

表 3　董事会结构与多元化战略 EDI

变量类型	变量	模型 1	模型 2
自变量	职能背景多元化程度		0.702*
	关联董事比例		-0.487*
公司层面控制变量	资产自然对数	-0.066	-0.074
	上市年限	-0.121***	-0.139***
董事会层面控制变量	平均年龄	-0.014	-0.010
	两职兼任	0.172**	-0.170**
	独立董事比例	-0.585	0.843
	董事会会议次数	0.013	0.014
	董事会持股比例	-0.052	-0.028
	R^2	0.191	0.249
	F	2.772***	2.947***
	ΔR^2		0.058*

注：①*P < 0.1（双尾检验）；**P < 0.05（双尾检验）；***P < 00.1（双尾检验）；②模型 1 只考虑控制变量与因变量的关系；③模型 2 在控制变量的基础上加入了自变量。

与用 RDI 衡量公司战略一样：自变量的加入，使模型的 R^2 得到提高，模型的解释力增强。

根据模型 2，我们可以得出用 EDI 衡量公司战略的结论：

（1）在其他变量不变的情况下，自变量“董事会成员职能背景多元化程度”与多元化战略 EDI 呈显著的正相关关系，假设 1a 被推翻，假设 1b 得到了验证；自变量“关联董事比例”与多元化战略呈显著的负相关关系，假设 2a 被推翻，假设 2b 得到了验证。

（2）在其他变量不变的情况下，公司层面控制变量“资产自然对数”与多元化战略 EDI 线性关系不显著；“上市年限”与多元化战略 EDI 呈现出非常显著的负相关关系。

（3）在其他变量不变的情况下，董事会层面控制变量“两职兼任”与多元化战略 EDI 呈显著的正相关关系；“董事会成员平均年龄”、“独立董事比例”、“董事会会议次数”和“董事会持股比例”与多元化战略 EDI 没有显著的线性相关关系。

对比 RDI 和 EDI 两种不同的指标衡量公司的多元化战略，我们可以看到，对于自变量和因变量的关系结论是一致的：自变量“董事会成员职能背景多元化程度”与多元化战略 RDI 呈显著的正相关关系，“关联董事比例”与多元化战略呈显著的负相关关系。从资源依赖理论出发，董事会结构对战略影响的假设都得到了验证，而从委托代理理论出发，董事会结构对战略影响的假设都得到了否定。

所以，如果把“董事会成员职能背景多元化程度”和“关联董事比例”作为自变量，无论用 RDI 衡量公司多元化战略，还是用 EDI 衡量公司的多元化战略，我们的实证研究都得到了统一的结论：对于中国中小企业板的上市公司而言，与委托代理理论相比，资源依赖理论能够更好地解释董事会结构与多元化战略的关系。

另外，RDI 和 EDI 两种指标得出的统计结果也有一些差异。

（1）在 RDI 指标下，董事会成员平均年龄对战略有显著的负相关关系，而在 EDI 指标下，两者关系不显著。

（2）与用 EDI 指标相比，用 RDI 指标在显著程度等方面都更加显著、解释力更强。

我们在前面已经提及，在目前上市公司信息披露的方式下，用 RDI 指标能够更好地反映公司的多元化战略。所以，对 RDI 和 EDI 不一致的结论，我们采用 RDI 的统计结果。

我们对于控制变量与公司战略的关系也进行一下解释和探讨。对于公司层面的控制变量而言，我们的实证研究表明：资产规模与多元化战略的关系不显著，而上市年限与多元化战略有显著的负相关关系，即“上市时间越长，多元化程度越低”，这与姜付秀（2006）的研究是矛盾的。

对于资产规模与多元化战略的关系不显著，这可能是由样本选取造成的。中小企业板的上市公司，与其他中小企业相比，都是财务实力比较雄厚的公司，并不能很好地代表所有的中小企业。这就使得样本之间资产规模的差距并没有那么明显，并影响到资产规模与多元化战略的关系。

对于上市年限与多元化战略呈现负相关关系，笔者认为可能是由以下原因导致的：中小企业在上市后，新的公司治理结构促使公司明晰发展战略，强化主导业务的优势，提高

主导业务在总收入中的比例，剥离一些与主业不相关的业务，使得多元化程度降低。比如，新和成（002001）从 2007 到 2008 年，化学药品原药制造业占总收入比例从 93.06%提高到 95.62%；琼花（002002）从 2007 年中期到 2007 年底，PVC 片、管、棒材制造业占总收入比例从 83.35%提高到 92.92%。

对于董事会层面的控制变量，我们的实证研究表明："董事会成员平均年龄"与多元化战略呈显著的负相关关系；"两职兼任"与多元化战略呈显著的正相关关系。实证结果与我们从理论推导出来的结论也是一致的：董事会成员年龄越大，则可能越保守，多元化程度越低；而两职兼任，总经理自己也同时是董事长，总经理出于规避风险的利己动机，倾向于采取过度多元化的战略，使得"两职兼任"与多元化程度呈现出正相关关系。"独立董事比例"与多元化战略 RDI 线性关系不显著，这也与黄海波等（2007）和蒋卫平等（2010）等学者的实证研究是一致的。"董事会会议次数"的系数为正，与 RDI 为正相关关系，这与蒋卫平等（2010）的研究是一致的；"董事会持股比例"的系数为负，与 RDI 为负相关关系，与 Dennis 等（1997）的研究也是一致的。但是在本书中，"董事会会议次数"和"董事会持股比例"与 RDI 的线性关系并不显著。

五、研究结论与展望

（一）研究结论及贡献

以往的学者（尤其是中国的学者）往往关注董事会结构对组织绩效的影响，对董事会结构与公司战略的关系关注较少，而对中小企业董事会的研究更是少之又少。本文以中小企业板的上市公司为研究对象，探讨了董事会结构与多元化战略的关系。

本文的研究结论如下：

（1）董事会结构对多元化战略有显著影响。我们的研究选取了"董事会成员职能背景多元化程度"和"关联董事比例"作为自变量，用 RDI 衡量公司多元化战略，得出："董事会成员职能背景多元化程度"与多元化战略 RDI 呈显著的正相关关系，"关联董事比例"与多元化战略呈显著的负相关关系。

（2）资源依赖理论能够更好地解释中小企业的战略选择，与"实施监管"相比，董事会"提供资源"的职能对中小企业的影响更为显著。对于董事会结构与战略选择的关系，从委托代理理论和资源依赖理论出发，可以得出完全不同的假设。然而，我们的实证结果表明，与委托代理理论相比，资源依赖理论的解释力更强。对我们所研究的中小企业而言，董事会"提供资源"的职能对战略的影响更为显著。

与委托代理理论相比，资源依赖理论对中小企业的董事会结构与战略选择的关系有着更强的解释力。这可能是由如下两方面原因导致的：

（1）中国的文化背景。正如 Peng（2003）所指出的：在中国文化背景下，事情往往依靠关系来解决，而制度变迁的宏观环境也使得发动人际网络变得必要，这都使得资源依赖理论的解释力在中国显得尤为突出。企业在引入董事会成员的同时，也是在引入这些董事会成员的人际关系网络，这对于中国的企业有着非常重要的意义。如果企业想实施多元化战略，扩张到某一个行业，那么如果董事会中有对这个行业非常熟悉的成员，比如，熟悉这个行业的上游供应商和下游零售商，那么企业的这一多元化战略将会开展的更为顺利。

（2）中小企业的自身特点。前面已经提到，中小企业有两大特性：所有者对经营管理的介入程度比较高、缺乏资源。对中小企业而言，所有者和经营者经常是一体的（孟执芳、陈志军，2005）。委托代理问题源自所有权和经营权的两权分离，而中小企业的所有者对企业的经营管理介入程度比较高，所以两权分离的现象并不是很严重，所以代表股东监控管理层也就不是董事会最主要的职能。中小企业的另一个重要特征就是缺乏资源，董事会通过提供专家意见、合法性、与外部的信息交流和资金、技术等资源的优先获得，能够有效弥补中小企业的资源缺陷，董事会提供资源的职能也就显得尤为重要。

本文的贡献主要有如下几个方面：

（1）从战略的角度去理解董事会的作用，让人们不再简单关注董事会与绩效的关系。以往很多研究的重点探讨董事会结构与绩效的关系，而由于研究对象、研究方法等各种因素的差异，莫衷一是，难以达成一致的结论。而本文深入到公司绩效的背后，探讨董事会结构对公司战略的影响，有利于人们更好地理解董事会如何影响到公司的战略决策。

（2）从董事会结构与多元化战略的关系，进一步探讨委托代理理论与资源依赖理论的冲突，具有一定的理论价值。通过研究设计，寻找到委托代理理论和资源依赖理论的冲突点，并用实证结果来检验两种理论在中国情境下的解释力。

（3）选取中小企业作为研究对象具有重要的现实意义。中小企业是中国经济社会的重要主体，而创业板也已经成立，马上就会有更多的中小企业上市。专门针对中小企业董事会结构所做的研究非常少，本文也希望能够对这一研究领域有所贡献。

（二）研究的局限性与未来展望

由于外部客观条件，笔者的学术水平和时间、精力有限等因素，本文也有一定的局限性，在以后的研究中需要改进：

（1）样本比较少，缺乏时间序列的分析。这一局限性是由于中小企业板成立时间比较短，上市公司数量较少造成的。

（2）董事会职能背景的测量需要主观判断。由于一些企业在财务报告中对董事会成员背景披露较少等原因，可能会与实际情况有所出入。

（3）上市公司分行业的收入披露与证监会的行业分类不能准确对应，笔者根据主营业务的内容，将其划入最相近的行业类别，可能会与实际情况有偏差。

（4）没有和其他类型企业进行对比，所以不能确定研究得出的结论只适用于中小企业，还是普遍适用。

在未来的研究中，局限（1）可以随着创业板的设立，更多中小企业的上市而得到解决，而局限（2）和局限（3）则能够通过多个研究者相互对照、讨论而使得主观因素产生的误差最小化。对于局限（4），研究者可以对其他板块上市公司的董事会结构与战略选择进行研究，与中小企业的情况进行对比。通过比较，可以发现中小企业董事会自身所独有的特点。

参考文献

[1] 黄海波，李树苗. 公司治理与多元化经营. 经济与管理研究，2007（6）.

[2] 姜付秀. 我国上市公司多元化经营的决定因素研究. 管理世界，2006（5）.

[3] 蒋卫平，刘菁. 公司治理结构与多元化投资. 财经理论与实践，2010（5）.

[4] 林汉川，夏敏仁，何杰，管鸿禧. 中小企业发展中所面临的问题——北京、辽宁、江苏、浙江、湖北、广东、云南问卷调查报告. 中国社会科学，2003.

[5] 孟执芳，陈志军. 中小企业实施多元化战略的动因探析. 山东经济，2005（1）.

[6] 石水平，周英顶，黄郡. 上市公司多元化经营战略与公司绩效实证研究. 南方经济，2006（10）.

[7] 姚俊，吕源，蓝海林. 我国上市公司多元化与经济绩效关系的实证研究. 管理世界，2004（11）.

[8] Amihud Y. and B. Lev. Risk Reduction as a Managerial Motive for Conglomerate Mergers. Bell Journal of Economics，1981（12）：99-110.

[9] Au K.，Peng M. W. and D. Wang. Interlocking Directorates，Firm Strategies and Performances in Hong Kong：Toward a Research Agenda. Asia Pacific Journal of Management，2000，17（1）：28-47.

[10] Barry Baysinger and Robert E. Hoskisson. The Composition of Boards of Directors and Strategic Control：Effects on Corporate Strategy. Academy of Management Review，1990，15（1）：72-87.

[11] Berle，A. and G.Means，The Modern Corporation and Private Property，New York：Macmillan，1968.

[12] Boyd，B. K.，CEO Duality and Firm Performance：A Contingency Model. Strategic Management Journal，1995（16）：301-312.

[13] Copeland T. and J. F. Weston，Financial Theory and Corporate Policy. Addison-Wesley：Reading，MA，1979.

[14] Dennis，D. J.，D. K Denis and A. Sarin. Agency Problems，Equity Ownership and Corporate Diversification. Journal of Finance，1997，52（1）.

[15] Eisenhardt，K. M. and L. J. Bourgeois. Politics of Strategic Decision Making in High Velocity Environments：Toward a Midrange Theory. Academy of Management Journal，1988（31）：737-770.

[16] Fama. E. F. and M. C. Jensen. Separation of Ownership and Control. Journal of Law and Economics，1983（26）：327-349.

[17] Hambrick，D. C. and P. A. Mason. Upper Echelons：The Organization as a Reflection of its Top Managers. The Academy of Management Review，1984，9（2）：193-206.

[18] Haunschild，P. and C. Beckman. When do Interlocks Matter? Alternate Sources of Information and Interlock Influence. Administrative Science Quaterly，1998（43）：815-844.

[19] Hillman，A. J. and T. Dalziel. Boards of Directors and Firm Performance：Integrating Agency Theory and Resource Dependence Perspectives. Academy of Management Review，2003（3）：383-396.

[20] Jacquemin，A. P. and C. H. Berry. Entropy Measure of Diversification and Corporate Growth. The

Journal of Industrial Economics, 1979, 27 (4): 359-369.

[21] Jensen M. C. and W. H. Meckling. Theory of the Firm: Managerial Behavior Agency Costs and Capital Structure. Journal of Financial Economics, 1976 (10): 305-360.

[22] Gabrielsson, J. and M. Huse. 'Outside' Directors in SME Boards: A Call for Theoretical Reflections. Corporate Board: Vote Duties and Composition, 2005, 1 (1): 28-37.

[23] Goodstein, J., K. Gautam and W. Boeker. The Effects of Board Size and Diversity on Strategic Change. Strategic Management Journal, 1994 (15): 241-250.

[24] Haunschild, P. and Beckman, C. When Do Interlocks Matter? Alternate Sources of Information and Interlock Influence. Administrative Science Quaterly, 1998 (43): 815-844.

[25] Kosnik, R. D. Effects of Board Demography and Directors. Academy of Management Journal, 1990 (33): 129-151.

[26] Lorsch, J. and Maclver, E. Pawns or Potentates: The Reality of America's Corporate boards, Cambridge, MA: Harvard Business School Press, 1989.

[27] Mintzberg, H. Power in and Around Organizations, Prentice-Hall, Englewood Cliffs, NJ, 1983.

[28] Mizruchi, M. and Stearns, L. A Longitudinal Study of the Formation of Interlocking Directorates. Administrative Science Quarterly, 1988 (33): 194-210.

[29] Pearce, J. and S. Zahra. The Relative Power of CEOs and Boards of Directors: As Sociations with Corporate Performance. Strategic Management Journal, 1991 (12): 135-153.

[30] Pearce, J. and S. Zahra. Board Composition from a Strategic Contingency Perspective. Journal of Management Studies, 1992 (29): 411-438.

[31] Peng M. W. Institutional Transitions and Strategic Choices. Academy of Management Review, 2003, 28 (2): 275-296.

[32] Peng M. W. Outside Directors and Firm Performance During Institutional Transitions. Strategic Management Journal, 2004 (25): 453-47

[33] Pfeffer, J. Size and Composition of Corporate Boards of Directors: The Organization and its Environment. Administrative Science Quarterly, 1972 (17): 218-228.

[34] Pfeffer, J. Size, Composition and Function of Hospital Boards of Directors: A study of Organization-environment Linkage. Administrative Science Quarterly, 1973 (17): 218-228.

[35] Pfeffer, J. and G. R. Salancik. The External Control of Organizations: A Resource Dependence Perspective, Harper and Row, New York, 1978.

[36] Porter, M. E.. From Competitive Advantage to Corporate Strategy. Harvard Business Review, 1987, 65 (3): 43-59.

[37] Robson, G., C. Gallangher and M. Daly. Diversification Strategy and Practice in Small Firms. International Small Business Journal, 1993, 11 (2): 37-53.

[38] Rumelt, R. P. Strategy, Structure and Economic Performance, Boston: Harvard Business School, Division of Research, 1974.

[39] Rumelt, R. P. Diversification Strategy and Profitability. Strategy Management Journal, 1982 (3): 359-369.

[40] Williamson, O. E. Corporate Governance. Yale Law Journal, 1984 (93): 1197-1230.

[41] Wrigley, L. Divisional Autonomy and Diversification, Harvard Business School, 1970.

Between the Structure of the Board of Directors of Small-and Medium-sized Enterprises and the Selection of Strategies

Xie Xuanli Zhao Shengli

Abstract: Starting from the theory of the agency by agreement and the theory of the reliance on resources, and taking as the object of our study the listed companies in the group of the small-and medium-sized firms listed in Shenzhen securities market, we have explored the relationship between the structure of the board of directors of small-and medium-sized firms and their selection of strategies. The results of our study demonstrate that the structure of the board of directors has a noticeable impact on companies' strategy of diversification, and that, compared with the theory of the agency by agreement, the theory of the reliance on resources can better explain the above-mentioned impact. In our opinion, because the scale of small-and medium-sized firms is small and the extent of the owners' involvement in the operation and management of the firms is relatively great, the problem of the agency by agreement is not obvious, and the lack of resources is the main bottleneck that restrains the expansion in diversification of many small- and medium-sized firms.

Key Words: small and medium sized enterprise; board of directors; diversification; angency theory; resource dependence theory

独立董事的独立性：基于董事会投票的证据*

叶康涛　祝继高　陆正飞　张然

【摘　要】本文利用中国特有的强制披露数据，即中国上市公司独立董事对董事会议案发表意见和进行投票的数据，考察了独立董事相对于管理层的独立性及其监督作用。本文发现，绝大多数情况下独董并不会公开质疑管理层行为，这在一定程度上符合 Mace（1986）对独董投票权属于橡皮图章的描述。然而，当公司业绩不佳时，独董更有可能对管理层行为提出公开质疑；并且，声誉越高、具有财务背景、任职时间早于董事长任职时间的独立董事更有可能对管理层决策提出质疑。进一步研究发现，存在异议独董的公司市场价值也更高。这表明当公司面临危机时，独立董事能够发挥监督作用，并且独立董事的监督行为能够缓解代理问题，提高公司价值。

【关键词】独立董事；董事会独立性；董事会投票；公司价值

一、引言

独立董事制度一直被视为解决股东与经理人之间代理问题的重要机制之一（Fama 和 Jensen，1983）。然而，由于独立董事大都由管理层聘请，以及独立董事与管理层之间的信息不对称等原因，不少学者认为独立董事的投票权仅仅是橡皮图章，一般情况下不会在董事会议上对管理层的行动提出公开质疑，即独立董事并不能真正发挥监督作用（Mace，1986；Kesner 等，1986；Wade 等，1990；Jensen，1993）。

已有研究通过考察董事会结构与公司业绩之间的关系，试图为独立董事制度有效性提供经验证据（例如，Kesner 等，1986；Wade 等，1990；Dalton 等，1998；Hermalin 和 Weisbach，2003）。由于缺乏对董事会实际决策过程的了解，现有研究主要通过直接考察独立董事比例与公司业绩之间的相关性，来检验独立董事制度是否能够缓解代理问题。然

* 本文选自《经济研究》2011 年第 1 期。

而，由于独立董事比例和公司业绩很可能都与遗漏变量相关，这种研究方法容易导致严重的内生性问题（Hermalin 和 Weisbach，2003；Harris 和 Raviv，2008）。Pettigrew（1992）进一步指出，当缺乏有关董事会决策过程的直接证据时，若研究者直接考察独立董事比例与公司业绩之间的关系，容易导致逻辑跳跃幅度过大，并建议未来研究有必要深入考察董事会的实际决策过程。

本文利用中国特有的强制披露数据（独立董事对董事会议案出具意见和投票结果）提供的研究机会，试图打开董事会实际决策过程这个黑匣子。2004 年 12 月，我国上海和深圳证券交易所要求上市公司披露独立董事针对董事会议案所发表的具体意见，包括提案内容、董事会表决结果、投反对票或弃权票的董事姓名和理由等信息。这些数据使得我们能够直接观测到独立董事针对管理层提案所发表的具体意见，从而有助于深化对独立董事相对于管理层的独立性及其监督作用的认识。据我们所知，其他国家并没有强制规定上市公司必须公布董事会投票结果，作为唯一强制披露该信息的国家，中国公司披露的此类信息为研究董事会行为提供了一项绝佳的研究机会。

我们发现，仅有约 4% 的公司曾有独董对董事会议案提出过公开质疑，这表明绝大部分情况下独董并不会公开质疑管理层行为，这在一定程度上符合 Mace（1986）对独董投票权属于橡皮图章的描述。独立董事公开质疑的董事会议案主要集中在担保、关联交易和年度报告事项（财务报告披露、利润分配、报告修改补充等）方面；大约 86%的异议原因为董事会议案可能损害股东利益、存在较大经营风险，或公司治理结构存在缺陷。这表明独立董事的公开质疑行为主要出于保护小股东利益的动机。

我们发现当公司业绩不佳时，独董更有可能对管理层行为提出公开质疑。并且，声誉越高、具有财务金融背景、任职时间早于董事长任职时间的独立董事更有可能对管理层决策提出质疑。进一步研究发现，存在异议独董的公司市场价值也更高。这表明当公司面临危机时，独立董事能够发挥监督作用，并且独立董事的监督行为能够缓解代理问题，提高公司价值。

本文的贡献主要是：第一，增进了对独立董事实际投票行为的认识。Pettigrew（1992）呼吁学者深入考察董事会决策过程，以深化对独立董事作用和独立性的认识。然而，受研究数据可获得性的制约，已有研究主要采取理论模型和实验方法进行研究（如 Warther，1998；Hermalin 和 Weisbach，1998；Adams 和 Ferreira，2007；Gillette 等，2003），鲜有研究实证考察独立董事的实际投票行为。本文利用中国特有的数据考察独立董事的实际投票行为，丰富了该领域的文献。第二，本文通过考察相同公司的独立董事在面临相同的董事会议案时如何做出不同的反应，有助于避免以往研究中的内生性问题。由于同一家公司的独董面临着相同的董事会议案，因此，这相当于提供了一个自然实验机会，有助于控制遗漏公司特征对独董投票行为的影响，使得本文结果较少受到内生性问题的困扰。第三，本文结果还有助于我们深入了解独立董事投票权是否属于橡皮图章，以及哪些因素影响独立董事的独立性和监督行为，从而为政府监管部门进一步完善独立董事制度、改善公司治理机制提供决策参考。

二、文献回顾

引入外部独立董事是否能够有效保护投资者利益、改善公司业绩，一直是公司治理学者的热点研究话题之一，然而已有研究并未得到一致结论。一些研究发现独立董事在董事会中所占比例与企业经营业绩显著正相关（例如，Brickley 等，1994；Peng，2004；王跃堂等，2006）。但也有一些研究发现两者之间并不存在正相关关系（如 Hermalin 和 Weibach，1991；Adam 和 Ferreira，2007；于东智和王化成，2003；李常青和赖建清，2004）。由于独立董事的背景差异较为悬殊，也有研究进一步考察了独立董事个人特征与公司业绩之间的关系。这些研究主要从性别（Farrell 和 Hersch，2005；Adams 和 Ferreira，2009）、教育和工作背景（Rosenstein 和 Wyatt，1990；Fich，2005；魏刚等，2007；王跃堂等，2006；胡奕明和唐松莲，2008）、兼任其他公司董事职位情况（Shivdasani，1993；Carpenter 和 Westphal，2001）、任期（Singh 和 Harianto，1989；Johnson 等，1993；Westphal 和 Zajac，1995）等角度进行分析。

另外一些研究则考察了董事会结构与公司具体经营决策的关系。例如，Weisbach（1988）发现外部董事占主导的公司 CEO 变更与企业业绩的敏感性更强；Brickley 和 James（1987）发现这类公司的管理层在职消费更低。Byrd 和 Hichman（1992）发现市场对于外部董事占主导的公司并购事件的反应更为积极。Cotter 等（1997）则发现外部董事比率高的目标公司，其股东在并购中获得的溢价更高。国内研究方面，支晓强和童盼（2005）发现中国上市公司的独立董事能够识别公司的盈余管理行为；叶康涛等（2007）发现独立董事能够抑制大股东的资金占用行为；但唐清泉等（2005）和高雷等（2006）并未发现独立董事比例与大股东掏空负相关。总之，已有文献倾向于认为独立董事在一定程度上能够改善公司内部治理机制。

受研究数据可获得性的制约，董事会的具体决策过程对许多研究者来讲依然是一个黑匣子，这制约了我们对董事会行为及其绩效的深入认识。仅有的几篇探讨董事会决策过程的文章主要采用理论模型和实验方法进行研究。Warther（1998）通过构建一个三人董事会投票模型，认为外部董事为了避免得罪管理层，一般不会公开反对管理层，但当公司业绩不佳时，外部董事更有可能提议更换管理层。Hermalin 和 Weisbach（1998）通过考察董事会与管理层之间的博弈，认为当公司业绩较差的时候，董事会将认为现有管理层能力较弱，倾向于替换现有管理层。Adams 和 Ferreira（2007）则认为，董事会独立性的增强未必有利于公司价值提升，因为此时管理层为了避免来自外部董事的监督，倾向于不向外部董事披露公司内部信息，从而降低了外部董事的监督有效性。Gillette 等（2003）则采用实验模拟方法，发现董事会独立性增强有助于提高公司投资决策的有效性。总之，现有研究主要通过理论模型和实验模拟分析董事会决策过程，然而，这些研究结论是否与经验证据

相吻合仍有待进一步的检验。本文试图利用中国强制披露的董事会投票数据，为有关董事会决策过程的研究提供经验证据。

三、制度背景与研究假设

（一）制度背景

在2001年之前，中国上市公司可自愿决定是否聘请外部独立董事。为了改善中国上市公司的治理结构，中国证监会于2001年开始要求上市公司必须聘请外部独立董事。证监会还规定独立董事应当就上市公司重大事项向董事会或股东大会发表独立意见。独立意见类型包括如下几类：同意；保留意见；反对意见；无法发表意见。不过，证监会并没有明确规定上市公司是否应向社会公众披露独立董事所发表的具体意见。

为了进一步增强独立董事的独立性和监督作用，2004年修订的上海和深圳证券交易所的《股票上市规则》（2004年12月10日生效）规定上市公司需披露有关重大事项的董事会决议公告。董事会决议公告中包括："每项议案获得的同意、反对和弃权的票数，以及有关董事反对或弃权的理由"；以及"需要独立董事事前认可或独立发表意见的，说明事前认可情况或所发表的意见"。这些规定使得我们能够直接观测到独立董事针对董事会议案的投票行为和发表的具体意见。

在中国制度背景下，独立董事进行监督的主要动因为规避法律风险或声誉风险（唐清泉等，2006）。从法律风险来看，中国《公司法》第一百一十三条规定："董事应当对董事会的决议承担责任。董事会的决议违反法律、行政法规或者公司章程、股东大会决议，致使公司遭受严重损失的，参与决议的董事对公司负赔偿责任，但经证明在表决时曾表明异议并记载于会议记录的，该董事可以免除责任。"第二百一十二条规定："公司向股东和社会公众提供虚假的或者隐瞒重要事实的财务会计报告的，对直接负责的主管人员和其他直接责任人员处以一万元以上十万元以下的罚款。构成犯罪的，依法追究刑事责任。"独立董事作为董事会成员，同样适用上述法律规定。例如，2001年9月27日，中国证监会曾以郑百文年报中存在严重虚假和重大遗漏为由，认定包括独立董事在内的公司数名董事负有直接责任，并对其分别处以10万元罚款。独立董事面临的另一项风险是声誉风险。如果独立董事履职公司出现重大法律或经营问题，则独立董事的社会声誉也将受到严重损害。

为了规避这些风险，独立董事除了可以"用脚投票"，即主动辞去高风险公司的独董职位，还可以"用手投票"，即对他们认为存在问题的董事会议案提出异议。此举一是可以规避法律风险，若独董已对有问题的董事会议案提出过异议，则可以免除相应法律责任；二是可以向公众表明自己已经尽到勤勉尽责的义务，从而使其声誉免于任职公司丑闻的影响。

（二）研究假设

1. 公司业绩与独立董事的公开质疑行为

虽然董事会成员一般情况下不会对管理层的行动提出公开挑战，但已有研究表明当公司业绩不佳时，外部董事的独立性将增强。Mace（1986）通过对董事会成员和管理层的访谈，发现董事会在公司面临危机时更有可能采取积极行动。Warther（1998）认为，当公司业绩不佳时，董事会成员的声誉和未来报酬将遭受损失，因而此时外部董事更有动力替换现有管理层。Hermalin 和 Weisbach（1998）则认为，管理层的权威主要来自于业绩，当公司业绩较差时，董事会将认为现有管理层能力较弱，从而倾向于替换现有管理层。这些都表明当公司业绩不佳时，独立董事更有可能对现有管理层的决策提出公开质疑。为此，我们提出如下假设：

H1：当公司业绩不佳时，独立董事更有可能对董事会议案提出公开质疑。

2. 独立董事个人特征与公开质疑行为

由于独董行为很可能受独董个人特征的影响，因此我们也将考察独董个人特征与其公开质疑行为之间的关系。我们主要从独董声誉、任职时间和是否具有财务背景等角度进行考察。

Fama 和 Jensen（1983）指出，若独董不能尽到监督职责，则其声誉将受到损害，并且未来在其他公司更难谋到独董职位，即声誉机制能够促使独立董事积极履行其监督职能。Fich 和 Shivdasani（2007）发现若独董任职公司遭遇财务舞弊诉讼，则该独董在其他公司的董事职位将显著减少，支持了声誉假说。Yermack（2004）同样发现外部董事任职董事数量与其任职公司的业绩正相关。由于高声誉独董担任独董的机会往往高于低声誉的独董，若公司出现重大法律或经营问题，则这些高声誉独董因此丧失的其他公司任职机会也将越多，并且，其自身社会声誉也会遭受更严重的损失。为了规避这些风险，高声誉独董更有可能对其认为有问题的董事会议案提出公开质疑。为此，我们有如下假设：

H2：独董的声誉越高，则越有可能对董事会议案提出公开质疑。

已有研究发现 CEO 和外部董事的相对任期影响外部董事的独立性（Singh 和 Harianto，1989；Johnson 等，1993；Westphal 和 Zajac，1995）。若独立董事的任职时间晚于现任 CEO 任职时间，则现任 CEO 在独立董事聘请过程中往往发挥了重要作用，从而独立董事容易对现任 CEO 产生亲近和感激之情（Westphal 和 Zajac，1995；Shivdasani 和 Yermack，1999）；同时，该 CEO 由于任职时间相对更长，面对独立董事也会具有更多的信息优势和更高的权力地位（Singh 和 Harianto，1989；Johnson 等，1993；Westphal 和 Zajac，1995；Ryan 和 Wiggins，2004）。这些都会减少独立董事的监督行为。由于在中国上市公司中，董事长往往是最高管理者，因此我们这里主要比较董事长和独立董事的相对任期[①]。基于以上分析，我们有如下假设：

---

① 在稳健分析中，我们也采用 CEO 和独立董事的相对任期进行分析，结论依然成立。

H3：若独立董事的任职时间晚于现任董事长的任职时间，则该独立董事越不可能对董事会议案提出公开质疑。

董事会的投票议案涉及年度报告、关联交易和投资等内容，而这些重要事项的决策大多需要财务背景知识。因此，拥有财务背景的独立董事能够更好地进行决策。以往的研究也支持具有财务背景的独立董事能够更好发挥监督作用。例如，Agrawal 和 Chadha（2005）发现，审计委员会中具有财务背景的董事能够降低企业财务重述概率。胡奕明和唐松莲（2008）指出，董事会中具有财务背景的独立董事越多，公司的盈余质量越高。DeFond 等（2005）则发现市场对于公司聘任具有财务背景的董事给予了更为积极的评价。因此，我们提出如下假设：

H4：与其他背景的独立董事相比，具有财务背景的独立董事更有可能对董事会议案提出公开质疑。

3. 独立董事公开质疑行为与公司价值

我们预期存在异议独董的公司市场价值将更高。首先，独立董事敢于对董事会议案提出公开质疑，表明该公司独立董事的独立性较强，而独立董事独立性的增强可以有效缓解外部股东和内部人之间的代理问题，从而提高公司价值。其次，独立董事的公开质疑行为将增加管理层谋取私利的难度，从而降低代理成本。如果董事会议案中包含了可能损害股东利益的事项，独立董事可以通过公开质疑来向公众传递该议案可能损害股东利益的信号，甚至否决该项议案，这些都增加了管理层谋取私有收益的难度。Brick 和 Chidambaran（2007）发现董事会的监督活动（例如，董事会会议次数、董事工作时间等）可以增加公司价值。而独立董事就董事会议案进行公开质疑和投票是独立董事发挥监督作用的重要渠道之一。基于上述分析，我们提出如下假设：

H5：存在异议独立董事的公司，其市场价值更高。

四、样本和描述性统计

（一）样本

由于中国证券交易所自 2004 年 12 月开始才强制要求上市公司披露独立董事的意见类型和投票情况，因此，本文以 2005~2007 年 A 股上市公司为研究对象。本文数据来自 CSMAR 数据库。我们剔除了金融行业和有关变量缺失的观测，共得到 3751 个公司——年观测值。全部样本公司中，仅有约 4%的公司存在异议独董，表明大部分独董并不公开行使其异议权，这在一定程度上符合独立董事投票权属于橡皮图章的传统观点（Mace，1986）。

为了检验独董个人特征对其公开质疑行为的影响，我们也构建了独立董事层面的样本。为了控制内生性问题，我们主要考察不同独董面临相同的董事会议案时如何做出不同反应。若同家公司的所有独董针对同一议案都投了非赞成票，或都投了赞成票，则我们将这些公司剔除，仅保留相同公司的独董面临相同的议案做出了不同反应的样本，以更好控制遗漏公司特征变量对研究结果的干扰。我们也剔除了金融行业和有关变量缺失的观测，最后得到 412 个独董——年观测值。在这些存在异议独董的公司中，约有 40%的独董曾对董事会议案提出了公开质疑。

（二）描述性统计

独立董事的投票意见类型包括“赞成”、“反对”、“弃权”、“保留意见”、“无法发表意见”、“提出异议”和“其他”①。受中国文化的影响，独董较少采取极端的“反对”票形式来表达自己的反对意见，而是采取其他更为缓和的方式，例如弃权、保留意见、无法发表意见等来表达自己的不认同态度。因此，我们把除了赞成票之外其他类型的投票意见都归为异议意见。

表 1 是有关独董投票行为的描述性统计。由表 1 的 Panel A 可知，独立董事公开质疑的董事会议案主要集中在担保事项、关联交易和年度报告事项（财务报告披露、利润分配、报告修改补充等）方面。这表明独立董事较为关注小股东利益保护问题。例如，关联交易和担保往往成为大股东掏空上市公司的重要手段，而财务报告披露、利润分配方案等则直接关系到小股东的投资收益。

表 1　独立董事公开质疑的议案内容、异议意见类型和异议原因

	2005 年	2006 年	2007 年	合计	比例（%）
Panel A：独董公开质疑的董事会议案					
(1) 担保事项	14	94	87	195	29.41
(2) 关联交易	8	48	60	116	17.50
(3) 年度报告事项（财务报告披露、利润分配、报告修改补充等）	8	42	36	86	12.97
(4) 审计事项	3	17	58	78	11.76
(5) 人事变动事项	11	31	15	57	8.60
(6) 其他（包括薪酬、投资、募集资金等）	31	57	43	131	19.76
合计	75	289	299	663	100.00

① “其他”往往也属于非赞成意见。例如，广济药业（000952）四位独立董事于 2007 年 3 月 23 日发表的意见内容：“公司以往已四年未分配现金股利，本年度公司应当分配利润，给股东以一定的投资回报；但是，鉴于公司在 2006 年 7 月以资本公积金转增股本的方式实施股改方案，公司总股本由改革前的 17122.6 万元变更为 25170.5513 万元，增长了 47%，如 2006 年度公司再次进行资本公积金转增股本，公司利润的增长将无法适应股本扩张的速度，公司每股收益将被进一步摊薄；如果 2006 年度分配现金股利，将可能给公司筹措项目建设资金增加一定的压力，不利于公司的可持续发展。为此，从股东和公司的长远利益出发，我们同意上述 2006 年度利润分配预案，但是我们强烈建议公司在下一年度进行利润分配，以回报股东、回报广大投资者。”该类意见虽然没有明确提出反对意见或者弃权，但是对公司的经营决策有一定的监督作用。因此，本文将意见类型为“其他”也定义为异议独董。

续表

	2005 年	2006 年	2007 年	合计	比例（%）
Panel B：独董异议意见类型					
(1) 反对	19	39	6	64	12.96
(2) 弃权	22	53	10	85	17.21
(3) 保留意见	20	38	4	62	12.55
(4) 无法表示意见	6	22	5	33	6.68
(5) 提出异议	0	9	9	18	3.64
(6) 其他*	7	93	132	232	46.96
合计	74	254	166	494	100.00
Panel C：独董提出异议的原因				频次	比例
(1) 不了解议案相关信息				35	12.77
(2) 议案可能损害股东利益				129	47.08
(3) 公司治理结构存在缺陷				47	17.15
(4) 出于谨慎性原则				60	21.90
(5) 未列席				3	1.09
合计				274	100.00

注：①*“其他”包括的范围较为广泛，这些意见既非完全同意，又非明确的反对或者弃权意见。②这里的描述性统计涵盖了全部异议独董的情况，而独立董事回归的样本剔除了同一公司所有独董都曾公开质疑的观测值。因此，这里的样本量要大于独立董事回归的样本量。

由表 1 的 Panel B 可知，独立董事发表的异议意见类型主要为“其他意见”和“弃权意见”，只有约 13%的异议意见为“反对意见”。这表明独立董事较少采用“反对意见”这种较为激烈的意见表达方式，而更多地采用较为缓和的“其他意见”或“弃权意见”来表达自己的异议态度。

我们同时也收集整理了独董提出异议的原因。由表 1 的 Panel C 可知，大约 47%的质疑是由于独董认为该项议案可能损害股东利益和公司价值。另有约 22%的议案因独董出于谨慎性原则而遭到质疑，例如独董认为这些经营决策存在较大风险。此外，约 17%的议案遭到质疑是由于独董认为其不符合有关公司治理程序，或上市公司的治理结构存在较大缺陷。这表明独立董事的公开质疑行为主要源于保护小股东利益的动机。

表 2 比较了存在异议独董和不存在异议独董公司的财务特征和公司治理特征。从财务特征来看，异议独董公司的 ROA 平均为-3.2%，远低于不存在异议独董公司的 1.5%，表明异议独董公司的业绩更低，这与假设 1 相符。另外，异议独董公司的资产负债率更高。从公司治理特征来看，虽然异议独董公司的管理层持股比例的平均值低于不存在异议独董的公司，但中位数检验的结果正好相反，而其他变量的均值差异都不显著。总之，我们未发现两类公司在公司治理特征上存在显著差异。

表 3 为独立董事特征的描述性统计。我们按照独立董事是否曾公开质疑董事会议案将独立董事分成两组：异议独董和无异议独董。从表 3 可知，异议独董平均拥有的董事职位数量为 1.44 个，显著大于无异议独董的 1.22 个。54%的异议独董的履职日期早于现任董

表 2 公司财务特征和治理特征的描述性统计

	不存在异议独董的公司		存在异议独董的公司		均值检验	中值检验
	均值	中值	均值	中值		
ROA	0.015	0.024	-0.032	0.007	4.30***	5.30***
SIZE	21.254	21.168	21.081	21.073	2.12**	0.96
LEV	0.546	0.530	0.763	0.626	-4.55***	-4.82***
INDRATIO	0.353	0.333	0.351	0.333	0.72	0.96
MANSHARE	0.012	0.000	0.005	0.000	2.89***	-1.77*
DUAL	0.127	0.000	0.136	0.000	-0.34	-0.34
C/V	0.800	1.000	0.786	0.974	0.70	1.56
样本量	3589		162			

注：存在异议独董的公司指该公司曾有独立董事提出公开质疑，不存在异议独董的公司指该公司没有独立董事提出公开质疑。ROA：总资产收益率；SIZE：期初资产的自然对数；LEV：资产负债率；INDRATIO：独立董事比例；MANSHARE：管理层持股比例；DUAL：如果董事长兼任总经理，则取值为 1，否则为 0；C/V：控股股东的现金流量权/控制权，我们对变量进行了 1%的 Winsorization 处理。***、**、* 分别代表在 1%、5%和 10%水平上显著。

表 3 独立董事特征的描述性统计

	无异议独董		异议独董		均值检验	中值检验
	均值	中值	均值	中值		
NUMBER	1.220	1.000	1.440	1.000	-2.74***	-2.48**
TENURE	0.195	0.000	0.536	1.000	-7.36***	-7.20***
FINANCE	0.423	0.000	0.584	1.000	-3.25***	-3.21***
COMP	37934	36333	43702	40000	-1.65*	-1.20
SEX	0.874	1.000	0.904	1.000	-0.93	-0.93
AGE	50.089	46.500	50.187	47.500	-0.09	-0.71
LOCATION	0.577	1.000	0.554	1.000	0.46	0.46
样本量	246		166			

注：如果独董在年度内曾公开质疑董事会议案，则归类为异议独董，否则为无异议独董。NUMBER：独立董事担任的独董职位数量；TENURE：如果独立董事履职日期早于现任董事长的履职日期，则取值为 1，否则为 0；FINANCE：如果独立董事具有财会和金融背景，则取值为 1，否则为 0；COMP：独立董事担任董事职位的报酬，如果担任多家公司的独立董事，则取平均值；SEX：如果独董为男性则取值为 1，否则为 0；AGE：独董年龄；LOCATION：如果独立董事工作地与上市公司注册地为同一省份，则取值为 1，否则为 0。***、**、* 分别代表在 1%、5%和 10%水平上显著。

事长的履职日期，而无异议独董该比率只有 19.5%。异议独董拥有财务金融背景的比率为 58%，显著大于无异议独董的 42%。异议独董担任独董职位的平均薪酬为 43700 元，也显著高于无异议独董的 37900 元。我们没有发现两类独董在性别、年龄和工作地点上存在显著差异。

五、实证分析结果

（一）独立董事公开质疑行为的影响因素：公司层面回归

我们首先考察哪些类型的公司更有可能存在异议独立董事。回归分析的因变量为“异议公司”，其定义为：如果公司存在异议独董，则取值为1，否则为0。为了检验假设1，我们选择总资产收益率（ROA）作为解释变量。由于以往文献表明公司治理结构影响董事会行为（John和Senbet，1998；Vafeas，1999），我们也加入了公司治理变量作为解释变量。根据以往文献的有关发现（例如，Bai等，2004；Jian和Wong，2010），我们选择的公司治理变量包括：独立董事比例（INDRATIO）、管理层持股比例（MANSHARE）、董事长是否兼任CEO（DUAL）、控股股东现金流权/控制权（C/V）①。我们同时还控制了公司规模（SIZE）、负债率（LEV）、年份和行业变量。

公司治理变量对独立董事公开质疑行为的影响较为复杂：当公司治理结构较好的时候，由于此时代理成本不太严重，我们预计独立董事提出公开质疑的概率也会随之下降，我们称之为“代理成本效应”；但是，良好的公司治理结构又会鼓励独立董事敢于公开质疑管理层，我们称之为“激励效应”。由于这两种效应对独董质疑行为的影响正好相反，因此我们难以确定公司治理变量和独董质疑行为之间的具体关系，而把这个问题留到实证分析部分予以解决。

表4　独立董事公开质疑行为的影响因素：公司层面回归

因变量：VOTE	模型1	模型2	模型3
Constant	−2.986 (1.517)	−2.699*** (2.963)	−1.684 (0.776)
ROA	−1.871** (2.276)		−1.908** (2.282)
SIZE	−0.036 (0.396)		−0.053 (0.586)
LEV	0.600*** (3.038)		0.607*** (3.060)
INDRATIO		−1.711 (0.720)	−2.803 (1.317)

① 控股股东的现金流权越高，表明控股股东与小股东利益趋于一致；而控股股东控制权越高，则表明控股股东对公司的控制强度越大，越有可能利用此权力谋取私利。因此，现金流权/控制权反映了公司代理问题的严重程度，该指标越小，则表示控股股东与小股东的代理冲突越严重，具体指标计算方法及含义参见Claessens等（2002）。

续表

因变量：VOTE	模型 1	模型 2	模型 3
MANSHARE		-3.414 (1.566)	-2.449 (1.220)
DUAL		0.047 (0.187)	-0.107 (0.434)
C/V		-0.097 (0.293)	0.138 (0.396)
行业和年份	已控制	已控制	已控制
Pseudo R2	0.0637	0.0395	0.0668
样本量	3751	3751	3751

注：因变量为 VOTE，定义如下：如果公司的独立董事曾公开质疑董事会议案，取值为 1，否则为 0。其他变量定义见表 2。***、**、* 分别代表在 1%、5%和 10%水平上显著。括号内是 Z 值，标准误差按公司聚类和异方差调整。

表 4 报告了 Logit 回归结果。我们发现公司业绩与独董公开质疑的概率显著负相关，表明公司业绩越差，则独董越有可能对董事会议案提出公开质疑。这与 Warther（1998）、Hermalin 和 Weisbach（1998）的模型预测一致，支持了假设 1。我们还发现负债率与独董公开质疑行为呈正相关关系，表明债务负担越重的公司其独董越有可能公开质疑董事会议案。公司治理变量与独董公开质疑行为之间没有相关关系，这或许表明公司治理结构不影响独董的质疑行为，也有可能公司治理结构所带来的“代理成本效应”和“激励效应”相互抵消，导致这些变量不显著。具体原因有待未来进一步研究。

（二）独立董事公开质疑行为的影响因素：独立董事层面回归

我们进一步采用独立董事层面样本，考察独立董事个人特征对其公开质疑行为的影响。我们通过比较异议独董和无异议独董的个人特征差异，考察哪些个人特征影响独董的公开质疑行为。为了控制内生性问题，我们主要考察不同独董面临相同公司的董事会议案如何做出不同反应。这相当于构造了一个按照公司特征进行配比的样本，有助于更好控制由于遗漏公司特征所导致的内生性问题。

我们采用独董在其他公司担任董事职位的数量作为该董事的声誉指标。Fama 和 Jensen（1983）认为，董事在其他公司担任的董事职位越多，反映了该董事的声誉和能力越强。Shivdasani（1993）通过分析 1980~1988 年的美国公司敌意收购行为，也发现董事担任其他公司董事职位越多，则公司治理绩效越好。我们采用的另一个反映独董声誉的指标是该独董担任各上市公司独董职位的平均薪酬。独董薪酬反映了市场对该独董能力和声誉的定价，若独董获得的平均薪酬越高，则表明其声誉和能力越强（Peng 等，2009）。

表 5 报告了 Logit 回归结果。表 5 的模型 1 采用独董兼任公司董事职位数作为独董声誉指标，模型 2 采用独董担任独董职位所获得的平均薪酬作为独董声誉指标。我们发现独立董事兼任的公司董事职位越多，担任独董职位获得的平均薪酬越高，则越有可能投非赞

表 5　独立董事公开质疑行为的影响因素：独立董事层面回归

因变量：VOTEPERSON	模型 1	模型 2
Constant	-3.348 (1.426)	-4.471* (1.835)
NUMBER	0.350*** (2.706)	
Log（COMP）		0.256** (2.518)
TENURE	1.572*** (5.355)	0.656** (2.333)
FINANCE	0.750*** (3.054)	0.761*** (3.011)
SEX	0.085 (0.233)	0.029 (0.071)
Log（AGE）	0.417 (0.701)	0.167 (0.263)
LOCATION	-0.246 (0.953)	-0.271 (1.101)
Pseudo R2	0.1257	0.0699
样本量	412	343

注：因变量为 VOTEPERSON，定义如下：如果独立董事在年度内对董事会议案提出过公开质疑，则取值为 1，否则为 0。其余变量定义见表 3。***、**、* 分别代表在 1%、5%和 10%水平上显著。括号内是 Z 值，标准误差按公司聚类和异方差调整。

成票，这表明高声誉的独立董事更倾向于对有问题的董事会议案提出公开质疑。这与 Fama 和 Jensen（1983）、Carpenter 和 Westphal（2001）等的观点一致，支持了假设 2。同时，若独立董事履职日期早于现任董事长的履职日期，越有可能提出公开质疑，支持了假设 3。此外，具有财会和金融背景的独立董事也越有可能提出公开质疑，支持了假设 4。这些发现表明独立董事的声誉、任期和专业背景显著影响独立董事的独立性和监督作用。我们没有发现独董年龄、性别和工作地点影响其公开质疑行为。

（三）独立董事公开质疑行为与公司价值

在本节，我们进一步考察异议独董与公司市场价值的相关性。公司市场价值采用行业中值调整后的公司当年 Tobin's Q。表 6 报告了回归结果。我们发现存在异议独董的公司，其市场价值更高。这表明独董通过积极履行监督职能，有助于减轻代理问题，提高公司市场价值。假设 5 得到支持。需要说明的是，前文分析表明当公司业绩不佳时，独董更有可能对管理层行为提出公开质疑；而此处分析表明，存在异议独董的公司市场价值也更高。我们认为这两者结果并不矛盾。首先，在稳健性分析中，我们控制了业绩对市场价值的影响，本文结论依然成立。因此，表 6 结论反映了当公司业绩相同时，存在异议独董的公司将具有更高的市场价值。其次，市场价值反映了投资者对公司未来业绩的判断，而非历史

表 6 异议独董与公司市场价值

因变量：Tobin's Q	模型 1：OLS 回归	模型 2：2SLS 回归
Constant	4.892*** (10.559)	4.775*** (13.425)
VOTE	0.160** (2.114)	1.139*** (2.827)
SIZE	-0.219*** (10.364)	-0.213*** (13.449)
LEV	-0.317*** (3.015)	-0.412*** (4.719)
INDRATIO	0.499 (1.189)	0.552 (1.551)
MANSHARE	0.272 (0.862)	0.345 (1.399)
DUAL	0.102* (1.884)	0.115** (2.502)
C/V	0.022 (0.319)	0.015 (0.257)
年份	已控制	已控制
Adj-R^2 或 Wald Chi2	0.0840	324.22
样本量	3239	3239

注：因变量为经行业中值调整的当年 Tobin's Q，Tobin'Q=（年末股东权益市场价值+年末负债的账面价值）/年末资产的账面价值；VOTE：如果公司的独立董事曾公开质疑董事会议案，取值为 1，否则为 0；其他变量定义见表 2。***、**、* 分别代表在 1%、5%和 10%水平上显著。括号内是 t 值，标准误差按公司聚类和异方差调整。

业绩（Hermalin 和 Weisbach，1998），下文分析表明异议独董的监督行为有助于改善公司未来经营状况。因此，即便公司当期业绩不佳，但投资者仍会对这类公司的未来业绩（进而对市场价值）有较高的估值。

由于独董公开质疑行为与历史业绩相关，因此某一公司是否存在异议独董具有选择性偏差。为了克服由此带来的内生性问题，我们采用处理效应模型进行了稳健分析①。前文分析表明独董任职日期若早于董事长任职日期，则独董更有可能投异议票，因此我们采用当年董事长是否发生更替作为独董公开质疑的工具变量。这是由于如果当年发生董事长更替，则新任董事长的任职日期很可能晚于公司现任独董的任职日期，从而独立董事的独立性将较强。未报告的相关系数表明独董公开质疑行为与董事长更替显著正相关（Pearson 相关系数 = 0.0889，$p < 0.001$）。此外，Firth 等（2006）发现中国上市公司的董事长更替与股票回报并不显著相关，这表明公司 Tobin's Q 的高低很可能并非导致董事长更替的主要原因。这些都表明董事长更替可以作为独董公开质疑行为的工具变量。表 6 的模型 2 列出

① 由于独董是否表达异议是一个虚拟变量，我们这里采用处理效应模型进行两阶段回归。

了采用工具变量的两阶段回归结果，独董公开质疑行为依然与公司价值显著正相关。这表明本文结论具有较高的稳健性。

为了更好判断独董提出异议对公司绩效的直接效应，我们进一步考察在独立董事提出异议之后，是否有可能促使管理层纠正这些有问题的议案。通过查询公司年报和公告等信息，我们对被公开质疑的议案内容是否得到改善进行了追踪研究。如果被公开质疑的议案涉及的事项在下一年有明显改善，我们定义为议案内容改善，例如，关联交易金额减少、大股东占款金额减少、公司经营业绩改善、公司对外提供的担保降低等。我们统计了 230 件被公开质疑议案的后续情况。表 7 列出了统计结果。我们发现其中 15 件议案被董事会直接否决，剩余 215 件获得通过的议案中，有 101 件无法根据公开信息判断该议案内容是否得到了改善，在其余 114 件可以确切判断议案内容是否得到改善的情形中（例如关联交易金额是否减少了等），我们发现有 76 件议案内容得到了改善，只有 38 件议案内容没有得到改善。在我们能够确切判断议案内容是否改善的情形中，约 2/3 的议案得到了改善；若把董事会议案直接被否决也视为议案改善，则该比例将提高到 71%。总之，我们的分析表明，大部分的议案内容在被公开质疑后得到了改善。

表 7 公开质疑议案的后续改善情况

	董事会议案被否决	董事会议案通过		
		无法判断议案是否改善	可以判断议案是否改善	
			改善	未改善
观测个数	15	101	76	38
议案类型	主要包括：对外担保、人事任免、大股东占款、审计事项等	主要包括：投资、财务报告、股权转让等	主要包括：对外担保、关联交易、大股东占款、审计事项、经营管理、利润分配等	

注：如果被公开质疑的议案涉及的事项在下一年有明显改善，我们定义为议案内容改善，例如，关联交易金额减少、大股东占款金额减少、公司经营业绩改善、公司对外提供的担保降低等。

（四）稳健性分析

我们这里将不同于“赞成意见”的其他类型意见都归类为“异议意见”，但由于各类异议意见的强烈程度不一，例如“反对意见”和“提出异议”的反对程度要高于“保留意见”、“弃权”和“无法表示意见”等，在稳健分析部分，我们重新定义“异议意见”如下：如果独董出具“反对意见”或“提出异议”，则取值为 1，其他意见类型都归类为 0。我们采用这个定义更为狭窄的“异议意见”变量，对表 4、表 5 和表 6 进行了重新回归。我们发现本文主要结论依然成立，除了一个例外：独董的财务背景和其出具“异议意见”的概率不再显著相关。这表明具有财务背景的独董倾向于通过其他类型的意见来表达自己的异议态度，而不是采取“反对意见”这种较为激烈的意见表达方式。

在表 5 回归中，为了避免只选择有异议独董的公司作为分析样本所导致的样本选择偏差问题，我们采用 Heckman 自选择偏差模型进行了矫正。首先，我们通过表 4 回归结果获得公司是否有异议独董的 inverse Mills ratio 值；然后，把该 inverse Mills ratio 值加入到表 5 回归中。未列示的回归结果表明 inverse Mills ratio 的系数显著为正，表明确实存在样本自选择偏差问题。不过在控制了样本自选择偏差之后，本文主要结论依然成立。

六、结论

董事会究竟如何进行决策，对于许多研究者来说仍属于一个黑匣子。本文利用中国特有的研究数据，考察了独立董事对董事会议案出具的意见类型和投票行为，为我们揭开董事会决策过程这个黑匣子提供了实证证据。我们发现，当公司业绩较差时，独立董事更有可能对董事会议案提出公开质疑；同时，声誉越高、任职日期早于董事长任职日期和具有财务背景的独立董事更有可能提出公开质疑。进一步研究发现，存在异议独董的公司市场价值更高。上述结果表明，公司业绩以及独立董事的声誉、任期和专业背景显著影响独立董事相对于管理层的独立性和监督行为，同时，独立董事对管理层议案的监督行为能够提高公司市场价值。这些都丰富了我们对独立董事在公司治理中的作用及其影响机制的认识。

本文结论具有如下政策启示：首先，虽然一般情况下独立董事并不对管理层议案提出公开质疑，但是当公司业绩不佳时，独立董事将采取更为积极的行动来校正公司经营决策，而且其监督行为能够提高公司价值，这表明即使绝大多数情况下独董的投票行为较为消极，并不必然意味着独董监督职能的缺位。其次，独立董事任职时间若早于现任董事长任职时间，则其独立性更强。这意味着若能有效防止现任管理层介入独立董事的聘任过程，可以增强独立董事的监督作用。这一结论还对证监会现有关于独董任期的规定提出了质疑。中国证监会目前规定独立董事连任时间不得超过六年。这一规定的出发点是为了避免独董任期过长导致公司所需要的专业知识不能及时补充到董事会中、决策质量有所下降、产生代理问题等。不过，本文研究结果也指出了这一政策可能带来的副作用，例如由于独董更替较为频繁，容易导致新任独董的任职时间晚于现任管理层，从而损害独董的独立性。最后，本文结论也支持应该在董事会中增加具有财务金融背景的独董，以及具有高声誉的独董，以增强独董的独立性和监督作用。

不过本文也存在若干不足。首先，由于本文属于探索性研究，相关文献和研究较为缺乏，导致本文的研究假设有待进一步扩展。其次，我们采用独董任职董事职位数量作为独董声誉指标可能并不是非常合适，因为独董任职董事职位数越多，有可能因为太忙而难以有效履行独董职责，即该指标有可能并非反映了独董声誉。不过由于中国资本市场上难以找到合适的变量来反映独董声誉，我们只能采用这个指标作为声誉替代变量。我们期待着未来研究能够找到更好的解决办法。

参考文献

[1] 高雷，何少华，黄志忠. 公司治理与掏空. 经济学（季刊），2006，5（4）.

[2] 胡奕明，唐松莲. 独立董事与上市公司盈余信息质量. 管理世界，2008（9）.

[3] 李常青，赖建清. 董事会特征影响公司绩效吗？金融研究，2004（5）.

[4] 唐清泉，罗党论，王莉. 大股东的隧道挖掘与制衡力量——来自中国市场的经验证据. 中国会计评论，2005，3（1）.

[5] 唐清泉，罗党论，王莉. 上市公司独立董事辞职行为研究——基于前景理论的分析. 南开管理评论，2006，9（1）.

[6] 王跃堂，赵子夜，魏晓雁. 董事会的独立性是否影响公司绩效. 经济研究，2006（5）.

[7] 魏刚，肖泽忠，Nick Travlos，邹宏. 独立董事背景与公司经营绩效. 经济研究，2007（3）.

[8] 叶康涛，陆正飞，张志华. 独立董事能否抑制大股东的"掏空". 经济研究，2007（4）.

[9] 于东智，王化成. 独立董事与公司治理：理论、经验与实践. 会计研究，2003（8）.

[10] 支晓强，童盼. 盈余管理、控制权转移与独立董事变更. 管理世界，2005（11）.

[11] Adams，R. B.，and D. Ferreira. A Theory of Friendly Boards. Journal of Finance，2007（62）：217-250.

[12] Adams，R. B.，and D. Ferreira. Women in the Boardroom and Their Impact on Governance and Performance. Journal of Financial Economics，2009（94）：291-309.

[13] Agrawal，A.，and S. Chadha. Corporate Governance and Accounting Scandals. Journal of Law and Economics，2005（48）：371-406.

[14] Bai，C. E.，Q. Liu，J. Lu，F. M. Song，and J. Zhang. Corporate Governance and Market Valuation in China. Journal of Comparative Economics，2004（32）：599-616.

[15] Brick，I. E.，and N. K. Chidambaran. Board Meetings，Committee Structure，and Firm Performance. Working Paper，Rutgers Business School，2007.

[16] Brickley，J. A.，J. L. Coles，and R. L. Terry. Outside Directors and the Adoption of Poison Pills. Journal of Financial Economics，1994（35）：371-390.

[17] Brickley，J.，and C. James. The Takeover Market，Corporate Board Composition and Ownership Structure：the Case of Banking. Journal of Law and Economics，1987（30）：161-190.

[18] Byrd，J. W.，and K. A. Hichman. Do Outside Directors Monitor Managers. Journal of Financial Economics，1992（32）：195-221.

[19] Carpenter，M. A.，and J. D. Westphal. The Strategic Context of External Network Ties：Examining the Impact of Director，Appointments on Board Involvement in Strategic Decision Making. Academy of Management Journal，2001，4（4）：639-650.

[20] Claessens，S.，S. Djankov，J. P. H. Fan，and L. H. P. Lang. Disentangling the Incentive and Entrenchment Effects of Large Shareholdings. Journal of Finance，2002，57（6）：2741-2771.

[21] Cotter，J. F.，A. Shivdasani，and M. Zenner. Do Independent Directors Enhance Target Shareholder Wealth during Tender Offers. Journal of Financial Economics，1997（43）：195-218.

[22] Dalton，D. R.，C. M. Daily，A. E. Ellstrand，and J. L. Johnson. Meta-analytic Reviews of Board Composition，Leadership Structure，and Financial Performance. Strategic Management Journal，1998（19）：269-290.

[23] DeFond，M.，R. Hann，and X. Hu. Does the Market Value Financial Expertise on Audit Committees

of Boards of Directors. Journal of Accounting Research, 2005 (43): 153-193.

[24] Fama, E. F., and M. C. Jensen. Separation of Ownership and Control. Journal of Law and Economics, 1983, 26 (2), 301-325.

[25] Farrell, K. A., and P. L. Hersch. Additions to Corporate Boards: the Effects of Gender. Journal of Corporate Finance, 2005 (11): 85-106.

[26] Fich E. M. Are Some Outside Directors Better than Others? Evidence from Director Appointments by Fortune 1000 Firms. Journal of Business, 2005 (78): 1943-1972.

[27] Fich, E. M., and A. Shivdasani. Financial Fraud, Director Reputation, and Shareholder Wealth. Journal of Financial Economics, 2007 (86): 306-336.

[28] Firth, M., P. M. Y. Fung, and O. M. Rui. Firm Performance, Governance Structure, and Top Management Turnover in a Transitional Economy. Journal of Management Studies, 2006, 43 (6): 1289-1330.

[29] Gillette, A. B., T. H. Noe, and M. J. Rebello. Corporate Board Composition, Protocols, and Voting Behavior: Experimental Evidence. Journal of Finance, 2003, 58 (5): 1997-2031.

[30] Harris, M., and A. Raviv. A Theory of Board Control and Size. Review of Financial Studies, 2008 (21): 1797-1833.

[31] Hermalin, B. E., and M. S. Weisbach. The Effects of Board Composition and Direct Incentives on Firm Performance. Financial Management, 1991 (20): 101-112.

[32] Hermalin, B. E., and M. S. Weisbach. Endogenously Chosen Boards of Directors and Their Monitoring of the CEO. American Economic Review, 1998 (88): 96-118.

[33] Hermalin, B. E., and M. S. Weisbach. Boards of Directors as an Endogenously Determined Institution: a Survey of the Economic Literature. FRBNY Economic Policy Review, 2003 (April): 7-26.

[34] Jensen, M. C. The Modern Industrial Revolution, Exit, and the Failure of Internal Control Systems. Journal of Finance, 1993, 48 (3): 831-880.

[35] Jian, M., and T. J. Wong. Propping and Tunneling through Related Party Transactions. Review of Accounting Studies, 2010 (15): 70-105.

[36] John, K., and L. W. Senbet. Corporate Governance and Board Effectiveness. Journal of Banking and Finance, 1998, 22 (4): 371-403.

[37] Johnson, R. A., R. E. Hoskisson, and M. A. Hitt. Board of Director Involvement in Restructuring: the Effects of Board versus Managerial Controls and Characteristics. Strategic Management Journal, 1993 (14): 33-50.

[38] Kesner, I. F., B. Victor, and B. T. Lamont. Board Composition and the Commission of Illegal Acts: an Investigation of Fortune 500 Companies. Academy of Management Journal, 1986, 29 (4): 789-799.

[39] Mace, M. L. Directors: Myth and Reality, Harvard Business School Press, Boston, Massachusetts, 1986.

[40] Peng, M. W. Outside Directors and Firm Performance During Institutional Transitions. Strategic Management Journal, 2004 (25): 453-471.

[41] Peng, M. W., S. L. Sun, and L. Markoczy. Human Capital and CEO Compensation during Institutional Transitions. Working Paper, University of Texas as Dallas, 2009.

[42] Pettigrew, A. M. On Studying Managerial Elites. Strategic Management Journal, 1992, 13 (Winter): 163-182.

[43] Rosenstein S., and J. G. Wyatt. Outside Directors, Board Independence, and Shareholder Wealth. Journal of Financial Economics, 1990 (26): 175-191.

[44] Ryan, H., and R. Wiggins. Who is in Whose Pocket? Director Compensation, Bargaining Power, and Board Independence. Journal of Financial Economics, 2004 (73): 497-524.

[45] Shivdasani, A. Board Composition, Ownership Structure, and Hostile Takeovers. Journal of Accounting and Economics, 1993 (16): 1-3, 167-198.

[46] Shivdasani, A., and D. Yermack. CEO Involvement in the Selection of New Board Members: An Empirical Analysis. Journal of Finance, 1999, 54 (5): 1829-1853.

[47] Singh, H., and F. Harianto. Management-board Relationships, Takeover Risk, and the Adoption of Golden Parachutes. Academy of Management Journal, 1989, 32 (1): 7-24.

[48] Vafeas, N. Board Meeting Frequency and Firm Performance. Journal of Financial Economics, 1999 (53): 113-142.

[49] Wade, J., C. A. O'Reilly, and I. Chandratat. Golden Parachutes CEOs and the Exercise of Social Influence. Administrative Science Quarterly, 1990 (35): 587-603.

[50] Warther, V. A. Board Effectiveness and Board Dissent: A Model of the Board's Relationship to Management and Shareholders. Journal of Corporate Finance, 1998 (4): 53-70.

[51] Weisbach M. S. Outside Directors and CEO Turnover. Journal of Financial Economics, 1988 (20): 431-460.

[52] Westphal, J. D., and E. J. Zajac. Who Shall Govern? CEO/Board Power, Demographic Similarity, and New Director Selection. Administrative Science Quarterly, 1995, 40 (1): 60-83.

[53] Yermack, D. Remuneration, Retention, and Reputation Incentives for Outside Directors. Journal of Finance, 2004, 59 (5): 2281-2308.

The Independence of Independent Directors: Evidence from Board Voting Behavior

Ye Kangtao Zhu Jigao Lu Zhengfei Zhang Ran

Abstract: Chinese listed firms are required to disclose the board voting results on management proposals. Using the unique data, we explore the independence of outside directors. We document that only 4% of firms have dissenting directors who vote against management proposals at least once, which is consistent with the claim by Mace (1986) that outside directors are not quite effective. Furthermore, we find that independent directors are more likely to vote against management proposals when firms perform poorly, and when independent directors have higher reputation, have financial or accounting background, and with a longer tenure. We further document that the firms with dissenting directors enjoy higher market value. Our findings suggest that independent directors become more effective during crises, and the monitoring by independent directors improve firm value.

Key Words: independent director; board independence; board voting; firm value

集团控制与国有企业治理 *

武常岐　钱婷

【摘　要】 本文研究集团控制对国有企业可能产生的正面影响机制——减轻管理层代理问题和可能产生的负面影响机制——加重股东间代理问题，全面评估国有企业集团控制作为国企治理模式改革的有效性。以 2004~2008 年中国国有上市公司为样本的统计结果显示：①集团控制会有效减轻国有企业的管理层代理问题；②当外部监管程度高时，集团控制不会加剧国有企业的股东间代理问题；而当外部监管程度低时，集团控制会加剧国有企业的股东间代理问题。因此，集团控制是一种有效改善国有企业管理层代理问题的治理模式，而由此加剧的股东间代理问题应通过强化外部监管加以解决。

【关键词】 企业集团；国有企业；管理层代理问题；股东间代理问题

一、引言

国有企业改革是我国经济改革与发展的重要内容，也是学术界所关注的焦点之一。近年来，企业集团控制成为一种治理国有企业的主流模式。在集团控制治理模式下，各级政府得以凭借较少的资源通过国有企业集团以多级母子公司的形式控制了大量的国有企业。根据李稻葵和武常岐（2004）的研究，国有企业改革主要有两种思路：一是强调产权结构多样化的产权学派；二是强调改善政府对国企管理方式的管理学派。而集团控制恰好是综合了前两种改革思路的第三条路，政府通过将国有企业具体经营的控制权划转给更善于经营管理的企业集团，既明确和加强了对国有企业管理层的激励和监督，又不改变政府对所属国有企业的最终控制权。

起源于 20 世纪 80 年代的企业集团，最初只是在企业横向联合的基础上所建立的经济联合体（Wu，1990；蒋卫平，2006）。进入 20 世纪 90 年代末期，通过国有企业股份制改

* 本文选自《经济研究》2011 年第 6 期。

革，国有企业集团转变为以股权为基础，以资本为纽带，以母子公司为主体的经济联合体（国家工商行政管理局，1998）。2004年后，随着国资委的成立，进一步明确了国有大型企业集团的出资人，并由国资委进一步推动、监督和指导国有大型企业集团的规范与发展（陈清泰，2008），使得国有企业集团在国家经济发展和国有企业改革中承担了越来越重要的职责。

通过回顾国内外对企业集团的文献，可以发现企业集团既有可能给所控制企业带来正面效应，也可能带来负面效应。已有实证结果表明，中国国有企业集团会对所控制国有上市公司的财务绩效产生正面影响（Ma等，2006；蒋卫平，2006；Carney等，2009）。Ma等认为，国有企业集团是通过解决原有国企产权不清，提高国有企业绩效；而Carney等认为，集团控制对国企的正面影响是源于政府的“支持之手”，其效果会随时间而减弱。但由于企业集团对所控制企业的影响是多因素构成的（Khanna和Palepu，1997；Keister，1998；Chang和Hong，2000；Luo和Chung，2005；Yiu等，2005；吕源等，2005），在缺乏直接验证的情况下，并不能明确集团控制对国企产生正面影响的机制。同时，管理层代理问题被认为是影响国有企业决策（张翼、李习、许德音，2005）和导致国有企业低效的重要原因（杨瑞龙，1997）。那么，国有企业集团是否是通过改善被控制国有企业严重的管理层代理问题，而提高其绩效的呢?

另外，也有部分学者注意到企业集团会对所控制企业的绩效产生负面影响。国际间的实证研究表明，企业集团会通过转移所属企业的资源降低所属企业的绩效，存在着严重的股东间代理问题（Bertrand等，2002；Chang，2003）。刘兴强（2002）、金成晓和纪明辉（2007）、马建春和陈伟（2007）等中国学者也认为国有企业集团控制会造成集团内部人控制问题，不利于被控制企业绩效的改善。但目前还没有基于大样本的实证证据表明国有企业集团控制是否会加剧所控制企业的股东间的代理问题。如果集团控制确实会产生严重的股东间代理问题，是否意味着集团控制模式并不适合产权结构多元化的国有企业呢？同时，近年来旨在保护中小股东的外部监管的强化是否会抑制企业集团的掏空冲动，从而减轻集团控制治理模式所可能带来的负面效应呢?

本书通过同时研究集团控制对国有企业可能产生的正面影响机制——减轻管理层代理问题和可能产生的负面影响机制——加重股东间代理问题的作用，全面评估国有企业集团控制作为国企治理模式改革的有效性。我们选择了以产权结构多元化的国有上市公司为样本，研究国有企业集团控制对国有企业的管理层代理问题和股东间代理问题的影响。接下来的安排如下：第二部分通过分析提出需要检验的理论假设；第三部分是实证研究设计；第四部分报告了实证检验结果，并对其进行了分析；第五部分为结论和总结。

二、理论分析与研究假设

1. 国有企业集团控制的正面影响机制：减轻管理层代理问题

根据代理理论，由于企业的管理层与企业股东的目标不一致，且存在管理层与股东之间的信息不对称，管理层会做出渎职、怠慢、在职消费、权力膨胀等偏离股东财富最大化目标的行为（Jensen 和 Meckling，1976；Demsetz，1983；Eisenhardt，1989；Ang 等，2000）。

在针对国有企业管理层的多层委托代理关系中，国有企业的实际所有者分散，缺乏能力、动机和机制来有效直接监督管理层的实际经营（杨瑞龙，1997）。在政府直接监督的模式下，政府往往并不具备企业经营的专业知识，存在着巨大的信息劣势，无法解决监督国有企业管理层的高昂成本；并且，该模式往往会造成为追求政府利益最大化所产生的政府干预问题（Shleifer 和 Vishny，1994；陈信元、黄俊，2007）。由于国有企业面临着薪酬管制约束（陈冬华等，2005），以薪酬为主的激励机制也无法发挥其应有的作用（李新春等，2006）。因此，在对国有企业管理层缺乏有效监督和激励的情况下，国有企业相较于其他所有制类型企业有着较高的代理成本。李寿喜（2007）和张兆国等（2008）的研究提供了基于大样本的实证证据。

然而，国有企业通过集团控制却能够部分改变原有治理模式在解决管理层代理问题方面的失效。第一，国有企业集团控制模式下，国有企业集团更有动力去监督管理层。集团控制下的国有企业通过理顺国有企业原有复杂不明的所有权关系（Ma 等，2006），明确了国有企业集团控股股东的地位。而控股股东地位的确立将增加国有企业集团对管理层进行监督的激励（Demsetz，1983；谢军，2006）。第二，国有企业集团控制模式下，国有企业集团更有能力去监督管理层。根据代理理论，代理问题和委托人与代理人之间的信息不对称性呈正比关系（Eisenhardt，1989）。对于国有企业集团而言，比一般的投资者和政府具备了更多的经营管理知识，因此其对于所控制企业管理层的监督成本更低。而且，国有企业集团的内部行政控制程序进一步减少了所控制企业管理层与企业集团间的信息不对称。根据《中国大企业集团》的历年调查显示，在中国 95% 以上的企业集团将战略规划和重要投资决策集中在集团层面。第三，集团控制模式能更好地激励所控制的国有企业管理层。企业集团为所控制企业的管理层提供了内部的人才市场，弥补了针对国有企业管理层外部人才市场的缺失（Khanna 和 Palepu，1997）。内部人才市场的存在使内部晋升成为对所属国有企业管理层的主要激励模式（张维迎，2005），能有效减少所属企业管理层与企业集团间在目标函数上的不一致，弥补以薪酬为基础的传统激励模式的失效，从而减轻管理层代理问题。

综合以上三点，国有企业集团作为国有企业的控股股东能减轻管理层的代理问题。

假设 1：集团控制有助于减轻国有企业的管理层代理问题。

2. 国有企业集团控制的负面影响机制：加重股东间代理问题

在新兴市场经济国家中，由于保护中小投资者法律制度的不够健全（La Porta 等，1999；Young 等，2008）和公司内部治理结构的不够完善（Gao 和 Kling，2008），大股东控制权与所有权的分离将引发其对所属企业的掏空行为，从而损害所属企业中小股东利益（La Porta 等，1999；Claessens 等，2000）。在中国的上市企业中，以大股东转移上市公司资源、掏空上市公司为代表的股东间代理问题也同样严重（余明桂、夏新平，2004；陈晓、王琨，2005；佟岩、程小可，2007；柳建华等，2008）。而根据刘峰等（2004、2008）的案例研究，国有大股东同样存在为满足控股股东利益掏空上市公司的现象。

在集团控制模式下，企业集团作为大股东要实现自我利益最大化，而非所控制的国有企业利益最大化，因此与其他股东的目标并不一致。其更为明晰的产权关系和控股股东地位的确立，会进一步加强企业集团作为大股东掏空所属企业的动机（余明桂、夏新平，2004）。而且，企业集团成员间的关联交易往往被认为有助于集团资源的共享与再分配（Chang 和 Hong，2000），并有利于弥补外部市场的失灵（Khanna 和 Palepu，1997），这为集团成员间的关联交易披上了合理的外衣。然而，对于外部监管者或中小股东，就判断某一关联交易是在掏空抑或支持上市公司存在难度（Cheung 等，2006），使得企业集团作为控股股东更容易假借关联交易掏空所控制的企业[①]（刘峰等，2004）。可以说，企业集团比其他类型的大股东更具备掏空国有企业的动机和能力。

然而，掏空行为的发生不但与股东进行掏空的动机和能力相关，也与掏空行为所处的制度环境和所受到的外部监管相关（La Porta 等，1999）。虽然，中国目前保护中小股东的法律制度还不健全；但近年来，证监会已发布多项针对大股东侵占上市公司利益的法规（贺建刚等，2008；肖成民，2008）。肖成民（2008）的实证研究表明，监管环境的强化会有效抑制股东对所控制企业的利益侵占。因此，我们认为，外部监管程度的强化将会有效抑制集团控制所加剧的股东间代理问题。换言之，只有当外部监管缺位时，集团控制才会加剧国有企业股东间代理问题，从而对所控制的国有企业带来负面影响。

假设 2：在外部监管程度高时，集团控制不会加剧国有企业的股东间代理问题；但在外部监管程度低时，集团控制会加剧国有企业股东间的代理问题。

---

① 这里"企业集团作为控股股东更容易假借关联交易掏空所控制的企业"，并没有排除企业集团作为控股股东也更有动机和能力借用关联交易向所控制的上市公司进行利益输送，以帮助上市公司摆脱财务困境的可能性（Friedman 等，2003）。根据 Gopalan 等（2007）的研究，某一集团成员的破产会显著降低集团内其他成员企业的外部融资、投资和盈利；因此，集团愿意为陷入财务困境的成员企业提供支持的重要原因之一是为防止集团成员的破产对其他集团成员企业产生不利影响。

三、研究设计

1. 样本选择及数据来源

为对以上理论假设进行检验，我们选择的研究样本为2004~2008年在沪深证券交易所上市的实际控制人为国有性质的工业企业。之所以选择2004年以后的国有企业，一是因为在2004年以后，上市公司年报在“股东变动及股东情况”部分新增了关于“公司与实际控制人之间的产权及控制关系方框图”的信息披露，便于我们通过追踪股东链，匹配集团控制关系。二是2004年以后，国有企业和国有企业集团的管理进入了一个新的阶段（陈清泰，2008；Ma和Lu，2005）。2003年4月，国务院国有资产监督管理委员会（简称国务院国资委）正式成立。之后，各级地方政府也成立了地方国资委。不同于从前的国资局，国资委履行的是出资人职能，从过去的“账房先生”转变为“东家”的角色。2003年5月，国务院颁布的《企业国有资产监督管理暂行条例》，明确了新的国有资产管理体制的基本框架，确立了国家国有、中央政府和地方政府分别代表国家履行出资人职责、建立集中行使出资人职能的国有资产管理机构的制度（陈清泰，2008）。

选择工业企业作为样本的原因，主要是因为工业企业之间的行业特征比较一致和工业企业行业数据的可得性，有利于通过行业连续变量控制行业特征对于实证结果的影响。我们认为，这些行业连续变量的添加将有助于得到更丰富的实证结果。

本文首先选择了实际控制人类型为国有股东[①]且行业类型为工业[②]的上市公司。基于研究设计的需要，本文剔除了以下公司：①财务数据或股权结构数据不完整的公司；②当年年度未正常交易的公司；③当年实际控制人性质发生改变的企业。最后我们得到了616家上市公司在5年内的2522个观测值，为非平衡面板数据（unbalanced panel data）。

其中，上市公司基本信息、财务数据、股权结构数据和关联交易数据来自色诺芬数据库和万得（WIND）数据库。国有企业股东链的原始信息来自于各上市公司年报中所披露的“公司与实际控制人之间的产权及控制关系方框图”，经作者手工整理。其他数据来源还包括：行业数据来自于国家统计局出版的《中国统计年鉴》；集团数据来自于国家统计局出版的《中国大企业集团》（2004~2008年）和国资委网站；有关地域数据来自于《中国市场化指数——各地区市场化相对进程2009年报告》（樊纲等，2010）。

---

① 依据色诺芬数据库中对实际控制人类型信息和年报中实际控制人的描述，判定上市公司是否为国有控股上市公司。

② 依据色诺芬数据库中上市公司的CSRC（中国证监会）行业分类和其对中国统计局行业分类标准的匹配结果，工业企业包括了CSRC行业大类为B采掘业，C制造业，D电力、煤气及水的生产和供应业的企业。在使用行业变量时，采用的是《中国统计年鉴》报告的行业变量。

2. 国有企业集团控制关系的判定

目前，国内的实证研究尚未形成统一的关于中国企业集团的定义。根据国家工商总局对注册为企业集团的标准，其核心公司或母公司注册资本至少为5000万元人民币、至少拥有5个子公司、核心公司或母公司与其下属子公司的注册资本总计不得低于1亿元人民币（国家工商行政管理局，1998）。符合上述条件的公司可在其公司名称中使用“集团”字样。然而，事实上还有许多企业集团虽然实质上属于企业集团，并未在其名称中使用“集团”字样，而是采用“总公司”等其他名称（蒋卫平，2006）；另外，许多名字改为企业集团的企业并没有任何结构改变，与企业集团文献中所讨论的企业集团有着本质区别（Ma等，2006）。因此，直接使用“集团”字样，或者是以公司注册资本来判别企业集团，在实证研究的应用中有一定的局限性。相反，在关于企业集团的实证研究中，更多的是采用了大企业集团作为判别标准（Chang和Hong，2002；Chang等，2006；Luo和Chung，2005）。在为数不多的以中国企业集团为样本、发表在国际学术刊物上的实证研究中，也是以大企业集团的样本书中国企业集团的问题（Keister，1998；Yiu等，2005；Ma等，2006；Lu和Ma，2008；Carney等，2009）。因此，我们将沿用这一分类方法。

基于Ma等（2006）、蒋卫平（2006）、Lu和Ma（2008）以及Carney等（2009）的研究，我们对于企业集团的认定包括了国家统计局《中国大企业集团年度发展报告》（2004~2008年）中“中国大企业集团名单”和国家国资委所发布的中央国有企业。《中国大企业集团年度发展报告》中的大企业集团统计名单，包括了全国当年营业收入和资产总计均在5亿元及以上的企业集团。通过翻查各上市公司年报中所披露的“公司与实际控制人之间的产权及控制关系方框图”，我们得到上市公司的控股股东链。根据股东链中所涉及到的控股股东与前面所得到的企业集团列表进行匹配。如果匹配成功，国有上市公司为集团控制下的国有企业，标记集团控制系数（Affiliation）为1；反之，则为非集团控制下的国有企业，标记为0[①]。

3. 管理层代理问题与股东间代理问题的衡量

在对中国企业治理结构的研究中，企业的管理费用与销售收入的比值往往被用作衡量管理层代理问题的一个指标（Ang等，2000；宋力、韩亮亮，2005；李寿喜，2007；张兆国等，2008）。对于国有企业而言管理费用的支出是体现管理层代理问题的重要指标。因此，我们采用了这一指标，标识为MAgency。

值得注意的是，不同类型的关联交易在判别其为掏空行为抑或合理的关联交易时往往有着不小的难度（佟岩、程小可，2007；贺建刚等，2008；柳建华等，2008）。当某类关联交易越容易被判别为掏空行为，即监督该关联交易时所涉及的信息不对称性越低时，那

① 考虑到样本中部分国有企业集团已实现整体上市，即上市公司为国有企业集团。针对这一情况，我们首先追溯其上层股东是否为其他大型国有企业集团，若是，则作为该大型国有企业集团的附属企业。若否，我们仍将整体上市的国有企业集团的集团控制系数标记为1。该类企业共有123条观测值，占总样本的4.87%，占集团控制下企业子样本的6.32%。同时，我们会对该类企业的其他分类方法进行稳定性检验，在下文中会予以具体讨论。

么其所受到的外部监管程度越高。正如佟岩和程小可（2007）所指出的，对关联交易是否为掏空的判定标准一般包括：现金流入方向、承担责任权利关系和利润影响。有些关联交易，如上市公司向控股股东或兄弟公司进行贷款或担保同时符合了这三大标准，因此一般被监管者和外部中小股东认为是旨在掏空的关联交易，所受到的外部监管程度高。同时，对于另一些关联交易，监管者和中小股东很难就企业是否在进行掏空进行判定。如企业间可以通过关联贸易，假借内部贸易的刚性需求披上合法的外衣，通过协商的交易价格来进行利益输送（贺建刚等，2008）。监管者及中小股东在不具备专业知识和内部信息的情况下，难以判定上市公司进行关联贸易的真实目的。此时，监管者及中小股东与大股东之间的信息不对称性更高。换言之，该类掏空行为所受到的有效外部监管程度更低。

因此，我们通过以下两类关联交易，衡量不同监管程度下的股东间代理问题：①外部监管程度高的股东间代理问题：以上市公司向其直接或间接控股股东或同受某一企业控制下的兄弟公司提供贷款或提供担保的关联交易为标准。我们认为，由于近年来监管层对上市公司关联交易监管力度趋紧，大部分公司都会避免进行这类明显的掏空行为（贺建刚等，2008）。因此，我们会重点检测这类关联交易发生的可能性而非发生的规模，标记为Tunneling1。如果上市公司存在这类关联交易，那么Tunneling1为1；如果不存在，那么为0。②外部监管程度低的股东间代理问题：以上市公司与其直接或间接控股股东或同受某一企业控制下的兄弟公司之间进行的关联贸易（采购+销售+提供劳务+接受劳务）来衡量。由于大部分上市公司都会存在一定程度的关联贸易，我们会重点检验其发生规模，并以上市公司关联贸易的比例（上市公司关联贸易的金额与当年资产的比值）作为代理变量，标记为Tunneling2[①]。

4. 控制变量定义与描述

在检验管理层代理问题时，根据以往对管理层代理问题的文献，我们选择的控制变量包括以下三部分：一是公司基本信息，包括公司规模（资产的自然对数衡量）、公司绩效（以资产收益率衡量）、公司年龄、含H股标识、含B股标识、负债水平（以负债资产率表示），以及企业所属政府层级。二是公司治理信息，包括董事长与总经理的两职设置状况、独立董事在董事会的占比和股权集中度。三是影响代理问题的外部环境因素：治理环境（地区市场化程度衡量）、自然状态不确定性（行业不确定性衡量）和市场竞争程度（行业竞争程度衡量）。

其中，衡量外部治理环境的地区市场化程度采用了《中国市场化指数——各地区市场化相对进程报告》（樊纲等，2010）中省级市场化的总指数（夏立军、方轶强，2005；高雷、宋顺林，2007）。而行业不确定性采用的是五年时间窗内，行业销售收入对时间回归

① 由于关联交易既有可能是大股东掏空上市公司的手段也可能是向上市公司输血的手段（Friedman等，2003；Cheung等，2006），为增强这两类关联交易作为股东间代理问题衡量标准的可靠性，我们分别检验了这两类关联交易（Tunneling1和Tunneling2）与上市公司绩效间的关系。基于全样本和集团控制下上市公司子样本的统计结果均显示，Tunneling1和Tunneling2均与上市公司绩效呈显著负相关，结果支持了Tunneling1和Tunneling2衡量大股东掏空上市公司的可靠性。

的自变量系数标准差与行业销售均值的比值①。行业竞争程度使用的是行业内企业三年的复合增长率（Luo，2003）。

在检验股东间代理问题时，根据关联交易的相关文献，我们控制了控股股东持股比例一次项和二次项、股东制衡程度、市场失灵程度（省级市场化程度表示地区层面失灵程度；行业不确定性表示行业层面市场失灵程度，具体计算方法同上）以及一系列反映上市企业基本信息的变量，包括公司规模、公司绩效、公司年龄、含 H 股标识、含 B 股标识、负债水平及所属政府层级。此外，对于关联贸易，因为无法确定关联贸易的实际利益流向，我们需要通过控制上年度公司绩效（以净资产收益率衡量），控制以支持上市公司为目的的关联贸易（柳建华等，2008）。最后，我们通过年份哑变量和行业大类②哑变量控制年份和行业大类的影响。

5. 模型的建立

根据以上讨论，为研究集团控制对管理层代理成本的影响，我们建立了模型 1。

$$MAgency_{it} = \beta_0 + Affiliation_{it}\beta_1 + ControlVariable\beta + u_{iT} \quad (1)$$

为研究集团控制对关联贷款或担保发生概率的影响，我们基于随机 Probit 模型，建立了模型 2。

$$p(Tunneling1 = 1)_{it} = \Phi(\beta_0 + Affiliation_{it}\beta_1 + ControlVariable\beta + u_{iT}) \quad (2)$$

为研究集团控制对关联贸易发生规模的影响，我们建立了模型 3。

$$Tunneling2_{it} = \beta_0 + Affiliation_{it}\beta_1 + ControlVariable\beta + u_{iT} \quad (3)$$

四、回归结果

1. 描述性统计

表 2 为描述性统计结果。在 2522 个样本中有 1917 个年度企业为集团控制，605 个年度企业为非集团控制，分别占总样本的 76.01% 和 23.99%。同时在 2522 个样本中，只有 263 个年度企业存在贷款或担保类关联交易，占总样本的 10.43%。

2. 检验结果

在验证假设 1 时，我们进行了一系列检验，以确定回归模型的可靠性。首先，我们通

---

① 我们认为企业是采用时间预测模型来对外部环境进行预测（Dess 和 Beard，1984）。因此，我们按照国际主流方法（Keats 和 Hitt，1988；Bergh 和 Lawless，1998；Carpenter 和 Fredrickson，2001），将企业所在行业前五年的行业销售收入对时间进行回归，即拟合以下回归方程：$y_t = \beta_0 + \beta_1 t + \alpha_T$（其中，y 表示行业销售收入，t 表示年，α 表示残差项）。其中将自变量系数的标准差与前五年的平均行业销售收入的比值，作为行业不确定性的变量。这里采用的时间窗为五年，经过 t 值检验，时间窗为三年的行业不确定性与之没有显著区别。

② 行业大类包括：B 采掘业，C 制造业，D 电力、煤气及水的生产和供应业。通过 VIF 检验，发现如果直接控制行业类别，会产生严重的多重共线性。因此，这里通过行业大类作为行业的控制变量。

过进行 Lagrange Multiplier（LM）检验，验证了面板随机效应模型显著优于混合 OLS 模型。同时通过 Hausman 检验，发现面板固定效应模型显著优于随机效应模型。但是通过 Wald 异方差检验，发现固定效应模型仍有显著的异方差问题，并通过 Wooldridge 检验，验证模型不存在显著的序列相关问题。我们最终采用截面时序 FGLS 回归（cross-sectional time-series FGLS regression）模型来修正检验出的异方差问题。表 3 的第 1 列报告了运用 FGLS 模型检验集团控制系数与管理层代理成本的回归结果。结果显示，集团控制系数与管理层的代理成本呈现显著的负相关性，从而证明了集团控制能够减少管理层的代理问题，支持了假设 1。

在检验企业进行关联贷款或担保的概率问题上，我们采用了随机效应 probit 回归（rand omeffects probit regression）。表 3 的第 2 列报告了回归结果。结果显示，集团控制系数与国有企业对控股股东或兄弟企业提供贷款或担保的可能性成反比，但不显著，证明了在外部监管程度高时，集团控制并不会加重所属企业的股东间代理问题。在检验集团控制系数与关联贸易规模时，我们同样首先根据 Wooldridge 检验和 Wald 异方差检验的检验结果，验证出模型存在显著异方差，但不存在显著序列相关问题，因此，最终采用了截面时序 FGLS 回归模型来修正所发现的异方差问题。表 3 第 3 列报告了回归结果。其中，集团控制系数与发生关联贸易的规模成显著正比，证明了在外部监管程度低时，集团控制仍会加重所属企业的股东间代理问题，支持了假设 2。

3. 稳健性检验

我们分别做了以下几项稳健性检验：第一，在上文中我们将整体上市的国有企业集团编码为集团控制下的国有企业。但考虑到整体上市的国有企业集团在分类上存有争议性，我们重新将整体上市的国有企业集团作为非集团控制下的企业，对所有的模型重新进行了回归。结果发现，主效应不变。第二，在检验假设 1 时，为避免极端值的影响，我们用删去管理费用的极端值作为样本，重新进行回归检验，主效应没有变化。第三，我们在检验假设 2 时，也采用了随机效应 Logitistic 回归作为稳定性检验，结果不变。第四，2007 年起上市公司施行了新的企业会计准则，导致管理费用的核算口径发生变化。根据上市公司在 2007 年年报中所披露的 2006 年利润表调整项目，可以获得上市公司按新会计准则核算的 2006 年管理费用，但没有 2004 年与 2005 年按新会计准则进行核算的管理费用。因此，我们用以下方法对 2004 年与 2005 年的管理费用进行了调整。首先，通过 WIND 数据库获得 2006 年新会计准则下核算的管理费用。由此，计算得到每个样本企业的 2006 年管理费用调整比例（新会计准则下的管理费用/旧会计准则下的管理费用），以此作为 2004 年与 2005 年管理费用调整比例的估计。其次，我们将每个样本企业的调整比例估计乘以其 2004 年与 2005 年管理费用，作为其 2004 年与 2005 年按新会计准则调整后管理费用的估计，进行统计检验。结果显示，模型有显著的序列相关，在未修正序列相关问题时，集团控制系数（Affiliation）与管理费用率（MAgency）呈显著负相关；在修正序列相关问题后，Affiliation 与 MAgency 负相关，但不显著。考虑到 2006 年管理费用调整比例具有一定随机性，其最大值为 137.49，最小值为 0.07。我们进一步将其上下四分位数作为 2004 年与

2005 年调整比例的合理估计区间，即［0.89，1.23］，并做了以下两种稳定性检验：一是将合理估计区间以外的样本企业 2004~2006 年观测值删去进行统计检验。结果显示，Affiliation 与 MAgency 显著负相关。二是在估计合理估计区间以外的样本企业 2004~2005 年管理费用调整比例时，将上下四分位数作为其估计值。统计结果显示，Affiliation 与 MAgency 同样显著负相关。综合来看，通过调整管理费用，主要结果没有变化，支持了假设 1。第五，我们根据新旧会计准则施行的年份，将全样本划分为两个子样本，并分别进行回归检验。2004~2006 年为施行旧会计准则的子样本，2007~2008 年为施行新会计准则的子样本。主要结果均没有发生改变。

表 1　变量定义与描述

	变量名称	变量描述
因变量	MAgency	管理层代理成本：管理费用/销售收入
	Tunneling1	关联贷款或担保的发生概率： 0 = 不存在由上市公司向其直接或间接控股股东或同受某一企业控制下的兄弟公司提供贷款或提供担保的关联交易；1 = 存在该类关联交易
	Tunneling2	关联贸易的发生规模： 用上市公司与其直接或间接控股股东或同受某一企业控制下的兄弟公司发生的关联贸易水平衡量，即贸易金额（包括销售 + 采购 + 提供劳务 + 接受劳务/总资产）
自变量	Affiliation	集团控制：0 = 非集团控制；1 = 集团控制
控制变量	ROA	资产利润率
	Age	公司年龄
	Listing	上市年度
	Size	公司规模：资产的自然对数
	H	含 H 股标识为 1
	B	含 B 股标识为 1
	Government	所属政府层级： 0 = 不确定或其他；1 = 国家；2 = 省级；3 = 地方
	CR5	股权集中度： 前五大股东持股比例之和
	First	第一股东持股比例
	Fsquare	第一股东持股比例的平方项（已中心化）
	Balance	股权制衡程度： 第二股东至第五股东持股比例/第一股东持股比例
	Duality	董事长与总经理的两职设置状况： 0 = 董事长和总经理由一人兼任或副董事长、董事兼任总经理；1 = 董事长与总经理完全分离
	Independent	独立董事情况： 独立董事在董事会的占比
	Debt	债务水平： 资产负债率
	InduUncer	行业层面不确定性程度

续表

	变量名称	变量描述
控制变量	InduComp	行业层面竞争程度
	Market	地区层面市场化进程
	PROE	上一年度净资产利润率
	Year	年份
	MIndustry	所属行业大类： 0=采掘业；1=制造业；2=电力、煤气及水的生产和供应业

表 2　变量的描述性统计

A 栏：主要 0-1 变量的频率统计					
	总计	取值为 0 数量	取值为 0 占比	取值为 1 数量	取值为 1 占比
Affiliation	2522	605	23.99%	1917	76.01%
Tunneling1	2522	2259	89.57%	263	10.43%
B 栏：其他变量的描述性统计					
	中位数	平均数	标准差	最小值	最大值
MAgency	0.066	0.085	0.112	0.000	3.302
Tunneling2	0.024	0.185	0.745	0.000	24.246
ROA	0.007	0.007	0.018	-0.132	0.086
Age	10.000	10.123	3.892	1.000	28.000
Size	9.336	9.402	0.492	8.280	12.077
H	0.000	0.044	0.205	0.000	1.000
B	0.000	0.067	0.251	0.000	1.000
Government	2.000	2.325	0.969	0.000	3.000
CR5	0.576	0.568	0.147	0.044	0.979
First	0.429	0.427	0.157	0.035	0.864
Fsquare	0.015	0.025	0.028	0.000	0.191
Balance	0.814	0.752	0.200	0.052	1.750
Duality	1.000	0.908	0.289	0.000	1.000
Independent	0.500	0.552	0.144	0.000	1.667
Debt	0.508	0.494	0.177	0.000	1.561
InduUncer	0.075	0.081	0.043	0.010	0.234
InduComp	0.093	0.094	0.045	-0.114	0.233
Market	7.26	7.438	1.967	2.6	11.71
PROE	0.060	0.061	0.156	-4.909	1.005
Year	2006	2005.994	1.423	2004	2008
MIndustry	1	1.065	0.376	0	2

表 3　国有企业集团控制关系对管理层代理问题和股东间代理问题的回归结果

	MAgency (FGLS 回归)	Tunneling1 (随机效应 Probit 回归)	Tunneling2 (FGLS 回归)
Affiliation	−0.020 (0.001)***	−0.005 (0.142)	0.035 (0.005)***
ROA	−1.904 (0.036)***	−7.280 (3.190)**	−1.341 (0.174)***
Age	−0.000 (0.000)	−0.047 (0.018)***	0.001 (0.001)
Size	−0.035 (0.001)***	0.054 (0.152)	−0.007 (0.007)
H	0.017 (0.002)***	0.323 (0.302)	−0.046 (0.013)***
B	0.008 (0.001)***	0.150 (0.234)	−0.016 (0.009)*
Government_国家	0.001 (0.002)	0.012 (0.203)	0.105 (0.008)***
Government_省级	−0.005 (0.001)***	−0.255 (0.200)	0.068 (0.006)***
Government_地方	−0.002 (0.002)***	−0.156 (0.187)	0.125 (0.005)**
CR5	0.015 (0.004)***		
Duality	−0.005 (0.002)***	0.200 (0.190)	0.013 (0.007)**
Independent	−0.003 (0.004)	0.080 (0.348)	−0.018 (0.014)
Debt	−0.011 (0.003)***	1.237 (0.359)***	−0.057 (0.013)***
InduUncer	−0.076 (0.041)**	−6.574 (3.657)*	0.300 (0.137)**
InduComp	−0.010 (0.011)		
Market	−0.001 (0.000)***	−0.012 (0.024)	−0.003 (0.001)**
First		1.122 (0.612)*	0.408 (0.028)***
Fsquare		−3.307 (2.014)	0.922 (0.100)***
Balance		0.606 (0.438)	−0.092 (0.016)***
MAgency		−0.339 (0.423)	−0.335 (0.027)***
PROE			−0.026 (0.018)
Year_2005	−0.012 (0.001)***	0.271 (0.135)**	−0.007 (0.006)
Year_2006	−0.010 (0.001)***	0.334 (0.142)**	0.015 (0.007)**
Year_2007	−0.021 (0.001)***	0.235 (0.151)	0.073 (0.007)***
Year_2008	−0.018 (0.002)***	−0.154 (0.164)	−0.019 (0.006)***
MIndustry_1	−0.047 (0.003)***	−0.342 (0.296)	−0.002 (0.011)
MIndustry_2	−0.052 (0.004)***	−0.375 (0.340)	−0.043 (0.012)***
常数项	0.511 (0.014)***	−3.775 (1.448)***	0.038 (0.068)
样本量	2522	2522	2522
模型 Chi Square 值	73422.65***	69.67***	1250.97***

注：①括号中报告的是标准误差。②***、***、* 分别表示在 1%、5%、10%的水平下显著。

五、结论与政策含义

通过对我国国有上市公司 2004~2008 年面板数据的统计分析，我们全面考察了国有企业集团控制作为国企治理模式的有效性。统计分析结果显示：①集团控制能有效减轻国有企业原本严重的管理层的代理问题；②只有当外部监管程度低时，集团控制才会加剧国有企业的股东间代理问题。当外部监管程度高时，集团控制并不会加剧股东间代理问题。

研究结果的贡献主要有以下两方面：首先，引入企业集团控制能有效解决传统国有企业的管理层代理问题，提高国有企业的经济绩效。这一实证结果也验证了转型经济下国有企业集团成长是基于有效解决国企管理层代理问题，丰富了企业集团理论，为进一步研究企业治理提供了新的视角。其次，大样本的实证结果显示集团控制加剧了国有企业股东间代理问题。然而，基于不同类型的关联交易，外部监管机制的建立会削弱集团控制的掏空冲动，为外部监管的缺位是股东间代理问题的重要诱因提供了新的实证证据。

本书的政策启示主要有以下几点：首先，集团控制能降低国有企业管理层代理问题，同时其可能引发的股东间代理问题可以依靠外部监管来解决。其次，从保护中小股东的角度，应进一步明确和加强对于关联贸易等外部监管程度较低的掏空行为的规范，抑制大股东进行此类掏空行为的冲动。

我们的研究目前只是考虑了国有企业集团控制关系对所属企业的影响，进一步的研究应更多分析企业集团本身的异质性对治理效果的影响。另外，这一研究还只局限于对国企管理层代理成本的直接验证，进一步的研究应该从代理理论的视角讨论集团控制关系对国有企业战略的影响。

参考文献

[1] 陈冬华，陈信元，万华林. 国有企业中的薪酬管制与在职消费. 经济研究，2005（2）.

[2] 陈清泰. 重塑企业制度——30 年企业制度变迁. 中国发展出版社，2008.

[3] 陈晓，王琨. 关联交易、公司治理与国有股改革. 经济研究，2005（4）.

[4] 陈信元，黄俊. 政府干预、多元化经营与公司业绩. 管理世界，2007（1）.

[5] 樊纲，王小鲁，朱恒鹏. 中国市场化指数——各地区市场化相对进程 2009 年报告. 经济科学出版社，2010.

[6] 高雷，宋春林. 治理环境、治理结构与代理成本——来自国有上市公司面板数据的经验证据. 经济评论，2007（3）.

[7] 贺建刚，魏明海，刘峰. 利益输送、媒体监督与公司治理：五粮液案例研究. 管理世界，2008（10）.

[8] 蒋卫平. 我国企业集团对上市子公司业绩影响之研究. 复旦大学博士论文，2006.

[9] 金成晓，纪明辉. 大型国有企业集团公司治理失效探析. 第七届国有经济论坛“大型国有企业集团

公司治理”学术研讨会论文集，2007.

[10] 李稻葵，武常岐. 国有企业改革：产权多元化还是改善经营管理. 中国企业管理的前沿研究. 北京大学出版社，2004.

[11] 李寿喜. 产权、代理成本和代理效率. 经济研究，2007 (1).

[12] 李新春，苏琦，董文卓. 公司治理与企业家精神. 经济研究，2006 (2).

[13] 刘峰，贺建刚，魏明海. 控制权、业绩与利益输送——基于五粮液的案例研究. 管理世界，2004 (8).

[14] 刘兴强. 国有上市公司的集团控制及其治理. 中国工业经济，2002 (3).

[15] 柳建华，魏明海，郑国坚. 大股东控制下的关联投资："效率促进"抑或"转移资源". 管理世界，2008 (3).

[16] 吕源，姚俊，蓝海林. 企业集团的理论综述与探讨. 南开管理评论，2005 (4).

[17] 马建春，陈伟. 公司治理结构的中国式困境：一个国际比较的视角. 第七届国有经济论坛"大型国有企业集团公司治理"学术研讨会论文集，2007.

[18] 宋力，韩亮亮. 大股东持股比例对代理成本影响的实证分析. 南开管理评论，2005 (1).

[19] 佟岩，程小可. 关联交易利益流向与中国上市公司盈余质量. 管理世界，2007 (11).

[20] 夏立军，方轶强. 政府控制、治理环境与公司价值——来自中国证券市场的经验证据. 经济研究，2005 (5).

[21] 肖成民. 制度环境、公司治理与利益侵占. 吉林大学博士论文，2008.

[22] 谢军. 第一大股东、股权集中度和公司绩效. 经济评论，2006 (1).

[23] 杨瑞龙. 论国有经济中的多级委托代理关系. 管理世界，1997 (1).

[24] 余明桂，夏新平. 控股股东、代理问题与关联交易：对中国上市公司的实证研究. 南开管理评论，2004 (6).

[25] 张维迎，产权、激励与公司治理. 经济科学出版社，2005.

[26] 张翼，李习，许德音. 代理问题、股权结构与公司多元化. 经济科学，2005 (3).

[27] 张兆国，何威风，闫炳乾. 资本结构与代理成本——来自中国国有控股上市公司和民营上市公司的经验证据. 南开管理评论，2008 (1).

[28] 中华人民共和国国家统计局，中国大企业集团（2004~2008 年）. 中国统计出版社，2005-2009.

[29] 中华人民共和国国家工商行政管理局. 企业集团登记管理暂行规定，1998.

[30] Ang J. S.，Cole R. A. and Lin J. W. Agency Costs and Ownership Structure. Journal of Finance，2000，55 (1)：81-106.

[31] Bergh D. D. and Lawless M. W. Portfolio Restructuring and Limits to Hierarchical Governance：The Effects of Environmental Uncertainty and Diversification Strategy. Organization Science，1998，9 (1)：87-102.

[32] Bertrand M.，Mehta P. and Mullainathan S. Ferreting out Tunneling：An Application to Indian Business Groups. Quarterly Journal of Economics，2002，117 (1)：121-148.

[33] Carney M.，Shapiro D. and Tang Y. Business Group Performance in China：Ownership and Temporal Considerations. Management and Organization Review，2009，5 (2)：167-193.

[34] Carpenter M. A. and Fredrickson J. W. Top Management Teams，Global Strategic Posture，and the Moderating Role of Uncertainty. Academy of Management Journal，2001，44 (3)：33-545.

[35] Chang S. J. Ownership Structure，Expropriation，and Performance of Group Affiliated Companies in Korea. Academy of Management Journal，2003，46 (2)：238-253.

[36] Chang S. J., Chung C. N. and Mahmood I. P. When and How Does Business Group Affiliation Promote Firm Innovation? A Tale of Two Emerging Economies. Organizational Science, 2006, 17 (5): 637–656.

[37] Chang S. J. and Hong J. Economic Performance of Group–Affiliated Companies in Korea: Intragroup Resource Sharing and Internal Business Transactions. The Academy of Management Journal, 2000, 43 (3): 429–448.

[38] Cheung Y, Rau P. R. and Stouraitis A. Tunneling, Propping and Expropriation: Evidence from Connected Party Transactions in Hong Kong. Journal of Financial Economics, 2006 (82): 343–386.

[39] Claessens S., Djankov S., Lang, L. H. P. The Separation of Ownership and Control in East Asian Corporations. Journal of Financial Economics, 2000 (58): 81–112.

[40] Demsetz H. The Structure of Ownership and the Theory of the Firm. Journal of Law and Economics, 1983, 26 (2): 375–399.

[41] Dess, G. G., and Beard, D. W. Dimensions of Organizational Task Environments. Administrative Science Quarterly, 1984, 29 (1): 52–73.

[42] Eisenhardt, K. M. Agency Theory: An Assessment and Review. The Academy of Management Review, 1989, 14 (1): 57–74.

[43] Friedman, E., Johnson, S., Mitton, T. Propping and Tunneling. Journal of Comparative Economics, 2003 (31): 732–750.

[44] Gao, L., Kling, G. Corporate Governance and Tunneling: Empirical Evidence from China, Pacific–Basin Finance Journal, 2008 (16): 591–605.

[45] Gopalan, R., Nanda, V., Seru, A. Affiliated Firms and Financial Support: Evidence from Indian Business Groups. Journal of Financial Economics, 2007 (86) 759–795.

[46] Jensen, M. and Meckling, W. Theory of the Firm: Managerial Behavior, Agency Costs, and Capital Structure. Journal of Financial Economics, 1976, 76 (2): 323–329.

[47] La Porta, R., Lopez–de–Silanes, F., Shleifer, A. Corporate Ownership around the World. Journal of Finance, 1999, 54 (2): 471–517.

[48] Lu J. and Ma X. The Contingent Value of Local Partners' Business Group Affiliations. Academy of Management Journal, 2008, 51 (2): 295–314.

[49] Luo X. W. and Chung C. N. Keeping It All in the Family: The Role of Particularistic Relationships in Business Group Performance during Institutional Transition. Administrative Science Quarterly, 2005, 50 (3): 404–439.

[50] Luo Y. Industrial Dynamics and Managerial Networking in an Emerging Market: The Case of China. Strategic Management Journal, 2003, 24 (13): 1315–1327.

[51] Keats B. W. and Hitt M. A. A Causal Model of Linkages among Environmental Dimensions, Macro Organizational Characteristics, and Performance. The Academy of Management Journal, 1988, 31 (3): 570–598.

[52] Keister, Lisa A. Engineering Growth: Business Group Structure and Firm Performance in China's Transition Economy. American Journal of Sociology, 1998, 104 (2): 404–407.

[53] Khanna T. and Palepu K. Why Focused Strategies May Be Wrong for Emerging Markets. Harvard Business Review, 1997, 75 (4): 41–51.

[54] Ma, X., and Lu, J. The Critical Role of Business Groups in China. Ivey Business Journal, 2005, 69 (5): 1–12.

[55] Ma, X., Yao, X., and Xi, Y. Business Group Affiliation and Firm Performance in China's Transition Economy: A Focus on Ownership Voids. Asia Pacific Journal of Management, 2006 (23): 467-483.

[56] Shleifer A. and Vishny R. W. Politicians and Firms. Quarterly Journal of Economics, 1994, 109 (4): 995-1025.

[57] Wu C. Enterprise Groups in China's Industry, Asia Pacific Journal of Management, 1990, 7 (2): 123-136.

[58] Yiu, D., Bruton, G., and Lu, Y. Understanding Business Group Performance in an Emerging Economy: Acquiring Resources and Capabilities in Order to Prosper. Journal of Management Studies, 2005, 42 (1): 183-296.

[59] Young M. N., Peng M. W., Ahlstrom D., Bruton G. D. and Jiang Y. Corporate Governance in Emerging Economies: A Review of the Principal -Principal Perspective. Journal of Management Studies, 2008, 45 (1): 196-220.

Business Group Affiliation and the Governance of State-Owned Enterprises

Wu Changqi　Qian Ting

Abstract: In this study, we investigate the relationship between business group affiliation and two types of agency problem in the state-owned enterprises in China to show the effectiveness of group control as a measure of SOE reform. Drawing on a sample of listed SOEs in the period of 2004-2008, we find that①business group affiliation is useful in mitigating the traditional principal-agent conflicts within SOEs; ②If the external monitoring mechanism is strong and effective, the business group affiliation would not aggravate so called principal-principal conflicts among shareholders in the SOEs; however, if such mechanism is weak, group affiliation does aggravate such principal-principal conflicts in SOEs. Our results suggest that the business group affiliation is a kind of effective governance structure to mitigate agency problem between managers and shareholders in SOEs while its side effect in aggravating principal-principal conflicts can be controlled by the external monitor from legal system. This study contributes to the business group literature and corporate governance literature; it also carries implications for the SOE reform practices.

Key Words: business group; SOE reform; agency problem; principal-agent conflict

控制权转移、股权结构与目标公司绩效

——来自深、沪上市公司 2001~2009 年的经验数据 *

徐向艺　王俊韡

【摘　要】基于第二类代理理论中公司控制权的概念，借助控制权转移事件对目标公司股权结构和公司绩效问题进行研究。研究结论表明控制权转移为目标公司带来了明显的财富效应，为目标公司创造了价值。同时发现，控制权转移后第一大股东持股对目标公司绩效的影响呈现倒 U 型关系，股权制衡对目标公司绩效的影响呈现 U 型关系，第一大股东利益侵占效应得到显著抑制，其他股东制衡能力逐步加强。随着控制权转移市场的发展，应大力推进控制权有效转移。在控制权转移过程中，应注重推进控制权部分转移和股权结构的优化，将第一大股东持股比例限定在 50%~60%，第二至第五大股东持股比例之和限定在 8%左右，充分发挥大股东持股的利益趋同效应和其他股东的制衡效应，提高目标公司绩效。

【关键词】控制权转移；公司绩效；股权结构

一、问题提出

现代公司制下，存在两类典型的代理问题：股东与经理人员之间的代理问题（第一类代理问题）和控股大股东与中小股东之间的代理问题（第二类代理问题）。自 Berle 和 Means（1932）提出所有权与控制权分离的著名论断之后，大量的研究几乎都围绕着 Berle-Means 研究范式下美国式的“强管理者，弱股东”的分散所有权情况下的第一类代理问题进行展开。直到 20 世纪 90 年代末，Shleifer 等（1997）、LLSV（2002）、Claessens 等（2002）的研究发现世界上大部分国家的企业股权集中现象比较普遍，大多数公司都存在一个或几个控股股东，这些控股股东在公司治理中发挥着关键性的作用。至此，基于所

* 本文选自《中国工业经济》2011 年第 8 期。

有权集中和家族（国家）控制的 LLSV 范式动摇了 Berle-Means 研究范式的主导地位，公司治理的核心向第二类代理问题转移。

中国上市公司由于特殊的历史性制度的原因普遍存在着集中的股权结构及控股大股东，形成了以大股东治理为主的公司治理模式，控股股东利用手中的控制权获取超额私有收益，侵占中小股东利益，第二类代理问题突出。并购是公司控制权市场运作的基本形式，控制权转移从属于公司并购，特指并购行为中目标公司控制权发生转移的情况，即公司控制权在不同的控股股东之间变更，其基本功能在于通过改变目标公司股权结构而将控制权进行转移从而改善目标公司绩效。

基于上述理论，提出本文研究出发点：中国上市公司治理的核心是解决第二类代理问题，两者冲突的焦点是争夺公司控制权，而公司控制权转移是一种有效的治理机制，通过控制权转移可以实现股权结构和控制权的重新配置。那么，中国上市公司的控制权转移是否有效？是否能够为目标公司带来财富效应？股权结构与目标公司财富效应是否存在着某种联系？控股股东能否通过并购决策在控制权转移过程中获得控制权收益？其他外部股东能否实现对控股股东的有效制衡？

二、研究假设

控制权转移往往会引起股权结构的变化，一般认为，保证公司绩效最大化的一个重要方法是形成合理的股权结构。Zwiebel（1995）认为，最优股权结构不只是大小股东二者的博弈，还存在着多个大股东制衡的形式。近年来许多相关研究表明，在现代公司的股权结构中普遍存在的是股权集中和大股东持股，然而，大股东持股会产生一个问题，会对外部分散的少数股东进行侵吞和掠夺。鉴于这些手段的非公开性，Johnson 等（2000）形象地将其称为“隧道行为”（Tunneling）。有没有一种更好的机制能够解决这种冲突呢？

1. 控制权转移与公司绩效

衡量控制权转移的财富效应主要有两种方法：一是考察控制权转移前后目标公司在股票市场上的股价反应（短期效应），常用累积超常收益率（CAR）法。累积超常收益率（CAR）是观察并购公告日附近公司股票价格的累计超额收益是否显著，考察的时间窗口短则几天，长则十几个月。该指标具有易观察性，所以，常作为大股东控制权私有收益的测量方法。二是考察控制权转移前后目标公司财务指标的变化（长期效应），即研究目标公司的长期绩效指标改善是否显著，考察的时间窗口短则一年，长则数十年。该方法重在研究控制权转移的长期效应，与第一种方法相互补充。大股东控制权私人收益的攫取常常采用比较隐蔽的方式进行，要从企业正常经营中获取准确的私人收益数据是很困难的，所以，财务绩效指标变化的测量方法很难分离控制权共享收益和私有收益，该指标一般用来衡量控制权共享收益，它从侧面反映了一定程度的控制权私有收益。本文采用第二种方法。如果公司控制权有价值，控制权转移必会增加目标公司价值，那么，目标公司绩效在控制权转移后将会得到显著改善，控制权转移会为目标公司带来财富效应。据此，提出假设 1：目标公司绩效在控制权转移后有明显改善。

2. 大股东持股与公司绩效

公司控制权转移可以带来的收益分为控制权共享收益（Public Benefits）和控制权私有收益（Private Benefits）两部分。控制权共享收益主要表现为大股东获得控制权后，通过加强管理，提高产品和服务质量，降低内部交易成本以及产品和服务的成本等方式，改善公司绩效，从而提高公司价值，而公司价值的提高为全部股东获得和分享。控制权私有收益主要表现为大股东获得控制权后，通过为管理层支付过高的报酬和津贴，利用公司内部信息为大股东的关联公司获得超额利润，转移公司资源以及利用大股东声望等方式为大股东获取其他股东无法获得的收益。控制权共享收益和私有收益分别对应大股东的利益趋同和利益侵占效应，这两种效应随着大股东持股比例的变化而变化。在大股东持股比例较低的水平上，随着大股东持股比例的增加，会激励大股东投入更多的努力进行监督和管理，并最终提升公司的股票价值，获取控制权共享收益。此时利益趋同效应占优，结果表现为大股东持股比例与公司价值正相关。当大股东能够通过其高额持股对公司施加控制时，就有动机实施有利于自己但损害其他股东的资源转移活动（LLSV，2002），获取控制权私有收益。由于上市公司的绝大部分表决权掌握在大股东手中，因此，即使其侵占了其他股东的利益，其他股东也无法通过“用手投票”来制止大股东的机会主义行为。此时利益侵占效应占优，结果表现为大股东的持股比例与公司价值负相关。据此，提出假设 2：控制权转移后第一大股东持股比例与公司绩效呈倒 U 型关系。

3. 股东制衡与公司绩效

股东制衡体现了其他大股东对第一大股东在公司决策方面的制约，其强弱会显著影响到第一大股东的行为，进而影响公司价值。如果其他大股东制衡能力强，则可以有效制约控股股东的“隧道行为”，在公司治理中发挥着向内部大股东（控股股东）和管理层提供监督的职能（Shleifer 和 Vishney，1986）。Bloch 和 Hege（2001）认为，各外部大股东（除第一大股东之外）为了获得其他股东的支持，会做出更有效地使用公司控制权的承诺，即各外部股东之间的竞争会抑制控股股东的“隧道行为”；Gomes 和 Novaes（2005）通过理论模型证明多个大股东之间的互相约束和监督能够有效地限制控股股东的侵占行为；Laeven 和 Levine（2005）研究西欧 13 个国家的 900 家制造业上市公司时发现，只有当第二大股东持股比例与第一大股东持股比例相差较小时，企业价值才随着第二大股东持股比例的增加而上升。国内方面，陈信元等（2004）研究发现股权制衡公司的托宾 Q 值和市净率显著高于联盟公司和一般公司；刘运国等（2007）研究表明，股权制衡对改善上市公司治理结构、提高公司绩效具有积极作用。安灵等（2008）认为，股权制衡度与公司业绩并非线性关系，股权制衡度在适度区间内公司绩效较好，但过度的股权制衡也会带来投资不足的问题（黄渝祥、李军，2003）。据此，提出假设 3：控制权转移后其他股东制衡能力越强，第一大股东的利益侵占能力越弱，获取私人收益能力越弱，在并购决策中通过转让控制权获取控制权超额收益的能力越弱，目标公司绩效越高。

三、控制权转移带来的目标公司财富效应分析

1. 财富效应的衡量指标

本文采用第二种方法来衡量控制权转移的财富效应，即通过观察控制权转移后企业长期财务绩效指标的改善，来度量控制权转移带来的财富效应。

公司财务绩效指标评价方法主要有单一指标法和指标体系法。单一指标法，国外研究一般采用托宾 Q（Lang，1989；Servaes，1991）。由于中国股票市场的分割性，国内研究多采用替代法，选取某个单一财务指标来衡量。由于指标间差异较大，所以，单一指标法的研究结果差异较大。指标体系法是通过选取一定的财务指标考察事件发生前后指标变化来评价事件的影响，研究角度较宽，可以包括对其他公司利益相关者的影响。国外研究经常采用的有经营收入销售比和经营收入资产市价比（Randall 和 Erik，2002）、税后成本节约现值和收入增加现值（Joel、Christopher 和 Michael，2001）、资产收益率和市场回报（John，1985）等。国内研究多是选择多个指标构建指标体系，进行因子分析计算综合指标。

本文采用第二种方法，构建指标体系并使用因子分析计算综合指标。关于财务绩效指标的选取，借鉴财政部“企业绩效评价操作细则”指标体系中所确定的基本财务指标，选取了反映盈利能力、偿债能力、资产管理能力三个方面的 5 个指标来衡量控制权转移前后公司财务绩效的变动，5 个指标分别是净资产收益率、主营业务资产收益率、托宾 Q、股东权益比率[①]、净资产周转率。具体如表 1 所示。

2. 样本选择

本文将控制权转移界定为控股股东变化，借鉴 La Porta 等（1999）、Leech 和 Leahy（1991）的文献，将第一大股东获得控制权所必要的持股比例界定为 20%。以上海和深圳证券交易所的 A 股上市公司 2001~2009 年的年报数据为选样窗口，根据如下标准进行选样：①选取在 2004~2006 年第一大股东发生变更的公司；②剔除第一大股东不属于控股股东的公司；③剔除 2001~2009 年数据缺失的公司；④剔除公告转让控股权后终止或未实施的案例；⑤剔除同时发行 B 股或 H 股的 A 股上市公司；⑥剔除金融类、保险类、基金类上市公司。在满足上述条件下，一共得到 2004~2006 年发生控制权转移的有效样本 109 家，其中 2004 年 38 家，2005 年 24 家，2006 年 47 家。

① 偿债能力通常选用资产负债率指标，但笔者发现资产负债率与其他 5 个指标存在比较明显的负相关关系，为了便于因子分析，故将资产负债率调整为股东权益比率。

表 1 控制权转移绩效的指标体系

指标类型	指标名称	指标计算公式
盈利能力	净资产收益率 主营业务资产收益率 托宾 Q	净利润/净资产 主营业务利润/总资产 公司市场价值/资产重置成本=股票市值/总资产 *
偿债能力	股东权益比率	期末净资产/期末总资产
资产管理能力	净资产周转率	营业利润/期末净资产

注：* 从 2005 年 4 月 29 日，中国证监会发布《关于上市公司股权分置改革试点有关问题的通知》开始，股权分置改革已经进行 6 年。据 WIND 资讯统计，截至 2011 年 6 月底，未股改的公司仍有 9 家。中国股市何时完成股改，何时进入真正意义的全流通至今没有确切的时间表。因此，关于未流通股的市值只能采用替代方法，本文选择每股净资产。存在未流通股的公司托宾 Q 计算如下：(流通股市值+非流通股股数×每股净资产)/总资产。

关于并购重组数据主要根据中国上市公司 2001~2009 年年报、《上市公司重组事项总览》和上海与深圳证券交易所、证监会的相关公告，其他股权结构和财务数据主要来源于 CSMAR 数据库。

3. 因子分析

对表 1 的 5 个指标进行因子分析，构造衡量控制权转移绩效的综合指标。先对这 5 个指标和主成分进行相关性检验，结果显示，5 个指标的方向与预期完全一致，且高度相关。进而观察因子的方差贡献率，发现前两个因子的累计贡献率超过 99%，因此，选用前两个因子将能够很好地衡量公司绩效指标，如表 2 所示。其中第一个因子代表了主营业务资产收益率、托宾 Q 和股东权益比率，第二个因子代表了净资产收益率和净资产周转率。以每个因子的方差贡献率为权数，构建公司绩效指标的综合得分函数：$ZF = a1F_1 + a2F_2 = 0.5987F_1 + 0.3961F_2$。

表 2 因子特征值及贡献率

因子	特征值	贡献率	累计贡献率
1	2.993	59.864	59.864
2	1.980	39.606	99.470
3	0.018	0.361	99.831
4	0.008	0.169	99.999
5	0.001	0.001	100.000

利用综合指标对控制权转移前三年至控制权转移后三年跨度共 7 年的公司绩效进行描述性统计，结果如表 3 所示。控制权转移后第一年目标公司绩效有明显改善，这种改善在控制权转移后第二年和第三年一直维持，表明控制权转移为目标公司带来了财富效应。为了验证目标公司绩效改善的显著性和财富效应的稳定性，这里运用跟踪研究法，采用配对样本 T 检验，检验目标公司绩效各指标在控制权转移之后各年与控制权转移前两年的差异，即 $ZF_1 - ZF_{-2}$、$ZF_2 - ZF_{-2}$、$ZF_3 - ZF_{-2}$，以及控制权转移以后各年与其前一年的差异即 $ZF_1 - ZF_0$、$ZF_2 - ZF_1$、$ZF_3 - ZF_2$。检验结果如表 4 所示。控制权转移后第一年、第二年、第

三年与控制权转移前两年相比目标公司绩效有大大改善，都在 0.01 的水平上显著，说明控制权转移后目标公司绩效明显提高，控制权转移有利于目标公司价值的提升。控制权转移后第一年与控制权转移当年相比，目标公司绩效显著改善；控制权转移后第二年与控制权转移后第一年相比，目标公司绩效出现显著下滑；控制权转移后第三年与控制权转移后第二年相比，目标公司绩效没有显著变化；这说明控制权转移后公司目标绩效改善的持续性不足。不过可以肯定地说，控制权转移后比控制权转移前目标公司绩效得到显著改善，控制权转移为目标公司带来了财富效应，控制权转移有利于目标公司价值的提高。因此，假设 1 得到验证。

表 3　控制权转移前后目标公司绩效变化的描述性统计

	N	Minimum	Maximum	Mean	Std. Deviation
ZF_{-3}	109	-0.1328	0.1407	0.0142	0.0370
ZF_{-2}	105	-0.2792	0.1598	0.0019	0.0532
ZF_{-1}	107	-0.3782	0.2957	0.0055	0.0821
ZF_0	105	-0.4495	0.1102	0.0053	0.0659
ZF_1	107	-0.4082	0.4990	0.0303	0.0730
ZF_2	105	-0.4091	0.1703	0.0233	0.0566
ZF_3	107	-0.1638	0.3033	0.0256	0.0529

注：ZF 表示公司绩效变量；下标-3、-2、-1、0、1、2、3 分别表示控制权转移前三年、前两年、前一年、当年以及控制权转移后第一年、第二年和第三年，下同。

表 4　控制权转移对目标公司绩效影响的配对样本 T 检验

		Mean	Std. D	t	df	Sig.
Pair1	ZF_1-ZF_{-2}	0.025921	0.0908412	2.896	102	0.005
Pair2	ZF_2-ZF_{-2}	0.019156	0.0719602	2.675	100	0.009
Pair3	ZF_3-ZF_{-2}	0.019520	0.0649951	3.048	102	0.003
Pair7	ZF_1-ZF_0	0.025054	0.1052982	2.438	104	0.016
Pair8	ZF_2-ZF_1	-0.011246	0.0631465	-1.825	104	0.071
Pair9	ZF_3-ZF_2	0.001221	0.0602592	0.207	103	0.837

四、股权结构对目标公司绩效影响的实证分析

1. 变量选择及模型设计

本文主要依据国外研究，并结合中国股票市场的特点对关键解释变量和控制变量进行选取设定。①因变量：使用公司绩效综合指标 ZF，使用各年度综合指标的变化代表目标公司价值变化。②自变量：股权结构。目标公司股权结构变量主要有第一大股东的控制指数以及其他股东的制衡指数。第一大股东控制指数选取第一大股东持股比例和第一大股东

持股比例的平方两个指标，其他股东制衡指数选用两个不同指标，分别是 CR 指数以及 Herfindahl 指数。控制指数的数值越大，第一大股东持股比例越高，控制强度就越大。制衡指数的数值越大，表明股权集中度越高，其他大股东的制衡能力越大，当然不排除会出现合谋。③控制变量：主要选取三类：目标公司特征变量；交易特征变量；目标公司治理特征变量。各变量的选择及定义见表 5。

表 5　变量选择及定义

变量性质	变量名称	符号	变量含义
股权结构	第一大股东持股比例	L_1	第一大股东持股数/总股数
	第一大股东持股比例的平方	L_1^2	第一大股东持股比例的平方
	CR 指数	CR_{2-5}	第二至第五大股东持股比例之和
	Herfindahl 指数	H_{2-5}	第二至第五大股东持股比例的平方和
公司特征	成长性	Grouth	（本期资产总计-基期资产总计）/基期资产总计
	负债率	Lev	负债总计/资产总计
	公司规模	Insize	总资产的自然对数
交易特征	转移方式	Price	1，有偿转让；0，无偿划拨
	转移程度	Hold	1，部分转移；0，全部转移
治理特征	第一大股东性质	DL_1	1，国有股；其他为 0
	大股东利益侵害度	PR	（应收账款+其他应收款）/资产总计 *
	两职合一	Exe	1，董事长与总经理两职合一；否则为 0

注：* 石水平. 控制权转移、控股股东与大股东利益侵占［J］. 暨南学报，2009（4）.

2. 股权结构与目标公司绩效的单因素比较分析

为了考察控制权转移后股权结构对目标公司绩效的影响，此处做了单因素比较分析。结果如表 6 所示。

表 6　股权结构与目标公司绩效的单因素比较分析

分类区间（L_1）	样本数	公司绩效	分类区间（CR_{2-5}）	样本数	公司绩效
Panel A：控制权转移后第一年					
<20	15	0.0227	<5	13	0.0377
[20，30)	55	0.0275	[5，10)	15	0.0388
[30，40)	6	0.0265	[10，15)	15	0.0299
[40，50)	11	0.0431	[15，20)	17	0.0222
[50，60)	12	0.0382	[20，25)	19	0.0214
[60，70)	6	0.0371	[25，30)	8	0.0091
≥70	2	0.0332	≥30	20	0.0347
Panel B：控制权转移后第二年					
<20	19	0.0203	<5	16	0.0282
[20，30)	44	0.0264	[5，10)	16	0.0421
[30，40)	11	0.0304	[10，15)	19	0.0327
[40，50)	14	0.0341	[15，20)	17	0.0271
[50，60)	11	0.0512	[20，25)	15	0.0130
[60，70)	4	0.0421	[25，30)	5	-0.0700
≥70	2	0.0346	≥30	17	0.0270

续表

分类区间 (L_1)	样本数	公司绩效	分类区间 ($CR_{2\text{-}5}$)	样本数	公司绩效
Panel C：控制权转移后第三年					
<20	21	0.0136	<5	21	0.0140
[20，30)	44	0.0220	[5，10)	23	0.0424
[30，40)	11	0.0297	[10，15)	13	0.0320
[40，50)	15	0.0430	[15，20)	21	0.0315
[50，60)	11	0.0554	[20，25)	16	0.0175
[60，70)	4	0.0358	[25，30)	5	0.0024
≥70	1	0.0202	≥30	8	0.0319

L_1与目标公司绩效的单因素分析结果。由表6所示，控制权转移后第一大股东持股比例大部分集中在［20，30）之间，其次是低于20%区间。在控制权转移后第一年，目标公司绩效最大值位于大股东持股比例［40，50）的区间，最低值位于大股东持股比例小于20%的区间。在控制权转移后第二年，目标公司绩效最大值位于大股东持股比例［50，60）的区间，最低值位于大股东持股比例小于20%的区间。在控制权转移后第三年，目标公司绩效最大值位于大股东持股比例［50，60）的区间，最低值位于大股东持股比例小于20%的区间。因此，单因素分析结果显示第一大股东持股比例与目标公司绩效呈现非线性关系。

$CR_{2\text{-}5}$与目标公司绩效的单因素分析结果。由表6所示，控制权转移后$CR_{2\text{-}5}$位于［25，30）的样本公司数最少。在控制权转移后第一年，$CR_{2\text{-}5}$集中在大于30%和［20，25）的区间，在控制权转移后第二年，$CR_{2\text{-}5}$集中在大于30%和小于25%的区间，在控制权转移后第三年，$CR_{2\text{-}5}$集中在小于25%的区间。控制权转移后第一年、第二年和第三年，目标公司绩效最大值均位于$CR_{2\text{-}5}$的［5，10）区间，最小值均位于$CR_{2\text{-}5}$的［25，30）区间。因此，单因素分析结果显示$CR_{2\text{-}5}$与目标公司绩效呈非线性关系。

3. 股权结构与目标公司绩效的多因素回归分析

为了进一步确定控制权转移后股权结构对目标公司绩效的影响，此处采用了多因素回归分析。其中，多因素回归分析基本模型（1）和模型（2）如下：

$$ZF = \beta_0 + \beta_1 L_1 + \beta_2 L_1^2 + \beta_3 CR_{2\text{-}5} + \varepsilon \quad (1)$$

$$ZF = \beta_0 + \beta_1 L_1 + \beta_2 CR_{2\text{-}5} + \beta_3 CR_{2\text{-}5}^2 + \varepsilon \quad (2)$$

其中，ZF为公司绩效综合指标，β为系数，ε为残值，其他变量含义同表5，模型（1）的回归结果如表7所示。

由表7，模型（1）的结果显示：控制权转移后第一年，大股东持股对目标公司绩效有显著影响，L_1及其平方项系数显著，两者系数相反表明第一大股东持股比例对目标公司绩效的影响呈倒U型。L_1系数为正体现了利益趋同效应，L_1^2系数为负体现了利益侵占效应，两种效应作用的结果使目标公司绩效随着第一大股东持股比例的增加而呈现先升后降的倒

U 型，临界点为 59%[①]。模型（2）的结果显示：股东制衡变量对目标公司绩效有显著影响，$CR_{2\text{-}5}$ 及其平方项系数显著，且与 L_1 及其平方项系数方向相反，表明 $CR_{2\text{-}5}$ 对目标公司绩效的影响呈 U 型，临界点为 8.8%。控制权转移后第二年和第三年的回归结果与控制权转移后第一年的结果完全一致，只是 L_1 和 $CR_{2\text{-}5}$ 的临界点略有不同，L_1 的临界点分别为 54%和 55.3%，$CR_{2\text{-}5}$ 的临界点分别为 8.1%和 8.3%。鉴于控制权转移后第二年和第三年的控制变量回归系数方向与控制权转移后第一年完全一致，只是显著性存在一定差异，因此表 7 未对控制权转移后第二年和第三年的控制变量进行列示，表 7 对模型（3）、模型（4）、模型（5）和模型（6）的列式情况做相同处理。

在模型（1）和模型（2）中分别加入相关控制变量，扩展为模型（3）和模型（4）：

$$ZF = \beta_0 + \beta_1 L_1 + \beta_2 L_1^2 + \beta_3 CR_{2\text{-}5} + Control(Variables) + \varepsilon \quad (3)$$

$$ZF = \beta_0 + \beta_1 L_1 + \beta_2 CR_{2\text{-}5} + \beta_3 CR_{2\text{-}5}^2 + Control(Variables) + \varepsilon \quad (4)$$

表 7 股权结构与公司绩效的多因素回归分析

变量	Model 1	Model 2	Model 3	Model 4	Model 5	Model 6
	β(Sig)	β(Sig)	β(Sig)	β(Sig)	β(Sig)	β(Sig)
Pannel A：控制权转移后第一年						
L_1	0.258 (*)	0.088 (**)	0.599 (*)	0.091 (**)	0.143 (*)	0.121 (*)
L_1^2	−0.170 (**)		−0.496 (*)			
$CR_{2\text{-}5}$	0.043 (**)	−0.018 (*)	0.019 (**)	−0.174 (*)	0.101 (*)	0.049 (**)
$CR_{2\text{-}5}^2$		0.071 (*)		0.212 (*)		
$L_1 \times CR_{2\text{-}5}$					−0.051 (*)	
$L_1^2 \times CR_{2\text{-}5}^2$						−0.001 (**)
Growth			−0.048	−0.039	−0.048	−0.049
Lev			0.066	0.058	0.061	0.068
lnsize			0.146 (*)	0.146 (*)	0.146 (*)	0.144 (*)
Price			−0.027	−0.033	−0.028	−0.028
Hold			0.164 (**)	0.166 (**)	0.162 (***)	0.016 (**)
DL_1			0.064	0.075	0.068	0.059
PR			0.034	0.046	0.037	0.032
Exe			0.002	−0.003	0.002	0.001
Sig.	0.010		0.068	0.067	0.067	0.061
R^2	0.789		0.727	0.735	0.728	0.721
Pannel B：控制权转移后第二年						
L_1	−0.063 (**)	0.237 (*)	−0.031 (*)	0.168 (*)	0.177 (*)	0.153 (*)
L_1^2	0.305 (**)		0.206 (*)			
$CR_{2\text{-}5}$	−0.013 (*)	0.039 (**)	−0.040 (**)	−0.063 (*)	−0.031 (*)	−0.079 (*)

① 考虑截距的影响，临界点根据非标准化系数计算取得，文中没有列出。

续表

变量	Model 1 β(Sig)	Model 2 β(Sig)	Model 3 β(Sig)	Model 4 β(Sig)	Model 5 β(Sig)	Model 6 β(Sig)
CR^2_{2-5}		−0.065 (*)		0.017 (*)		
$L_1 \times CR_{2-5}$					−0.015 (*)	
$L_1^2 \times CR^2_{2-5}$						0.034 (**)
Pannel C：控制权转移后第三年						
L_1	0.321 (*)	0.194 (**)	0.400 (*)	0.158 (*)	0.154 (*)	0.148 (**)
L_1^2	−0.109 (**)		−0.215 (*)			
CR_{2-5}	0.246 (*)	−0.073 (**)	0.142 (**)	−0.293 (*)	0.074 (**)	0.069 (*)
CR^2_{2-5}		0.332 (*)		0.449 (*)		
$L_1 \times CR_{2-5}$					0.081 (*)	
$L_1^2 \times CR^2_{2-5}$						0.097 (**)

注：β 为标准化回归系数，括号中的星号（*）表示显著性水平，一个星号表示显著性水平为 0.10，两个星号表示显著性水平为 0.05，三个星号表示显著性水平为 0.01。

回归结果见表 7。由表 7，模型（3）和模型（4）的结果显示大股东持股与股东制衡变量 CR_{2-5} 对目标公司绩效的影响与模型（1）和模型（2）的结果完全一致。控制权转移后第一年、第二年和第三年的临界点分别为 44.5%、57%和 61%，CR_{2-5} 的临界点分别为 7.9%、8.2%和 8.9%。

模型（1）、模型（2）、模型（3）和模型（4）都显示了 L_1 和 CR_{2-5} 对目标公司绩效的显著影响，但影响方向相反，那么 L_1 和 CR_{2-5} 对目标公司绩效的相互影响结果是怎样的呢？将模型（3）中的 L_1 平方项换为大股东持股与股东制衡的交互项 $L_1 \times CR_{2-5}$，扩展为模型（5）。将模型（4）中的 CR_{2-5} 平方项换为大股东持股与股东制衡的交互项的平方 $L_1^2 \times CR^2_{2-5}$，扩展为模型（6）。

$$ZF = \beta_0 + \beta_1 L_1 + \beta_2 CR_{2-5} + \beta_3 L_1 \times CR_{2-5} + Control(Variables) + \varepsilon \quad (5)$$

$$ZF = \beta_0 + \beta_1 L_1 + \beta_2 CR_{2-5} + \beta_3 L_1^2 \times CR^2_{2-5} + Control(Variables) + \varepsilon \quad (6)$$

回归结果见表 7。由表 7，模型（5）和模型（6）的结果显示：控制权转移后第一年，第一大股东持股与股东制衡的交互项 $L_1 \times CR_{2-5}$ 对目标公司绩效的影响为负，系数为 0.051，交互项的平方 $L_1^2 \times CR^2_{2-5}$ 对目标公司绩效的影响为负，系数为 0.001，表明股权制衡与大股东持股的作用相反，且大股东利益侵占效应明显强于股东制衡效应；控制权转移第二年，第一大股东持股与股东制衡的交互项 $L_1 \times CR_{2-5}$ 对目标公司绩效的影响为负，系数为 0.015，交互项的平方 $L_1^2 \times CR^2_{2-5}$ 对目标公司绩效的影响为正，系数为 0.034，表明大股东侵占效应有所降低，股东制衡效应有所改善；控制权转移后第三年，第一大股东持股与股东制衡的交互项 $L_1 \times CR_{2-5}$ 对目标公司绩效的影响为正，系数为 0.081，交互项的平方 $L_1^2 \times CR^2_{2-5}$ 对目标公司绩效的影响为正，系数为 0.097，表明股东制衡与大股东持股的不再

相反，且股东制衡效应明显强于大股东利益侵占效应。因此，控制权转移后，股东制衡能力逐步加强，大股东利益侵占效应得到显著抑制。控制权转移有利于公司股权结构的改善，有利于股权治理效应的发挥。

为了验证股权制衡变量对目标公司绩效影响的稳定性，将模型（1）~（6）中的 CR_{2-5} 替换为 H_{2-5}，股权结构变量的回归结果与 CR_{2-5} 完全一致，只是部分控制变量略有不同，此处不再列示。另外，结合表 6 中单因素分析结果，CR_{2-5} 与目标公司绩效可能并不是简单的二次函数关系，因为随着目标公司绩效的提高，出现先上升到最高点［出现在 CR_{2-5}［5，10）区间］，继而下降到最低点［出现在 CR_{2-5}［25，30）区间］。因此，本文又对 CR_{2-5} 与目标公司绩效做了三次函数关系的尝试，临界点为 7.6%和 26.1%，但回归结果并不显著，此处没有列出。

模型（3）~（6）都显示了控制权转移程度对目标公司绩效影响的正向作用，表明控制权部分转移优于控制权全部转移。模型（3）~（6）还显示了目标公司规模对公司绩效的正向作用，表明规模越大的目标公司在控制权转移后绩效改善越明显。

综上，第一大股东持股比例对目标公司绩效的影响呈现倒 U 型关系，临界点在 50%与 60%之间（不同的模型得出的临界点不同，但差异不大，此处取区间值），利益侵占和利益趋同效应显现。股权制衡对目标公司绩效的影响呈现 U 型关系，临界点在 8%左右，但股权制衡与大股东持股的交互作用对目标公司绩效的影响在控制权转移后逐步改善，控制权转移后第三年股权制衡与大股东持股的交互作用对公司影响显著为正，表明股权制衡的作用得到了有效发挥，大股东利益侵占得到了有效抑制。假设 2 得到验证，假设 3 得到部分验证。

五、结论及政策建议

1. 主要结论

（1）控制权转移为目标公司带来明显的财富效应，控制权转移后目标公司绩效显著改善，但这种改善的持续性不足。因此，控制权转移有利于目标公司价值提高。

（2）控制权转移后第一大股东持股对目标公司绩效的影响呈现倒 U 型关系，临界点在 50%与 60%之间（不同的模型得出的临界点不同，但差异不大，此处取区间值）。当第一大股东持股比例小于该临界点时，目标公司绩效随着大股东持股比例的上升而上升，当第一大股东持股比例越过该临界点时，目标公司绩效随着大股东持股比例的上升而下降。大股东利益侵占和利益趋同效应显现。

（3）控制权转移后股权制衡对目标公司绩效的影响呈现 U 型关系，临界点在 8%左右（不同的模型得出的临界点不同，但差异不大，此处取约数）。

（4）控制权转移后股权制衡与大股东持股的交互作用对目标公司绩效的影响逐步改

善。股东制衡能力逐步加强，大股东利益侵占效应得到显著抑制。控制权转移有利于公司股权结构的改善，有利于股权治理效应的发挥。

2. 政策建议

（1）积极推进控制权有效转移，增加目标公司财富效应。股权分置改革完成后，上市公司控制权转移规模进一步扩大。因此要积极推进有效控制权转移的发生，防止无效控制权转移的发生。要注重主并公司和目标公司的资源整合，充分发挥双方的优势，实现优势互补，协同增效，加快提升上市公司的主营业务能力，实现控制权转移的治理功能。

（2）控制权转移的过程要注重目标公司股权结构的优化，积极推进控制权部分转移，形成合理的股权结构。第一大股东持股比例限定在 50%~60%，但不能超过这个区间，积极发挥大股东持股的利益趋同效应。第二至第五大股东持股比例之和要限定在 8%左右，充分发挥对第一大股东的制衡效应①。

本文的政策含义在于说明了控制权转移为目标公司带来了财富效应，为目标公司创造了价值，肯定了控制权市场的价值创造功能。同时，本文研究显示控制权转移有利于目标公司股权结构优化，这对中国上市公司的大股东治理模式有一定的借鉴意义。但本文的研究仍有一定的局限性，没有深度挖掘目标公司绩效改善的根本原因［李善民等（2004）在这方面已有探索］。

参考文献

［1］Ravenscraft D. J., and Scherer F. M. Life after Takeovers［J］. Journal of Industrial Economics, 1987, 36 (3).

［2］Healy P. K., and Ruback R. Does Corporate Performance Improve after Mergers［J］. Journal of Financial Economics, 1992, 31 (2).

［3］Linn S., and Switzer J. The Market for Corporate Control and the Agency Paradigm［J］. European Finance Review, 2001 (3).

［4］Bruner R. F. Does M&A Pay? A Survey of Evidence for the Decision-maker［J］. Journal of Applied Finance, 2002, 12 (1).

［5］Martynova M., Oosting S., and Renneboog L. The Long-Term Operating Performance of European Mergers and Acquisitions［R］. ECGI-Finance Working Paper No. 137, 2006; TILEC Discussion Paper No. 030, 2006.

［6］Fan J. P. H. et al. Corporate Fnance and Governance in Emerging Markets: A Selective Review and an Agenda for Future Research［J］. Journal of Corporate Finance, 2011, 17 (2).

［7］PengCheng Zhu et al. Partial Acquisitions in Emerging Markets: A Test of the Strategic Market Entry and Corporate Control Hypotheses［J］. Journal of Corporate Finance, 2011, 17 (2).

［8］Martynova M., Osting S., and Renneboog L. The Performance of the European Market for Corporate Control: Evidence from the Fifth Takeover Wave［J］. European Financial Management, 2011, 17 (2).

---

① 由于第二至第五大股东持股比例之和在 25%以上的样本较少，因此 $CR_{2\text{-}5}$ 与目标公司绩效的三次函数并不显著。理论上讲应该有更高的临界点，在此点之上，股权制衡更能充分发挥作用。该问题有待继续研究。

[9] 李善民，曾昭灶等. 收购公司与目标公司配对组合绩效的实证分析 [J]. 经济研究，2004 (6).

[10] 谭劲松，刘炳奇，谭燕. 企业合并：政府主导下的多方利益博弈——来自 10 起换股合并案例的检验 [J]. 管理世界，2005 (2).

[11] 陈昆玉，王跃堂. 国有控股上市公司控制权转移对经营绩效的影响——来自中国 A 股市场的经验证据 [J]. 经济与管理研究，2006 (2).

[12] 白云霞，吴联生. 国有控制权转移、终极控制人变更与公司业绩 [J]. 金融研究，2008 (6).

[13] 宋建波等. 上市公司控制权转移绩效及其影响因素研究 [J]. 财经问题研究，2008 (6).

[14] 石水平. 控制权转移、控股股东与大股东利益侵占 [J]. 暨南学报，2009 (4).

[15] 余菁. 美国公司治理：公司控制权转移的历史分析 [J]. 中国工业经济，2009 (10).

[16] 彭中文，何静雅. 控制权转移、股权制衡与公司绩效——基于中国上市公司数据分析 [J]. 湘潭大学学报，2010 (3).

[17] 侯宇，王玉涛. 控制权转移、投资者保护和股权集中度——基于控制权转移的新证据 [J]. 金融研究，2010 (11).

[18] 张佳等. 基于控制权转移视角的股权结构与公司价值——来自并购中上市目标公司的证据 [J]. 系统工程，2011 (4).

Control Transfer, Equity Ownership Structure and Corporate Performance

—Evidence from Chinese Listed Companies

Xu Xiangyi Wang Junwei

Abstract: This paper presents an in depth analysis on the relation of corporate performance and equity ownership structuren after control transfer during 2001 to 2009. We find that: ①Conrol transfer improved corporate performance significantly; ②The relationship between the largest shareholder and firm performance is reverse quadratic function; ③The other shareholders ability gradually strengthen balances. According to the conclusion, weshuoud develop control transfering and optimize the EOS.

Key Words: control transfer; corporate performance; equity ownership structure (EOS)

公司治理的社会嵌入性：理论框架及嵌入机制*

陈仕华　李维安

【摘　要】本文针对代理理论和管家理论视角下，公司治理的低度社会化和过度社会化的不足，从社会嵌入理论视角审视公司治理，认为公司治理具有社会嵌入性，并提出一个初步的理论分析框架。在这一框架中，本文依据“主体嵌入于客体情境”的概念模式，将嵌入分为主体嵌入和客体嵌入，其中：认知嵌入为主体嵌入，关系嵌入、结构嵌入和宏观嵌入为客体嵌入。然后从主体认知（认知嵌入）嵌入于联结企业情景（关系嵌入）、企业网情景（结构嵌入）、国家情景（宏观嵌入）以及各情景间交互影响方面剖析了公司治理的嵌入机制。从社会嵌入理论视角审视公司治理不仅可以解释代理理论和管家理论视角不能解释的诸多实践现象，而且还为有关公司治理政策的制定带来有益启示。

【关键词】公司治理；社会嵌入理论；理论框架；嵌入机制

两权分离的现代公司中，如何确保经营者按照股东利益行事？这是公司治理的核心问题（Shleifer 和 Vishy，1997）。公司治理问题诉诸的理论主要有代理理论和管家理论。代理理论将经济行为人视为理性的经济人（个人主义的、自利的、机会主义的），其行为完全由个人根据效用最大化原则而定，丝毫不受社会情景的影响，这是一种低度社会化观点；管家理论将经济行为人视为社会人（集体主义的、利他的或利组织的、忠诚可信的），其行为完全受所处社会情景的影响，这是一种过度社会化观点。正如 Granovetter（1985）所言，经济行为人既非像经济学理论描述的那样低度社会化，完全隔离开社会影响，也非像社会学理论描述的那样过度社会化，完全由社会情景决定，而常常是介于两者之间。针对低度或过度社会化的不足，Granovetter（1985）提出了一种解释经济行为人在“中度”社会化情景中的行为理论，即社会嵌入理论。鉴于此，本文尝试着从社会嵌入理论视角来审视公司治理问题，试图得出一个初步的理论分析框架。

* 本文选自《中国工业经济》2011 年第 6 期。

一、代理理论和管家理论视角下的公司治理：低度和过度社会化的不足

代理理论源于经济学和金融学，它从经济人假设出发，认为人们本质上是个人主义和机会主义的，个人主义表现在他们总是以追求自我利益最大化为目标，机会主义则表现在他会牺牲对方利益为自己谋求私利。这进一步导致委托人（所有者）和代理人（经理人）之间利益不一致，从而引发代理问题，招致代理成本（Fama 和 Jensen，1983）。为了降低代理成本，代理理论开出一系列处方：一是采用激励方案，运用物质激励去满足管理者的经济需求，如薪酬、奖金、股票期权等；二是对管理者实施控制，如引入董事会、监事会和外部董事等；三是利用经理人市场的“优胜劣汰”机制，对管理层施压。代理理论的理性经济人（个人主义、自利的、机会主义的）假设招致很多学者的批评。Jensen 和 Meckling（1994）指出，这一人性假设是便于数学模型化的简化，和现实中人们的实际行为相距甚远。Doucouliagos（1994）指出，将人们所有行为动机简化为自利，这不能解释人们在社会生活中的复杂性行为，也不能满足人们以社会人形式存在的需要。Martin（1992）也曾指出：“代理理论假定委托人和代理人基本上是不会说话的、中立的经济行为者，他们从不会站在哪一方，也不属于任何政治派别或小团体。”代理理论对委托人和代理人持有低度社会化观点，正如 Lubatkin 等（2007）对代理理论的评价，该理论认为经济行为者完全受自利动机的驱使，丝毫不受企业社会情景的限制。这些社会情景是以普遍的规范、社会化规则和惯例，以及广泛的社会网等形式存在（Granovetter，1985）。

管家理论（Donaldson 和 Davis，1989，1991；Davis 等，1997）源于社会学和心理学，它从社会人假设出发，认为人们本质上是自我价值实现和集体主义。由于管理者追求的目标是马斯洛需求层次的最高层次，即自我价值实现，这使他们和所有者的目标相一致，因此，他们会像恪尽职守的“管家”一样打理所有者的财产，并使之增值。为此，管家理论开出的处方：一是管理者是值得信赖的，要充分授权于管理者；二是对管理者实施非物质性激励，增强他们对公司的认同感，使他们发自内心地和自愿地努力工作；三是将董事会功能认定为服务于管理者，而不是去监督或发号施令。正如 Donaldson 和 Davis（1994）指出，管家理论是针对代理理论的低度社会化的不足提出的。不过，管家理论实际上已经走到了另一个极端，即由低度社会化走向过度社会化。在管家理论中，管理者完全受到其身为“社会人”的约束，其追求的目标主要是社会性的需要，如成功、名望和自我价值实现等。因此，管理者的个人利益完全依附于组织，即被完全组织化了。在 Davis 等（1997）提出管家理论框架后，Preston（1998）曾对此展开多次争论，他们批评 Davis 等（1997）的“社会化管家”在商界是天真的、不现实的和不存在的。实际上，在这些论战中，管家理论的过度社会化观点已经暴露无遗。表 1 概括了代理理论和管家理论之间的主要差别。

表 1 代理理论和管家理论的比较

理论视角	代理理论	管家理论
学科背景	经济学和金融学	社会学和心理学
人性假设	经济人（个人主义、自利和机会主义）	社会人（集体主义或利组织的、值得信赖的）
利益关系	相互冲突	相互一致
治理的指导思想	激励与控制	合作
治理的具体机制		
——激励	外在的，物质激励	内在的，非物质激励
——控制或合作	以控制为主	以合作为主
——董事会	两职分离、外部董事为主	两职合一，内部控制董事会
社会化程度	低度社会化	过度社会化

二、社会嵌入理论视角下的公司治理：理论框架及嵌入机制

不管是代理理论依赖的理性人假设，还是管家理论的社会人假设，都旨在减少治理现象的复杂性，并且可能会增强模型内在逻辑的精确性（Jensen 和 Meckling，1994）。但是，它对委托人和代理人持有的低度社会化或过度社会化观点，反而降低了模型预测的准确性。鉴于此，本文提出一个公司治理的“嵌入式”观点。“嵌入”是一种处于中间范围的影响机制，它位于“过度社会化”（指行为较大程度上是由关系和社会背景来决定）和“低度社会化”（指行为几乎不受关系和社会环境的影响）之间（Granovetter，1985）。

尽管已有很多文献论及嵌入，但要想给出一个普遍接受的嵌入概念却非常困难。Granovetter（1985）认为嵌入是指经济活动在持续的社会关系模式中的情景。Zukin and DiMaggio（1990）拓展了这一概念，认为嵌入是指经济活动在认知、文化、社会结构和政治制度方面的情景依存的本质。基于各自的概念内涵，他们对嵌入做出不同的分类。Granovetter 和 Swedberg（1992）在《经济生活的社会学》一书中将嵌入分为关系嵌入和结构嵌入，其中，关系嵌入指单个主体的经济行为嵌入与他们直接互动的关系网络中，结构嵌入指主体的经济行为嵌入其所在的社会网络中。实际上，关系嵌入是对嵌入网络中人际社会二元关系的结构和特征的刻画，其测度指标经常为关系强弱和关系质量等；结构嵌入是对行为主体嵌入关系构成的各种网络的总体描述，其测度指标经常为网络规模大小，以及企业在网络中的位置。

Granovetter（2007）在评价社会嵌入理论时指出：“关于这类文献的一个不好倾向是对文化、政治及制度框架的贬抑，就是我自己也不免会犯这一错误。”Zukin 和 DiMaggio（1990）则避免了这一错误，他们基于上述内涵将嵌入分为四种类型：政治嵌入、文化嵌入、结构嵌入和认知嵌入。政治嵌入指外部制度框架，如政治、法律制度对经济行为的影

响；文化嵌入指理性的经济行为主体在制定经济战略和目标时受到来自外部共享的集体理解的制约，如价值观和行为规范等；结构嵌入与 Grannovetter（1985）界定的含义相同；认知嵌入指行为主体在进行理性计算时受到原有意识结构的限制。

那么，这些不同类型嵌入之间关系如何？本文依据"主体嵌入于客体情境"的概念模式，将嵌入分为主体嵌入和客体嵌入。其中，认知嵌入是从主体角度来讲，指"'认知'嵌入于……中"，即认知受到哪些情景的影响；而关系嵌入、结构嵌入、文化嵌入和政治嵌入是从客体角度来讲，指"……嵌入于'关系'、'结构'、'文化'和'政治'中"，即影响认知的诸多情景。另外，这些嵌入分属不同层次：认知嵌入主要关注经济行为人的认知，属个人层面（Zukin 和 DiMaggio，1990；Uzzi，1997），在本文中为委托人和代理人；关系嵌入主要关注企业与其他企业之间关系，属于企业层面（Granovetter 和 Swedberg，1992），在本文中为联结企业（如通过连锁董事联结起来的企业对）；结构嵌入主要关注企业在企业网络中的位置，属企业网层面（Zukin 和 DiMaggio，1990；Granovetter 和 Swedberg，1992），在本文中为企业网（如通过连锁董事联结起来的企业网络）；政治嵌入和文化嵌入主要关注企业所处国家的宏观制度，既有正式的法律法规，也有非正式的社会惯例和文化等，属国家层面（Zukin 和 DiMaggio，1990；Dacin 等，1999；Hagedoorn，2006），为了便于表述，随后用宏观嵌入代表文化嵌入和政治嵌入。本文随后从嵌入主体和嵌入客体两个角度剖析公司治理的社会嵌入性。

为了便于理解，本文在从社会嵌入理论视角分析公司治理时，将代理理论的低度社会化观点作为分析基准。在代理理论中，对公司治理主要有两个核心假设：一是由于经理人的自利性本质，因此所有者面临着他们的机会主义威胁。在约束缺失情况下，他们会依据最大化个人效用去行事，甚至不惜损害股东利益。而他们最大化的效用完全是经济理性方面的，与人的社会属性相对应。二是由于所有者是有限理性的，在不参与企业的日常经营情况下，他们与管理者之间会存在着信息不对称。因此，代理理论认为，公司治理的主要功用是约束经理层的机会主义行为，如通过监督和控制，进行物质激励等，如果必要，国家层面还会出台相应的法规对他们施以约束。

1. 嵌入主体：认知嵌入

认知嵌入主要强调结构化思维模式过程对理性经济推理的限制（Zukin 和 DiMaggio，1990）。Nisbett 和 Ross（1980）发现，人们在决策制定过程中普遍使用启发式方法，而非新古典经济学所言的理性计算。Zajac 和 Bazerman（1991）关于"赢者的诅咒"的研究表明，对于赢者而言，由于陷入过去带给他们成功的思维模式，致使在战略判断时盲目自信，并使用有限的视角和框架，而不能充分地考虑竞争者的战略选择，最终使他们"系统性"（非随机性的）地成为过去胜利的"猎物"。

"赢者的诅咒"主要强调过去经验对认知框架的影响，本文侧重于强调委托人和代理人所处的社会情景对他们各自认知框架的影响。正如下文表明，这些社会情景主要有联结企业、企业网、文化和政治制度。那么，这些情景是如何影响委托人和代理人的认知框架，进而影响代理人的机会主义行为和委托人的有限理性程度呢？

对于身为代理人的高管成员而言，其所处的社会情景不同，会塑造成不同类型的认知框架，进而会导致出现不同程度的机会主义行为倾向。例如，如果他们所处的情景是由尽职尽责的“管家”构成，这会将他们的认知框架塑造成较少可能的机会主义行为，从而减弱他们的机会主义倾向，这时企业最终采用的公司治理机制会以合作为主导思想；反之，如果他们的多数同僚是最大化自我利益的机会主义代理人，这会使他们形成采取机会主义行为的认知框架，这时企业最终采用的治理机制便会以控制为主导思想。

同理，对于身为委托人的所有者而言，亦是如此。如果在他们所处的情境中，多数所有者采用以控制为主导思想的治理机制，这会在他们头脑中形成“高管成员是机会主义行为”的认知框架，因此，在有限理性情况下，这会促使他们采用相似的治理机制；反之则反是。

命题 1：行为人（委托人和代理人）的认知框架会影响到企业最终选择的公司治理机制。

2. 嵌入客体：关系嵌入、结构嵌入、宏观嵌入

本文分别从企业层面、企业网层面、国家层面和各层面的交互影响方面，剖析公司治理的关系嵌入、结构嵌入和宏观嵌入。

（1）关系嵌入。关系嵌入需将关注焦点放在相互联结（如通过连锁董事关系联结）的两家企业来理解。对某一待考察企业而言，其内部参与者是在有限或模糊信息下进行决策（Cyert 和 March，1963）。在这种情况下确定自己的行为，决策制定者受到现有认知框架限制，会有选择地选取信息，并采用简化的现实模型（March，1994）。因此，企业内部参与者如何行为，不是遵循一般的搜寻方案和进行选择的过程，而是依赖于已有的信息渠道和其他参照物。企业间联结便是这一信息渠道，而联结企业参与者的行为也成为企业内部参与者的理想参照物。

从关系嵌入角度来看，企业内部参与者（委托人和代理人）的行为会受到联结企业参与者行为的两方面影响：一是信息影响，即通过直接获取联结企业的董事会和经理层的行为的信息，作为自己恰当行为的向导。尽管行为者有很多渠道可以获取这方面信息，如期刊杂志、电视媒体等，但正如 Haunschild（1993）所言，通过直接相互联结（如连锁董事）获取的信息更加及时、鲜活和生动，其信息影响力会更大。二是社会影响，企业间联结作为社会影响渠道，它有助于新观点和新实践在相互联结的企业间传播。这一影响源自 Coleman 等（1966）的观察：社会相互影响使参与者的行为和观点具有同质性。另外，Cyert 和 March（1963）进一步指出，如同外部参照物在不确定性情况中极其显眼一样，鼓励同质化的这些社会影响在不确定性情况下也是最强的。

上述分析表明，代理人（经理人）的机会主义行为和委托人（股东或董事会）的有限理性程度受到联结企业情况的影响，进而影响到企业最终采用的公司治理机制。与此相关的实证文献也证实了这一观点。Westphal 和 Zajac（1997）发现高管人员的变动薪酬受其联结企业的影响，具体而言，当联结企业的高管变动薪酬比例增加（或减少）后，目标企业的高管变动薪酬比例也会相应地增加（或减少）。此外，他们还发现，企业多元化战略

也同样受到联结企业的影响。这也蕴含了公司治理的关系嵌入性，因为对于股东而言，他们偏好于专业化战略，这样他们可以通过投资组织分散单个企业特定风险；而对于管理层而言，他们无法通过多个雇佣来分散企业特定风险，因此他们更倾向于多元化战略，这意味着企业采用多元化战略的程度，一定程度上预示着股东或董事会与管理层权力大小，这正是公司治理的实质所在。另一份更有说服力的证据是 Zajac 和 Westphal（1996）的研究。他们发现目标企业的董事会结构（如外部董事占董事会比例、总经理和董事长两职兼任情况）也受到联结企业（通过连锁董事联结起来的企业）影响。而董事会结构正是公司内部治理机制之一。

命题 2：联结企业的行为人情况会影响目标企业行为人的认知框架，进而影响目标企业最终选择的公司治理机制。

（2）结构嵌入。结构嵌入主要关注企业在联结企业网络（如多家企业通过连锁董事联结的网络）中的位置（Zukin 和 DiMaggio，1990；Uzzi，1997）。企业占据网络中的位置不同，其内部参与者受网络的影响也不一样。与联结企业的影响相同，联结网络的影响也主要是信息和社会影响两方面，不过具体影响机制有所不同：一是信息影响。联结企业的信息影响是，目标企业通过与联结企业直接接触获取的直接信息；而联结网络的信息影响是，目标企业从整个网络共享的信息库中获取的间接信息。其中，越靠近网络中心位置的企业，其获得这些信息的速度越快，受到的信息影响也会越大。二是社会影响。在联结企业网络中，如果某种行为在这一网络中占绝大多数，那么，集体惩罚机制（Powell 等，1996）或社会隔离机制（Westphal 和 Khanna，2003），会对那些未采用这种行为的企业或个人具有极大的社会影响，促使他们采用这种行为。那些位于网络中心位置的企业或个人，与位于网络边缘位置的相比，受到这种社会影响的力度会更大。

联结企业网络的信息和社会影响分析表明，代理人的机会主义行为和委托人的有限理性程度受到企业所处联结企业网络中位置的影响，进而影响企业最终采用的公司治理机制。Davis（1991）发现，位于连锁企业网络中心位置的企业更易于采用"毒丸政策"（它是一种反恶意收购的方案）。Davis 等（1997）研究表明，由于企业网络承载了知识和信息，并提供了这些知识和信息传递的平台，因此，企业嵌入于企业网络的结构决定了治理机制的普及速度及其最终形态。总之，构建公司治理会涉及代理人的激励和约束，以及委托人监督管理者的动机和行为的有效性，而企业嵌入的网络结构会影响这一有效性的实现与否及其实现程度。

命题 3：企业所处企业网络中的位置会影响目标企业行为人的认知框架，进而影响目标企业最终选择的公司治理机制。

（3）宏观嵌入。宏观嵌入主要关注企业所在国家，主要包括两个方面：一是政治嵌入，即外部正式制度框架（如政治法律制度）对经济行为的影响；二是文化嵌入，即经济主体的行为受到集体共享认知（如价值观和行为规范等）的影响。两类嵌入的不同之处在于，政治嵌入主要是正式的显性约束（行为规则），文化嵌入主要是非正式的隐性约束（行为编码）。正式制度约束对人们行为的影响是强制性的，例如，正式的法律制度（确保一个国家内部的经济交易顺畅进行）和配套的执行机制，这些都为了识别、指控和惩罚那些超出确定界限的行为人（North，1990）。政治嵌入只允许采用特定类型的治理机制，以确保签约双方当事人的利益，或保护他们免受机会主义行为的困扰。不过，很多正式的法律机制是耗时且不完美的，因此，实践中对这类制度的采用是有限的。非正式的文化约束对人们行为的影响多是潜在的或无意识的（DiMaggio 和 Powell，1983），处在其中的人经常被打上隐性的集体知识或信念的"烙印"，而这些则塑造了人们的行为。

不管是正式法律制度的显性约束（政治嵌入），还是非正式文化制度的隐性约束（文化嵌入），都影响着代理人的机会主义行为和委托人的有限理性程度，进而影响着一个国家的公司治理机制的差异。尽管仍未有文献明确指出公司治理的政治嵌入和文化嵌入的观点，但却蕴含在相关研究中。例如，公司治理领域的一个典型化事实是，不同国家的公司之间存在着治理机制方面的差异。在欧洲大陆国家（以法国、德国为代表）和亚洲的日本等国家，主要是由机构股东（包括银行和非银行金融中介机构）持有公司股权，并且这些机构之间还存在着复杂的交叉持股，致使机构股东和金融机构在治理机制中发挥着重要作用。在英、美等国家，公司股权相对较为分散，它们的公司治理机制主要依赖于公司的控制权市场和法律对投资者的保护，资本市场从中也发挥着极为重要的作用。那么，为何不同国家的公司之间会存在着公司治理机制方面的差异呢？La Porta 等（1998）、Stulz 和 Williamson（2003）等将这些差异归因于各国的政治法律和文化传统方面的差异。La Porta 等（1998）认为，由于欧洲大陆国家为了保持劳工阶层的稳定，更强调福利社会的民主制度，对于透明的会计系统、控制权市场兴趣不大，甚至还出台立法对此加以禁止。经理人在这种政治和文化氛围下更倾向于增大公司规模以规避风险，由此带来高昂的代理成本，必须依靠大股东进行监督机制加以治理。虽然日本既没有强有力的政府监管，也没有完善的激励机制，但他们有着一种与众不同的"诚信责任"。这种情况下，一种行之有效的方法是采用主银行式的监督机制（姚伟、黄卓、郭磊，2003）。由于英、美两国民众推崇个人主义的精神特质，更强调个人主义社会的民主制度。经理人在这种文化氛围下更倾向于冒险，因此，受到来自市场方面的客观评价非常重要，才能形成英美股权分散和以相应的市场为基础的治理机制（陈仕华、郑文全，2010）。

尽管相关的实证研究还较为初步，但也在一定程度上印证了上述想法。La Porta 等（1998）基于 49 个国家或地区数据考察相关法律法规（用自行构建的"抵制董事权利"量表代表投资者保护水平）对公司股权结构（用公司前 3 大股东的持股比例之和代表股权集中度）的影响时，发现二者呈显著的负向关系。在进一步将 49 个国家或地区分成四个法系后（普通法系、法国法系、德国法系和斯堪的纳维亚法系），La Porta 等（1998）发现法国法系国家对股东的法律保护最差，公司的股权结构较为集中；普通法系国家对股东提供了最好的法律保护，这些国家公司的股权结构较为分散；德国法系和斯堪的纳维亚法系对股东的法律保护程度居中，公司的股权结构也介于二者之间。Stulz 和 Williamson（2003）

使用49个国家或地区数据考察文化（用宗教和语言代表）对公司治理的影响时[①]，发现文化差异对国家之间投资者保护差异有显著的解释力。在将这一影响进一步分解时，发现文化对债权人权利的影响更大，并且新教国家对债权人权利的保护程度要强于天主教国家。总之，从政治法律和文化传统方面来解释公司治理国别差异与公司治理的宏观嵌入观点不谋而合，两者都强调了政治法律和文化传统因素对公司治理机制的影响。

命题4：企业所处国家层面的政治和文化因素会影响目标企业行为人的认知框架，进而影响目标企业最终选择的公司治理机制。

（4）跨层次嵌入的交互影响。本文分析了各层次嵌入对代理人的机会主义和委托人的有限理性的影响机制，不过正如有些学者指出（Uzzi，1997；Dacin等，1999；Hagedoorn，2006），各层次嵌入机制之间并非完全独立，而是存在着复杂的交互作用，这些交互作用也会影响到企业最终采用的公司治理机制。对这些交互影响的分析亦是十分必要的，正如Hagedoorn（2006）所言，为了更好地理解复杂的实践现象，我们必须要在跨层次背景下进行深入分析。

企业网和联结企业的双重交互影响。由于不能确定企业网和联结企业对内部者行为的信息和社会影响内容，也即无法准确预知两者的交互影响是增强还是减弱。以信息影响为例（社会影响分析与之相同），如果联结企业中委托人和代理人的行为是联结企业网中所有企业普遍采用的，那么联结企业的信息影响会被增强，这时，经由联结企业获得的直接信息（具体的、个别的）和经由企业网获得的间接信息（抽象的、一般的）相互补充，两者的交互影响会被放大；反之，如果联结企业中委托人和代理人的行为是企业网中较为独特的，那么联结企业的信息影响会被减弱，这时通过两种渠道获得的信息则是相互替代的，两者的交互影响会被减弱。

国家和企业网的双重交互影响。Granovetter（2007）指出，企业的社会网镶嵌于文化、政治的制度框架中。任兵、区玉辉、彭维刚（2004）在对上海和广东两地上市公司间连锁企业网络进行研究时发现，上海地区企业网是大型且紧密的网络，而广东地区企业网则呈现出小型的、局部且松散的局面。这一现象应该是两地区政治文化的差异：广东是市场经济体制改革的前沿阵地，特别是深圳经济特区一直享受着改革开放的优惠政策；另外，广东濒临香港、澳门和台湾地区，在这种开放环境下，其经营模式受港澳台地区的影响较大，致使两地的政策和文化出现差异。如果企业网层面的社会影响与国家层面的正式和非正式制度框架相吻合，他们的交互影响会被增强；反之，如果两者相悖，他们的交互影响则会被减弱。

国家和联结企业的双重交互影响。前文已指出，经由联结企业获得的信息和社会影响

---

① Stulz和Williamson（2003）认为，文化主要通过三个机制影响公司治理：第一，通过价值观的形成和发展的影响。一个国家中占主导地位的价值观依赖于它的文化。例如，在一个宗教中对利益的追求可能是一种罪恶，在另一个宗教中则可能是善举。第二，通过对制度的形成和发展的影响。因为法律体系要受到文化的影响。第三，通过经济中资源配置方向的影响。对于不同的文化，经济中资源配置的导向也不同。

是具体的和个别的，而国家层面的正式法律制度和非正式文化规范却是一般和普遍的。如果两类影响方向相同，他们的交互影响会被增强；反之，如果两者相悖，他们的交互影响会被削弱。

国家、企业网和联结企业的三重交互影响。从上述双重交互影响的分析可以看出，国家、企业网和联结企业的三重交互影响极为复杂，但其分析思路却较为简单。如果经由联结企业和企业网获得信息和社会影响和国家层面的正式和非正式制度框架相一致，那么，由联结企业和企业网络的信息和社会影响会被放大；如果不一致，联结企业和企业网的信息和社会影响会被削弱。同理可分析其他交互影响。

命题 5：国家层面的政治和文化环境、企业网络位置，以及联结企业情况会对目标企业行为人的认知框架有跨层次的（双重或三重）交互影响，进而影响目标企业最终选择的公司治理机制。

三、结论与启示

在分析公司治理问题时，代理理论视角延续了新古典经济学中理性经济人的假定，认为人们追求的是自我利益最大化，而管家理论视角则延续了社会学中的社会人假定，认为人们追求的是成就、名声和自我价值的实现，前一视角是低度社会化的，后一视角则是过度社会化的。针对两个视角的不足，本文从“中度”社会化的社会嵌入理论视角审视公司治理，并提出一个初步的理论分析框架，如图 1 所示。在深入剖析了各种嵌入机制及其嵌入机理的基础之上，本文得出如下结论：行为人（委托人和代理人）的认知框架会影响到企业最终选择的公司治理机制；而企业所处国家层面的政治和文化因素、企业所处企业网络中的结构和位置、联结企业情况，以及国家层面的政治和文化环境、企业网络位置和联结企业情况的跨层次（双重或三重）交互影响，均会影响行为人的认知框架。这些结论意味着，高管成员是机会主义的代理人，还是忠实为所有者服务的管家，以及所有者（和董事会）的有限理性程度（或信息不对称程度），都是由他们的认知水平所框定的，而认知水平是嵌入于他们所处的社会情景中，或者说是部分的由他们所处的社会情景所决定。这一理论视角可以很好地解释实践中的国家之间和企业之间（特别是处于企业网络中的不同位置的企业之间，或者比邻不同类型的企业之间）的公司治理机制及其作用效果的差异，而这些是代理理论或管家理论无法解释的。上述结论的理论与实践启示如下：

（1）行为人（委托人和代理人）的认知框架是影响公司治理作用机制的关键。试图降低代理成本的诸多程序、惯例、政策、法律及机构制度和规则等公司治理机制，其目的都是为了通过影响行为人的认知框架，进而影响行为人的利益分配比例、资本投入程度和风险分担情况。公司治理的作用机制的实质是委托人和代理人认知的“博弈”过程，是受他们的意义建构[①]所驱动的认知演化过程，这个演化过程确定了行为人的有限理性程度和机会主义行为的条件。由于认知演化过程一方面会受到行为人所处社会情景的影响，另一方面还由于演化过程本身的非均衡本质，这就意味着实践中并不存在一种一成不变的、普适的最佳公司治理机制。为了更加有效地监督和激励行为人，企业所采用的公司治理机制可能会一直处在连续的调整过程之中。当然，这种受意义构建驱动的认知演化框架对传统的代理理论并非是一种替代，而是一种延伸和拓展，能够更好地捕捉现实世界的复杂性，亦值得未来进行更为深入的研究。实践启示方面，饱受争议的多项跨国并购案例失败的原因很多，但其中的一个重要原因是身处不同国家的行为人和利益相关者之间的认知偏差，形成较有代表性的论点如阴谋论，即并购双方都假定对方实施阴谋，认为对方想通过并购手段实现对自己资源和价值的不公平占有，根本不顾及并购双方的共同利益及共赢目标。

（2）企业所属国家、所处企业网络的属性和结构，以及比邻企业类型都会影响到公司治理机制。尽管有关企业网络的研究近些年来陆续增多，但在企业网络如何影响单体公司的治理结构方面，现有研究不仅缺乏理论上较为深入的探讨，也缺乏实践上较为充分的证据支持，这些都需要未来进行更加深入的研究。实践启示方面，我国公司治理改革长期以来一直是沿着两个思路进行：一是改善内部治理结构，建立以股东大会、董事会和监事会为核心的，包括聘选、激励和监督三方面机制的公司内部制衡制度；二是强化外部法律制度约束，为公司的治理实践提供了法律依据。我国公司治理虽有以上两方面机制作保障，但实践中的公司治理结构仍流于形式，未能发挥应有的作用。为何会如此呢？原因之一可能是，除了法律法规这种“硬性规则”之外，诸如国家层面的治理文化、企业网络结构和位置以及比邻公司的治理情况等“软性规则”也会影响公司治理机制发挥作用的效果。因此，尽管实践中很多公司的治理结构形式上都符合相关法律的规定，并不存在显性的“违规”之处，但实际上远不能达到政策制定者预想的效果，这可能正是由于这些“软性规则”发挥的阻碍作用所致。因此，在未来制定有关公司治理的政策时，需要把这些“软性”的社会情景因素一并考虑进去。

（3）国家层面、企业网络和比邻企业三个层面的（双重或三重）交互影响也会影响公司治理机制。我国公司治理结构实践中不发挥作用的另外一个原因可能是，政策制定者忽视了上述社会情景的“软性规则”与法律法规这种“硬性规则”的相互影响。比如，如果单体企业发现，它们所处企业网络中的成员（尤其是那些处在网络中心位置的成员）及其联结企业虽然形式上符合法律法规要求的治理制度，但实际发挥作用时并非发生实质上的变革，那么单体企业也可能会“随波逐流”，不去进行实质改变。与正式的法律法规相比，社会情景的影响多是非正式的和潜在的，如果这种影响和法律效力相吻合，那么效果会事

① 意义构建理论（Sensemaking Theory）适用于不满足理性决策假设的任何模糊情景。意义构建是行为人从他们所处模糊情景中的经验获得理解的个人和社会过程，并用这一理解指导他们的行为。例如，由于不能完全知晓经理人的行为状况，所有者在评价经理人时会被迫进行意义建构，另外，由于经理人不能确定所有者如何评价他们现在以及将来的表现，也要被迫进行意义建构。随着经理人试图去应对不能被所有者充分理解的模糊情况，这个过程会循环往复地进行着。

半功倍，如果二者不一致，甚至相互冲突，那么效果则会事倍功半。因此，有关部门在落实相关政策时，可以将有限资源投注于网络中心位置成员，注重发挥核心成员的示范带头作用；在出台相关法律法规时，需要留意企业所处的社会情境对法律法规的影响方向，注重培育符合法律效力的和谐治理文化。本文目前尚无法准确推测这些因素之间是如何相互影响的，只能待未来的实证研究回答这一问题。当然，本文给出的理论框架仅是初步的，希望吸引更多学者注意到此问题，并对此展开更加细致和深入的理论和实证研究，以便给政策制定和企业实践带来诸多有益启示。

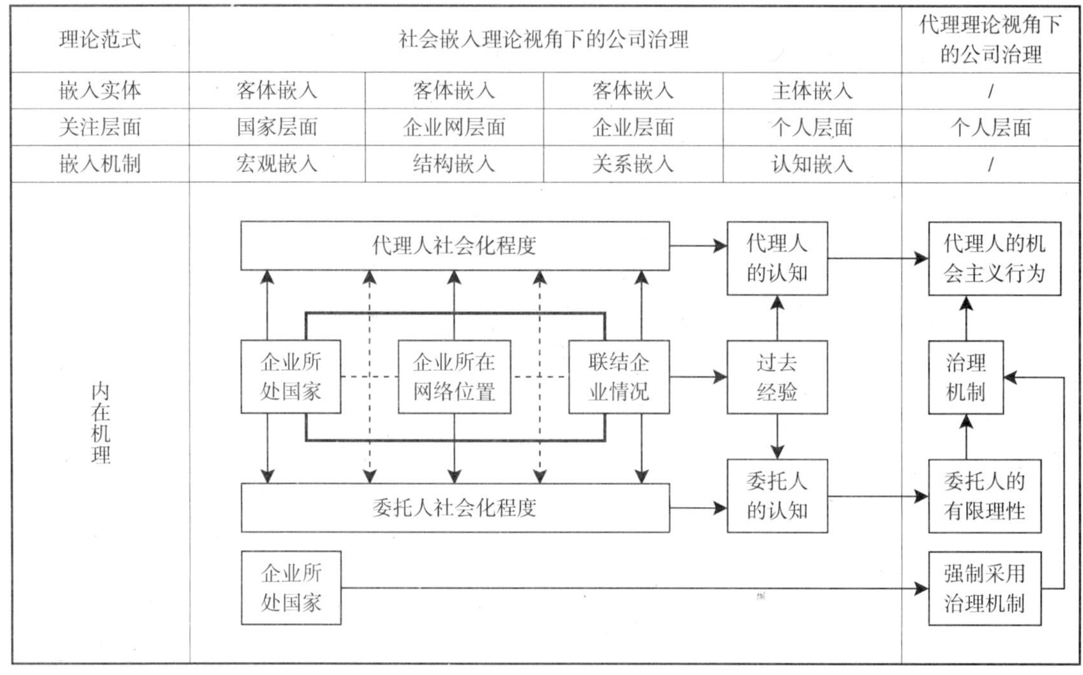

图1　社会嵌入理论视角下的公司治理：一个理论框架

注：图中“企业所处国家、企业所在网络位置和联结企业情况”对委托人或代理人社会化程度的影响处，——►代表直接影响（国家的影响、企业网的影响、联结企业的影响）、---►代表双重交互影响（国家和企业网的交互影响、企业网和联结企业的交互影响、国家和联结企业的交互影响）、━━►代表三重交互影响（国家、企业网和联结企业的交互影响）。

参考文献

[1] Coleman J. S., Katz E., Menzel H. Medical Innovation: A Diffusion Study [M]. Indianapolis, IN: Bobbs-Merrill, 1966.

[2] Cyert R. M., March J. G. A Behavioral Theory of the Firm [M]. New York: Prentice-Hall, 1963.

[3] Dacin M. T., Ventresca, M. J., Beal B. D. The Embeddedness of Organization: Dialogue and Direction [J]. Journal of Management, 1999 (25).

[4] Davis G. F. Agents Without Principles? The Spread of the Poison Pill Through the Intercorporate Network [J]. Administrative Science Quarterly, 1991 (36).

[5] Davis J. H., Schoorman F. D., Donaldson L. Toward a Stewardship Theory of Management [J]. Academy of Management Review, 1997 (22).

[6] DiMaggio P. J., Powell W. W. The Iron Cage Revisited: Institutional Isomorphism and Collective Rationality in Organizational Fields [J]. American Sociological Review, 1983 (48).

[7] Donaldson L., Davis J. H. CEO Governance and Shareholder Returns: Agency Theory or Stewardship Theory [R]. Paper Presented at the Annual Meeting of the Academy of Management, Washington, DC, 1989.

[8] Donaldson L., Davis J. H. Stewardship Theory or Agency Theory: CEO Governance and Shareholder Returns [J]. Australian Journal of Management, 1991 (16).

[9] Donaldson L., Davis J. H. Boards and Company Performance—Research Challenges the Conventional Wisdom [J]. Corporate Governance: An International Review, 1994 (2).

[10] Doucouliagos C. A Note on the Volution of Homo Economics [J]. Journal of Economics Issues, 1994 (3).

[11] Fama E. F., Jensen M. C. Agency Problems and Residual Claims [J]. Journal of Law and Economics, 1983 (26).

[12] Granovetter M. Economic Action and Social Structure: The Problem of Embeddedness [J]. American Journal of Sociology, 1985 (91).

[13] Granovetter M. Problems of Explanation in Economic Sociology [A]. N. Nohria, G. Eccles. Networks and Organizations: Structure, Form and Action [C]. Boston: Harvard Business School Press, 1992.

[14] Granovetter M., Swedberg R. The Sociology of Economic Life [M]. Boulder Westview, 1992.

[15] Hagedoorn J. Understanding the Cross-Level Embeddedness of Inter-firm Partnership Formation [J]. Academy of Management Review, 2006 (31).

[16] Haunschild P. R. Interorganizational Imitation: The Impact of Interlocks on Corporate Acquisition Activity [M]. Administrative Science Quarterly, 1993 (38).

[17] Jensen M. C., Meckling W. H. The Nature of Man [M]. Journal of Applied Corporate Finance, 1994 (7).

[18] La Porta, R., F. Lopez-de-Silanes, A. Shielfer, and R. Vishny. Law and Finance [J]. Journal of Political Economy, 1998 (106).

[19] Lubatkin M., Lane P. J., Collin S., Very P. An Embeddedness Framing of Governance and Opportunism [J]. Journal of Organizational Behaviour, 2007 (28).

[20] Martin J. Culture in Organizations: Three Perspectives [M]. New York: Oxford Press, 1992.

[21] Nisbett R. Ross L. Human Inference: Strategies and Shortcomings of Social Judgement [M]. Englewood Cliffs, NJ: Prentice-Hall, 1980.

[22] North, D. C. Institutions, Institutional Change and Economic Performance [M]. Cambridge, England: Cambridge University Press, 1990.

[23] Powell W. W. Inter -Organizational Collaboration in the Biotechnology Industry [J]. Journal of Institutional Theoretical Economics, 1996 (152).

[24] Preston L. E. Agents, Stewards and Stakeholders [J]. Academy of Management Review, 1998, (23).

[25] Stulz, R. M., R. Williamson. Culture, Openness, and Finance [J]. Journal of Financial Economics, 2003 (70).

[26] Uzzi B. Social Structure and Competition in Interfirm Network: The Paradox of Embeddedness [J]. Administrative Science Quarterly, 1997 (42).

[27] Westphal J. D., Khanna P. Keeping Directors in Line: Social Distancing as a Control Mechanism in the Corporate Elite [J]. Administrative Science Quarterly, 2003 (48).

[28] Westphal J. D., Zajac E. J. Defections from the Inner Circle: Social Exchange, Reciprocity, and the Diffusion of Board Independence in U. S. Corporations [J]. Administrative Science Quarterly, 1997 (42).

[29] Zajac E. J., Bazerman M. Blind Spots in Industry Competitor Analysis: Implications of Interfirm (Mis) Perceptions for Strategic Decisions [J]. Academy of Management Review, 1991 (16).

[30] Zajac E. J., Westphal J. D. Who Shall Succeed? How CEO/Board Preference and Power Affect the Choice of New CEOs [J]. Academy of Management Journal, 1996 (39).

[31] Zukin S., DiMaggio P. Structures of Capital: The Social Organization of the Economy [M]. New York: Cambridge University Press, 1990.

[32] 陈仕华，郑文全. 公司治理理论的最新进展：一个新的分析框架 [J]. 管理世界，2010 (2).

[33] 任兵，区玉辉，彭维刚. 连锁董事、区域企业间连锁董事与区域经济发展 [J]. 管理世界，2004 (3).

[34] 姚伟，黄卓，郭磊. 公司治理理论前沿综述 [J]. 经济研究，2003 (5).

[35] [美] 马克·格兰诺维特. 镶嵌：社会网与经济行动 [M]. 罗家德译. 北京：社会科学文献出版社，2007.

The Social Embeddedness of Corporate Governance: Theoretical Frameworkand Embeddedness Mechanism

Chen Shihua　Li Weian

Abstract: The paper examines corporate governance from social embeddedness perspective, in order to correct the under -socialization of agency theory and the over -socialization of stewardship theory, argues for the social embeddedness of corporate governance, and put forward to a theoretical framework. In the framework, the paper distinguishes into objective embeddedness and subjective embeddedness: objective embeddedness is referred to cognitive embeddedness, subjective embeddedness includes relational embeddedness, structural embeddedness and micro-embeddedness (that is political embeddedness and cultural embeddedness), and then argues for the social embeddedness mechanism of corporate governance from the aspects of context of tied corporate, corporate network, country, as well as the interaction of different contexts. The study on corporate governance from the perspective of social embededness

not only explains lots of empirical phenomena that both the agency theory and the stewardship theory can not explain, but also provides some beneficial implications for the policy formulation on corporate governance.

Key Words: corporate governance; social embeddedness theory; theory framework; embeddedness mechanism

投资者保护微观效应文献综述：基于影响机制复杂性与结果多样性的新观察*

李维安　王倩

【摘　要】 投资者保护作为一项重要的法律制度在20世纪90年代末引起了学者们普遍的重视，并涌现了大量相关文献。本文着重总结投资者保护对企业微观行为影响有关的文献，同时与以往研究不同的是，本文强调投资者保护影响机制的复杂性以及影响结果的多样性。基于这样的逻辑，本文将有关文献分为两类：第一类研究集中于讨论投资者保护在改善公司治理和企业价值的重要作用，这类研究非常丰富；第二类研究则发现投资者保护对企业风险的降低和其他利益相关者的利益存在不可忽略的负面影响，这类研究方兴未艾。本文的文献梳理不仅有助于更好地理解投资者保护的影响，还为未来的研究提供了新的思路。

【关键词】 投资者保护；代理成本；公司治理；交叉效应；风险承担

最近十几年，投资者保护对经济活动的影响已经得到大量研究的关注。这些研究分别考察了投资者保护在宏观和微观两个方面的影响。在宏观影响方面，相关研究沿着投资者保护—金融体系发展—经济增长的路径进行分析。由于投资者主要包括股东和债权人，因此对投资者的保护也相应地分为股东保护、债权人保护以及法律执行，当一国的股东权利较强时，股东的利益得到保护，投资者愿意通过股票市场向企业投资，从而促成了资本市场的发展和繁荣，如英美等国；而当一国的债权人保护较完善时，投资者则主要以债权的形式支持企业投资，促进了银行等金融中介的强大，如德日等国；此外，如果股东和债权人保护都比较弱，那么投资者的利益难以保证，因而证券市场和金融中介的发展受到限制，发展水平相对较低，如法国法系国家。因此，从投资者保护角度对金融体系的划分打破了原有的以市场为中心还是以银行为中心的分类方法，对那些以前难以归类的国家进行了更合理的解释。

在微观影响方面，包括 La Porta 等（La Porta Lopez-de-Silanes，Shleifer 和 Vishny，以

* 本文选自《南开管理评论》2011 年第 6 期。

下称 LLSV）在内的相关研究分别探讨了投资者保护对企业的具体影响，包括投资者法律保护对股利政策、代理成本、股权集中度等方面的解释。多数研究发现投资者法律保护存在积极的影响，比如增加股利发放、减少内部人侵占、降低企业融资成本以及提高公司价值等。但也有少数研究得到了相反的证据，比如强的股东保护损害了债权人的利益、引起企业风险水平的提高以及提高内部人操纵盈余的激励等。尽管数量有限，但这些研究表明投资者保护对经济的微观影响是复杂的，投资者保护水平的提升并不一定必然带来积极的微观效应。因此，非常有必要重新梳理投资者保护对经济活动微观影响的有关文献，从而更全面地理解投资者保护这一重要的外部制度因素。

此外，在投资者保护效应传导的过程中，其效果受到了外部环境的很大影响，特别是在我国这样一个处于转轨过程中的国家，环境变化迅速，同时缺乏支撑投资者保护运转的市场和制度资源，引进的法律制度很难有效运转。即使我国可以将市场组织的表层形式迅速从外部移植过来，但市场制度本身以及与之相关的内在要素是无法轻易改变的，如知识、文化传统、人们的行为方式以及利益协调关系等均存在很大差异，所以环境的差异导致原本在发达国家中发挥积极作用的投资者保护制度引入到中国后的运行效果也许会大相径庭。

为更好地服务于我国市场发展和经济进步，我们必须了解投资者保护制度的具体作用机理和传导路径。因此，本文从投资者保护对微观企业的影响出发，对现有文献进行了概括和总结。本文发现，投资者保护对企业微观行为的影响机制是复杂的，影响结果也不是单一的，而是多样化的，即不同的投资者保护对企业的作用既有直接的、积极的影响，也存在间接的、交叉的、消极的影响。为了便于分析，本文将投资者保护的影响分为正反两个方面，希望在梳理文献的过程中厘清投资者保护这一重要法律制度的不同影响及作用机理。在对投资者保护的研究现状回顾总结的基础上，本文还讨论了现有研究中存在的不足，指出了投资者保护未来研究的几个发展趋势和方向。

一、投资者保护微观效应的结构框架

投资者保护作为一个重要的制度因素，在影响企业发展方面具有不可忽视的作用。以往研究在总结投资者保护文献时，大多采用了 LLSV 研究的分析框架。他们将投资者保护的研究分为三个基本类别，包括投资者保护对公司治理、公司金融和企业价值的促进效应。本文认为这样的分类固然有其道理，但却过分强调投资者保护的积极作用，实际上将投资者保护的影响简单化，从而使有关认识存在局限。公司治理是一个系统工程，虽然投资者保护有其重要的作用，但这一因素不可避免地会与其他机制相互作用，并最终影响到公司治理的效果以及企业的政策和表现。在这个过程中，投资者保护的影响是复杂的，未必一定会有助于企业持续发展。最近少数研究已经提供了与以往观点不同的证据，但这些研究不仅尚未得到学术界的足够重视，其与以往研究的逻辑也有待重新梳理。

具体来说，投资者保护研究的发展和演进主要划分为三个历史阶段。第一个阶段是投资者法律保护的兴起阶段，大约在 20 世纪 90 年代末到 2003 年。1998 年，LLSV 的著作《法与金融》采用大规模统计和实证分析将投资者法律保护引入经济学的研究框架，他们随后的一些著作又将投资者保护与宏观经济、微观企业的各个方面联系起来，包括金融发展、经济增长、股利政策、公司治理水平、股权集中度与企业价值等。在此之后的第二阶段是投资者保护发展的成熟阶段，为 2003 年左右到次贷危机发生之前。在这一阶段，越来越多的学者参与到投资者保护的相关研究中，涉及的内容也更加细化，他们从各个角度考察了投资者保护的作用，如投资者保护与现金持有、高管替换、CEO 薪酬、信息披露之间的关系。同时，衡量投资者保护的指标也更加完善，研究范围从国际样本扩展至一国内部，对微观主体的影响分析成为这一时期的主要研究对象。但总体来说，这一阶段还是在 LLSV 的框架和方向下，对投资者保护的影响机制予以丰富和完善。第三个阶段则是投资者保护研究的深化阶段，从次贷危机发生一直延续至今。由于次级贷款引发的金融危机发源于各项法律和制度都较为健全的欧美国家，这对人们原来认为完善的投资者法律保护会有效促进经济增长和企业发展的观念产生了巨大的冲击。因而，一些学者针对投资者保护制度自身的矛盾性和其影响机制的复杂性方面展开了深入的分析。一些研究发现，投资者保护作为一项重要的制度，是一把“双刃剑”，它在促进企业发展的同时，也会由于其本身的复杂特点给微观主体和宏观经济带来消极影响。总之，在这一阶段，投资者保护的相关研究更加深化，人们对法律保护的认识也更加全面客观。

本文通过对文献的回顾和整理发现，投资者保护对微观主体的影响是多样的，进一步总结后还发现，投资者保护的影响机制主要是沿着投资者保护—委托代理关系与公司治理水平—管理层激励与行为—公司政策和表现这一路径传导的，且大部分研究基本都围绕着投资者保护与路径中的某个环节展开分析[①]。不同的投资者保护水平会影响利益相关者之间的委托代理关系，而代理成本与公司治理水平的变化进而引起公司高管激励和行为的改变，这会进一步表现在公司政策和实施结果之中。在这一传导路径中，每个环节都分为几个方面，且外部环境和企业自身特点都对这个过程有所影响，因而即使某个因素发生微小的变化也都可能在链条的传导过程中放大为巨大的差异，造成结果的多样性。本文在文献总结和分类的基础上，试图将投资者保护影响机制的复杂性和结果的多样性清晰地呈现出来，以便于学者对投资者保护制度的全面认识，改变其一味地认为加强投资者权利对企业只有积极作用、没有消极作用的观点。

因此，为更好地实现这一目标，与以往研究不同，本文侧重从投资者保护对微观活动影响的正负两方面来对相关的文献进行分类与梳理。图 1 列出了本文的分析路径和结构框

---

① 由于管理层的行为很难直接观察到，只能通过公司实行的政策大致判断高管的类型是保守还是激进，所以其实大部分学者的研究更多考察了投资者保护与代理成本、公司治理和公司政策之间的关系，对于过程中间的管理层激励和行为只能通过企业的政策和表现进行推断。

架。在第一层的分类中，我们将投资者保护对企业的影响分为正面和负面两类[①]。对于投资者保护的正面影响，本文进一步将其分为三个不同的方面：一是投资者保护在降低内部人侵占和代理成本方面的贡献，例如，其在改善财务信息披露、提高透明度以及降低企业现金持有等方面的效果；二是投资者保护能够提高公司治理的水平，保证各类公司治理机制的有效运行，集中表现在能够及时替换不合格的高管，降低股权集中度等；三是投资者保护通过改善企业融资环境和公司治理水平促进了公司价值的提升，包括企业绩效的提高和投资者收益的实现。对于投资者保护的负面影响，本文也将其总结为三个方面：一是投资者法律保护对其他利益相关者的交叉效应，例如，股东权益保护对债权人造成的影响或债权人法律保护对股东造成的交叉影响；二是较高水平的投资者保护会提高企业风险承担的水平，不利于企业的长期发展；三是投资者保护引起的高惩罚会增强内部人进行盈余管理的动机。

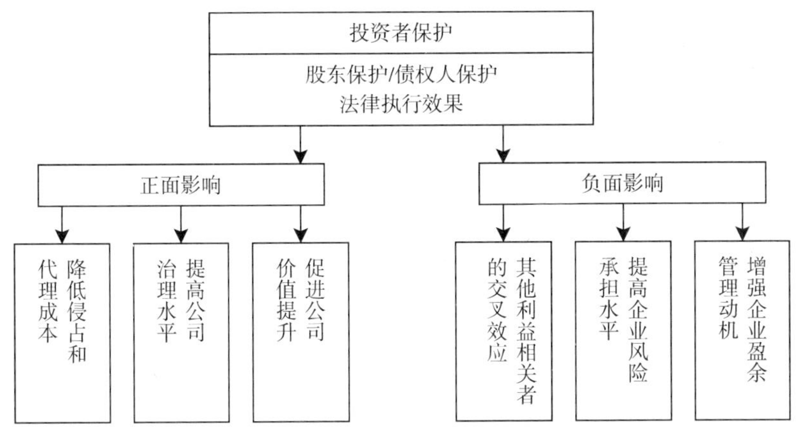

图 1　投资者保护微观效应的结构框架

虽然国内一些学者也针对投资者保护的影响进行了文献梳理，如姜国华等和张曦、周方召关于投资者保护对公司治理和价值的概括，许年行等从公司财务角度对投资者保护效应的总结，但随着研究工作的深入，学者们对投资者保护的微观影响有了更新的认识和发展，因此本文基于投资者保护复杂性的视角，希望通过文献的进一步总结获得关于投资者保护效果更清晰准确的把握。

① 这里的分类主要是根据大多数文献得出的结论进行的，虽然在某些方面也有少数文献持有相反观点，但我们为了使观点更清晰地呈现，从而按照主流结论进行了归类。

二、投资者保护对企业微观行为的正面影响

自从投资者法律保护的概念和计量方法提出以后，学术界对这一领域的研究日渐繁盛。虽然传统的公司金融理论认为，只要合同签订完备并能有效执行，那么市场交易就不需要额外的制度保护。但是 Coase 指出，交易中出现的争端往往难以得到法庭的有效解决。因而，现实中需要借助制度和规则来保护产权和交易的顺利进行，而投资者法律保护则是其中最重要的制度之一。LLSV 最早将投资者保护这一难以衡量的制度环境进行了量化，并进行了大规模的实证研究，从而开创了这一领域的先河。

经过十几年的发展，学者们从最早关注投资者保护与宏观经济增长的联系，逐渐转移到其对微观主体的影响，特别是对投资者保护如何降低代理成本，促进公司治理水平的提升和改善企业融资、提高公司价值等方面形成了比较成熟的研究体系。综观以往相关文献，学术界已经对投资者法律保护的必要性达成了共识，而且大部分文献也证明了投资者保护的正面效应。

1. 投资者保护与代理成本的降低

在 20 世纪 90 年代末，投资者保护研究刚开始兴起不久，LLSV 就提出投资者权利的加强降低了不同利益相关者之间的委托代理关系。随着研究进一步展开，很多学者从不同角度验证了这一观点。

从理论上分析，当股东权利逐步提高时，包括控制性股东和经理层在内的企业内部人无法通过简单的资产转移技术获得控制权私利①，导致资产转移的成本提高，而企业内部人为了保证自身的收益，其最合法直接的途径就是通过努力经营提高公司价值以增加自己的股利和奖金收入，这不但减少了内部人侵占和掏空行为，而且使得管理层与股东的目标更为一致，降低了股东和管理层的代理成本。对于债权人权利保护，Jensen 和 Meckling 较早提出了债务代理成本的概念，他们认为股东与债权人之间存在利益冲突和目标不一致的现象。股东作为公司的所有者为获得高回报会要求企业进行风险投资以提高企业价值，但这却与债权人追求稳定收益的目标相悖。当债权人权利受到较强保护时，如果企业债务违约，那么公司会面临被债权人接管的威胁，管理层也可能被撤换。因此，为避免受到惩罚，管理层会选择一些低风险的项目进行投资，以保证获得稳定收益及时归还贷款，这一

---

① LLSV 曾经指出，内部人攫取私人利益的方法存在多种形式，内部人可以通过将其所控制的公司资产以低于市场的价格卖给他们拥有的企业，以不合法的价格转移和资产剥夺的方式获得其控制权私利，以及通过合法的形式将自己的亲属安排到不能胜任的管理岗位，或给自己支付过高的薪酬来对中小投资者的利益进行侵占。然而，随着投资者法律保护的日趋完善，原有的侵占技术将很难获得控制权私利，因此转移技术效率的降低最终降低了代理成本。

行为保证了债权人的利益，也相应降低了债务代理成本[①]。

为了进一步验证 LLSV 以及 Jensen 和 Meckling 的观点，分析投资者保护在降低代理成本中的具体作用，学者们从不同的角度进行了实证研究。Nenova 以及 Dyck 和 Zingales 都将控制权溢价作为代理成本的衡量指标，采用国际样本分别将双级股票和大规模股权转让作为切入点对投资者保护制度的作用进行了分析，他们的发现都证明了一个结果，即好的投资者保护能够抑制控制权的私人收益。而随后在国内，王鹏、刘启亮等以及陈炜等也在国外研究的基础上利用中国的样本，再次证实了股东保护在减少控股股东掏空行为中的积极作用。这表明，国内外对股东保护能够降低代理成本的观点取得了较为一致的结论。此外，在债权人治理方面，相关文献并没有股东权利保护那么丰富，大部分研究是通过间接的证明得到的。Djankov 等认为，强债权人权利通过限制股东侵占债权人利益减少了两者之间的冲突成本，鼓励了更多的债务供给。江伟和沈艺峰则发现，在我国债权人保护较弱的情况下，上市公司的大股东会利用资产替代来侵害债权人的利益，增加了债务代理成本。虽然这两个研究的角度不尽相同，但他们都在一定程度上验证了债权保护的重要性。从现有文献来看，由于代理成本很难直接度量，所以学者从不同的角度对这一问题进行考察和检验，其中研究重点主要体现在两个方面：信息披露的透明度和企业现金的持有。

（1）投资者保护与财务信息披露。财务信息的公正和准确是外部投资者有效监督和实施权利的基础，一般来说，投资者保护不完善的国家，其信息透明度和审计质量都比较低，收益难以体现企业潜在的经济效益，导致投资者无法通过公开信息进行监督并作出准确判断。其中，Leuz 等利用来自 31 个国家 1990~1999 年的会计数据，验证了外部投资者保护与盈余管理之间的关系，并提出了投资者保护的转移观点。该观点认为，内部人进行盈余管理的目的是为了掩盖其侵占企业财产的事实，而完善的法律保护能够有效约束内部人的行为，限制内部人转移企业利润获得私人收益，从而降低了他们隐藏企业绩效的动机，盈余管理水平也随之降低[②]。与此结论相似，吴永明和袁春生对我国 2002~2004 年受处理的 137 家上市公司分析后发现，投资者法律保护程度的改善能有效降低财务舞弊概率。以上这些研究在不同背景下证明了投资者保护在改善企业信息披露状况、降低代理成本中的积极作用。

---

① 实际上，债权人与股东之间的代理成本不仅受到了债权人权利的影响，同时还受到了股东权利保护的影响。股东追求高价值，债权人追求低风险，但根据资本资产定价模型，我们知道高收益和低风险是很难同时满足的。股东在要求高收益投资的同时很可能提高了企业的风险承担，债权人在要求企业进行低风险投资的同时也可能损害了价值，所以二者之间的代理成本其实取决于两种类型投资者权利的权衡，相关分析见“投资者保护的交叉效应”部分。

② 关于投资者保护如何影响盈余管理水平存在完全不同的两种观点，其中一种观点是 Leuz 等的研究，被称为转移观点（Diversion Hypothesis），即投资者保护抑制了内部人的转移和侵占，降低了其隐藏企业真实绩效的动机，因此，盈余管理水平下降。另一种观点被称为惩罚观点（Penalty Hypothesis），是指投资者保护会提高对不合格经理层的惩罚，经理层为避免高惩罚，会通过操纵盈余隐藏其寻租行为，造成盈余管理水平的提高。本文中，转移观点主要在“投资者保护与财务信息披露”这一部分中介绍，而惩罚观点则在“投资者保护也可能增加盈余管理”这一部分中分析。

（2）投资者保护与企业现金持有。另一个体现代理成本的方面就是企业的现金持有水平及其相应的市场价值。关于投资者保护如何影响企业的现金持有水平分为两种观点：第一种观点认为，企业持有现金除了满足交易和预防性需求外，还有一个动机就是便于内部人的掏空行为，而投资者法律保护由于能够约束内部人的行为并促进金融体系的发展，因此能够在一定程度上减少企业现金持有的数量，这一观点得到了 Pinkowitz 等和 Dittmar 等的证实。与此相反，另一种观点则认为，治理机制差、投资者保护弱的情况下，追求自身利益最大化的管理层偏好于公司规模的扩张，现金被大量滥用，造成公司现金余额处于较低水平，该观点得到了 Harford 等以及罗琦和秦国楼的支持。以上研究虽然都赞同投资者保护可以降低代理成本，并采用了相似的实证研究方法进行分析，但却得到了完全不同的结论，造成这一问题的原因主要是由于他们采用的样本范围和指标选择存在差异，Pinkowitz 等与 Dittmar 等是采用传统的 LLSV 法律指数对国际样本进行的分析，所以结果更容易受到国家政治经济环境的影响；而 Harford 等以及罗琦和秦国楼是将一国之内的企业作为研究样本，其结果更多体现了投资者保护在不同特点企业之间的差异。综合来看，以上研究缺乏关于投资者保护影响的统一框架，一旦环境和研究对象改变就容易造成结果的较大变化。

相比现金持有水平的考察，学术界关于不同投资者保护对企业现金价值的影响形成了比较统一的意见。Dittmar 和 Mahrt-Smith 认为，在投资者保护比较完善的国家里，内部人攫取控制权私利的行为得到有效约束，从而有力地提高了现金持有的市场价值。Pinkowitz 等利用 35 个国家的样本分析后也印证了现金持有价值的代理成本观点。

综合以上分析可以看出，在其他因素不变的情况下，好的投资者法律保护确实影响了不同利益相关者之间的代理成本，且研究发现，代理成本的降低主要体现在信息披露水平和企业现金价值的提高上。但进一步来看，证据主要集中在股东保护的作用上，而对债权人保护的影响还主要停留在债务代理成本的理论分析层面，相应的实证证据比较缺乏。

2. 投资者保护与公司治理水平的提高投资者法律保护本身被认为是一种重要的外部公司治理机制，同时它还能通过约束内部人的行为促进内部公司治理结构的优化和其他公司治理机制的有效发挥

投资者保护能通过改变公司股权结构、促进董事会作用发挥和及时替换不合格的管理层等方面提高公司治理水平。从投资者保护与公司治理总体水平的关系来看，Klapper 和 Love 利用 14 个新兴市场中企业层面的 CLSA 公司治理评级数据发现，企业间的治理水平有较大差异，且在法律体系较弱的国家，其企业的平均治理水平更低。进一步的研究还表明，企业层面的公司治理条款在法律环境较弱的国家作用更大，这说明公司治理水平随着投资者权利提高的同时，还能弥补法律保护的不足。此外，Durnev 和 Kim 在建立数理模型进行推导的基础上，又通过计量回归对其观点进行了验证，他们采用 CLSA 公司治理评级分指数对来自 27 个国家的企业进行了实证分析，支持了投资者保护能有效促进所在国家公司治理总体水平提高的观点。在投资者保护对单个公司治理机制的影响方面，研究则主要集中在股权集中度和 CEO 替换敏感度两个方面。

（1）投资者保护与股权集中度。在投资者保护的早期研究中，LLSV 就已经将其和股权集中度联系起来。通过统计分析他们发现，股东保护较弱的大陆法系国家，其股权集中度很高，因此他们将集中的股权结构解释为股东为避免利益受管理层侵占的一种替代机制。在随后的研究中，LLS（LaPorta，Lopez-de-Silanes 与 Shleifer）利用公司终极控制人数据专门就股权问题进行了分析，从而进一步证实了除部分股东保护完善的国家，其他国家的企业股权基本都集中在家族或政府手中。Himmelberg、Boubak 等，以及许年行和吴世农的研究也支持了 LLSV 的观点。在中国特殊的制度背景下，王克敏和陈井勇的研究也表明，当投资者保护较强时，股东对管理层的监督水平降低，表明大股东的存在确实是投资者保护的一种替代机制。除了少数研究之外，学术界大部分文献对投资者保护与股权集中度的替代关系已经达成了广泛的共识。

（2）投资者保护与 CEO 替换。公司治理的目的就是通过一系列机制对企业运行进行监督和决策，提升企业价值以使投资者获得回报，因此当企业绩效较差时，管理层能否被及时更换是公司治理是否有效的重要标志。从现有文献来看，投资者保护水平，特别是法律执行水平的高低能显著影响 CEO 替换的敏感度。Defond 和 Hung 以及 Naga 通过对 33 个国家的企业进行调查后发现，在投资者保护较完善的国家，CEO 替换与企业绩效密切相关；而在投资者保护较弱的国家，由于董事和 CEO 相互勾结对投资者利益进行侵占，从而导致企业并不能在绩效水平低的时候及时替换 CEO。同时，他们的研究表明，较好的法律执行能够更有效地提高 CEO 替换对绩效的敏感度，再一次证明了实际的法律执行比纸面上的法律更重要。在对一国企业的研究方面，Volpin 和 Brunello 等以意大利的公司作为研究样本，他们发现，较弱的投资者保护导致控股股东本身就是高层管理者，所以即使企业绩效较差，也不可能替换管理层，导致 CEO 替换对绩效的敏感度较低。

综合以上研究来看，公司治理机制的变化在一定范围内是对投资者法律保护这种外部治理机制的一种反应和体现。当投资者权利较高时，企业由于法律的约束会普遍改善其公司治理结构，从而表现为整个国家公司治理水平的普遍提高和单个公司治理机制的作用加强，如 CEO 替换的敏感度增加；同时，当法律保护水平薄弱时，投资者会利用内部治理机制作出反应和替代以减少法律保护不足造成的利益损害，在现实中主要表现为企业采用集中的股权结构降低代理成本。经过多年的发展，这些观点已经形成了比较成熟的框架，获得了大多数学者的认同。

3. 投资者保护与公司价值的提升

投资者权利的加强通过降低代理成本提高公司治理水平，从而保证了管理层的科学决策，而科学决策和掏空减少的结果在很大程度上表现为企业价值的提高。实际上，投资者法律保护之所以备受关注，正是由于其在促进公司发展中的积极作用。很多学者采用不同的方法为两者之间的联系提供了丰富的证据，在理论分析方面，Shleifer 和 Wolfenzon 通过建立数学模型表明投资者保护可以减少代理成本，从而增加公司绩效。随后，LLSV 又利用 27 个发达经济体的 539 家大公司进行了实证检验，同样发现中小股东保护越好的国家，企业的价值越高。此后，学者们沿着 LLSV 的研究方向，从不同角度考察两者之间的关系。例如，Milton 以及 Lemmon 和 Lins 对亚洲金融危机期间企业价值的分析、许琳对中国企业上市前后绩效变化的考察。尽管这些研究采用的方法、角度、样本和模型都不尽相同，但都就投资者保护的价值提升作用得到了一致的结论，并为各国政府致力于完善投资者保护制度提供了理论保障。然而，从进一步的梳理中我们还发现，大部分研究都是从股东保护的角度进行考察，忽视了债权保护对公司价值的影响分析。

总体来说，公司价值的提升其实依赖于很多方面，其中最重要的就是企业的投融资活动能否顺利进行。成功的投资表现为股东回报的提高，同时融资活动则体现在融资成本和相应资本结构的变化上，因而我们从企业融资和股东回报两个方面对投资者保护的影响进行分类总结。

（1）投资者保护与企业融资关于投资者保护对企业融资的影响，大部分学者是从资金供给角度分析的。投资者权利的充分保障确保投资人能够收回足额的回报，从而提高了他们投资的意愿，增加了资金供给。LLSV 提出法律环境会影响企业外部融资的能力，公司的资本结构会由于所在国家投资者保护水平的不同存在很大差异。从不同的投资者法律保护来说，股东权利保护越好，外部投资者通过股票市场的投资越多，企业的股权融资数额也越大，表现为股东保护水平与企业财务杠杆负相关；从债权角度来说，债权人保护程度的完善一方面表现为债券市场供给充裕、企业债务融资和杠杆比率提高；另一方面还体现在长期借款规模和比率的增加。

从企业的资本成本来看，Himmelberg 等利用数学建模和结构方程相结合的方法对 38 个国家的 6000 多家企业的资本成本进行了分析，他们发现投资者保护越差，股权集中度越高，企业的资本成本也越高；Doidge 等、姜付秀等和沈艺峰等的结论也支持了完善的股权保护能降低企业权益资本成本的观点。总之，学术界关于投资者保护增加企业融资规模、降低融资成本的积极影响得到了较为广泛的赞同。

（2）投资者保护与股东回报公司价值提高的另一个重要表现就是股票收益和股东回报的提高。由于债权人只获得固定收益，因此当企业价值高于债务价值时，剩余索取权都归股东所有，所以股东从资本市场获得的回报其实是公司价值的直接体现。Giannetti 和 Koskinen 构建了一个数学模型着重从股票需求方面研究投资者保护的影响，他们发现，当一国投资者保护较差时，股票的期望收益较低，投资者将减少对本国股票的投资，增加对外国股票的持有。在动态分析方面，Atanasov 等以保加利亚改革为背景分析了法律保护的变化对公司股票的动态影响，他们发现，当限制掏空行为的法律出台后，中小股东的利益获得了较多的保障，逐渐参与到股票市场中，股票的期望回报也相应提高。此外，学者还针对不同情境下投资者保护如何影响股票收益的情况进行了分析，如 Fuerst 以及 Reese 和 Weisbach 对企业交叉上市的动机研究，Bris 和 Cabolis 以及唐建新和陈冬关于投资者保护与异地并购的事件研究。

综合以上分析，投资者保护，特别是股东保护能够降低内部人对外部投资者的侵占能力，侵占减少意味着相应委托代理成本的降低，同时掏空行为的减少一方面直接增加了外部投资者的收益，提高了投资者参与企业融资的积极性；另一方面还促使内部人将主要精

力转移到企业经营上，致力于公司治理水平的完善和决策的科学化，并最终体现为企业价值的提高。因此，投资者法律保护对不同方面的影响并不是独立的，而是相互关联的。正是由于不同效应之间的互动性，使得投资者保护的影响机制和效果变得更加复杂。

然而，以上这些研究都是从投资者保护如何影响各自类型投资者的利益出发，着重考察了投资者保护的直接效应，忽视了投资者保护所可能产生的间接影响。直到金融危机之后，投资者保护的间接效应才逐渐得到重视，虽然这一方面的文献还并不丰富，但是已有的研究却发现，投资者保护的作用并不是在任何情况下都是正面的，它还会对微观企业的发展产生不利的影响。

三、投资者保护对企业微观行为的负面影响

金融危机之后投资者保护的相关研究进入深化阶段，通过对金融危机的反思，学者们意识到了投资者保护影响的复杂性和多样性。由于环境差异和特点不同，导致投资者保护并不总是对企业发展产生积极影响。实际上，投资者的类型分为很多种，包括股东、担保债权人、次级未担保债权人等，他们的目标是存在差异的，同时保障投资者权利的法律条款也由很多部分组成，这些条款之间也是既相互依赖又相互冲突的。此外，投资者保护在对微观企业发生作用的过程中经历了较长的链条，投资者保护—委托代理关系与公司治理水平—管理层激励与行为—公司政策和表现，这一路径在传导过程中受到了来自企业个体特点和外部经济、制度、文化等多方面的影响。因此，多目标、多层面、长路径、复杂的内外部环境等特点必然导致投资者保护微观效应的作用机理更加复杂，结果也更加多样，也就是说，投资者保护不仅会如大多数文献中证实的那样促进微观主体的发展，同时也会由于各环节之间的微妙关系和外部环境的影响对企业长期经营造成消极作用。

虽然我国已经建立了形式上较为完整的投资者法律体系，但其实际运行状况却不尽如人意，市场中仍然存在大量的内部人侵占和公司运行效率低下等现象。那么，为什么在发达国家中有效的法律保护制度，放在中国就难以发挥作用？其中一个重要原因就是国家之间存在较大的制度和背景差异。发达国家经过几百年的发展演进，形成了与自身文化传统相适应的，完善的市场制度，在这样的市场体系下，信息传递迅速，内在机制协调，投资者保护制度能够有效地促进企业的发展；而在我国，从高度集中的计划体制到市场经济体系的建立只经历了短短几十年的发展，信息不对称和寻租行为引起的非公平交易现象广泛存在，法律体系缺乏与之相适应的环境基础，所以适用于成熟市场国家标准的投资者保护制度并不能有效抑制我国企业中存在的侵占行为。因而，一个国家的法律制度要与其所在的各种环境相协调，盲目照搬其他国家的法律，其效果可能背道而驰。

然而，回顾以往的研究，大部分针对投资者保护的分析都停留在它对企业发展和经济增长的积极影响上，较少涉及投资者保护产生的消极效应。但实际上，任何制度的效果都

分为正反两个方面，投资者保护也不例外，它是一把“双刃剑”，所以政府在制定政策加强投资者权利之前首先要对其适用的环境有所考虑，全面了解制度实施的负面影响，尽量降低政策执行带来的不良后果。近些年，一些学者也逐渐认识到投资者保护制度的实施可能给企业长期发展造成一些阻碍，因此在这一部分，本文着重从投资者保护的交叉效应、投资者保护与企业风险以及投资者保护与盈余管理的角度分析投资者权利提高带来的负面影响。

1. 投资者保护的交叉效应

相比投资者保护产生和成熟阶段的研究，金融危机后学者们更加重视不同环境背景下各类型投资者保护的直接影响和间接影响。虽然前两个阶段的研究考察了投资者保护总体水平，特别是股东权利对微观行为的影响，但另一类投资者，即债权人的权利保护方面却没有得到应有的关注。为了更全面地理解不同类型投资者保护的相互影响，学者们从更新的角度验证了投资者保护效应的复杂性，不同类型投资者保护的交叉效应就是其中的一个重要方面。

投资者保护的交叉效应是 Giofré 在对现有研究进行总结后提出的一个概念，指的是不同类型的投资者其目标是不同的，因此当某类投资者权利加强时，不仅会引起该类投资者利益的变化，同时还会导致其他类型投资者行为和利益的改变。例如，当股东保护水平较高时，股东为实现其最大化公司价值的目标，会投资于具有高期望收益的项目，然而项目在带来高收益的同时也增加了企业的违约风险，从而使债权人的利益蒙受了损失。相反，当债权人权利过高时，管理层为避免由于债务违约造成的撤职等惩罚，会投资于一些低风险但不利于公司价值提高的项目，这虽然降低了企业的风险承担并使债权人的利益得到了保障，但却可能损害企业的创新能力和股东的利益。所以，从以上分析可以看出，对某类投资者的保护并不只对该类型投资者发生作用，同时还间接影响了其他类型投资者的利益。

其实，对于交叉效应的概念，Jensen 和 Meckling 虽然没有明确提出，但其也曾做过相应论述，他们认为，股东与债权人存在利益冲突且目标并不一致，其主要表现在债务融资中的三类代理成本，包括债务引起的风险激励、债权人监督约束企业的成本以及破产和重组成本。如果债权人在购买企业债券之前就认识到了代理成本的存在，那么这一成本将体现在债券价格上，并由股东和经理层承担。但实际上，债务代理成本如何在不同类型的利益相关者中分担还受到了不同投资者权利的影响。较强的股东权利意味着债务代理成本更多地由债权人分担；相反，当债权人权利较大时，他们将通过债务契约对企业投资项目的风险进行约束，低风险的项目意味着低回报，因此股东的收益相应减少，即股东承担了大部分的债务代理成本。综合以上分析，不同类型投资者保护的力度影响了控制权在股东和债权人中的分配，从而进一步决定了债务代理成本的分担。

在相应的实证研究中，Giofré 从外国投资者如何作出投资决策的角度，利用 20 个国家的资本市场数据证实了不同类型的投资者保护确实存在交叉影响。Giofré 的研究表明，由于国外投资者对资产的风险更敏感，因此较强的债权人权利保护通过限制过度的风险承担鼓励外国投资者更多地进行股权投资；然而较强的股东权利保护则由于提高了企业整体的风险承担，反而降低了外国投资者对企业债券的投资，即股东保护对债权人的投资造成了负面影响。

最近，一些学者从债权人角度出发也得到了值得关注的结论。Acharya 和 Subramanian 在对各国的专利创新情况进行研究时发现，如果破产法过分保护债权人的利益，那么为避免项目失败引起的清算，企业会相应减少技术创新活动，采取较为保守的投资政策，导致公司价值和股东权益的降低。Chava 和 Roberts 以及 Nini 等也分析了债权人权利对企业投资的影响，但与 Acharya 和 Subramanian 不同，他们是从债务契约中规定的债权人权利出发，发现如果债务合同中对债权人的保护太强，会减少企业的资本投资。此外，也有学者从企业融资角度验证了债权人保护可能存在的不利影响。由于以往关于企业融资的研究大多从资本供给的角度展开，即债权人权利的加强提高了其贷出资金的意愿，增加了债务供给，从而有利于企业获得债务融资。然而，Acharya 等从资金需求角度的分析却得到了不同的结论。他们认为，较强的债权人权利会对股东和管理层的行为造成较大的约束，为避免或减少债权人的控制，他们会相应降低债务融资规模，导致债务资本需求的减少，这个结论在印度也得到了证实。同时，Acharya 等还利用面板回归方法对 38 个国家的破产法案进行了分析，当债权人权利较强时，会促使企业从事非相关性并购并保留过多的流动性，导致股东价值的损失。

实际上，根据债务契约中的担保条款，债权人分为优先级有抵押型债权人和次级无抵押型债权人。相比次级债权持有人和股东而言，优先级债权人在企业经营失败时享有收回担保品的优先权。Giofré 的分析表明，当企业出现危机时，两种债权人会采取截然不同的措施，次级无担保型债权人希望通过保存企业或对企业进行重组的方式，以改善企业经营状况提高未来收入并最终收回投资；然而，担保债权人则不会顾及企业的具体状况而要求收回担保，避免自身利益受到损失。然而，担保品往往是企业重要的生产资料，担保品被收回意味着企业失去了持续生产的可能，这导致有重组前途的企业丧失了有效重组再造的机会，造成效率损失和其他投资者的利益损害。

总之，近期的这些研究从不同角度揭示了投资者法律保护所带来的不利影响，特别是在分析投资者保护效应时需要考虑不同利益群体的利益。较强的股东保护虽然会增加股东的价值，但却可能损害了债权人的利益；相反，债权人权力过大也可能会引起企业效率损失和股东回报的减少。因此，政府和企业在提高投资者权利保护时，需要对这一交叉效应做出权衡和考虑，尽量减少法律制度对微观主体的负面影响。

2. 投资者保护会提高风险承担水平

除了企业绩效和价值，另一个衡量企业成功与否的重要表现就是企业风险。企业风险越低表明企业的稳定性越好，发生危机的可能性越低。从文献梳理的过程中可以看出，近几年来，由于金融危机爆发等原因，投资者保护的相关研究不断深化，越来越多的学者开始将研究重点从公司价值转向企业风险，关注投资者保护与风险承担水平之间的关系。

金融危机首先爆发于经济发达、制度完善的欧美等国并对世界经济造成重创，这引发学者们对其中的原因进行深入思考，特别是对金融行业风险的探索逐渐增多。其中，Gropp 和 Köhler 从股东保护的角度对银行风险承担行为进行了解释，他们对来自 25 个 OECD 国家 1100 多家银行进行回归分析后发现，较强的股东权利引起较高的银行风险，并进一步导致这些银行在金融危机期间遭受了较大的损失。具体来说，造成这种现象的原因是，较完善的股东保护使银行的控制权完全掌握在股东手中，而股东往往追求价值最大化，并且在投资失败时只承担部分损失，所以股东往往是风险偏好的，股东控制的银行也倾向于承担更高的风险。这也就解释了金融危机为何发生在投资者保护制度较为完善的英美等国。Houston 等则从债权保护的角度对银行进行了分析，他们利用 69 个国家的 2400 个银行样本进行了实证研究，结果表明，较强的债权人权利倾向于提高银行的风险承担，并增加了金融危机发生的可能性。这与一般的预期有很大差异，因而 Houston 等对此做出了解释，他们将企业的债权分为两种：债券发行和银行贷款，并在此基础上从债券的供求入手分析债权人权利对银行风险的影响。具体来说，当对债权人的保护提高时，其愿意提供的债务资本增加，因此债券的融资成本相应降低，这进一步引起企业对债券需求的提高，假设企业的融资需求不变，那么企业融资来源就会由银行贷款转向融资成本较低的债券发行，银行也因此失去了很多优质客户；为了保证利润实现股东价值，银行被迫扩大其客户范围，选择质量相对较低的企业和项目进行贷款，这导致银行整体信贷风险的提高，从而进一步增加了银行发生危机的可能性，造成金融行业累积性风险的爆发。此外，债权人的抵押权保护会使银行过分看重抵押品的价值，而忽视项目的未来收益，并导致银行向一些没有价值的项目融资，这些项目一旦破产也会加剧银行风险。以上两篇文献分别从股东和债权人的角度对金融危机的发生做出了分析，但这些研究都是采用 2000 年之后的跨国数据进行验证的，目前还缺乏针对一国内部的分析以及投资者保护风险效应的一般性理论，因此关于这一领域的研究还需进一步展开。

投资者保护不仅对金融企业风险产生影响，还对一般企业的风险发生作用。例如 Bonfiglioli 的模型就表明，股东保护促使企业家从事风险性较高的项目。此外，John 等还分别采用 39 个国家 1992~2002 年的企业数据和美国公司的数据进行了实证检验，结果表明股东保护与企业的风险承担存在正相关关系，即中小股东的权利越大，企业相应的风险承担越高。他们的解释与 Gropp 和 Köhler 不同，原因有两个：第一，在股东保护水平较低的国家，企业通常被控股股东所控制，他们无法通过分散持股降低风险，因此为避免财富受到损失，他们在决定企业投资时往往首先考虑项目的安全性，倾向于风险较小的投资。第二，非权益性利益相关者，例如银行、政府和工会组织等，往往在股东保护薄弱的国家对企业的影响更强，由于他们往往倾向于保守的企业投资，因此这些利益相关者的干预会导致企业投资更为谨慎。

在债权人权利保护方面，Acharya 等采用发达国家 1994~2004 年的样本进行分析后表明，较强的债权人权利会限制债务人的机会主义行为，并促使其降低经营和现金流风险水平，Chiou 等也证实了这一观点。然而，当企业处于债务违约的边缘时，则可能出现相反的行为，因为此时较强的债权人权利会向管理层施加更大压力，因此管理层很可能通过高

盈利的项目迅速摆脱债务的约束，而这些项目往往导致企业风险增加。

从以上分析可以看出，关于投资者保护对风险的影响研究在金融危机之后逐渐获得学者们的重视，但由于这一领域特别是银行风险方面的研究只是在最近几年才受到较高关注，因此相关理论和分析还需进一步深化。同时，投资者法律保护的风险效应在不同环境和行业中其实相差很大，所以在研究其作用时要分清投资者保护的类型、所在阶段的特点、国家和行业特征等，找出投资者保护影响的一般理论。

3. 投资者保护也可能增加盈余管理

前文中介绍了盈余管理的转移观点，然而投资者保护并不一定会降低企业的盈余管理水平。投资者保护水平的提高会引起对不合格管理层的较高惩罚，为避免惩罚，管理层会通过操纵盈余的方式隐藏其寻租和侵占行为，导致企业盈余管理水平的提高，这是投资者保护的惩罚观点。惩罚观点相继得到了一些研究的证实，如 Shen 和 Chih 专门针对 48 个国家的银行样本进行了检验，发现较强的法律执行导致较高的盈余管理；此外，Shen 和 Chih 在另一篇文章中利用九个亚洲新兴市场的企业数据进行了分析，其结果表明反董事权利指数与盈余管理水平呈正相关；Riahi-Belkaoui 则采用不同的衡量盈余透明度的指标对 24 个国家的数据进行了分析，结果进一步证实了反董事权利指数越高，盈余透明度越低。

以上这些研究发现与 Leuz 等的转移观点存在很大差异，即不同学者的研究获得了关于投资者保护对盈余管理效应的不同结论。究其原因，主要是由于投资者保护在对微观企业发生作用的过程中经历了很长的链条，会受到很多因素的干扰，所以导致了研究结果千差万别。以上列举的这些实证研究，正是由于他们分析的行业、国家、外部环境、企业特征以及盈余管理的指标存在较大差异，因而影响了投资者保护的效果，得到了多样化的结论。

四、研究结论与启示

本文从正反两方面综述了不同阶段国内外投资者保护微观影响的研究，通过以上对投资者保护文献的总结，可以看出，投资者保护对微观经济活动的影响是复杂的。但遗憾的是，多数研究都集中于讨论投资者保护的积极作用，直到最近才有少数研究关注其可能造成的负面影响。尽管如此，这一结论也应当引起研究人员足够的重视。近期源于美国并迅速传播到全球的国际金融危机表明，对股东的强保护会提高银行的风险承担水平，从而可能损害经济的持续发展。因此，本文认为，今后的研究非常有必要从投资者保护负面影响的角度展开分析，并在此基础上全面客观地评价投资者保护的影响，帮助政策制定者在制定政策的过程中能够扬长避短，充分发挥法律保护的最大功能。

此外，我们发现，关于投资者保护与环境的交互作用方面的研究还比较缺乏。投资者保护要想发挥作用必须有合适的环境，包括政治、文化、经济、制度等环境。Pistor 等人从六个法律移植国家的经验中发现，法律移植的过程中发挥决定性作用的其实是这些国家原有的制度环境。因此，不同的国家需要根据自身情况采取不同的投资者保护政策，如果不顾自身状况和环境的适应性，一味地照搬先进国家的投资者保护制度，可能会产生适得其反的效果。中国的经济制度环境与国外发达国家有很大不同，例如市场体系不完善、交易过程中存在较为严重的腐败和寻租行为、执行效率低等问题，因此，我们认为，未来的研究可以进一步探讨投资者保护与市场、监管以及政府质量等环境的相互作用，了解投资者保护的适用条件和不同政策之间的兼容性，并进一步分析不同制度的搭配对企业发展的共同效果，最大限度地发挥投资者保护的作用。

值得注意的是，以往的微观研究都是将金融企业在样本中剔除，不考虑法律保护对金融行业的影响。然而，金融行业的健康稳定关系着国民经济和企业发展，特别是在金融危机之后更是得到了广泛重视。因此，作为一个重要的外部治理机制，将投资者保护引入到金融行业的研究可能会成为下一个需要突破的领域。对一般企业来说，投资者保护可以降低企业的资本成本，促进外部融资，提高企业价值。但投资者保护对一般企业的作用可能并不适用于银行等金融行业，对银行来说，投资者保护引起的企业债务成本的降低意味着银行贷款利率的下降和竞争水平的加剧，而银行为了实现股东要求的利润水平，往往会投资于一些高风险的贷款项目和金融衍生品交易，从而引起风险承担水平的提高。较高的风险对于一般企业的经营可能影响并不大，但对于银行这类外部性极强的金融企业而言，风险承担水平的上升很可能由于经济波动造成集中性风险的爆发，造成连锁性的金融危机。因此，全面、客观地理解和评价投资者保护对金融企业及其风险水平的影响具有重大的理论和现实意义，很可能会成为学术界研究的新热点。

还有一点需要指出的是，大部分学者都是以 LLSV 研究中的国家作为研究对象进行跨国分析，而专门针对单个国家特别是新兴转型国家的投资者保护研究还十分有限。由于新兴转型国家的政治和文化有其自身的特点且其经济社会的变化比较剧烈，需要投资者法律保护制度适时地做出某些改变以适应国家基本情况的变化。特别是对中国这样一个处于经济体制迅速变革的国家而言，投资者保护的改善要与经济、政治、文化的进步相协调，市场秩序的长期发展要伴随着投资者保护制度的不断演进，当成熟市场国家的法律保护体系与我国的实际情况不匹配时，政府可以适时地采用替代性手段进行约束，如国有集中股权对内部人侵占的限制；而当市场的发展达到一定高度时，则要将新的投资者保护工具纳入框架当中。总而言之，要形成一个有效的投资者保护框架，我国还必须经历长期的演进过程。因此将来的研究可以结合中国等新兴转型国家的具体特点，分析这些地区的投资者保护制度的演变规律，帮助发展中国家制定出适合自身实际的政策，为更好地促进经济和社会的发展提供经验借鉴。

参考文献

[1] La Porta R., F. Lopez-de-Silanes, A. Shleifer, R. Vishny. Law and Finance. Journal of Political Economy, 1998, 106 (6): 1113-1155.

[2] González N. U. Banking Regulation, Institutional Framework and Capital Structure: International Evidence from Industry Data. The Quarterly Review of Economics and Finance, 2007, 47 (4): 481-506.

[3] Allen F., J. Qian, M. Qian. Law, Finance, Economic Growth in China. Journal of Financial Economics, 2005, 77 (1): 57-116.

[4] Qian J., P. E. Strahan. How Laws and Institutions Shape Financial Constracts: The Case of Bank Loans. The Journal of Finance, 2007, 62 (6): 2803-2834.

[5] Levine, R.. Financial Development and Economic Growth: Views and Agenda. Journal of Economic Literature, 1997, 35 (2): 688-726.

[6] Levine, R.. Bank-based or Market-based Financial Systems: Which is Better? Journal of Financial Intermediation, 2002, 11 (4): 398-428.

[7] Levine, R., S. Zervos.Stock Markets, Banks, Economic Growth.American Economic Review, 1998, 88 (3): 537-558.

[8] La Porta R., F. Lopez-de-Silanes, A.Shleifer, R. Vishny. Investor Protection and Corporate Governance. Journal of Financial Economics, 2000, 58 (1-2): 3-28.

[9] Castro R., C. L. Clementi, G. MacDonald.Investor Protection, Optimal Incentives, Economic Growth. Quarterly Journal of Economics, 2004, 119 (3): 1131-1175.

[10] La Porta R., F. Lopez-de-Silanes, A. Shleifer, R. Vishny. Agency Problems and Dividend Policies around the World. The Journal of Finance, 2000, 55 (1): 1-33.

[11] La Porta R., F. Lopez-de-Silanes, A. Shleifer, R. Vishny. Investor Protection and Corporate Valuation.The Journal of Finance, 2002, 57 (3): 1147-1170.

[12] Brockman, P., D. Y. Chung. Investor Protection and Firm Liquidity. The Journal of Finance, 2003, 58 (2): 921-937.

[13] Klapper L. F, I. Love. Corporate Governance, Investor Protection, Performance in Emerging Market. Journal of Corporate Finance, 2004, 10 (5): 703-728.

[14] Durnev A, E. H. Kim. To Steal or not Steal: Firm Attributes, Legal Environment, Valuation. Journal of Finance, 2005, 60 (3): 1461-1493.

[15] Pistor, K., C. Xu. Governing Stock Markets in Transition Economies: Lessons from China. American Law and Economics Review, 2005, 7 (1): 184-210.

[16] 计小青，曹啸. 标准的投资者保护制度和替代性投资者保护制度——一个概念性分析框架. 金融研究，2008 (3): 151-162.

[17] Pinkowitz, L., R. M. Stulz, R. Williamson. Do Firms in Countries with Poor Protection of Investor Rights Hold More Cash, NBER Working Paper, 2003.

[18] DeFond, M. L, M. Y. Hung. Investor Protection and Corporate Governance: Evidence from Worldwide CEO Turnover. Journal of Accounting Research, 2004, 42 (2): 269-312.

[19] Leuz, C., D. Nanda, P. D. Wysocki. Earnings Management and Investor Protection: An International Comparison. Journal of Finance Economics, 2003, 69 (3): 505-527.

[20] Giofré, M.. Investor Protection and Foreign Stakeholders, CESifo Working Paper, 2010.

[21] Houston, J. F., C. Lin, P. Lin, Y. Ma. Creditor Rights, Information Sharing, Bank Risk Taking. Journal of Financial Economics, 2010, 96 (3): 485-512.

[22] 姜国华，徐信忠，赵龙凯. 公司治理和投资者保护研究综述. 管理世界，2006 (6): 161-170.

[23] 张曦，周方召. 投资者法律保护与公司治理交互作用及其对公司绩效影响研究述评. 外国经济与管理，2010，32（9）：45-51.

[24] 许年行，赖建清，吴世农. 公司财务与投资者法律保护研究述评.管理科学学报，2008，11（1）：101-109.

[25] Stigler，G.. Public Regulation of the Securities Market. Journal of Business，1964，37（2）：117-142.

[26] Easterbrook，F，D. Fischel. The Economic Structure of Corporate Law. Cambridge：Harvard University Press，1991.

[27] Coase，R.. The Problem of Social Cost. Journal of Law and Economics，1960，3（1）：1-44.

[28] Jensen，M，W. Meckling. Theory of the Firm Managerial Behavior，Agency Costs，Ownership Structure. Journal of Financial Economics，1976，3（4）：305-360.

[29] Nenova，T.. The Value of Corporate Voting Rights and Control：A Cross-country Analysis. Journal of Financial Economics，2003，68（3）：325-351.

[30] Dyck，A.，L. Zingales. Private Benefits of Control：An International Comparison. Journal of Finance，2004，59（2）：537-600.

[31] 王鹏. 投资者保护、代理成本与公司绩效. 经济研究，2008（2）：68-82.

[32] 刘启亮，李增泉，姚易伟. 投资者保护、控制权私利与金字塔结构——以格林柯尔为例. 管理世界，2008（12）：139-148.

[33] 陈炜，孔翔，许年行. 我国中小投资者法律保护与控制权私利关系实证检验. 中国工业经济，2008（1）：24-31.

[34] Djankov，S.，C. Mcliesh，A.Shleifer. Private Credit in 129 Countries.Journal of Financial Economics，2007，84（2）：299-329.

[35] 江伟，沈艺峰. 大股东控制、资产替代与债权人保护. 财经研究，2005，31（12）：95-106.

[36] Francis，J.，I. Khurana，R. Pereira. Investor Protection Laws，Accounting and Auditing around the World. Asia-Pacific Journal of Accounting & Economics 2003，10（2）：1-30.

[37] Bushman R.，J. Piotroski，A. Smith. What Determines Corporate Transparency? Journal of Accounting Research，2004，42（2）：207-252.

[38] Wang，Q.，T. J. Wong，L. J. Xia. State Ownership，the Institutional Environment，Auditor Choice：Evidence from China.Journal of Accounting and Economics，2008，46（1）：112-134.

[39] DeFond，M. L，M. Y. Hung. Investor Protection and Analysts' Cash Flow Forecasts around the World. Review of Acounting Studies，2007，12（2-3）：377-419.

[40] Hail L.. Discussion of Investor Protection and Analysts' Cash Flow Forecasts around the World. Review of Acounting Studies，2007，12（2-3）：421-441.

[41] 吴永明，袁春生. 法律治理、投资者保护与财务舞弊——一项基于上市公司的经验证据. 中国工业经济，2007（3）：104-111.

[42] Dittmar，A.，J. Mahrt-Smith，H. Servaes. International Corporate Governance and Corporate Cash Holding. Journal of Financial and Quantitative Analysis，2003，38（1）：111-133.

[43] Harford，J.，S. A. Mansi，W. F. Maxwell. Corporate Governance and Firm Cash Holding in US. Journal of Financial Economics，2008，87（3）：535-555.

[44] 罗琦，秦国楼. 投资者保护与公司现金持有. 金融研究，2009（10）：162-178.

[45] Dittmar，A，J. Mahrt-Smith. Corporate Governance and the Value of Cash Holding. Journal of Finan-

cial Economics, 2007, 83 (3): 599–634.

[46] Kim, K. A, J. R. Nofsinger. Corporate Governance: 2nd Edition, Prentince Hall Publishing, 2006.

[47] La Porta, R., F. Lopez–de–Silanes, A. Shleifer. Corporate Ownership around the World. Journal of Finance, 1999, 54 (2): 471–517.

[48] Himmelberg, C., R. G. Hubbard, D. Palia. Understanding the Determinants of Managerial Ownership and the Link between Ownership and Performance. Journal of Financial Economics, 1999, 53 (3): 353–384.

[49] Boubakria, N., J. C. Cosseta, O. Guedhami. Postprivatization Corporate Governance: The Role of Ownership Structure and Investor Protection. Journal of Financial Economics, 2005, 76 (2): 369–399.

[50] 许年行，吴世农. 我国中小投资者法律保护影响股权集中度的变化吗？经济学（季刊），2006，5 (3)：893–922.

[51] 王克敏，陈井勇. 股权结构、投资者保护与公司绩效. 管理世界，2004 (7)：127–148.

[52] Aganin A, P. Volpin. The History of Corporate Ownership in Italy. In: R. Morck, Editor, A History of Corporate Governance around the World. Chicago: University of Chicago Press, 2005.

[53] Shleifer, A, Vishny, R.. A Survey of Corporate Governance. Journal of Finance, 1997, 52 (2): 737–783.

[54] Kaplan, S.. Top Executive Rewards and Firm Performance: A Comparison of Japan and the United States. Journal of Political Economy, 1994, 102 (3): 510–546.

[55] Gibson, M.. Is Corporate Governance Effective in Emerging Markets? Journal of Financial and Quantitative Analysis, 2003, 38 (1): 231–250.

[56] Nagar, V.. Discussion of Investor Protection and Corporate Governance: Evidence from CEO Turnover. Journal of Accounting Research, 2004, 42 (2): 313–318.

[57] Volpin, P. F.. Governance with Poor Investor Protection: Evidence from Top Executive Turnover in Italy. Journal of Financial Economics, 2002, 64 (1): 61–90.

[58] Brunello, G., C. Graziano, B. M. Parigi. CEO Turnover in Insider–dominated Board The Italian Case. Journal of Banking & Finance, 2003, 27 (6): 1027–1051.

[59] Shleifer, A, D.. Wolfenzon. Investor Protection and Equity Markets. Journal of Financial Economics, 2002, 66 (1): 3–27.

[60] Milton T.. A Cross–firm Analysis of the Impact of Corporate Governance on the East Asian Financial Crisis. Journal of Financial Economics, 2002, 64 (2): 215–241.

[61] Lemmon M., K. Lins. Ownership Structure, Corporate Governance, Firm Value: Evidence from the East Asian Financial crisis. Journal of Finance, 2003, 58 (4): 1445–1468.

[62] 许琳. 投资者法律保护与公司上市后长期业绩表现——基于法和金融理论的实证分析. 南开管理评论，2006，9 (2)：96–101.

[63] 于东智. 资本结构、债权治理与公司绩效——一项经验分析. 中国工业经济，2003 (1)：87–94.

[64] La Porta R., F. Lopez–de–Silanes, A. Shleifer, R. Vishny. Legal Determinants of External Finance. Journal of Finance, 1997, 52 (3): 1131–1150.

[65] Rajan, R. G, L. Zingales. What do We Know about Capital Structure? Some Evidence from International Data. Journal of Finance, 1995, 50 (5): 1421–1460.

[66] 魏锋，沈坤荣. 所有制、债权人保护与企业信用贷款. 金融研究，2009 (9)：26–39.

[67] Safavian M, S. Sharma. When do Creditor Rights Work? Journal of Comparative Economics, 2007, 35 (3): 484-508.

[68] Demirgiiu-Kunt, A, V. Maksimovic. Law, Finance, Firm Growth. Journal of Finance, 1998, 53 (6): 2107-2137.

[69] Himmelberg, C. P, R. G. Hubbard, I. Love. Investor Protection, Ownership, the Cost of Capital. World Banking Policy Research Working Paper No. 2834, 2004.

[70] Doidge, C., A. Karolyi, R. M. Stulz. Why Are Foreign Firms Listed in the U.S. Worth More? Journal of Financial Economics, 2004, 71 (2): 205-238.

[71] 姜付秀，支晓强，张敏. 投资者利益保护与股权融资成本——以中国上市公司为例的研究. 管理世界，2008 (2): 117-125.

[72] 沈艺峰，肖珉，林涛. 投资者保护与上市公司资本结构. 经济研究，2009 (7): 131-142.

[73] Giannetti, M, Y. Koskinen. Investor Protection, Equity Returns, Financial Globalization. Journal of Financial and Quantitative Analysis, 2010, 45 (1): 135-168.

[74] Atanasov, V., B. Black, C. Ciccotello, S. Gyoshev. How does Law Affect Finance? An Examination of Equity Tunneling in Bulgaria. Journal of Financial Economics, 2010, 96 (1): 155-173.

[75] Fuerst, O.. A Theoretical Analysis of the Investor Protection Regulations Argument for Global Listing of Stocks. Unpublished Working Paper, Yale University, 1998.

[76] Reese, W., M. Weisbach. Protection of Minority Shareholder Interests, Cross-listings in the United States, Subsequent Equity Offerings. Journal of Financial Economics, 2002, 66 (1): 65-104.

[77] Bris, A, C. Cabolis. The Value of Investor Protection: Firm Evidence from Cross-border Mergers. The Review of Financial Studies, 2008, 21 (2): 605-648.

[78] 唐建新，陈冬. 地区投资者保护、企业性质与异地并购的协同效应. 管理世界，2010 (8): 102-116.

[79] Acharya, V., Y. Amihud, L. Litov. Creditor Rights and Corporate Risk-taking. NBER Working Paper, 2009.

[80] Acharya, V., K.. Subramanian. Bankruptcy Codes and Innovation. Review of Financial Studies, 2009, 22 (12): 4949-4988.

[81] Chava, S., M.. Roberts. How does Financing Affect Investment? The Role of Debt Covenants. The Journal of Finance, 2008, 63 (5): 2085-2121.

[82] Nini, G., D. Smith, A. Sufi. Creditor Control Rights and Firm Investment Policy. Journal of Financial Economics, 2009, 92 (3): 400-420.

[83] Vig, V.. Access to Collateral and Corporate Debt Structure: Evidence from Natural Experiment. EFA 2008 Athens Meetings Paper, 2011.

[84] Gropp, R, M. Kohler. Bank Owners or Bank Managers: Who is Keen on Risk? Evidence from the Financial Crisis. ZEW Working Paper, 2010.

[85] Bonfiglioli A.. Investor Protection and Income Inequality: Risk Sharing vs Risk Taking. CEPR Discussion Paper No. DP7853, 2010.

[86] John, K., L. Litov, B. Yeung. Corporate Governance and Risktaking. The Journal of Finance, 2008, 63 (4): 1679-1728.

[87] Morck, R., M. Nakamura. Banks and Corporate Control in Japan.Journal of Finance, 1999, 54

(1): 319-339.

[88] Roe, Mark. Political Determinants of Corporate Governance.Oxford, U. K: Oxford University Press, 2003.

[89] Chiou, W. P., A. Lee, C. Lee. Stock Return, Risk, Legal Environment around the World. International Review of Economicsand Finance, 2010, 19 (1): 95-105.

[90] Adler, B. E.. Bankruptcy and Risk Allocation. Cornell Law Review, 1992, 77 (439): 439-489.

[91] Shen, C. H., H. L. Chih. Investor Protection, Prospect Theory and Earnings Management: An International Comparison of the Banking Industry. Journal of Banking & Finance, 2005, 29 (10): 2675-2697.

[92] Shen, C. H, H. L. Chih. Earnings Management and Corporate Governance in Asia's Emerging Markets. Corporate Governance: An International Review, 2007, 15 (5): 99-1021.

[93] Riahi-Belkaoui, A.. Investor Protection, Earnings Opacity and Corporate Valuation, SSRN Working Paper, 2004.

[94] 皮斯托，凯南，克莱因赫斯特坎普，维斯特. 法律演进与移植效果——六个法律移植国家中公司法发展的经验. 比较，第二辑. 北京：中信出版社，2002.

[95] La Porta R., F. Lopez-de-Silanes, A. Shleifer, R. Vishny. The Quality of Government. The Journal of Law, Economics & Organization, 1999, 15 (1): 222-279.

Literature Review on Micro-effects of Investor Protection: Based on the New Observation about the Complexity of the Impact and the Diversity of Result

Li Weian　Wang qian

Abstract: As an important legal institution, investor protection attracts widespread attention of scholars in the late 1990's, and there are also a large number of relevant literatures. This paper summarizes the literature about the impact that the investor protection has on the microlevel behaviors of enterprises. Most of the studies about investor protection use the ideas in LLSV analytical framework which divides the studies into three basic types, including the positive effect of investor protection on corporate governance, corporate finance and firm value.We argue that although investor protection has an important position in firms, such classifications cannot reflect the whole role of it. When investor protection works, it must interact with other mechanisms in different environment and the process is very complicated. Taking the interaction into account, we may get a different conclusion. Therefore, different from previous studies, this article emphasizes the influence complexity of investor protection and diversity of the results. Based on this logic, this article divides the literature into two categories: the first type of studies focus on the discussion of investor protection in improving corporate governance and firm value, and such research is very rich; the second type of studies find that investor protection has very significantly negative impact on corporate risk reduction and the interests of other stakeholders, and such researches are rising. Summarizing the literature in this article not only helps to better understand the impact of investor protection, but also provides new issues for future research. On one hand, scholars should make more studies about the impact of investor protection in different institution, politics, culture and economies.On the other hand, we can do more works in financial sector. Investor protection has significant effect on firm risk, and risk-minimizing is the most important goal in financial industry, so clarifying the relationship between investor protection and risk-taking in financial company is necessary for the development and stability of financial system.

Key Words: Corporate Governance; Agency Cost; Investor Protection; Cross Effects; Risk-taking

我国上市公司终极股东的剥夺机理研究：基于“股权控制链”与“社会资本控制链”的比较*

关鑫　高闯

【摘　要】随着第二类公司治理问题成为理论研究的新焦点，上市公司终极股东的剥夺行为越发引起了学者们的高度关注。在“双重控制链”分析范式下，终极股东控制权与其现金流权之间的偏离加大，导致控制权私利增大，这种被“修正”后的控制权私利，即被“社会资本控制链”分析范式下的控制权溢价放大的“股权控制链”分析范式下的控制权私利，才是终极股东对上市公司进行剥夺的根本动因。沿着这一分析思路，文章分别对终极股东利益输送渠道的选择、剥夺行为的逻辑起点、“隧道挖掘”行为以及“二次剥夺”等问题进行剖析和深刻解读，并特别提出了显性剥夺和隐性剥夺两种剥夺形式，从而更加全面、清晰地认识终极股东的剥夺机理。

【关键词】终极股东；社会资本；控制权私利；隧道挖掘

亚洲金融危机及由此掀起的公司治理浪潮使第二类公司治理问题——终极股东控制与剥夺问题成为学界实证研究的新焦点。La Porta 等、Claessens 等和 Faccio 等先后就世界范围内上市公司的控制权结构进行研究，证明了终极股东的普遍存在，并引领着这一领域的研究方向。放眼全球，终极股东的剥夺行为（即“隧道挖掘”行为）在现代公司治理实践中同样也是普遍存在。这一现象不仅存在于发展中国家的股票市场，而且存在于欧美发达国家的证券市场，即使是资本市场监管最为严厉、信息披露较完善的市场，也可能出现少数利益群体利用“隧道挖掘”来损害中小投资者利益的行为。终极股东的“隧道挖掘”现象在中国上市公司中尤为突出。唐宗明和蒋位通过实证研究证明，中国上市公司终极股东侵害中小股东的程度远高于美英国家。中国的家族控股股东和其他国家一样，也通过对投票权与现金流量权进行分离来侵害中小股东的利益。

* 本文选自《南开管理评论》2011 年第 6 期。

由此可见，终极股东剥夺问题业已引起学者们的高度关注，而且对这一问题的研究具有较高的理论价值和重要现实意义。在以往研究中，学者们的侧重点多是放在“股权控制链”分析范式下关于终极股东的剥夺动因、“隧道挖掘”行为及其经济后果方面的研究上，如 Wolfenzon、Johnson 等、Morek 等、Lee 等、刘峰和贺建刚)。然而，高闯和关鑫注意到，单单借助终极股东的“股权控制链”还难以揭示其控制与剥夺机理的真实全貌，他们创造性地提出了一个与“股权控制链”相辅相成的“社会资本控制链”，并尝试在这种“双重控制链”下构建了一个具有较强包容性的分析框架，进而对终极股东控制权的获取、强化和转移问题做出更加客观且深刻的解读。作为后续研究，本文所要解决的关键问题就是回答终极股东为什么要对上市公司进行剥夺？选用哪些渠道进行剥夺？以及采用哪些剥夺方式？基于此，本文将从一个比较视角，对终极股东的剥夺机理进行全面剖析，即分别运用“股权控制链”和“社会资本控制链”两种分析范式，系统地探讨终极股东的剥夺动因、剥夺路径和剥夺行为等，从而使我们能够更为全面、客观、真实地认识终极股东剥夺机理。

一、终极股东的剥夺动因分析

在“股权控制链”分析范式下，学者们普遍认同，公司终极股东控制权问题产生的动因，亦即终极股东的行为动因，是由于控制权与现金流权偏离而存在控制权私利。然而，在“双重控制链”（股权控制链与社会资本控制链相互配合）情形下，终极股东控制权与其现金流权之间的偏离加大，导致控制权私利增大，这种被“修正”后的控制权私利，即被“社会资本控制链”分析范式下的控制权溢价放大了的“股权控制链”分析范式下的控制权私利才是终极股东对上市公司进行剥夺的根本动因。

1. 控制权与现金流权的偏离——控制权私利

在“股权控制链”分析范式下，产生终极控制与剥夺问题的根本原因是终极股东存在私人收益，即存在控制权私利。当控制权与所有权存在偏离时，特别是分离程度较高时，终极股东就有强烈的动机谋取控制权私利。Barclay 和 Holderness 将控制权私利定义为“企业控股股东利用自身优势地位，挪用公司的资源或者独占其他股东不能共享的公司利益”。Ehrhardt 和 Nowak 将控制权私利分为金钱方面的（如自利性交易、过高的薪酬、转移公司资源、以主观性价格转移资产、低息贷款和抵押、股权稀释行为、内部人交易、渐进性购并、排挤或歧视小股东和低价发行新股等）和非金钱方面的（如精神愉悦、影响公众的判断、社会声望和提升亲信等），其中金钱方面的控制权私利又被 Johnson 等称为“隧道挖掘”。

如图 1 所示，C 公司通过持有 D 公司（上市公司）51%的股份成为 D 公司的控股股东，B 公司通过持有 C 公司 51%的股份成为 C 公司的控股股东，此时，A 公司通过其对 B

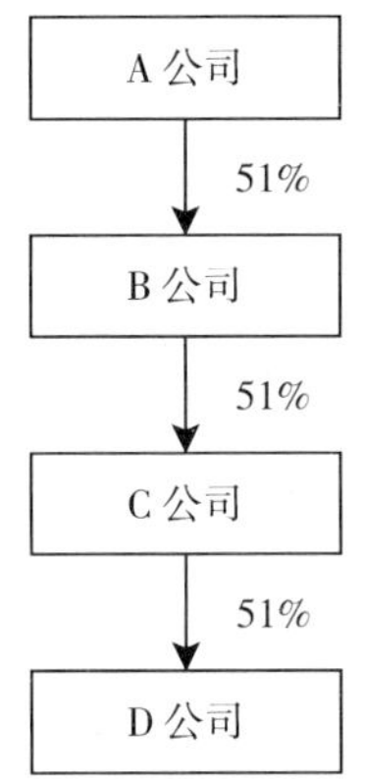

图 1　终极股东的控制权与现金流权分离示意图

公司控股地位实现对 C 公司的控制，又通过对 C 公司的控制权最终控制 D 公司，且享有 D 公司 51%的控制权，但对 D 公司的现金流权仅为 13.2651%（即 51% × 51% × 51%）。换言之，A 公司享有对 D 公司 51%的控制权，但在正常情况下，它只能享有 D 公司经营成果的 13.2651%，两权偏离度为 26.05%（即 13.2651% ÷ 51%）。我们知道，终极股东可以利用其对上市公司的终极控制权为自己谋取私利。这样，由于控制权与现金流权偏离，使终极股东追逐控制权私利，这是终极股东控制与剥夺问题产生的根本原因。

也正是由于控制权私利的存在，才导致终极股东就与其他股东之间出现利益的分化。终极股东的个人收益最大化主要来自两个方面，一是所有股东都应得到的正常收益（按照现金流权所分得的收益），二是终极股东的私人收益。我国上市公司处于终极股东的超强控制状态，终极股东与小股东之间存在严重的利益冲突，经理人员的决策通常以终极股东利益最大化为出发点，从而导致终极股东对小股东具有强烈的侵害动机。终极股东通过“隧道挖掘”行为，通常通过关联交易转移公司的资源或将自身的风险转嫁到上市公司，如以有利于终极股东的价格进行资产的买卖、为代表终极股东的管理层支付不合理的报酬、以上市公司的名义为终极股东提供贷款担保、终极股东无偿占用公司的资金、制定有利于终极股东的股利政策、不公平的二次发行稀释其他股东的利益等，从上市公司攫取私人收益，这就是其对上市公司实施控制的最终目的。

La Porta 等、Claessens 等、Joseph 和 Wong 与 Lemmon 和 Lins 等通过实证研究发现，终极控制股东所持有的现金流量权与公司价值间呈正向关系，但较高的投票权却显示出会有较低的市场评价，且当终极控制股东的控制权与现金流量权偏离的幅度越大时，会显示出有较低的公司价值，也就是说，终极控制股东对小股东进行财富侵占的幅度越大。另外，Claessens 等通过对东亚八个经济体中 1301 家上市公司的实证研究发现，终极股东控制权与现金流权偏离导致公司代理成本上升，公司绩效下降，即存在“隧道挖掘”效应；李康等、苏启林和朱文及张华等通过对我国民营上市公司的实证研究得出与 Cleassens 等相同的结论。这些研究从实证的角度证明了控制权私利是导致终极股东进行“隧道挖掘”的根本动因。

2. 真实控制度与股权控制度的偏离——控制权溢价

关于终极股东对上市公司的实际控制度，学者们大多遵循股权控制链分析范式下 Bebchuk、Kraakman 和 Triantis 的模型。该模型明确地指出，终极股东对上市公司的实际控制度等于各条控制链上最小的持股比例之和。我国《公司法》对控制权的阐释也是基于这样一种范式。但是，如果从终极股东控制权的概念（可以参见 La Porta 等对终极股东控制权的界定）以及终极股东对上市公司实际控制情况来考察，不难发现，终极股东控制权及实际控制度与股权控制链分析范式下的情况存在很大的出入。特别是在考虑社会资本控制链之后，终极股东对上市公司的实际控制度与按照此模型得到的结果之间通常存在较大差异。这就使得我们不得不对控制度的概念加以重新界定。按照高闯和关鑫的分析逻辑，终极股东对上市公司的控制涉及了股东大会、董事会和经理层三个层面，因此，其实际控制度必然也包括了终极股东分别对这三个层面的实际控制程度。因此，笔者认为，终极股东对上市公司的实际控制度是其对股东大会的控制度、对董事会的控制度和对经理层的控制度的加权平均值，计算公式如下：

$$RCD = a_1S + a_2D + a_3M \tag{1}$$

其中，RCD 表示实际控制度，S 表示对股东大会的实际控制度，D 表示对董事会的实际控制度，M 表示对经理层的实际控制度。a_1、a_2、a_3 分别代表 S、D、M 的权重，并且它们之和为 1。

在充分考虑到终极股东并用股权控制链和社会资本控制链来强化对上市公司的控制时，RCD 的值通常要大于应用 Bebchuk、Kraakman 和 Triantis 的模型对终极股东控制度的测算值。毫无疑问，这种差异恰恰体现了社会资本控制链在终极股东实现对上市公司控制过程中所起的重要作用。

此外，既然这种差异主要是由终极股东所动用的社会资本造成的，那么，这种差异必然受终极股东是否动用其社会资本以及动用其社会资本数量多少的影响。一般而言，终极股东动用社会资本数量越多，且由此对股东大会、董事会和经理层产生的影响越大，这种差异就越大，终极股东对上市公司的实际控制度也就越高；反之，如果其不动用社会资本或动用较少未能产生较大影响，那么这种差异越小，终极股东的实际控制度相对越小。由此我们可以得到以下两个推论：

推论一：在股权分散化程度越高的国家中，股东数目众多，持股比例较小，彼此间的连带较弱，因此，其积累和动用社会资本的成本就越高，此时，RCD 与 Bebchuk、Kraakman 和 Triantis 模型的测算值越趋于一致。

推论二：在股权较为集中的国家中，特别是在我国，上市公司（特别是民营上市公司，以及其中的家族企业）终极股东较为普遍地动用社会资本控制链来加强其对上市公司的控制，这样，RCD 将远高于 Bebchuk、Kraakman 和 Triantis 模型的测算值。

在社会资本控制链普遍存在的情况下，由推论二可知，我国上市公司终极股东的实际控制度通常与股权控制度之间产生较大偏离，本文将这种偏离称之为“双重控制链”下的控制权溢价（Barclay 和 Holderness 认为，如果公司股东都可以按照持股比例获取公司的全

部收益，控制权就没有私人收益，但大股东如果能通过投票权获得小股东无法获得的利益，那么大宗股权的交易就应该是溢价的，而溢价的部分实际上就是控制权私人收益的贴现值）。这种对控制权溢价的表述是在“股权控制链”分析范式下提出的，也是控制权溢价衡量方法中的一种。然而，本文对控制权溢价的界定是在双重控制链前提假设下，加入了社会资本控制链的放大效应，因此，与传统的概念界定有所不同。具体表示如下：

控制权溢价 = 真实控制度/股权控制度 - 1

此时，终极股东的控制权私利，亦即控制权与现金流权的偏离程度可以表示为现金流权与真实控制度之商。在双重控制链下，终极股东的实际控制权增大，而现金流权并没有变化，这就造成两权偏离加大，因此，终极股东的剥夺动机也相应增强。

控制权私利 = 现金流权/真实控制度

综上，按照高闯和关鑫提出的社会资本控制链分析范式下的分析逻辑，双重控制链下终极股东的实际控制度与股权控制链下的控制度之间的差异，并由此导致终极控制权与现金流权之间的分离进一步被放大，终极股东追逐控制权私利的动力由此不断加大，才是导致终极股东构建双重控制链并利用其对上市公司进行剥夺的根本动因。一方面，终极股东可以通过动用社会资本强化对上市公司的实际控制，使得真实控制度高于单一股权控制链下的控制度，进而造成控制权与现金流权分离程度加大。另一方面，终极股东动用社会资本是具有一定成本的，因此，其更有利用对上市公司的实际控制谋取私利的动力，这就促使其对上市公司进行“隧道挖掘”。

二、终极股东的剥夺路径分析

1.“股权控制链”分析范式下的剥夺路径

在“股权控制链”分析范式下，终极股东对上市公司进行剥夺的路径（我们假设上市公司终极股东的剥夺路径或剥夺渠道是可以被直接或间接观测到的，当然，这种观测需要付出一定的成本）密切围绕着其股权控制链。无论是金字塔控股结构、交叉持股，还是类别股票，都离不开终极股东的股权控制链。

终极股东通常是通过股权控制链进行利益输送的。我们先来看图 1，约定 D 公司为上市公司，A 公司为其终极股东。在这种最简单的金字塔控制结构中，A 公司一般都是利用其对 B 公司的控制权，再利用 B 公司对 C 公司控制权，以及 C 公司对 D 公司的控制权，实现对上市 D 公司的终极控制。同样，其剥夺路径也是按照这一股权控制脉络。例如，A 公司首先利用其对 D 公司的终极控制，让 D 公司借款给 C 公司，再利用其对 C 公司的间接控制把这笔资金抽取到自己名下，进而对其进行长期无偿占用；或者 A 公司直接向上市 D 公司借款，在没有外界严格监督与约束的情形下，拒绝按时归还，从而达到长期无偿占用上市公司资金的目的；此外，A 公司还可能会包办 B 公司和 C 公司与 D 公司之间的关联交易，通过不公平交易（如以低于市场公允水平的价格从上市公司购进商品，或以高于市场公允水平的价格向上市公司兜售商品）来抽取上市公司利润，进而达到其最大限度地攫取控制权私利的目标。

如图 1 所示控制结构下终极股东的剥夺路径是最基本、最简单的一种情形，而现实中的情况往往要比这个复杂得多，因此，需要对复杂情形下终极股东的剥夺路径进行讨论。如图 2 所示，终极股东通过控股公司 A 和 B 同时获取两家上市公司的终极控制权，并且在这一控制体系之外还控制了与上市公司 E_1 和 E_2 没有直接关联的公司 C、公司 D_4 和公司 D_5。在这种股权控制体系下，终极股东可能会采取较为容易被发现和识别的关联交易来对上市公司进行剥夺，这种情形与前面所阐述的图 1 中的情形相一致，也可能采取不容易被发现和识别的利益抽取路径。例如，终极股东一方面利用其左面的控制体系（由控股公司到上市公司这种股权控制链）左右上市公司的经营决策；另一方面利用其直接和间接控制的与两家上市公司之间没有任何股权关系的公司 C、公司 D_4 和公司 D_5，通过它们与上市公司之间进行不公平的关联交易或其他业务往来，最终实现其抽取上市公司利益的目标。

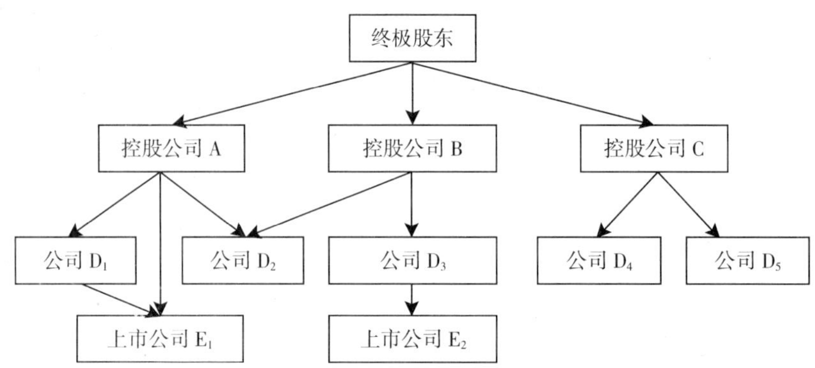

图 2　上市公司终极股东的多层级股权控制结构

下面再来看一个真实的案例。2002 年中油股份与西安飞天集团、武汉绿洲企业集团分别签订了协议，将持有的 20.67%股份转让给西安飞天。西安飞天以占少数控股优势既实现了对中油龙昌的控制又避开了证监会 30%要约收购的规定。西安飞天对中油龙昌进行利益攫取的手段及路径如下：

（1）违规担保及其剥夺路径。2002 年中油龙昌对受同一公司控制的关联企业担保 4500 万元，累计占公司净资产的 6.7%。而这个数据 2003 年为 22.6%，2004 年为 50%，而截至 2005 年 8 月，中油龙昌对受同一公司控制的关联企业的担保额占公司对外担保额的 41.4%，占净资产的 51.8%。

（2）资产收购及其剥夺路径。2002 年中油龙昌购买了苏州佳安 95%的股权，取得控制权之后，以高价向西安飞天的关联公司上海原创购买土地。2002 年又以高价向飞天的另一关联公司武汉绿洲购买滞销的楼盘。

（3）资金占用及其剥夺路径。截至 2005 年，西安飞天占用中油龙昌收购武汉民生 1.8 亿的前期预付款，其关联企业武汉绿洲欠款 15778.20 万元，中游飞天欠款 13137.96 万元，上海飞天欠款 903.98 万元，上海安正教育欠款 1535.15 万元，上海原创投资欠款 24.18 万元，上海原创实业欠款 5367.73 万元，上海恒翔大酒店欠款 3519.54 万元，上海泛华进出口有限公司欠款 1853.33 万元，海南皇冠欠款 802.56 万元，福建三农欠款 32.16 万元，新鑫控股欠款 490 万元，中国飞天欠款 4274.25 万元，以上累计金额 6.57 亿元。此外，海南泰信欠中油龙昌下属子公司安徽华源 4902.95 万元尚未收回。

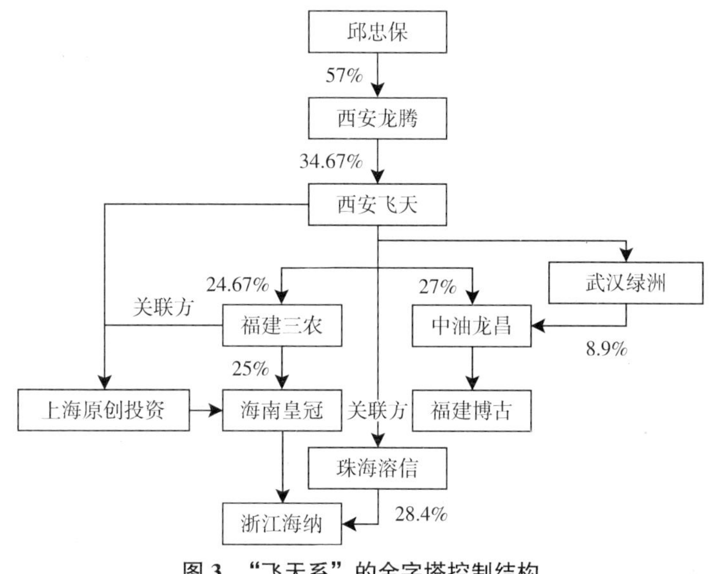

图 3 “飞天系”的金字塔控制结构

资料来源：根据上市公司 2002~2005 年历年财务报告整理而成。

2.“社会资本控制链”分析范式下的剥夺路径

“社会资本控制链”分析范式实际上是一种“双重控制链”分析范式，是社会资本控制链与股权控制链有机结合下的一种分析范式，这种分析范式已经将“股权控制链”分析范式下的基础内容隐含其中，并对其进行必要修正，使这一理论研究范式更为科学、客观和真实。因此，“社会资本控制链”分析范式下终极股东的剥夺路径自然包含了“股权控制链”分析范式下的剥夺路径，前面已经进行详细介绍，此处不再赘述。同时，也包含了“股权控制链”分析范式下所不具备的且较之更为隐蔽的剥夺路径，即终极股东的“社会资本剥夺路径”。

终极股东的“社会资本剥夺路径”是与其所处的社会网络密切相关的。这种剥夺路径可以看作社会网络的全体或局部，而且这种剥夺路径可能相对独立于终极股东社会资本控制链之外。例如，终极股东利用与上市公司其他股东、董事和经理人员以外其他个人或法人实体之间的社会资本，并通过授意上市公司与这一个人或法人进行不公平交易，或者为其进行担保等，由这一渠道最终实现对上市公司的剥夺。

终极股东可以利用社会资本控制链对其他股东进行控制或与其合谋，共同掏空上市公司。如图 4 所示，左边部分代表的就是社会资本控制链与股权控制链的有机结合，即终极股东通过控股公司对上市公司进行股权控制，同时，终极股东通过动用社会资本来影响上市公司股东 A 和股东 B，进而获取并强化对上市公司的终极控制。在这种情形下，终极股东除直接利用股权控制链对上市公司进行利益抽取外，还可以通过与股东 A 进行合谋，由股东 A 与上市公司进行不公平的关联交易或者直接占用、抽取上市公司资金，终极股东再同股东 A 实行利益均沾。由此可见，终极股东的社会资本控制链的全体或局部实际上就成为其对上市公司进行剥夺的重要路径。

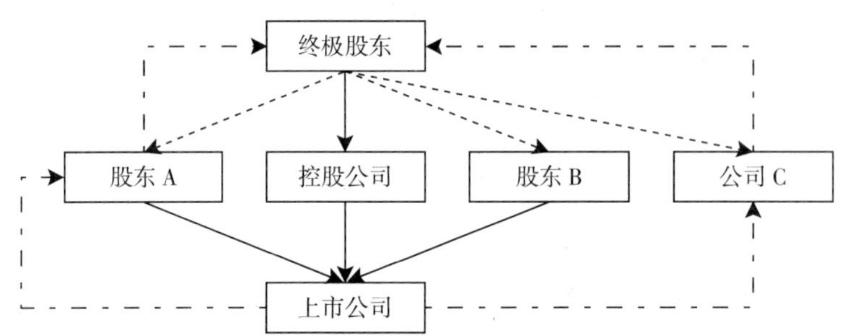

图 4 “社会资本控制链”分析范式下终极股东的剥夺渠道

注：⟶ 表示股权控制方向，---➤ 表示社会资本控制方向，- –➤ 表示利益输送方向。

此外，终极股东还可以利用其拥有的社会资本选择非关联交易的路径对上市公司进行剥夺，图 4 中最右面的利益输送渠道。终极股东选择了一家与上市公司没有任何关联（终极股东不持有该公司股权，同时，该公司与上市公司之间也没有任何股权纽带）的公司 C 作为其利益攫取的“跳板”。终极股东一方面通过动用其社会资本与公司 C 组成利益同盟，另一方面利用其对上市公司的终极控制授意上市公司与公司 C 进行不公平的交易（包括货物买卖、资金拆借和借款担保等），最终实现对上市公司的利益抽取。

三、终极股东的剥夺模式分析

1. 终极股东剥夺行为的逻辑起点

终极股东之所以对上市公司进行剥夺，就是因为发现了控制权与现金流权之间发生偏离并由此产生控制权私利，以及发现真实控制度与股权控制度之间发生偏离所产生的控制权溢价又放大了控制权与现金流权之间的偏离程度。此时，终极股东为了实现自身利益最大化，产生了逐利动机。

在“股权控制链”分析范式下，Riyanto 和 Toolsema 给出了一个例子。他们假定一个家族企业拥有 A 公司 50%的股份，A 公司拥有 B 公司 50%的股份，这时，这个家族企业

拥有 A 公司和 B 公司的现金流权分别为 50%和 25%。假定 50%的公司股份是能够达到控制目的，即这个家族企业能够控制 A 公司，A 公司能够控制 B 公司。另外，假定资金在 A 公司和 B 公司中的获利能力是一样的，定义公司 i 的现金流为 π_i，i = A，B。如果这个家族企业决定不进行隧道挖掘，那么它可以获得 $0.5\pi_A + 0.25\pi_B$。如果它决定进行隧道挖掘行为，从 B 转移资金 S > 0 到 A，那么，它可以获得 $0.5(\pi_A + S) + 0.25(\pi_B - S) = 0.5\pi_A + 0.25\pi_B + 0.25S > 0.5\pi_A + 0.25\pi_B$。可以发现，后者比前者多出 0.25S。终极股东在追求自身利益的同时损害了中小股东利益。

当考虑到双重控制链时，终极股东对上市公司的真实控制度会较股权控制度有所提高，我们假设控制度增加了 a，0 < a ≤（1 –股权控制度）。我们再来看上面的例子。此时，假设家族企业对 A 公司控制度不变，依旧只按所持股权计算，而对 B 公司的控制度增加了 a，即为 50% + a。如果这个家族企业决定不进行隧道挖掘，那么它仍旧只能获得 $0.5\pi_A + 0.25\pi_B$。而此时的控制权被放大到 50% + a，并且获取和动用社会资本是有成本的，这就进一步增强了终极股东的剥夺动机。可以说，终极股东利用社会资本控制链与股权控制链密切配合进而实现了获取并强化其对上市公司最终控制的目标，就是其对广大中小股东进行剥夺的逻辑起点。特别是对社会资本的动用，会进一步拉大终极股东的控制权与现金流权之间的偏离，导致终极股东逐利动机越来越强。

2. 终极股东的剥夺行为

终极股东的剥夺行为，即隧道挖掘行为，一般表现为以下几种方式：①终极股东为了自身利益通过关联交易的方式从上市公司中转移资源，具体包括资产销售、转移定价、借款担保、剥夺公司发展机会，甚至直接盗取和侵占等；②支付经理人员（终极股东通常直接或间接向在其控制的企业委派经理人员，这种情况在我国国有企业和家族企业中尤为显著）较高的薪水、高派现等；③终极股东可以不转移任何资产或利润，而是通过稀释性股票发行、关联交易、转移定价合约等掠夺和侵占中小股东利益。

刘峰和贺建刚结合我国资本市场现状的典型案例分析并讨论隧道挖掘的几个主要方式，如直接或间接占用、包括资产购销的关联交易和产品购销的关联交易、高派现以及盈余管理。在关于剥夺行为的讨论上，“股权控制链”和“社会资本控制链”分析范式是一致的，此处不再赘述。

3. 终极股东的显性剥夺与隐性剥夺

尽管有学者（如 Claessens 等、叶勇等）已经注意到上市公司终极股东具有一定隐蔽性，这种隐蔽性自然也会导致其剥夺行为具有一定程度的隐蔽性。然而，学者们并未从隐蔽性视角对终极股东的剥夺行为加以系统考察。这必然会影响到终极股东控制与剥夺理论体系的完整性。因此，我们尝试从隐蔽性角度对剥夺行为进行系统梳理，并且讨论显性剥夺和隐性剥夺的内涵及产生条件。

（1）终极股东的显性剥夺。目前，理论界并未对显性剥夺和隐性剥夺做出清晰的划分和界定，因此，可以参考的资料相对匮乏。本文将显性剥夺定义为“上市公司终极股东通过显化的、可以被直接或间接观察到或识别出的隧道挖掘行为对上司公司进行的剥夺”。

当然，观察和识别上市公司终极股东的剥夺行为是有成本的，一般而言，对显性剥夺行为进行观察和识别的成本相对较低。按照这一定义，显性剥夺是可以通过直接或间接的手段进行识别。

我们以图 3 中“飞天系”的终极股东剥夺行为为例，2003 年西安飞天让该公司控股子公司福建汇天生物药业以 4000 万元收购了河北龙昌药业 95%的股权，而河北龙昌药业正是西安飞天旗下另一家上市公司中油龙昌的子公司，而且当时龙昌药业实际是一家亏损企业。这种资产收购行为必须在上司公司财务报表中进行披露，上市公司其他股东和外部监管部门能够通过对财务报表的简单分析来发现这种资产收购是否属于隧道挖掘。诸如此类发生在终极股东股权控制体系内的损害上市公司广大中小股东利益的各种关联交易一般都是可以被直接或间接观察到和识别出来的，因此，都属于显性剥夺。一般来说，在外部监管力度相对较弱或者是疏于监管、其他大股东又难以对终极股东实现股权制衡、终极股东已经建立起较为庞杂的控制体系、市场公允的价格（包括商品价格、资产价格和有价证券的价格）水平难以估测等内外部条件俱足的情况下，终极股东通常选择显性剥夺。在其他条件不变时，当外部监管力度增强时，终极股东将受到外部监管部门的密切关注，其剥夺行为的选择会更加慎重；当上市公司其他大股东对终极股东的制衡作用增强时，会使终极股东操纵上市公司进行关联交易的难度加大，因此，其剥夺方式的选择会随之发生变化；终极股东的控制体系越庞杂，上市公司的关联交易行为就越难被发现。相反，如果控制体系过于简单，终极股东操作上市公司进行的关联交易将十分容易地被外部监管部门观测到；此外，如果市场公允的价格水平能够较为容易地确定，终极股东如果选择显性剥夺，这种剥夺行为将会被外部监管部门和上市公司的其他股东轻而易举地发现和测度出来。此时，终极股东会慎重选择其具体的剥夺方式。

（2）终极股东的隐性剥夺。本文将隐性剥夺定义为“上市公司终极股东通过隐蔽的、难以被直接或间接观察到或识别出来的隧道挖掘行为对上司公司进行的剥夺”。按照这一定义，通过直接或间接的手段来识别隐性剥夺具有很大难度。与显性剥夺相比较，对隐性剥夺行为进行观察和识别的成本相对较高，以至于外部监管部门和上市公司其他股东难以对其实现有效监督。

我们还以“飞天系”终极股东的剥夺行为为例，邱忠保在取得福建三农集团控股权后，指使其派往该公司的周军等人利用职务上的便利，大肆挪用福建三农资金给“飞天系”关联公司及其个人使用，其中包括挪用福建三农 3.53 亿元国债投资款、2500 万元职工安置款、收购陕西红盾 1525 万元股权转让款等。这些剥夺行为都是十分隐蔽的，从表面来看很难被觉察。直到东窗事发，这种隐性剥夺行为才浮出水面。

一般来说，在外部监管力度相对较强、其他大股东对终极股东具有一定的股权制衡、市场公允的价格水平能够较为容易地被估测等内外部条件俱足的情况下，终极股东通常选择隐性剥夺。在以上条件发生变化时，终极股东的剥夺行为可能会逐渐由隐性向显性转化。

（3）“社会资本控制链”下的隐性剥夺行为。与股权控制链相比，社会资本控制链本身隐蔽性更强。因此，终极股东在社会资本控制链下对上市公司实施剥夺自然具备了先天

的隐蔽性，如果终极股东采用的剥夺方式为隐性剥夺，那就等于是在隐蔽的基础上又增加了一重隐蔽，即双重隐性。

根据前面的分析，终极股东的社会资本控制链一般不是那么简单地就能被识别清楚，这是因为社会资本控制链相对独立于股权控制链之外，并较之更为复杂，终极股东如何利用社会资本影响并控制其他股东、董事和经理人员不是短时期内可以观察出来的。另外，上市公司终极股东的社会网络大都属于私有信息，不会作为公开信息被披露出来，这就使得其剥夺路径更为隐蔽。例如，终极股东可以选择利用其社会资本与其股权链以外的其他企业建立起利益同盟，再授意上市公司与这家企业进行不公平的交易，即通过这家企业向终极股东进行利益输送。在这种情形下，如果终极股东采取隐性剥夺方式，则会使其剥夺的隐蔽性进一步增强，这不仅使上市公司其他股东难以觉察，就是外部监管部门也难以准确察觉。

就其根本而言，终极股东之所以要选择股权控制链，并且选择在股权控制链下采用隐性剥夺方式，就是为了避免被监管部门、外部利益相关者和其他股东发觉，进而保证其能够长期、安全、超额攫取控制权私利。我国上市公司终极股东疯狂攫取公司利益的现象时有发生，并尤以企业系族最为显著。从 2000 年开始，一场“造系运动”在中国资本市场上骤然兴起。在此后短短的三年时间里，就已经有近 40 个企业系族浮出水面，关联上市公司竟高达到 200 余家。尽管一些企业造系开始时主要是为了企业从整体发展上更具有竞争力和能够更有效地分散风险，但在系族结构形成之后，控制性股东则在不同程度上实施了对中小股东的资本掠夺。这其中包括了曾经名噪一时的德隆系（是指以德隆国际战略投资有限公司为核心的一系列实业企业和金融企业构成的企业集团）。德隆于 1996 年和 1997 年先后通过收购法人股权，相继以第四大和第一大股东身份参股或控股新疆屯河集团有限责任公司、沈阳合金投资股份有限公司和湘火炬投资股份有限公司。另外，德隆还间接或直接控制或参股了数十家不同行业的上市公司，并利用其子公司或关联公司间接控制了多家金融机构，如德恒证券、恒信证券、中富证券等证券公司，金新信托、伊斯兰国际信托、厦门联合信托等信托公司，新疆国际租赁有限公司和新世纪租赁有限公司等金融租赁公司以及数家城市商业银行。在德隆的整个资金链条中，上市公司、非上市企业、金融机构被各种担保、融资、委托理财、资金挪用等关系扭结在一起。随着德隆系的覆灭，大量隐蔽的关联交易才逐渐大白于天下。

综上可见，较之股权控制链，社会资本控制链下的隐性剥夺行为的危害更大，而且更难以被觉察和制约。因此，为了能够有效地保护上市公司其他股东的利益，特别是广大中小股东的切身利益，政府监管部门需要以更加科学的方式（包括法律和政策规定等）将终极股东的隐性剥夺行为逐步显化，并对这种行为加以有效控制和约束。当然，这也将成为理论界日后不断深入探讨的一个重要课题。

4. 终极股东的“二次剥夺”行为分析

所谓“二次剥夺”，是指终极股东在上市公司遇到经营困境的时候先通过“支持”行为向上市公司注资，等日后上司公司经营好转时再对其进行再次剥夺。当前，关于“支持”(Propping，有些文献也称之为“支撑”)的研究正在成为理论热点。

“支持”一词最初来源于 Friedman、Johnson 和 Mitton 的一篇名为“支持和隧道挖掘”的论文中。他们将支持(亦称反向隧道挖掘，Reverse Tunneling)定义为控股大股东将私人资源(Private Resource)转移至公司中的行为。他们认为，支持行为的目的在于防止陷入财务困境的子公司倒闭以为将来继续从子公司攫取控制权私人收益。按照 Johnson 等提出的观点，控股大股东既有把资源从公司转移出去的动机(隧道挖掘动机)，也有向公司提供私人资源的动机(反向隧道挖掘或支持动机)，大股东提供私人资源的目的在于保持今后剥削小股东和得到合法的分享收益的选择权；在极端的情况下，若上市公司预期投资回报率极其偏低，控股大股东可能选择抛弃上市公司而非进行支持和拯救。

因此，从长期动态视角来考察上市公司的剥夺过程，必然包括对上市公司进行“支持”之前的剥夺行为和对上市公司进行“支持”之后的二次剥夺。终极股东通过对上市公司的“支持”，使其从股权链增强了对上市公司的终极控制，此时，控制权与现金流权之间的偏离程度进一步加大，这将增强终极股东攫取控制权私利的动机，导致“二次剥夺”行为的发生。在“社会资本控制链”分析范式下，控制权与现金流权之间的偏离会被进一步拉大，导致终极股东的剥夺动机增强。另外，终极股东在取得终极控制权的过程中动用的社会资本是有成本的，这种动用成本也会成为终极股东对上市公司进行“二次剥夺”的一种激励。综合这些因素，终极股东对上市公司的支持行为很可能就是其二次剥夺的起点，并将终极股东的剥夺行为带入一个新循环中。

表 1 两种分析范式下终极股东剥夺机理间的异同

维度 范式	逻辑起点	根本动因	利益输送渠道	隧道挖掘	二次剥夺
股权控制链	多重股权控制结构(造成终极控制权与现金流权偏离)	控制权私利	股权控制链(企业系族)	与现有研究相一致	存在(“支持”行为放大了控制权私利)
社会资本控制链	终极股东运用“双重控制链”获取和强化对上市公司的终极控制权	被控制权溢价放大后的控制权私利，即修正后的控制权私利	嵌入社会资本控制链的双重控制链(更加庞大的网络)	与现有研究基本一致。进一步强化了剥夺行为的隐蔽性	存在并放大(“支持”行为背后的社会资本会起到推波助澜作用)

综上，我们得到表 1 中的对比结果。通过对两种控制链分析范式下关于终极股东剥夺机理研究的异同进行比较，可以清晰地看出“双重控制链”分析范式对传统的“股权控制链”分析范式的修正，从而使终极股东剥夺机理研究更加客观，更加贴近现实。

四、结论与讨论

本文通过对终极股东剥夺问题相关文献的回顾，发现以往研究中存在着一个重要的不足，即在单一的“股权控制链”分析范式下对终极股东剥夺动因、路径和行为的分析无法克制其与真实世界之间存在的偏离。因此，本文将终极股东的社会资本控制链嵌入股权控制链上，通过比较分析，系统地展示两种分析范式间存在的显著差异，并在“双重控制链”分析范式下系统地剖析和解读上市公司终极股东的剥夺机理，由此形成一系列具有较高理论价值和重要现实意义的研究结论。

在“双重控制链”分析范式下，终极股东可以通过动用社会资本强化对上市公司的实际控制，使得真实控制度高于单一股权控制链下的控制度，进而造成控制权与现金流权的偏离加大，导致控制权私利增大，这种被“修正”后的控制权私利，即被“社会资本控制链”分析范式下的控制权溢价放大的“股权控制链”分析范式下的控制权私利，才是终极股东对上市公司进行剥夺的根本动因。另外，终极股东动用社会资本是具有一定成本的，因此，其更有利用对上市公司的实际控制谋取私利的动力，这会进一步促使终极股东对上市公司进行剥夺。在此基础上，对终极股东利益输送渠道的选择、剥夺行为的逻辑起点、“隧道挖掘”行为以及“二次剥夺”等基本环节进行详尽剖析，以理论与实例相结合的方式对剥夺行为进行深刻解读，从而可以更加全面清晰地认识终极股东的剥夺机理。如图5所示，终极股东通过动用股权控制链和社会资本控制链获取和强化对上市公司的终极控制权，但却由此进一步拉大了其控制权与现金流权之间的偏离，不断给终极股东的剥夺行为注入了原动力。同时，双重控制链下形成的网状控制结构为上市公司终极股东提供了必要的利益输送渠道，而且这些渠道又具有极强的隐蔽性。在外部监管效力不足、监管成本过高和相应的监管机制和惩处机制难以奏效的背景下，终极股东在强烈的追逐私利的动机支配下，不断地对上市公司进行显性剥夺和隐性剥夺，并将剥夺行为带入一个无休止的循环。

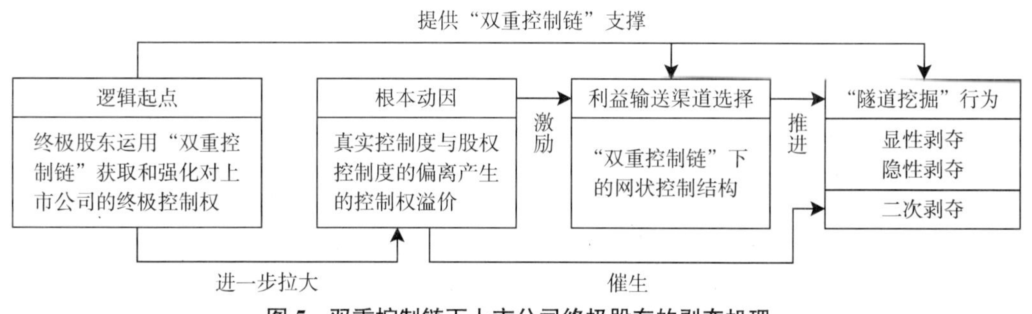

图5 双重控制链下上市公司终极股东的剥夺机理

不难看出，本文的理论视角和研究结论有效弥补了“股权控制链”分析范式下对终极股东控制机理分析的不足，将有关终极股东剥夺问题的研究重新拉回真实世界，并给当前占主导地位的“股权控制链”分析范式及其追随者们以当头棒喝，避免其渐行渐远。

可以说，“双重控制链”分析范式的引入，不仅使终极股东剥夺问题的研究面貌一新，还给相关研究注入更多的活力，对后续研究具有重要的理论导引和推动作用。同时，也为相关的外部监管部门和利益相关方提出了新的课题，即如何建立切实有效的监督机制，以尽可能地避免上市公司终极股东的剥夺行为，最大限度地保护好广大中小股东的利益。

笔者注意到，在研究过程中虽然列举了一些案例支撑，但由于样本容量的限制，尚不能从实证角度来检验研究结论的普适性。因此，在后续研究中，还将通过对我国上市公司真实数据的实证分析，进一步验证被控制权溢价放大的控制权私利与终极股东剥夺行为及其经济后果之间的关系。此外，关于二次剥夺问题的命题及其真实性探讨，以及相关的实证分析等，也将成为今后一个重要的研究方向。

参考文献

[1] La Porta R.，F. Lopez-de-Silanes，A. Shleifer. Corporate Ownership around the World. Journal of Finance，1999，54 (2)：471-517.

[2] Claessens，Stijin，Simeon Djankov，et al. The Separation of Ownership and Control in East Asian Corporations. Journal of Financial Economics，2000，58 (1/2)：81-112.

[3] Claessens，S.，Djankov，S.，Joseph P. H. Fan，et al. Disentangling the Incentive and Entrenchment Effects of Large Shareholding Journal of Finance，2002，57 (6)：2741-2771.

[4] Faccio Mara，Larry H. P. Lang. The Ultimate Ownership of Western European Corporations. Journal of Financial Economics，2002，65 (3)：365-395.

[5] 唐宗明，蒋位. 中国上市公司大股东侵害度实证分析. 经济研究，2002 (4)：44-50.

[6] Wolfenzon. Daniel. A Theory of Pyramidal Structures. Harvard University Press，1999.

[7] Johnson，S. R.，La Porta，F. Lopez-de-Silanes，et al. Tunneling.American Economic Review，Papers and Proceedings，2000，90 (2)：22-27.

[8] Morck，R.，Wolfenzon，D.，Yeung，B.，Corporate Governance，Economic Entrenchment and Growth. Journal of Economic Literature，2005，43 (3)：655-720.

[9] Lee，J. C. W.，X. Xiao.Cash Dividends and Large Shareholder Expropriation in China，Working Paper，2002.

[10] 刘峰，贺建刚. 股权结构与大股东利益实现方式的选择——中国资本市场利益输送的初步研究. 中国会计评论，2004 (2)：141-158.

[11] 高闯，关鑫. 社会资本、网络连带与上市公司终极股东控制权——基于社会资本理论的分析框架. 中国工业经济，2008 (9)：88-97.

[12] Barclay，M.，C. G. Holderness. Private Benefits from Control of Public Corporations. Journal of Financial Economics，1989 (25)：371-395.

[13] Ehrhardt，O.，E. Nowak. Private Benefits and Minority Shareholder Expropriation. Working Paper，

Humboldt University and University of Southern Switzerland Lugan, 2003.

[14] Joseph P. H. Fan, T. J. Wong, Tianyu Zhang. The Emergence of Corporate Pyramids in China. CIG Working Paper Series, 2005: 215-256.

[15] Lemmon M. L., Lins K. V. Ownership Structure, Corporate Governance and Firm Value: Evidence from the East Asia Financial Crisis. Journal of Finance, 2003, 58 (4): 1445-1468.

[16] 李康，杨兴君，杨雄. 配股和增发的相关者利益分析和政策研究. 经济研究，2003 (3): 79-87.

[17] 苏启林，朱文. 上市公司家族控制与企业价值. 经济研究，2003 (8): 36-45.

[18] 张华，张俊喜，宋敏. 所有权和控制权分离对企业价值的影响——我民营上市企业的实证研究. 经济学（季刊），2004 (3): 1-14.

[19] Bebchuk, L., R. Kraakman, G. Triantis. Stock Pyramids, Cross-ownership and Dual Class Equity: The Mechanisms and Agency Costs of Separating Control from Cash-flow Rights. NBER Working Paper, 1999.

[20] Riyanto, Y. Toolsema, L. Tunneling and Propping: A Justification for Pyramidal Ownership, Working Paper. 2004.

[21] 叶勇，胡培，黄登仕. 中国上市公司终极控制权、现金流量权及其国际比较分析. 南开管理评论，2005 (3): 25-31.

[22] 叶勇，胡培，刘波. 上市公司终极股东侵害度及实证研究. 系统工程理论方法应用，2006 (2): 164-169.

[23] 马忠. 金字塔结构下终极股东所有权与控制权研究. 大连：东北财经大学出版社，2007: 192-200.

[24] 刘迎霜，李正清. 系族企业崩溃现象的法律思考. 中国审判新闻月刊，2007 (4): 44-47.

[25] Friedman, E., Johnson, S., Mitton, T. Propping and Tunneling.Journal of Comparative Economics, 2003, 31 (4): 732-750.

Study on the Depriving System of the Ultimate Shareholders of Listed Companies in China: A Comparative Analysis between the Equity Control Chain and Social Capital Control Chain

Guan Xin　Gao Chuang

Abstract: The second kind of corporate governance issues called the controlling and depriving of ultimate shareholder, which has become the new focus of academic empirical research. Many scholars have studied on the controlling structure of listed companies worldwide. In the "dual control chain" analysis paradigm, the fundamental cause of the depriving behaviors of the ultimate shareholders of listed companies is the fixed motivation of hunting for private benefits, which amplified by the increase of deviation between the ultimate control right and cash flow right. Following that way, we have made detailed analysis and deep interpretation of the issues such as the choice of the delivery channels of interests, the logical starting point of the depriving behaviors, tunneling and secondary deprivation of ultimate shareholders, and especially pointed out two forms of deprivation, one is explicit deprivation, and another is implicit deprivation. In this way, we can make more comprehensive and clear understanding of the depriving system of the ultimate shareholders.

Key Words: Ultimate Shareholder; Social Capital; Private Benefits of Control; Tunneling

治理主体干预对公司多元化战略的影响路径
——基于管理者过度自信的间接效应检验*

周杰　薛有志

【摘　要】本文突破委托代理理论，以控制幻觉的基本假说为基础，从管理者过度自信的视角分析并检验了大股东、债权人与政府的干预对公司多元化战略的影响路径。研究结果表明，管理者过度自信促进了上市公司实施多元化战略的倾向；大股东与债权人的干预对多元化战略具有显著的抑制效应，这种效应一方面来自大股东与债权人的干预对管理者机会主义行为的削弱，另一方面来自控制幻觉的缓解对管理者过度自信的抑制。政府的干预对多元化战略并未产生显著的直接影响，但却显著地抑制了管理者的过度自信，从而间接地降低了上市公司的多元化水平。

【关键词】治理主体；多元化战略；管理者过度自信；控制幻觉

引　言

20世纪50~60年代，多元化战略成为西方企业成长的重要途径。然而，到了20世纪70年代，多元化战略的过度实施引发了“多元化折价”现象的出现。与此相似，20世纪90年代以来，多元化战略也开始受到中国上市公司的青睐，但中国企业联合会2006年的一份研究报告显示，“中国的失败企业绝大多数败于多元化”。对此，国内外学者基于委托代理理论揭示了多元化战略决策的非科学性问题。他们指出，管理者制定多元化战略的目标并不是实现公司价值的最大化，而是为了满足个人的利益，如报酬与威望的提高、职位安全性的巩固及人力资本风险的分散等。相应地，公司治理与多元化战略关系的研究逐渐被学术界所关注，而委托代理理论便成为形成这一关系的内在机理。

基于委托代理理论对多元化战略决策的解释，突破了管理者以实现公司价值最大化为

---

* 本文选自《南开管理评论》2011年第1期。

目标的基本假设，揭示了公司非科学的多元化战略决策形成的原因，这无疑是多元化战略动因理论的重要发展。但该视角的分析忽略了公司非科学决策的另一原因，即管理者[①]的认知偏差。例如，倘若管理者对多元化战略的成本与收益认知出现偏差，那么，实际收益小于成本的多元化战略可能被管理者所实施，从而会导致“多元化折价”现象的出现。20世纪60年代心理学领域中的过度自信问题是企业管理者普遍存在的认知偏差现象。过度自信[②]是指高估决策收益或成功可能性，而低估决策风险或失败概率的心理偏差。Hayward等的研究指出，当管理者过度相信未来的发展前景并且非常自信地认为自己不会犯错误时，他更可能制定错误的战略决策。因此，管理者的过度自信可能也是导致非科学多元化战略决策的重要原因之一。

由于公司治理的最终目标在于保证公司决策的科学化，因此，通过设计有效的公司治理机制抑制非科学的多元化战略决策是降低多元化折价、解决多元化战略频频失败问题的重要途径。通过上述背景可以看出，引发非科学多元化战略决策的原因可能表现为两个方面：其一，管理者与股东间的委托代理冲突；其二，以管理者过度自信为特征的认知偏差。现阶段，国内外学者普遍认为，通过治理主体的积极监控与干预，抑制管理者机会主义、解决委托代理冲突已成为公司治理机制保证多元化战略科学决策的内在机理。然而，这一机制是否可以抑制由管理者过度自信引发的非科学多元化战略决策？换句话说，通过治理主体的监控与干预是否可以影响管理者过度自信的心理偏差？控制幻觉理论为此提供了具有价值的依据。控制幻觉是指人们自认为可以完全控制那些超越他们能力事件的心理，这一心理是引发管理者出现过度自信倾向的重要原因之一。相关文献指出，人们是否拥有决策权力与控制能力是决定其出现控制幻觉程度的重要因素。而治理主体的监控与干预恰恰降低了管理者决策的自由程度，从而有助于抑制管理者出现控制幻觉的倾向。因此，公司治理会通过对控制幻觉的作用而影响管理者的过度自信倾向，从而最终影响公司多元化战略决策的科学性。

基于上述背景，笔者以2007年中国沪深非金融类上市公司为研究对象，通过实证的研究方法，一方面检验了管理者过度自信对公司多元化水平的影响；另一方面检验了治理主体的监控与干预对管理者过度自信的影响。最后，根据上述两个方面，检验了治理主体的监控与干预对公司多元化程度的直接影响效应和间接影响效应，构建了治理主体的监控与干预对公司多元化战略的影响路径。研究结果表明，管理者过度自信显著地促进了公司实施多元化战略；债权人、股东与政府的监控与干预倾向显著地抑制了管理者过度自信问题；债权人和股东的监控与干预不仅通过对管理者过度自信的影响对公司多元化战略具有

---

① 由于公司战略决策的制定是由包括董事在内的高层管理团队制定的，因此，文中所说的管理者是一个团队的概念，董事会也被看作是股东与债权人的代理方。

② 过度自信或过度乐观均是常见的认知偏差。尽管从概念上过度自信与过度乐观存在着一定的差异，但是它们之间存在着强烈的正相关性。因此，在行为金融研究中过度自信与过度乐观通常被作为互相替代的概念，它们均用来表征管理者出于对自身能力或外部环境的信心而高估项目的价值、成功的概率、项目风险的认知偏差。鉴于文中分析，接下来笔者将不区分二者的概念，均使用“过度自信”这一概念。

显著的间接影响效应，而且通过委托代理冲突的抑制对公司多元化战略具有显著的直接影响效应，而政府的监控与干预对多元化战略的影响仅仅表现为间接效应。

本文的贡献主要体现三个方面：①印证了管理者过度自信对公司多元化战略决策的影响，从行为科学视角丰富了多元化战略动因理论，揭示了管理者认知偏差导致非科学多元化战略决策的潜在风险；②基于控制幻觉学说，分析了公司治理主体的监控与干预对管理者过度自信问题的抑制作用，突破了公司治理旨在解决委托代理冲突的传统职能，揭示了公司治理的“认知纠偏”效应，深化了对公司治理基本功能的解读；③基于管理者过度自信，区分了治理主体对多元化战略影响的直接效应与间接效应，剖析了治理主体的监控与干预对多元化战略的影响路径，突破了委托代理理论对公司治理与多元化战略关系的传统解释，完善了公司治理影响公司战略的内在机理。

一、文献回顾与研究假设

尽管理论界直接检验管理者过度自信与多元化战略关系的文献并不多见，但笔者通过梳理管理者过度自信与公司决策偏好的相关文献，可以基于三个方面的研究成果提出“管理者过度自信促进公司实施多元化战略”的基本命题：第一，管理者过度自信与公司投资支出的关系；第二，管理者过度自信对公司并购行为的影响；第三，管理者过度自信与公司新产品开发的联系。

多元化战略的实施本质上是公司进行扩张性投资的结果。关于管理者过度自信对公司投资行为影响的研究一直是行为金融学的研究问题之一。由于过度自信是指人们对自身能力的高估，所以过度自信的管理者通常会高估其所投项目未来现金流的生成能力，并低估项目的风险。根据投资项目评价理论，管理者过度自信会高估投资项目的可行性，从而引发公司的过度投资问题。Malmendier 和 Tate 等学者检验了管理者过度自信对投资支出与自由现金流水平间关系的调节作用，结果表明，管理者过度自信的公司，其投资支出对现金流水平的敏感程度较高。由此证实，管理者的过度自信促进了公司的投资倾向。国内学者郝颖等以中国上市公司为样本的一项实证研究发现，管理者的过度自信不仅与投资水平显著正相关，而且投资的现金流敏感性更高，表明管理者的过度自信引发了公司的过度投资行为。与此相似，王霞等的研究也发现，过度自信的管理者倾向于过度投资，并对融资活动的现金流有更高的敏感性。

投资是公司实施多元化战略的基本行为，而并购则是公司实现多元化战略的方式。Roll 首次将过度自信纳入到公司金融领域形成了并购的“自大”理论。该理论提出管理者的过度自信是促进公司实施并购行为的重要原因。据此，Malmendier 和 Tate 指出，由于过度自信的管理者通常会过高地估计目标公司创造利润的能力，因此该变量是解释公司并购行为的关键因素。他们利用管理者持有本公司股票期权时间的长短作为度量管理者过度自信的指标，检验后发现，过度自信的管理者通常会实施更多的并购行为，并且这些行为促进了公司的多元化经营。

如果说并购是实现多元化战略的外部投资方式，那么，通过内部技术创新实现新产品的开发便是实现多元化战略的内部投资路径。通过技术创新开发新产品是一种投入较高、周期较长、不确定性程度较大的活动，由于过度自信的管理者更加偏好于承担风险。因此，管理者过度自信的公司的技术创新活动更加频繁，从而促进了公司的多元化水平。此外，一些研究还表明，那些更加自信的管理者更加具有企业家精神，而以创新与冒险为特征的企业家精神会推动公司的内部技术创新活动，从而促进公司多元化战略的实施。Camerer 和 Lovallo 的实验研究表明，企业家通常相信自己的能力高于其竞争对手，这种过度自信会导致公司过多地进入商业竞争。

根据以上三个方面的分析，笔者提出：

假设 1：管理者的过度自信促进了上市公司多元化水平的提高

心理学家的研究表明，人们之所以会出现过度自信的认知偏差，是因为控制幻觉心理的存在。控制幻觉是指人们过分地相信人们可以控制未来事件的结果，而当人们可以亲自参与某项活动，或具有较高自主选择能力时，控制幻觉就会表现得更加明显。例如，Dawes 的研究发现，在猜骰子点数的游戏中，亲自掷骰子的参与者对结果控制的自信程度相对于其他参与者更高。邓世宏以抽奖活动为对象的一项研究发现，当参与者亲自抽奖时，其胜算的信心程度更高。与此相似，Presson 和 Benassi 的一项元分析也证实了自主选择能力对控制幻觉产生的正向作用。根据控制幻觉理论不难理解，随着现代企业制度的出现，所有权与控制权的分离以及股权分散程度的不断上升，公司管理者的决策权力不断提升，从而使得过度自信问题在现代的公司中更为突出，并且相对于普通员工而言，高管人员更容易表现出过度自信。March 和 Shapira 指出，“由于管理者对公司重要决策拥有话语权，他们可以决定是否实施公司某项投资决策或收购活动，这可能使得挑选投资项目的管理者认为自己能够控制投资项目结果，因此会低估项目失败的可能。”①

通过上文分析可以看出，现代公司制度下管理者对公司决策控制权的过度持有，是导致管理者控制幻觉的产生，从而引发过度自信的原因。因此，加强治理主体的监控与干预，提高委托人的决策参与程度，是抑制管理者控制幻觉、避免管理者过度自信的有效途径。笔者接下来将以控制幻觉理论为基础，分析作为主要治理主体的股东、债权人和政府②的监控与干预程度同管理者过度自信的关系，及其对公司多元化水平的影响路径。

作为公司的所有者，股东处于公司治理主体的核心地位。然而，持有公司较少份额的中小股东的“搭便车”和“用脚投票”行为使得他们直接监督与干预公司管理者经营决策

---

① 转引自江伟“管理者过度自信与资本结构理论研究综述”，参见《外国经济与管理》2008 年第 9 期。

② 宁向东指出，以管理者为代理人的代理问题发生在股东与管理者以及债权人与管理者之间。相应地，公司治理的主体主要包括作为委托人的股东和债权人，此外，根据国内学者的研究以及中国的现实背景，笔者将政府作为第三方治理主体。由于本文将董事会与总经理作为一个整体，即管理者出现的，因此，本文没有单独将董事会作为总经理的治理主体予以分析。

的程度较弱。因此，大股东的干预便成为影响公司多元化战略的有效主体之一。基于代理理论的相关研究指出，大股东持股比例越高，其监控与干预管理者行为的动力就会越强。因此，根据控制幻觉的相关理论，当股权分散程度较高时，股东的“搭便车”倾向使得公司管理者的决策受到股东的干预程度下降，管理者在进行多元化战略决策的“自主选择”能力得到加强，相应地，管理者的控制幻觉程度上升，进而推动了管理者的过度自信；与此相反，当公司的大股东持股比例较高时，他们有很强的动力监督干预管理者的决策，从而降低了管理者的控制幻觉，抑制了管理者的过度自信，最终降低了其所在公司的多元化水平。

尽管债权人不是公司资产的所有者，但债权人与公司间的契约特征会对公司管理者产生约束作用。例如，Jensen 提出公司负债可以降低管理者滥用自由现金流的现象。此外，随着负债比例的提高，债权人会增加对管理者的限制条款，并且出于防范自身风险的考虑，债权人会对那些导致债权人利益受到损失的管理行为进行干预，从而降低了管理者进行战略决策的“自主选择”能力。程立也指出，债权人干预会降低管理者进行公司决策的自由度。因此，债权人对管理者的干预与约束会减低管理者的控制幻觉，抑制管理者的过度自信，从而降低了公司的多元化水平。

此外，中国上市公司在进行战略决策时还面临着一个特殊的干预主体，即政府。由于市场失灵的存在，政府干预是市场经济发展过程中不可或缺的机制。一方面，政府的干预降低了管理者的决策控制权，抑制了管理者对投资项目的“自主选择”能力，从而弱化了管理者的控制幻觉，最终通过避免管理者过度自信而降低公司的多元化水平。另一方面，Langer 的一项实验研究发现，当某项任务对管理者的能力依赖性较强时，管理者就更容易产生控制幻觉；与此相反，当公司的经营业绩更多地依赖于政府政策时，管理者的控制能力便下降，从而抑制管理者的控制幻觉。政府的干预会导致企业的决策掺杂着非市场的因素，因此，企业未来的经营业绩并非完全由管理者的能力决定，而更多地取决于政府的政策与支持。循此逻辑，政府的干预会抑制管理者的控制幻觉，避免管理者的过度自信。

根据上述关于治理主体干预对管理者过度自信的影响，笔者提出：

假设 2：大股东、债权人和政府的监控与干预抑制了管理者的过度自信问题

通过对假设 1 与假设 2 研究的结合不难发现，我们提出了大股东、债权人和政府的监控与干预会通过对多元化水平的间接影响路径，即在大股东、债权人和政府的监控与干预会通过对管理者过度自信的影响而间接地影响多元化水平。然而，在此需要指出，我们强调了管理者过度自信是引发非科学多元化战略决策的原因之一，但并非否定对非科学多元化战略决策动因的传统解释。因此，治理主体对多元化战略依然可能存在直接效应。首先，根据委托代理理论，随着大股东与债权人监控与干预程度的上升，由于利益冲突而引发的管理者机会主义行为便会得到抑制，从而降低了由于代理冲突所引发的非科学多元化战略决策；其次，政府干预程度的上升会导致非市场目标驱动的多元化战略决策。陈信元和黄俊指出，政府的干预会导致公司决策的扭曲。他们以多元化战略为研究焦点，认为政

府通常会促进公司的多元化战略以满足其所带来的政治目标和社会职能，通过实证检验，他们的确发现政府干预程度与多元化水平呈显著正相关关系。Fan 等的研究也发现，2001~2005 年期间中国上市公司的多元化水平要高于其他市场化程度较高的国家，并且通过检验发现，国家控制的上市公司是导致中国上市公司多元化水平整体较高的主要原因。

通过上述两方面分析不难理解，在控制了管理者过度自信变量后，大股东、债权人和政府的监控与干预对多元化战略应具有显著的直接影响效用。因此，笔者提出：

假设 3：大股东和债权人的监控与干预对多元化水平具有负向的直接影响效应

假设 4：政府的监控与干预对多元化水平具有正向的直接影响效应

二、研究样本与变量的设计

1. 研究样本的选取及数据来源

考虑到数据的可获性，本文以 2007 年沪深上市公司为初始研究对象。为了满足管理者过度自信的测量，首先，笔者选取在 2005 年和 2006 年同时具有对未来一年销售收入预测信息的深沪两地的上市公司为研究样本；其次，由于金融类上市公司的多元化战略受到政策性的影响较大，因此在初始样本的基础上剔除金融类上市公司；最后，剔除相关数据缺失的样本后，得到有效样本 241 家。关于多元化战略与销售预测的信息来自于上市公司的年度报告，其他变量的度量数据均来自“CCER 经济金融数据库”。

2. 过度自信的度量

尽管过度自信已逐渐成为国内外学者研究的焦点问题之一，但是关于过度自信的度量问题一直是该领域的难点。目前，国内外的学者对此进行了一些尝试，例如，Barros 和 Silveira 将管理者是公司的创始人还是外聘职业经理人作为替代指标①；Peng 和 Wei 将管理者的性别作为替代指标②；而姜付秀等选用了管理者的相对薪酬作为替代指标。但在笔者看来，上述三个变量仅仅是可能影响管理者过度自信的因素，只有在它们与管理者过度自信之间确实存在显著相关关系时，这种替代指标的选取才具有一定合理性，而在此前提尚未得到证实的背景下，能否用它们来度量管理者的过度自信尚有待商榷。

Malmendier 和 Tate 以在执行期权机会很好时，管理者是否继续持有其股票期权作为衡量管理者是否过度自信的指标。由于该指标反映了管理者对未来的信心，因此它是度量管理者自信程度较为科学的方法。然而，国内实行股权激励制度的时间较晚，大部分股权还未达到行权周期，因此，该方法应用于国内研究仍存在着一定的困难。沿用这一思路，国内学者郝颖等采用高管人员在任期内持股数量的变化作为衡量管理者是否过度

①② 转引自江伟“管理者过度自信与资本结构理论研究综述”，参见《外国经济与管理》2008 年第 9 期。

自信的指标，但是由于我国上市公司管理者持股数量的增加以及抛售受到严格的政策性限制，并非完全是市场化的行为，因此，该指标应用于中国上市公司的研究仍存在着一定的不足。

此外，国内学者余明桂等以及傅强和方文俊等用国家统计局网站以及各个省市统计局公布的企业景气指数来代表管理者的过度自信程度。这种研究方法存在两个方面的缺陷：其一，我国所统计的企业景气指数并没有针对单个企业进行统计，仅仅反映了管理者对某一行业总体的认知，该指标难以度量单一公司的管理者自信程度；其二，此指标仅反映了管理者对行业未来的预期，该预期是否体现了管理者的过度自信要取决于其与实际情况比较的结果。

为了体现预期与实际的比较结果，Lin 等将预测公司年度盈利水平超过其实际水平的管理者视为过度自信的管理者。循此思路，余明桂等、王霞等以及姜付秀等将业绩预告信息与实际业绩的比较作为判断公司管理者是否过度自信的依据。然而，我国上市公司的业绩预告大多是在临近实际业绩披露时所发布的，主要根据该年前期的经营状况和合同执行状况进行判断，并非是单纯地对未来时期经营状况的一种预测，因此，该指标仍然存在着一定的偏差。

根据以往度量指标的局限性，本文将上市公司对下一年度销售收入[①]的预测值和实际值比较的结果作为判断上市公司管理者是否过度自信的依据，其中所涉及的数据来自于上市公司所披露的年度报告。由于该度量方法是一种尝试性的，为了结果的稳定，笔者基于预测收入与实际收入的基本信息，采用三种方法对管理者过度自信进行度量。

第一种方法：比较 2006 年年报中所披露的 2007 年的预测销售收入与 2007 年年报中的实际销售收入，如前者大于后者我们认为管理者对经营前景出现了高估现象，将这种样本的管理者过度自信变量赋值为“1”，否则为“0”。该变量的符号为 $Confidence_1$。

第二种方法：由于影响实际销售收入的因素十分复杂，实际销售收入存在着一定的随机性，仅以单一年度的预测与实际情况判断管理者是否过度自信存在着一定的偏差。为此，笔者制定了更为严格的度量方法。首先，笔者搜集了上市公司 2005 年与 2006 年年报中对下一年销售收入的预测；其次，分别与 2006 年和 2007 年的实际销售收入进行比较，如果管理者连续两年高估销售收入，将这种样本的管理者过度自信变量赋值为“1”，否则为“0”。该变量的符号为 $Confidence_2$。

第三种方法：上述两种方法利用“0~1”变量界定了管理者的过度自信，但缺陷在于没有对管理者自信程度进行区分。第一种方法的特点在于判断管理者是否过度自信的标准过于宽松，而第二种方法的标准过于严格。本书采用打分的方法对管理者过度自信的程度进行评价，从而使得管理者过度自信这一变量的连续性更强。打分的基础仍然是 2005 年与 2006 年年报中对下一年销售收入的预测与实际销售收入的比较。我们将这种比较的结

---

① 由于中国上市公司在进行经营状况披露时很少预测公司的净利润等盈利指标，更多的是预测销售收入水平，所以，笔者利用预测性销售收入作为预测性盈利水平的替代指标。

果分为四种类型，分别标为数值“1~4”，其数值越高所代表的管理者自信程度越高。当连续两年都低估销售收入时，我们将该样本的过度自信水平赋值为“1”，它所代表的过度自信水平最低，换句话讲，该样本的管理者表现出过度悲观；当连续两年均高估销售收入时，我们将其赋值为“4”，它所代表的过度自信水平最高；赋值为“1”或“4”的两种样本公司的管理者存在“认知刚性”，即管理者根据以往的经营状况没有进行认知偏差的调整或者调整不足，因此，这两种状态更加体现了“过度”的概念。而样本公司的管理者在2005年和2006年的预测出现相反的结果（高估或低估），说明该公司的管理者对认知偏差进行了及时的调整，因此，该状态更加体现了“适度”的概念，其被赋值的大小介于“1”和“4”这两种极端之间。中间状态的管理者过度自信程度水平的赋值依据于2006年的预测结果，因为该结果更加体现了管理者在2007年经营过程中的心理状态。当公司2005年出现高估而2006年出现低估时，我们将该样本的过度自信水平赋值为“2”；当公司2005年出现低估而2006年出现高估时，我们将该样本的过度自信水平赋值为“3”。该变量的符号为$Confidence_3$。

3. 其他关键变量的度量

（1）多元化水平。目前，关于多元化水平的度量主要集中于三种方法，即经营单元个数、赫芬德尔指数与熵值。这些计算方法的第一步均是根据上市公司所披露的分行业报告结果来计算。因此，他们只是度量了对上市公司经营绩效产生重要影响的某些行业的经营状况，而忽略了未对其产生重要影响的被控子公司的基本信息，所以并没有完整地表述上市公司所全部进入的行业。本书的焦点在于考察管理者过度自信对上市公司进入行业数量的影响，但并不意味着其所进入的每一个行业一定可以为公司产生收益，某些行业的进入有可能是一种过度投资的结果。因此，根据研究目的，笔者借鉴陈信元和黄俊的方法，计算出包括未产生重要收益的被控子公司的行业数量，并将其作为多元化水平的代理变量。其具体做法与陈信元和黄俊的基本一致，首先，依据上市公司所披露的经营产品或行业信息，通过“上市公司行业分类代码”的前两位确定上市公司所跨行业的数量；其次，根据上市公司所披露的控股子公司所涉及的业务或经营范围，计算出没有被上市公司在分部分报告中包括的行业数量；最后，进行汇总得到的行业数量就是上市公司多元化水平。该变量的符号为Div。

（2）治理主体的监控与干预程度。根据所提的研究假设，本文所涉及的治理主体包括三个方面：大股东、债权人和政府。大股东的持股比例不仅体现了大股东利益与公司利益的紧密相关性，而且高比例的投票权为大股东提供了干预决策的能力。因此，大股东的持股比例可以代表大股东对企业的干预程度。笔者选择前十大股东的股权集中度，即持股比例之和作为大股东监控干预程度的代理变量。该变量的符号为Share。

当公司的负债比例越高时，债权人利益与公司风险的相关程度便越大，从而使债权人监控与干预的动机越明显，例如，于东智以及范从来和叶宗伟等将负债比例作为债权治理程度的度量指标。因此，本文选取资产负债率作为衡量债权人监控与干预程度的代理变量。该变量的符号为Debt。

关于政府对企业干预程度的度量，陈信元和黄俊的做法是将直接控股股东是否是政府作为政府干预程度的代理变量，但是随着股权分置改革的不断推进，第一大股东为国家股的上市公司比较少，笔者通过对本书的样本考察后发现，此类样本不到总样本数量的十分之一，这种样本的不平衡对研究结果的可靠性可能产生影响。笔者认为，如果最终控制人为政府，那么，政府可以通过控股法人对上市公司产生实施干预。因此，笔者追溯上市公司最终控制人的性质作为政府干预程度的代理变量，当最终控制人的性质是政府时，赋值为“1”，否则为“0”。该变量的符号为 Gov。

4. 样本分布及描述性统计

表 1 为按不同标准度量过度自信的样本分布及关键变量的描述。在本书选取的样本中其所涉及的行业数量平均为 3~4 个，最高为 11 个。我们基于前两种过度自信的度量方法对样本分组后发现，管理者过度自信的公司，其行业数量的平均值高于没有出现管理者过度自信的样本，并且通过参数性检验，与本文的研究假设 1 相一致。此外，出现过度自信的样本的股权集中度的平均值、负债比例的平均值以及最终控制人为政府的样本比例均低于没有出现过度自信的样本，平均负债比例与最终控制人性质的这种差异通过了参数性检验。基于第三种过度自信度量方法对样本分组后发现，随着过度自信程度的不断上升，多元化水平的平均值也处于上升趋势，股权集中度、负债比例与最终控制人为政府的比例不断处于下降趋势。

表 1　样本的分布及描述性统计

过度自信度量指标		变量	均值	标准差	中位数	最小值	最大值	样本量
$Confidence_1$	0	Div	2.851	1.6351	3	1	11	162
		Share	0.568	0.1181	0.582	0.179	0.810	
		Debt	0.531	0.1621	0.556	0.088	0.999	
		Gov	0.827	—	—	—	—	
	1	Div	3.772	2.0997	3	1	10	79
		Share	0.542	0.1315	0.545	0.194	0.805	
		Debt	0.502	0.2261	0.509	0.063	1.299	
		Gov	0.721	—	—	—	—	
$Confidence_2$	0	Div	2.949	1.7043	3.000	1	11	195
		Share	0.569	0.1162	0.583	0.179	0.810	
		Debt	0.521	0.1691	0.550	0.088	0.999	
		Gov	0.821	—	—	—	—	
	1	Div	4.022	2.1755	4	1	10	46
		Share	0.522	0.1441	0.533	0.194	0.805	
		Debt	0.526	0.2459	0.527	0.063	1.299	
		Gov	0.674	—	—	—	—	

续表

过度自信度量指标		变量	均值	标准差	中位数	最小值	最大值	样本量
Confidence₃	1	Div	2.757	1.6177	3.000	1	11	103
		Share	0.579	0.1177	0.587	0.179	0.810	
		Debt	0.536	0.158	0.563	0.093	0.999	
		Gov	0.854	—	—	—	—	
	2	Div	3.017	1.6660	3.000	1	8	59
		Share	0.551	0.1178	0.565	0.274	0.752	
		Debt	0.523	0.1706	0.550	0.088	0.897	
		Gov	0.780	0.4180	—	—	—	
	3	Div	3.424	1.9690	3.000	1.0	9.0	33
		Share	0.571	0.1076	0.600	0.336	0.769	
		Debt	0.470	0.1945	0.494	0.093	0.848	
		Gov	0.788	—	—	—	—	
	4	Div	4.022	2.1755	4.000	1.0	10.0	46
		Share	0.522	0.1441	0.533	0.194	0.805	
		Debt	0.526	0.2459	0.527	0.063	1.299	
		Gov	0.674	—	—	—	—	
总样本		Div	3.154	1.8477	3.000	1	11	241
		Share	0.560	0.1230	0.575	0.179	0.810	
		Debt	0.522	0.1856	0.545	0.063	1.299	
		Gov	0.793	—	—	—	—	

注：Gov 为二值虚拟变量，仅列出该变量的均值，经济含义为终极控制人为政府样本占该组总样本的比例。

三、模型构建与实证检验结果

借鉴温忠麟等总结的关于显变量中介效应检验程序[①]，结合本文的研究目的，这三个模型主要体现为：第一，治理主体对管理者过度自信的影响；第二，治理主体干预对公司多元化水平的影响；第三，在第二个回归模型的基础上，在自变量中加入管理者过度自信变量，重新进行检验。接下来笔者将根据将对上述模型进行具体的构建，并进行实证检验。

1. 以管理者过度自信为因变量的检验模型及实证结果

（1）模型的构建。由于 $Confidence_1$ 和 $Confidence_2$ 均是“0—1”二值变量，所以，笔者采用 Logit 和 Probit 模型检验解释变量对管理者出现过度自信概率的影响。具体模型为：

① 尽管中介效应与间接效应在概念和前提假设上采用存在一定的差异，但检验思路具有相似之处，因此，本文借鉴中介效应的检验程序。

$$P(Confidence_i = 1/x) = G(\beta_{01} + \beta_{11}Share + \beta_{21}Debt + \beta_{31}Gov + \beta_{41}Sex + \beta_{51}Age + \beta_{61}Mshare + \beta_{71}Size + \beta_{81}ROA) \quad (1)$$

其中，Confidence 为 2006 年末样本公司管理者是否表现为过度自信，i = 1 或 2；模型中 x 为所有的自变量，包括解释变量与控制变量：Share、Debt 与 Gov 分别为度量 2006 年度大股东、债权人与政府监控与干预程度的解释变量；其他为控制变量，均利用 2006 年末的数据进行度量。

Sex 为管理者中的性别为男性的比例。Langer 和 Roth 以投资为视角的研究发现：男性投资者比女性投资者更倾向于表现出过度自信。因此，我们预期该变量与出现过度自信概率的关系负相关；Age 为管理者的平均年龄。Forbes 发现，在一定程度上，年龄是导致管理者过度自信的因素之一，随着年龄的不断增加管理者的行为更趋于理性或保守，因此，我们预期该变量与出现过度自信概率的关系负相关。

Mshare 为公司管理者持股比例。根据“壕沟假说”，随着管理者持股比例的上升，管理者对公司拥有更大的控制权，从而管理者的决策受外部约束的程度会不断下降，从而引发了管理者的控制幻觉，刺激了管理者的过度自信。但是，根据风险分散理论，当管理者持有本公司股票时，其个人利益与公司的利益便联系在一起，从而管理者在进行决策时更倾向于保守，以降低个人损失的概率。由于中国上市公司管理层持股比例较低，尚未达到财务理论中的“管理者防御”点，因此，管理者持股所产生的“控制幻觉效应”并不明显，而引发管理者规避风险、使管理者行为趋于保守的作用更大。综上所述，我们预期该变量与出现过度自信的概率负相关。

Size 与 ROA 分别为公司规模和公司资产回报率，其中公司规模利用资产的自然对数度量。这两个变量反映了公司前期发展的一种状态，较大的公司规模或较高的资产回报率都标志着较高的管理者能力，市场对这种能力的认可会激发管理者的过度自信；此外，较大的公司规模使得管理者的控制难度上升，较高水平的资产回报率使得公司未来发展的空间收缩。因此，这两个变量也可能与管理者过度自信负相关。根据上述分析，笔者尚无法判断这两个变量与管理者过度自信的相关关系，仅将其作为控制变量。

由于 $Confidence_3$ 为离散型限值变量，同时，通过表 1 中样本的描述性统计不难看出，在该样本中管理者的认知过程似乎存在“角点解”，在 $Confidence_3 = 1$ 的样本数量达到 103 家，这种样本分布的集中趋势使得传统线性回归模型存在一定的缺陷。因此，为了研究的稳健性，当以 $Confidence_3$ 作为因变量时，笔者采用线性回归模型和 Tobit 模型① 进行检验。解释变量与控制变量与上述相同。

（2）实证结果及分析。表 2 是以过度自信作为因变量对不同模型进行检验得出的结果。由结果可以发现，无论采用哪种方法度量过度自信，各模型的检验结果均表明，变量 Gov 的系数为负值，并通过了显著性检验，该结果意味着最终控制人为政府的上市公司管

① 关于 Tobit 模型的知识可参见伍德里奇的《计量经济学导论》，由于篇幅关系笔者没有系统阐述模型的基本理论，我们可以通过计量 Stata9.0 软件实现该模型的检验过程。

理者的过度自信倾向较弱。由此说明，国家的政策性干预会导致管理者降低控制公司决策的能力，降低公司业绩对管理者能力的依赖性，从而防止了控制幻觉的出现，抑制了管理者的过度自信。

表 2 对管理者过度自信影响的实证检验结果

因变量 / 系数	$Confidence_1$		$Confidence_2$		$Confidence_3$	
	Probit 模型	Logit 模型	Probit 模型	Logit 模型	线性模型	Tobit 模型
常数项	1.4551 (0.58)	2.3406 (0.55)	−1.3546 (−0.48)	−1.7107 (−0.31)	3.3607* (1.78)	4.2596 (1.33)
Share	−0.76150 (−1.02)	−1.2626 (−1.00)	1.3212 (−1.60)	−2.4026* (−1.62)	−1.0439* (−1.64)	−1.7998* (−1.86)
Gov	−0.4100* (−1.88)	−0.6556** (−1.92)	−0.5014** (−2.28)	−0.8948** (−2.43)	−0.4599*** (−2.64)	−0.7495*** (−2.52)
Debt	−1.4208** (−2.33)	−2.3715** (−2.22)	−1.2748* (−1.84)	−2.1671* (−1.68)	−1.3484*** (−2.76)	−2.2659*** (−3.06)
Sex	1.1572 (1.30)	1.8653 (1.28)	0.1708 (0.18)	0.1158 (0.07)	0.7556 (1.13)	1.3752 (1.09)
Age	−0.0233 (−0.96)	−0.0386 (−1.03)	0.0075 (0.76)	0.0144 (0.66)	−0.0071*** (−3.13)	−0.0113 (−0.99)
Mshare	−2.3381* (−1.67)	−3.8163 (−1.52)	−2.6070* (−1.72)	−4.8038 (−1.56)	−2.0310*** (−3.50)	−7.1577 (−1.57)
Size	−0.0132 (−0.11)	−0.0157 (−0.08)	0.0850 (0.63)	0.1269 (0.49)	0.0065 (0.07)	−0.0211 (−0.14)
ROA	−4.2893** (−2.26)	−7.1249** (−2.04)	−6.1551*** (−2.78)	−10.4497** (−2.38)	−4.2827*** (−3.55)	−6.5736*** (−3.89)
Wald X^2	21.89***	20.60***	23.34***	21.02***	9.56***a	39.85***b
R^2	0.0799	0.0791	0.1147	0.1142	0.1486	0.0549

注：a 为线性回归模型的 F 检验值，b 为 Tobit 模型的 LR X^2 检验值；Logit 和 Probit 模型括号中数字为 Z 值；线性模型括号中数字为 T 值，*** 表示 1%的显著水平；** 表示 5%的显著水平；* 表示 10%的显著水平。

此外，表 2 中 Debt 的检验系数也为负值，并且在每个模型中也均通过了显著性检验，其经济含义表明，随着债务比例的提高，债权人的干预程度不断上升，管理者的控制决策权利下降，从而减弱了管理者的控制幻觉程度，最终会抑制管理者的过度自信。

最后，表 2 中变量 Share 的系数为负，尽管在以 $Confidence_1$ 为因变量的模型中变量 Share 的回归系数没有通过显著性检验，但以 $Confidence_2$ 和 $Confidence_3$ 为因变量的模型中其回归系数基本通过了 10% 的显著性检验，由此也说明，大股东干预的确抑制了管理者的控制幻觉，抑制了管理者的自信心理，从而降低了管理者出现过度自信的可能性或自信程度。

通过控制变量的回归结果可以看出，在以 $Confidence_3$ 为因变量的线性回归模型中，过度自信与管理者的平均年龄显著负相关，与国外已有的研究结果一致，从而在一定程度上说明，$Confidence_3$ 这一指标的测量效度相对更高。而基于 $Confidence_3$ 的检验结果也均印证了治理主体的监控与干预对管理者过度自信显著的抑制作用，因此，整体上，上述检验结果支持了研究假设 2。此外，笔者在线性模型中检验了各变量的 VIF 值，其均小于 10，由此说明，解释变量之间不存在显著的共线性问题。

2. 以多元化水平为因变量的检验模型与实证结果

（1）模型构建。针对前文中所述的第二和第三个步骤，笔者建立了模型（2）和模型（3）如下：

$$Div = \beta_{02} + \beta_{12}Share + \beta_{22}Debt + \beta_{32}Gov + \beta_{42}Tran + \beta_{52}Size + \beta_{62}ROA + \beta_{72}Growth + \theta IND + \varepsilon_2 \quad (2)$$

$$Div = \beta_{03} + \beta_{13}Share + \beta_{23}Debt + \beta_{33}Gov + \beta_{43}Tran + \beta_{53}Size + \beta_{63}ROA + \beta_{73}Growth + \beta_{83}Confidence + \theta' IND + \varepsilon_3 \quad (3)$$

其中，Div 为 2007 年样本公司的多元化水平，Confidence 为管理者自信程度，Share、Gov 和 Debt 为关键的解释变量，其度量方法与上文中关于管理者自信驱动模型中的相同；Tran、Size、ROA 和 Growth 为控制变量，其选取过程借鉴了陈信元和黄俊的一项研究，Tran 为资产的转移难度，其度量方法为固定资产原价与资产的比值，预期该变量的检验系数为负；Size 为公司规模，由于大企业可以为公司进行多元化战略的扩张提供更多的资源，大公司更容易实施多元化战略，因此，预期该变量与多元化水平正相关；Growth 和 ROA 为主营业务增长率和资产回报率，这两个变量越大管理者进行多元化扩张以寻求新的利润或收入增长点的动机越小，因此，预期这两个变量与多元化水平负相关；IND 为行业控制变量。为了尽量避免因果关系的混淆，解释变量与控制变量均利用 2006 年末的数据度量。此外，由于本文中多元化水平是一个典型的离散计数变量，为了更好地拟合模型，笔者同时利用线性回归模型中的所有变量构建泊松检验模型①。

（2）实证结果及分析。表 3 与表 4 分别是以多元化水平作为因变量的线性模型和泊松模型的检验结果。由于关键解释变量的检验结果在两个模型中基本一致，支持了数据的稳定性与可靠性。此外，在线性模型中进行共线性问题检验时，各变量 VIF 值均小于 10。为了便于分析，接下来，笔者重点以表 3 中的结果作为分析对象。

表 3 的数字表明，在未加入过度自信变量的回归结果中，股权集中度的回归系数为-3.0774，并通过了 1%水平的显著性检验；负债比例的回归系数为-1.7555，并通过了 5%水平的显著性检验，因此，大股东与债权人的监控与干预对公司多元化水平产生显著

① 关于泊松模型的知识可参见伍德里奇的《计量经济学导论》，由于篇幅关系笔者没有系统阐述模型的基本理论，我们可以通过计量 Stata9.0 软件实现该模型的检验过程。

表 3　以多元化水平为因变量的线性模型检验结果

系数	不考虑 Confidence	加入 $Confidence_1$	加入 $Confidence_2$	加入 $Confidence_3$
常数项	-1.5284 (-0.48)	-2.5842 (-0.80)	-1.8187 (-0.56)	-3.1802 (-0.96)
Share	-3.0774 (-2.97)***	-2.8940 (-2.83)***	-2.8138 (-2.76)***	-2.7953 (-2.76)***
Gov	-0.0564 (-0.22)	0.0361 (0.14)	0.0484 (0.18)	0.0816 (0.31)
Debt	-1.7555 (-2.09)**	-1.3157 (-1.79)*	-1.4634 (-1.81)*	-1.2546 (-1.68)*
Tran	-0.0846 (-0.14)	-0.0733 (-0.13)	-0.0689 (-0.12)	-0.14340 (-0.25)
Size	0.3714 (2.33)**	0.3894 (2.49)***	0.36040 (2.25)**	0.3868 (2.45)**
ROA	-2.5144 (-1.50)	-1.4448 (-0.93)	-1.2525 (-0.81)	-1.0346 (-0.71)
Growth	-0.1999 (-0.70)	-0.0574 (-0.19)	-0.0074 (-0.03)	0.0943 (0.30)
Confidence	—	0.9586 (3.43)***	0.9546 (2.81)***	0.4142 (3.50)***
IND	控制	控制	控制	控制
F 值	15.97***	5.60***	5.45***	5.82***
R^2	0.1495	0.2019	0.1849	0.2034

注：*** 表示 1%的显著水平；** 表示 5%的显著水平；* 表示 10%的显著水平；括号中的数值为 T 检验值。

的抑制作用；而政府干预对多元化水平回归的系数为-0.0564，没有通过显著性检验[①]。接下来，笔者将过度自信变量引入模型，控制其间接效应后做了进一步的比较分析。

将管理者过度自信变量引入模型后我们发现，三个管理者过度自信的代理变量的回归系数均为正值，并且都通过了 1%水平的显著性检验。该结果表明，管理者过度自信问题的出现显著地推动了中国上市公司多元化战略的实施，支持了研究假设 1 的预期。此外，引入管理者过度自信指标后，股权集中度与负债比例的回归系数依然为负值，并且分别通过了 1%和 10%的显著性水平。结合前面的结果分析，我们可以认为，大股东和债权人的监控与干预不仅通过管理者过度自信的抑制间接地降低了公司的多元化水平，而且会通过委托代理冲突的缓解直接抑制公司多元化战略的实施。该结论不仅支持了间接效应假设，而且支持了研究假设 3。

最后，表 3 的结果表明，引入管理者过度自信变量后，上市公司最终控制人的性质，即政府干预程度变量对多元化水平的影响仍然没有通过显著性检验，因此，可以认为政府

① 与中介效应的检验不同，间接效应的检验部要求自变量与因变量显著相关，因此，该结果不影响本文接下来的分析，具体可见温忠麟等的研究。

表 4 以多元化水平为因变量的泊松模型检验结果

系数	不考虑 Confidence	加入 $Confidence_1$	加入 $Confidence_2$	加入 $Confidence_3$
常数项	-0.4529 (-0.45)	-0.7552 (-0.76)	-0.5138 (-0.51)	-0.9187 (-0.91)
Share	-0.9704 (3.29)***	-0.8995 (-3.08)***	-0.8633 (-2.97)***	-0.8622 (-2.98)***
Gov	-0.0176 (-0.22)	0.0094 (0.12)	0.0103 (0.13)	0.0225 (0.28)
Debt	-0.5591 (-2.26)**	-0.4155 (-1.92)*	-0.4651 (-1.93)*	-0.3979 (-1.80)*
Tran	-0.0218 (-0.12)	-0.0273 (-0.16)	-0.0176 (-0.10)	-0.0457 (-0.27)
Size	0.1219 (2.50)***	0.1259 (2.62)***	0.1168 (2.38)**	0.1241 (2.57)***
ROA_{T-1}	-0.7690 (-1.69)*	-0.4707 (-1.10)	-0.4216 (-0.98)	-0.3496 (-0.85)
Growth	-0.0658 (-0.68)	-0.0121 (-0.12)	-0.0053 (-0.06)	0.0325 (0.33)
Confidence	—	0.2865 (3.69)***	0.2636 (3.00)***	0.1235 (3.74)***
IND	控制	控制	控制	控制
Wald X^2	302.05***	83.89***	85.62***	90.74***
R^2	0.0395	0.0530	0.0478	0.0533

注：*** 表示 1%的显著水平；** 表示 5%的显著水平；* 表示 10%的显著水平；括号中的数值为 T 检验值。

并没有通过干预的手段直接影响公司的多元化战略决策，该结果没有支持研究假设 4 的预期，其经济含义表示，随着中国市场化进程的推进，多元化战略已逐渐退出了政府实现政治目标的工具。综上，政府的干预程度对上市公司多元化水平没有产生直接影响，但它通过对控制幻觉的抑制避免了管理者过度自信问题，从而间接地对多元化水平产生了抑制作用。

四、研究结论与不足

尽管战略管理理论发展历史悠久，但其以管理者认知无偏性为假设所构造的战略分析模型在现实的适用性以及对现实战略行为的解释仍存在着一定的困惑。然而，行为金融理论的快速发展，为我们将行为变量嵌入战略模型中提供了难得的机遇，也无疑为我们对战略决策的解释提供了一个崭新的视角。本文以中国上市公司多元化战略为研究对象，从行为视角解释了多元化战略的驱动力量，而且探索了治理主体的监控与干预对多元化战略产生影响的基本路径（如图 1 所示）。

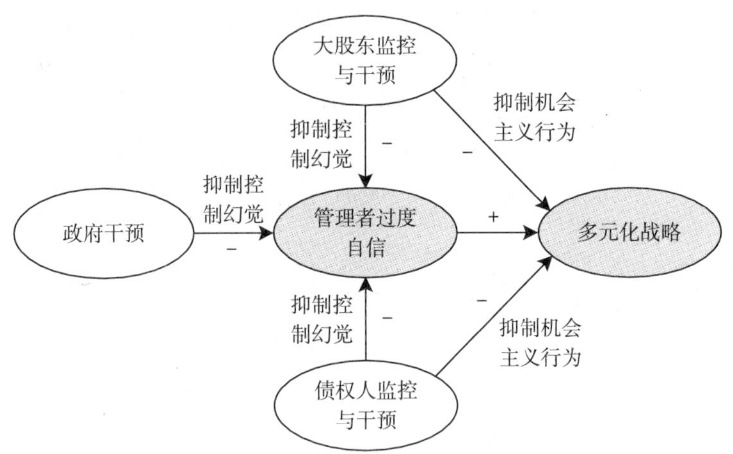

图 1　治理主体对多元化战略影响的路径图

图 1 所表示的具体经济含义为：①管理者过度自信的上市公司其多元化水平显著高于其他公司，即管理者过度自信是推动上市公司多元化战略的重要因素；②大股东、债权人与政府的监控与干预显著地抑制了管理者的过度自信；③大股东与债权人的监控与干预显著地抑制了多元化战略过度实施，这种抑制效应一方面来自于大股东与债权人的监控与干预对管理者机会主义行为的削弱，另一方面来自于大股东与债权人的监控与干预缓解了管理者的控制幻觉，从而抑制了管理者的过度自信；④政府的干预对多元化战略没有产生直接的影响，但它可以通过对管理者过度自信的抑制，间接地降低上市公司多元化水平。

通过本文结果可以看出，管理者认知偏差会导致公司决策的“扭曲”，所以仅仅通过相互制衡机制，解决委托代理冲突，实现股东利益与管理者利益的相容无法保证决策的科学性。而基于管理者认知的公司治理优化对于保证公司决策科学性具有重要的意义。尽管治理主体对公司决策的过度干预可能会产生一些负面的结果，如大股东对小股东利益的侵害、公司的投资不足以及降低公司决策的市场化程度等问题，但通过本文的研究发现，大股东、债权人以及政府的干预会抑制管理者的控制幻觉，避免了管理者过度自信问题，从而提升了公司多元化战略决策的科学程度。因此，降低管理者的决策力集中性、提高治理主体科学参与公司决策的积极性对于解决那些由管理者过度自信引发的非科学决策问题具有重要作用。

本文存在两个方面的局限以期未来进一步研究：第一，本文没有考虑管理团队的内部结构，如领导权结构、董事会的独立性以及董事会来源等以及股权性质等变量对管理者过度自信的直接影响以及调节效应，这些因素可能会影响管理者进行战略决策的权利，从而通过控制幻觉影响管理者的过度自信倾向；第二，本文仅将控制幻觉理论作为推演公司治理与过度自信关系的内在机理，而没有系统检验公司治理、控制幻觉与过度自信之间的互动关系，在未来的研究中笔者将以控制幻觉作为核心对象展开更为深入的理论与实证研究。

参考文献

[1] Lins K., H. Servas. International Evidence on the Value of Corporate Diversification. Journal of Finance, 1999 (6): 2215-2239.

[2] Comment R, G. A. Jarrell. Corporate Focus and Stock Returns. Journal of Financial Economics, 1995 (37): 67-88.

[3] 保罗·W. 麦卡沃伊，艾拉·M.米尔斯坦著，赵玲译. 公司治理的循环性危机. 北京：北京大学出版社，2006.

[4] Jensen M. Agency Cost of Free Cash Flow, Corporate Finance and Takeovers. American Economic Review, 1986, 76 (2): 323-329.

[5] Stulz R. M. Managerial Discretion and Optimal Financing Policies. Journal of Financial Economics, 1990 (26): 3-27.

[6] Shleifer A, R. Vishny. Management Entrenchment, the Case of Manager-Specific Investment. Journal of Financial Economics, 1990 (25): 123-140.

[7] Amihud Y, B. Lev. Risk Reduction as a Managerial Motive for Conglomerate Mergers. The Bell Journal of Economics, 1981 (12) 605-617.

[8] Langer E. J. The Illusion of Control. Journal of Personality and Social Psychology. 1975, 32 (2): 311-328.

[9] Landier A., David Thesmar. Financial Contracting with Optimistic Entrepreneurs: Theory and Evidence, Working Paper, 2004.

[10] 江伟. 管理者过度自信与资本结构理论研究综述. 外国经济与管理，2008 (9): 8-13.

[11] 姜付秀等. 管理者过度自信、企业扩张与财务困境. 经济研究，2009 (1): 131-143.

[12] Hayward M., P. Rindova, G. Pollock. Believing One's Own Press: The Causes and Consequences of CEO Celebrity. Strategic Management Journal, 2004 (25): 637-653.

[13] 李维安. 公司治理学. 北京：高等教育出版社，2005.

[14] Denis D, D. Denis, A. Sarin. Agency Problem, Equity Ownership, and Corporate Diversification. Journal of Finance, 2002 (57): 1931-1962。

[15] 程立. 公司治理、多元化与企业绩效. 上海：复旦大学出版社，2008.

[16] Weinstein N. Unrealistic Optimism about Future Life Events.Journal of Personality and Social Psychology, 1980 (39): 806-820.

[17] Burger J. M., H. M. Cooper. The Desirability of Control. Motiv Emot, 1979 (3): 381-393.

[18] Presson P. K., V. A. Benassi. Illusion of Control: A Meta-Analytic Review. Journal of Social Behavior and Personality, 1996, 11 (3): 493-510.

[19] Malmendier U, G. Tate. CEO Overconfidence and Corporate Investment. Journal of Finance, 2005 (60): 2661-2700.

[20] Hackbarth D. Managerial Traits and Capital Structure Decisions.Working Paper, Finance Department, Kelley School of Business, Indiana University, USA, 2004.

[21] 郝颖，刘星，林朝南. 我国上市公司高管人员过度自信与投资决策的实证研究. 中国管理科学，2005 (10): 142-148.

[22] 王霞，张敏，于富生. 管理者过度自信与企业投资行为异化.南开管理评论，2008 (2): 77-83.

[23] Roll R. The Hubris Hypothesis of Corporate Takeovers. Journal of Business, 1986 (59): 197-216.

［24］ Holmstrom B. Agency Costs and Innovation. Journal of Economic Behavior and Organization，1989（12）：305–327.

［25］ Cooper A. C.，Y. W. Carolyn，C. D. William. Entrepreneurs Perceived Chances for Success. Journal of Business Venturing，1988（3）：97–108.

［26］ Camerer C，D. Lovallo. Overconfidence and Excess Entry：An Experimental Approach. The American Economic Review，1999，89（1）：306–318.

［27］ Bernardo A. E.，I. Welch. On the Evolution of Overconfidence and Entrepreneurs. Journal of Economics and Management Strategy，2001，10（3）：301–330.

［28］ Pinfold John F. The Expectations of New Business Founders：The New Zealand Case. Journal of Small Business Management，2001，39（3）：279–285.

［29］ Forbes Daniel P. Are Some Entrepreneurs More Overconfidence than Others? Journal of Business Venturing，2005（20）：623–640.

［30］ 彼得·德鲁克著，蔡文燕译. 创新与企业家精神. 北京：机械工业出版社，2007.

［31］ Knight F. Risk，Uncertainty and Profit. Boston，MA：Hart，Schaffner & Marx，1921.

［32］ Taylor S，J. D. Brown. Illusion and Well–Being：A Social Psychological Perspective on Mental Health. Psychological Bulletin，1988，103（2）：193–210.

［33］ Dawes R. M. Rational Choice in an Uncertain World. New York：Harcourt Brace Jovanovich，1988.

［34］ 邓世宏. 抽奖活动组成要素对消费者参与抽奖活动意愿之影响. 国立中央大学企业管理研究所硕士学位论文，1995.

［35］ Harris M.，A. Raviv. Corporate Control Contests and Capital Structure. Journal of Financial Economics，1988（20）：55–86.

［36］ 陈信元，黄俊. 政府干预、多元化经营与公司业绩. 管理世界，2007（1）：92–97.

［37］ Fan J.，et al. Diversification of Chinese Companies–An International Comparison. SSRN Strategy Unit Working Paper，2007.

［38］ 余明桂，夏新平，邹振松. 管理者过度自信与企业激进负债行为. 管理世界，2006（11）：104–112.

［39］ 傅强，方文俊. 管理者过度自信与并购决策的实证研究. 商业经济与管理，2008（4）：76–80.

［40］ Lin Y，S. Hu，M. Chen. Managerial Optimism and Corporate Investment：Some Empirical Evidence from Taiwan. Pacific–Basin Finance Journal，2005，13（5）：523–546.

［41］ 于东智. 资本结构、债权治理与公司绩效. 中国工业经济，2003（1）：87–94.

［42］ 范从来，叶宗伟. 上市公司债务融资、公司治理与公司绩效.经济理论与经济管理，2004（10）：50–53.

［43］ 温忠麟等. 中介效应检验程序及其应用. 心理学报，2004（5）：614–620.

［44］ Langer E. J.，J. Roth. Heads I Win，Tails it's Chance：the Elusion of Control as a Function of the Sequence of Outcomes in a Purely Chance Task. Journal of Personality and Social Psychology，1975（32）：951–955.

The Path of Influence of Corporate Governance Subject's Intervene on Corporate Diversification: The Test of Indirect Effect Based on Managerial Overconfidence

Zhou jie　Xue Youzhi

Abstract: This paper analyses and tests the path of influence of large shareholders, debtors, and governmental intervene on corporate diversification from the perspective of managerial overconfidence based on the illusion of control theory which breaks through principal-agent theory. Our findings show that: (1) managerial overconfidence facilitates the fact that listed companies tend to implement diversified strategies; (2) supervision and interference of larger shareholders and creditors have a significant restriction effect on diversified strategy, which originates from the weakness of managerial opportunistic behaviors by supervision and interference of larger shareholders and debtors and from restriction of managerial overconfidence by alleviation of illusion of control; and (3) governmental interference has no significant direct effect on diversified strategy, but it significantly restricts managerial overconfidence and hence indirectly reduces the level of diversification of listed companies.

Key Words: corporate governance subject; corporate diversification; managerial overconfidence; illusion of control

盈余管理、公司治理与可转债绩效滑坡 *

刘娥平　刘春

【摘　要】选择可转债融资为切入点，以 2000~2008 年为研究期间，以中国发行可转债的上市公司为初始样本，采用 PSM 方法对初始样本进行配对以控制样本自选择问题，对再融资后的绩效进行实证检验，进一步探讨引致可转债再融资后绩效下滑的原因。实证检验结果表明，总体而言，发行可转债的公司绩效显著差于配对公司；在可转债转股高峰期，发行可转债的公司通过盈余管理向上调整当年利润，即存在基于转股目的的盈余管理行为；虽然发行前盈余管理反转是可转债发行后绩效下滑更多的原因之一，但是公司治理却能够有效地制约盈余管理反转效应对可转债发行后绩效滑坡的影响；在保持对可转债发行前和转股高峰期的盈余管理予以重点监控外，加强公司治理的建设更是防止发行后业绩下滑的重要举措。

【关键词】盈余管理；公司治理；可转债绩效下滑；PSM 方法

一、引言

基于对资本市场有效性和资源配置效率的关注，再融资后企业长期绩效备受关注。然而，已有研究忽略了再融资决策中存在的自选择问题，得到的结论可能是有偏的，再融资的经济后果研究重新成为一个开放性话题。

作为再融资重要方式之一的可转债研究在西方成果颇丰，但基于中国新兴经济实体特征，这些研究结论的推广性尚待检验。更重要的是，虽然可转债融资在 2000 年后得到了较大的发展，但是与可转债融资实践发展不符的却是中国对发行可转债融资后的经济后果等基础性研究相对匮乏，理论研究与实践的脱节将不利于为可转债发展提供有效指导，因而中国可转债融资的经济后果究竟如何成为亟待研究的重要问题之一。

---

* 本文选自《管理科学》2011 年第 5 期。

基于中国特殊的核准制背景，拟融资公司为达到再融资“门槛”存在较大的盈余管理动机。然而，通过调节当期应计项目的盈余管理行为必然在将来发生反转，发行前的盈余管理行为可能会影响发行后的长期绩效。那么，在中国可转债发行前的盈余管理是否会影响可转债发行后公司的长期绩效。不可否认，一定条件下，好的公司治理可以通过权力的合理配置形成制衡机制，从而制约盈余管理行为。那么，在可转债融资中，公司治理是否会抑制发行前盈余管理行为，或者减弱发行前盈余管理行为对之后公司绩效的反转效应。本书采用 PSM 方法控制再融资中的自选择问题后对上述问题进行研究，以期能为中国可转债融资实务决策提供经验证据。

二、相关研究评述

自 Loughran 等提出“新股发行之谜”以来，学者们从不同角度对公司再融资后的绩效进行验证，并进一步证明该现象的普遍性。然而，Cheng 和 Li 等采用 PSM 配对方法控制再融资的自选择问题后，发现再融资后绩效的下滑明显减弱甚至消失，已有的研究结论可能存在偏误。

作为再融资重要方式之一的可转债自然也引起学者们的关注。Green 认为，可转债独特的看涨期权性质使未来潜在收益不得不与新股东分享，因而削弱了股东和经理层进行资产替代的动机，降低了股东与债权人的代理冲突；Mayers 认为再融资决策是后续融资成本与过度投资损失的权衡，而可转债的期权性质能在减少后续融资成本的同时控制过度投资行为；Isagawa 从可转债的可转换性视角论证良好设计的可转债不仅能制约过度投资行为，也能改善投资不足，提高投资效率。理论上而言，可转债不仅能降低股东和债权人之间的代理问题，也能缓解股东与经理层之间的代理冲突，因此可以合理推断发行可转债后公司的绩效应该呈上升趋势。

然而，国外已有实证研究却发现，可转债融资后绩效没有显著提高，甚至呈下滑趋势。Lee 等选取 1975~1990 年美国的 986 家可转债发行公司为样本，研究发现可转债发行后无论市场回报还是经营绩效都显著下滑，总资产报酬率在 4 年内甚至下降了一半；Lewis 等使用 1979~1990 年间美国发行可转债的数据，研究发现发行可转债后公司的长期绩效显著差于配对公司；Abhyankar 等以英国公司为样本，研究发现可转债发行后绩效与配对公司之间不存在显著性差异。在中国，鉴于可转债发展较晚，主要从可转债短期市场反应对其经济后果进行研究。刘娥平和杨如彦等分别考察中国可转债发行时的市场反应，刘娥平发现可转债发行公告的总体市场反应为负，而杨如彦等却只在债性可转债中发现了此效应；张雪芳采用简单的均值比较，发现发行可转债的公司发行一年后的会计绩效显著好于发行前一年，但简单的均值比较未能剔除规模、风险等其他因素对绩效的影响。综观已有的经验证据可知，对可转债经济后果的研究不仅没有控制可转债融资决策中的自选择问题，而且也没有形成完全一致的结论。

Teoh 等认为发行前盈余管理的反转效应是融资后业绩下降的主要原因，并发现美国公司在 IPO 前通过操控应计项目的盈余管理方式向上调整盈余，而盈余管理之后的反转效应使 IPO 后企业经营业绩和股票收益下降。在中国，陆正飞等以配股公司为样本对盈余管理在再融资后绩效下滑中的作用进行研究，认为配股后绩效下滑更多地来源于真实业绩的下降。

本书将系统地研究中国可转债融资后的长期绩效，不同于已有研究聚焦于可转债发行后短期市场反应或绩效检验，本书对可转债发行后 3 年内的长期绩效进行时间序列和混合截面检验，在研究中借鉴 Cheng 和 Li 等研究中采用的 PSM 配对方法，控制研究中的自选择问题，并证明在中国存在基于可转债转股动机的盈余管理行为，进一步验证发行前盈余管理是可转债融资后绩效下滑的原因之一。

三、研究设计和研究方法

（一）研究方法

公司不可能在同一时点上处于发行可转债（实验组）和未发行可转债（控制组）两种互斥状态中，实证研究中通过配对方法比较两组样本的绩效差异，以验证可转债发行后的经济后果。然而，鉴于同时影响可转债发行决策和发行后绩效的公司特征并非唯一，并且存在配对维数“诅咒”，即配对维数越多，配对效果越差，即使使用传统方法配对后，两组样本的公司特征仍然存在显著性差异，无法解决研究中的内生性问题。

不同于传统方法下对发行公司事前的会计特征逐一配对，PSM（Propensity Score Matching，PSM）方法通过倾向得分 PS（Propensity Score，PS）值选择配对样本，以弥补传统方法的不足。倾向得分是指在给定样本公司特征变量 X 下发行可转债的概率，即

$$p(X) = Pr[D = 1/X] \tag{1}$$

其中，p(X) 为概率函数；D 为一个事件变量，如果发行可转债 D = 1，否则 D = 0。条件概率 p(X) 通常采用 Logit 或者 Probit 等概率模型进行估计。借鉴 Cheng 和 Li 等的做法，本书通过如下步骤进行 PSM 方法的配对。

（1）选择公司特征变量，即 X_i，并运用混合截面数据，通过如下 Logit 模型估计公司特征变量 X_i 的参数值 β_i，即

$$p(X) = Pr[D = 1 | X_i] = \frac{\exp(\beta_i X_i)}{1 + \exp(\beta_i X_i)} \tag{2}$$

其中，$\frac{\exp(\cdot)}{1 + \exp(\cdot)}$为逻辑分布的累积分布函数。用于估计倾向得分的特征变量 X_i 不仅

影响发行可转债后的公司绩效，同时也是可转债发行决策的重要影响因素。只有考虑并控制了这些因素的影响，才能降低样本自选择对研究结论的影响。根据已有的研究，选择发行前一年规模（Size）、行业、账面价值与市值比（B/M）和股票回报率（RET）作为计算倾向得分的公司特征变量。规模由年末总资产的自然对数表示；账面价值与市值比由年末总资产账面价值除以市场价值表征，年末总资产市场价值 = 年末流通股股数 × 年末收盘价 + 年末非流通股股数 × 每股净资产 + 年末负债的账面价值；股票回报率由股票年收益率直接表征。

（2）计算 PS 值。在获得（2）式中公司特征变量 X_i 的参数值 β_i 后，根据每家公司的具体特征变量计算其发行可转债的概率值，即该公司的 PS 值。

（3）配对。对每一家发行可转债的公司，选择同年中没有发行可转债的公司中 PS 值最接近的 N 家作为配对样本。由于发行可转债的样本较小，为了能获得更加稳健的结论，采用一配二的方法进行配对，即选择同年中没有发行可转债的公司中 PS 值最接近发行公司 PS 值的两家公司作为配对公司。

（4）检验。检验公司各特征变量的均值在发行可转债公司和配对公司之间的差异，如果一个或者多个公司特征变量的均值在两组样本中存在差异，则需要返回步骤（1），重新调整 Logit 模型的函数形式，如加入特征变量 X 的二次项或者加入各变量之间的交互项，直至发行可转债的公司和配对样本之间的公司特征变量不存在显著性差异。

（二）样本选择和数据来源

鉴于中国可转债在 2000 年后才获得较大的发展，以 2000 年及之后发行可转债的公司为初始样本，依次执行以下样本筛选程序。

（1）剔除 2008 年以后发行可转债的公司。由于本书重点关注发行可转债后公司的长期绩效，此要求至少可观测到公司发行后 1 年的财务数据，故剔除 2008 年以后发行可转债公司。

（2）剔除金融行业上市公司，因为这些公司存在行业特殊性。

（3）为了消除重复发行可转债所导致的期间叠加影响，本书仅选择第一次发行可转债的公司为样本。在稳健性测试中，将每次可转债的发行视为一个样本，重新进行验证，主要结论仍保持不变。经筛选，最终获得 52 家发行可转债的样本。之后，采用 PSM 配对方法对发行可转债的样本公司按一配二进行配对，共获得 156 个样本，其中发行可转债的样本为 52 个，配对样本为 104 个。

本书使用的公司治理数据均来自 CCER 金融研究数据库，公司财务数据均来自 Wind 金融研究数据库，对于可疑的数据，将来自 CCER 的信息和来自 Wind 的信息进行核对。数据处理全部采用 Stata 10.0 计量分析软件进行。

（三）研究模型和变量定义

本书采用（3）式按时间序列检验可转债发行后发行公司与配对样本之间的绩效差异。

$$\Delta Performance_{i,t} = A_0 + A_1 Issue_{i,t} + B_i Control_{i,t} + fixed\ effects_{i,t} + \xi_{i,t} \tag{3}$$

其中，i 为某一公司；t 为某一时刻；ΔPerformance 为绩效变量，为了进一步控制内生性问题对研究结论的影响，采用绩效的差分形式作为因变量，即用可转债发行后各年的绩效与发行前一年绩效之差表示；Issue 为样本公司的发行状态，如果公司发行可转债取 1，否则为 0；Control 为控制变量集，即所有的控制变量；fixed effects 为行业和年度的固定效应；A_0 为截距；A_1 为 Issue 的系数；B_i 为 Control 系数集；ξ 为白噪声项。本书关注的是 Issue 的系数 A_1 的方向，如果 A_1 显著小于零，表示发行可转债的公司其绩效显著差于未发行可转债的公司；如果 A_1 显著大于零，则反之。

不可否认，盈余管理行为在中国再融资中广泛存在，而可转债发行后的绩效也可能会受到盈余管理因素的影响。盈余管理的反转性质可能是中国可转债发行后绩效下滑的原因之一，本书采用（4）式检验。

$$\Delta Performance_{i,t} = A_0 + A_1 Issue_{i,t} + B_i\ B\_EM_{i,t} + C_i\ B\_EM_{i,t} \cdot Issue_{i,t} + D_i \sum Control_{i,t} + fixed\ effects_{i,t} + \xi_{i,t} \tag{4}$$

其中，B_EM 为发行前盈余管理程度；B_EM·Issue 为发行前盈余管理与发行状态的乘积，即交互项。本书关注交互项系数 C_i 的方向，如果 C_i 显著为负，表示发行前盈余管理反转对发行后公司的绩效具有显著影响。由于当前盈余管理程度 EM_t 和上期盈余管理程度 EM_{t-1} 也会影响公司的绩效，因此本书在（4）式中以控制变量的形式对其进行控制。鉴于传统模型对应计项目非线性考虑不足的缺陷，借鉴已有的研究，采用调整后的 DD 模型计算盈余管理程度，模型为

$$ACC_{i't} = a_0 + a_1CF_{i't-1} + a_2CF_{i't} + a_3CF_{i't+1} + a_4DCF_{i't} + a_5DCF_{i't} \cdot CF_{i't} + \varepsilon_{i't} \tag{5}$$

其中，$ACC_{i't}$ 为 i 公司在 t 时刻的总应计额除以 t 时刻平均总资产，t 时刻的总应计额为净利润减去经营活动现金净流量；$a_1CF_{i't-1}$ 为 i 公司在（t − 1）时刻的经营现金净流量除以相应时期的平均总资产；$CF_{i't}$ 为 i 公司在 t 时刻的经营现金净流量除以相应时期的平均总资产；$CF_{i't+1}$ 为 i 公司在 （t + 1）时刻的经营现金净流量除以相应时期的平均总资产；$DCF_{i't}$ 为虚拟变量，当 $CF_{i't} - CF_{i't-1} < 0$ 时取 1，否则为 0；$DCF_{i't} \cdot CF_{i't}$ 为虚拟变量与 i 公司 t 时刻经营现金净流量的乘积；a_0 为截距，$a_1 \sim a_5$ 为各变量的系数；$\varepsilon_{i't}$ 为误差项。（5）式中的残差 $\varepsilon_{i't}$ 反映了应计额中不被客观经济交易所解释的部分，其绝对值则为盈余管理程度的代理变量。

虽然在采用 PSM 方法配对时已经考虑了规模的影响，但由于发行可转债后公司的规模较发行前有较大的变化，本书也将规模作为控制变量纳入 （3）式和 （4）式中。由于 PSM 配对时已经考虑了行业的影响，同时为了避免样本较小导致的行业共线性问题，借鉴 Teoh 等和辛清泉等的做法，将样本按是否属于保护性行业进行分类。根据已有研究，本书还控制了成长性、风险和所有权性质对公司绩效的影响。（3）式和（4）式中的主要变量定义见表 1。

表 1　变量定义

	变量描述	变量符号	变量说明
被解释变量	企业绩效 ΔPerformance	ΔROA	ΔROA = 发行后第 t 年年末 ROA – 发行前一年的 ROA，$ROA = \frac{息税前利润}{年初年末平均总资产}$
解释变量	发行状态	Issue	如果发行可转债为 1，否则为 0
	盈余管理	B_EM	发行前一年盈余管理程度，盈余管理的具体算法见前文关于 DD 模型的描述
	盈余管理 × 发行状态	B_EM·Issue	发行前一年盈余管理程度 × 发行状态
控制变量	企业规模	Size	年末资产总额的自然对数
	风险	Risk	$\frac{年末负债总额}{年末资产总额}$
	成长性	Grow	$\frac{本年营业收入 - 上年营业收入}{上年营业收入}$
	所有权性质	Owner	最终控制人为国有取值为 1，否则为 0
	前一年盈余管理	EM_{t-1}	发行后第（t – 1）年盈余管理程度
	当年盈余管理	EM_t	发行后第 t 年盈余管理程度
	行业	Industry	归属于保护行业时取值为 1，否则为 0
	年度	Year	归属于某样本年度时取值为 1，否则为 0

四、实证结果和分析

（一）描述性统计

表 2 中 Panel A、Panel B 和 Panel C 分别给出 PSM 方法配对后，规模、股票回报率以及账面价值与市场价值比在发行可转债样本和配对样本之间的均值检验结果。用于计算 PS 值的公司特征变量的均值检验在两组样本之间不显著，表明本书采用 PSM 方法是正确的。Panel D 和 Panel E 分别给出发行前一年两组样本的会计绩效在水平值上的比较，T 值仍不显著，表明发行前两组样本的绩效不存在显著差异。如果发行可转债之后绩效存在差异，则可以合理推断，发行可转债事件是导致两组公司绩效存在差异的原因，从而有利于验证可转债发行的经济后果。由于表 2 中的净资产收益率（ROE）为

$$ROE = \frac{息税前利润}{年初年末平均净资产}$$

ROE 比总资产收益率（ROA）更容易受到经理层的操控，本书以 ROA 为变量进行之后的分析。

表 2 PSM 配对方法的描述性统计

项目	样本数	均值	标准差	均值差	T 值	P-value
Panel A：Size						
发行可转债 配对样本	52 104	22.112 22.230	0.119 0.066	-0.118	-0.938	0.350
Panel B：RET						
发行可转债 配对样本	52 104	0.330 0.287	0.118 0.100	0.043	0.273	0.786
Panel C：B/M						
发行可转债 配对样本	52 104	0.783 0.749	0.033 0.026	0.034	0.799	0.426
Panel D：ROA						
发行可转债 配对样本	52 104	0.085 0.076	0.005 0.004	0.009	1.495	0.137
Panel E：ROE						
发行可转债 配对样本	52 104	0.116 0.115	0.006 0.006	0.001	0.115	0.909

表 3 是对主要变量的描述性统计，样本数为自发行当年到发行之后第 3 年的混合截面样本数。为了防止异常值对研究结论的影响，对所有主要变量都进行上下 1% 分位数的 Winsorize 处理。由表 3 可知，绩效均值小于零，总体而言，公司绩效处于下滑趋势。另外，Size 的标准差较大，而发行前一年 Size 之间不存在显著性差异，说明发行可转债事件对两组样本的规模产生影响，应在回归分析中予以控制。

表 3 主要变量描述性统计

变量	样本数	均值	中位数	标准差	最小值	最大值
ΔROA	474	-0.010	-0.010	0.040	-0.140	0.140
Issue	474	0.333	0.000	0.470	0.000	1.000
EM_t	474	0.020	0.010	0.020	0.000	0.090
EM_{t-1}	474	0.020	0.010	0.020	0.000	0.090
B_EM	474	0.020	0.010	0.020	0.000	0.070
Size	474	22.460	22.440	0.830	20.570	24.530
Risk	474	0.500	0.520	0.150	0.110	0.790
Owner	474	0.790	1.000	0.410	0.000	1.000
Grow	474	0.280	0.210	0.360	-0.440	2.060

为进一步确认可转债发行后的经济后果，首先进行单变量回归，检验结果见表 4。模型 4-1~模型 4-4 分别检验可转债发行当年到发行后第 3 年每一年的绩效，模型 4-5 报告了可转债发行当年到发行后第 3 年共 4 年混合截面数据的回归结果。从表 4 可知，在发行当年和发行后第 3 年，Issue 的系数均在 10%统计水平上显著为负，而发行后第 1 年则在

12%统计水平上小于零，在混合截面回归模型中则在 1%统计水平上显著为负。这表明，与配对公司相比，发行可转债的公司绩效下滑更多。

表 4 单变量回归结果

	发行当年 模型 4-1	发行后第 1 年 模型 4-2	发行后第 2 年 模型 4-3	发行后第 3 年 模型 4-4	混合截面 模型 4-5
截距	-0.002 (-0.660)	-0.004 (-1.011)	-0.014** (-2.552)	0.000 (0.023)	-0.005** (-2.138)
Issue	-0.010* (-1.637)	-0.010 (-1.582)	-0.006 (-0.728)	-0.016* (-1.625)	-0.010*** (-2.751)
样本量	156	132	105	81	474
调整的 R^2	0.011	0.010	0.005	0.014	0.012
F 值	2.661	2.483	0.515	2.618	7.540

注：* 为在 10%的水平上显著，** 为在 5%的水平上显著，*** 为在 1%的水平上显著；括号中的数据为 T 值；因模型存在不同程度的异方差，因此采用 White 修正方差对 t 统计量进行修正，表中的 T 值即为修正后的结果，下同。

（二）多元回归结果

虽然表 4 初步验证了可转债发行后的绩效表现，但是由于单变量回归模型没有控制其他影响公司绩效的因素，其回归结果可能是有偏的。为了获得更稳健的研究结论，在控制其他影响公司绩效的因素后重新进行检验，多元回归结果见表 5。在表 5 中，模型 5-1~模型 5-4 分别对发行后各年的绩效进行检验，模型 5-5 是发行当年到发行后第 3 年共 4 年的混合截面回归结果，模型 5-6 是在控制盈余管理因素后重新对可转债发行后第 2 年的绩效进行检验。从表 5 可知，在时间序列回归中（模型 5-1~模型 5-4），除发行后第 2 年外，发行可转债公司的绩效其余各期都显著低于配对公司。

表 5 发行可转债后绩效表现

	发行当年 模型 5-1	发行后第 1 年 模型 5-2	发行后第 2 年 模型 5-3	发行后第 3 年 模型 5-4	混合截面 模型 5-5	第 2 年控制盈余 管理后模型 5-6
截距	-0.205* (-1.802)	-0.303*** (-3.163)	-0.056 (-0.421)	-0.243 (-1.641)	-0.189*** (-3.231)	-0.030 (-0.252)
Issue	-0.010* (-1.712)	-0.015** (-2.382)	-0.011 (-1.381)	-0.028*** (-2.822)	-0.014*** (-4.103)	-0.012* (-1.687)
Size	0.008* (1.673)	0.015*** (3.491)	0.004 (0.682)	0.013* (1.931)	0.010*** (3.612)	0.002 (0.432)
Owner	0.008 (1.211)	-0.006 (-0.884)	0.008 (0.812)	-0.015 (-0.980)	0.000 (0.041)	0.009 (0.913)
Risk	-0.012 (-0.552)	-0.108*** (-3.813)	-0.121*** (-3.522)	-0.105*** (-2.729)	-0.087*** (-5.579)	-0.098*** (-3.092)
Grow	0.042*** (2.723)	0.031*** (3.061)	0.028* (1.793)	0.026 (1.577)	0.033*** (4.518)	0.027* (1.870)

续表

	发行当年 模型 5-1	发行后第 1 年 模型 5-2	发行后第 2 年 模型 5-3	发行后第 3 年 模型 5-4	混合截面 模型 5-5	第 2 年控制盈余 管理后模型 5-6
EM_t						−0.475 (−1.459)
EM_{t-1}						0.706** (2.214)
行业	已控制	已控制	已控制	已控制	已控制	已控制
年度	已控制	已控制	已控制	已控制	已控制	已控制
样本量	156	132	105	81	474	105
调整的 R^2	0.171	0.203	0.178	0.174	0.174	0.227
F 值	2.360	3.007	2.245	2.377	6.361	3.000

由于发行后第 2 年是中国可转债转股的高峰期，只有发行公司绩效不显著低于配对公司或其他非发行可转债的公司，可转债持有人才有可能转股，故发行可转债的公司此时具有较强的盈余管理动机。模型 5-6 报告了在控制当年和上一年的盈余管理后，发行后第 2 年的绩效回归结果。在模型 5-6 中，上一期盈余管理的系数显著为正，并且在 5%统计水平上显著，并且发行后第 2 年的绩效在 10%水平上显著低于配对公司，模型的解释力度也从 0.178 上升为 0.227。这表明，可转债发行公司通过在发行后第 1 年向下调整应计项目，而发行后第 2 年转回上一年向下调整的应计项目以调增公司绩效，说明发行可转债的公司存在以转股为动机的盈余管理行为。

发行可转债的公司为了达到发行“门槛”，发行之前具有更大的盈余管理动机，盈余管理的幅度可能更大，之后的反转效应也应更剧烈，这可能是可转债公司发行后绩效下滑更多的原因之一。从表 5 可知，在控制了上年和当年的盈余管理以后，发行后第 2 年的绩效由不显著为负变为显著为负，表明上年和当年的盈余管理也会影响当年的绩效。因此，在考虑可转债发行前的盈余管理对发行后绩效的影响时同时控制上年和当年的盈余管理程度，以期获得更稳健的结果，表 6 给出发行前盈余管理对发行后绩效影响的实证结果。

表 6　发行前盈余管理反转效应的实证结果

	简单混合截面回归			发行后 3 年以上公司的混合截面回归		
	模型 6-1	模型 6-2	模型 6-3	模型 6-4	模型 6-5	模型 6-6
截距	−0.198*** (−2.921)	−0.210*** (−3.229)	−0.202*** (−3.031)	−0.187** (−2.091)	−0.227*** (−2.877)	−0.214** (−2.545)
Issue	−0.017*** (−3.932)	−0.015*** (−3.601)	−0.004 (−0.561)	−0.019*** (−3.743)	−0.016*** (−3.412)	−0.004 (−0.619)
Size	0.011*** (3.462)	0.012*** (3.712)	0.011*** (3.489)	0.010** (2.526)	0.012*** (3.360)	0.012*** (3.004)
Owner	−0.004 (−0.752)	−0.007 (−1.213)	−0.007 (−1.301)	−0.005 (−0.754)	−0.009 (−1.347)	−0.009 (−1.326)

续表

	简单混合截面回归			发行后 3 年以上公司的混合截面回归		
	模型 6-1	模型 6-2	模型 6-3	模型 6-4	模型 6-5	模型 6-6
Risk	-0.114*** (-6.018)	-0.114*** (-5.702)	-0.115*** (-5.749)	-0.104*** (-5.109)	-0.111*** (-4.985)	-0.111*** (-5.001)
Grow	0.029*** (3.618)	0.029*** (4.001)	0.029*** (3.902)	0.027*** (3.041)	0.027*** (3.504)	0.028*** (3.403)
B_EM		-0.563*** (-2.939)	-0.337 (-1.548)		-0.693*** (-2.931)	-0.447* (-1.723)
EM_t		0.098 (0.340)	0.098 (0.341)		0.016 (0.052)	0.034 (0.104)
EM_{t-1}		0.482*** (3.063)	0.457*** (2.968)		0.616*** (3.257)	0.586*** (3.171)
B_EM·Issue			-0.648** (-2.113)			-0.675* (-1.921)
行业	已控制	已控制	已控制	已控制	已控制	已控制
年度	已控制	已控制	已控制	已控制	已控制	已控制
样本量	474	474	474	324	324	324
调整的 R^2	0.208	0.249	0.259	0.209	0.262	0.270
F 值	5.353	6.883	6.201	4.608	6.668	6.425

鉴于发行当年及之后各年中样本均较小且呈递减趋势，本书采用混合截面而非时间序列回归验证发行前盈余管理程度对发行后绩效的影响。表 6 中模型 6-1~模型 6-3 是发行当年到发行后第 3 年共 4 年所有样本的混合截面回归，模型 6-4~模型 6-6 则是仅对发行当年到发行后第 3 年共 4 年均持续存在并有完整数据的样本公司所进行的混合截面回归，如中海发展（600026）在 2007 年发行可转债，2007 年为发行当年，2008 年为发行后第 1 年。由于发行后第 2 年和发行后第 3 年都没有财务数据，故不参与发行后 3 年以上公司的混合截面数据的回归，因此模型 6-4~模型 6-6 的回归样本仅包括 2005 年之前（含 2005 年）发行可转债的公司及其配对公司。从表 6 可知，模型 6-2 和模型 6-5 报告了在控制盈余管理后发行公司与配对公司之间的绩效差异，B_EM 显著为负，并且调整的 R^2 也由模型 6-1 中的 0.208 增加到模型 6-2 中的 0.249，而在发行后 3 年以上公司的混合截面回归中，调整的 R^2 也从模型 6-4 中的 0.209 增加到模型 6-5 中的 0.262，这表明发行前盈余管理显著影响发行后的公司绩效。同时，Issue 的系数也在 1%统计水平上显著，表明发行可转债后绩效下滑更多，这为进一步检验发行前的 B_EM 是否是可转债发行后绩效下滑的原因提供了前提条件。如果 B_EM 是可转债发行后绩效下滑更多的原因，B_EM 与 Issue 之间的交互项应显著为负，即 B_EM 对发行可转债公司的绩效表现具有增量影响。由于加入交互项后会增大模型中变量间的共线性水平，进而改变单个变量的显著性水平，故本书重点关注交互项系数的符号和显著性水平。模型 6-3 和模型 6-6 显示交互项显著为负，表明发行可转债公司发行前的盈余管理程度越高致使发行后公司绩效下滑更多，发行前的盈余管理

是可转债发行后公司绩效下滑的原因之一。另外，为了更好地检验发行前盈余管理对绩效的影响，模型还控制了上期盈余管理程度，但对于发行当年的样本而言，上期盈余管理和发行前盈余管理是相同的。为了消除该因素对研究结论的影响，剔除发行当年的样本，重新进行检验，检验结果没有发生实质性的变化。因此，本书认为发行前盈余管理是发行后公司绩效下滑的原因之一。

五、进一步的研究

好的公司治理通过对权力的配置和对委托方的有效监督不仅能制约公司的盈余管理行为，而且还能带来公司价值的真实提高。既然发行前盈余管理是发行后公司绩效下滑的原因之一，好的公司治理应该可以制约之前的盈余管理行为，或者通过有效的机制安排提高公司的长期绩效，从而抑制发行前盈余管理反转效应带来的绩效下滑，故本书预期好的公司治理能减少发行前盈余管理所导致的公司绩效下降。

公司治理是公司实现价值最大化所形成的一系列制度安排，在这些安排中又以权力的配置和制衡最为基础和重要。借鉴已有研究，本书从股权集中度、股权制衡度和董事会独立性三个角度衡量公司治理的好坏，并进一步检验公司治理是否能抑制或减弱发行前盈余管理的反转效应，表 7 给出相应的实证结果。

表 7　公司治理对发行后业绩滑坡的治理作用

	股权集中度		股权制衡度		董事会独立性	
	高 模型 7-1	低 模型 7-2	高 模型 7-3	低 模型 7-4	高 模型 7-5	低 模型 7-6
截距	−0.133 (−1.130)	−0.236*** (−3.210)	−0.332*** (−3.730)	0.005 (0.070)	−0.259*** (−2.770)	−0.113 (−1.420)
Issue	0.015** (2.120)	−0.018** (−2.290)	−0.015* (−1.900)	0.013* (1.710)	0.001 (0.090)	−0.002 (−0.370)
Size	0.007 (1.270)	0.013*** (3.500)	0.017*** (4.080)	0.000 (0.130)	0.014*** (3.230)	0.006* (1.660)
Owner	−0.000 (−0.030)	−0.004 (−0.660)	−0.003 (−0.450)	0.001 (0.130)	−0.002 (−0.220)	−0.008* (−1.660)
Risk	−0.085*** (−3.250)	−0.107*** (−4.340)	−0.103*** (−4.520)	−0.094*** (−4.130)	−0.156*** (−4.880)	−0.072*** (−3.760)
Grow	0.031*** (3.410)	0.031*** (3.330)	0.033*** (2.950)	0.027*** (3.660)	0.047*** (3.250)	0.023*** (3.050)
B_EM	0.359 (1.040)	0.277 (0.850)	0.195 (0.610)	0.460 (1.370)	0.176 (0.570)	0.524* (1.650)
EM_{t-1}	−0.021 (−0.060)	−0.874*** (−3.080)	−0.778*** (−2.610)	−0.172 (−0.570)	−0.347 (−1.200)	−0.625* (−1.880)

续表

	股权集中度		股权制衡度		董事会独立性	
	高 模型 7-1	低 模型 7-2	高 模型 7-3	低 模型 7-4	高 模型 7-5	低 模型 7-6
EM_t	0.246 (0.920)	0.144 (0.770)	0.125 (0.520)	0.293 (1.430)	0.306 (1.590)	0.196 (0.750)
B_EM·Issue	−1.348*** (−3.340)	0.250 (0.700)	−0.106 (−0.250)	−1.070*** (−2.890)	−0.640 (−1.250)	−0.607* (−1.750)
样本量	238	236	237	237	217	257
调整的 R^2	0.301	0.215	0.244	0.308	0.282	0.250
F 值	4.556	4.135	4.163	5.353	5.374	5.937

表 7 中，股权集中度由第一大股东持股比例表示，股权制衡度通过第二、三大股东持股比例之和除以第一大股东持股比例计算获得，董事会独立性则由独立董事人数与董事会总人数之比来表征。本书将股权集中度、股权制衡度和董事会独立性按中位数分成高低两组。鉴于在中国这样弱法律保护的国家，高的股权集中度更可能导致盈余管理行为，而低股权制衡度和低董事会独立性表示权力越集中，制衡和监督盈余管理行为的能力越差，故将高股权集中度、低股权制衡度和低董事会独立性表征为差的公司治理水平；反之，则表示好的公司治理水平。本书发现，在公司治理水平好的组别中，即模型 7–2、7–3 和 7–5 中，交互项 B_EM·Issue 都不显著；但是在公司治理差的组别中，B_EM·Issue 至少在 10%水平上显著为负。进一步检验公司治理水平不同的两组模型中 B_EM·Issue 之差的显著性，这包括对模型 7–1 和模型 7–2、模型 7–3 和模型 7–4 以及模型 7–5 和模型 7–6 三对回归模型中每对模型交互项系数之差的比较。为节约篇幅，此处不再赘述该检验的具体步骤。本书发现，以股权集中度和股权制衡度作为公司治理的表征变量时交互项系数之差的统计检验量 T 值分别为 2.810 和 1.690，都至少在 10%水平上显著，这表明公司治理水平能够显著制约发行前盈余管理导致的公司业绩的下滑。

然而，在不同公司治理水平下，交互项系数之间的差异可能缘于两组公司发行前盈余管理上的显著性差异，或者是两组公司本身治理水平不同所致。经检验，无论采用何种指标表征公司治理水平，两组公司在发行前盈余管理程度和公司治理水平上均不存在显著性差异。鉴于篇幅限制，没有报告该部分的实证结果。因此，进一步检验表明，好的公司治理能有效地抑制由发行前盈余管理所引致的可转债发行后公司绩效的下滑。

为了获得更稳健的结果，本书改变绩效的衡量方法，采用调整后 ROA（营业利润/年末总资产）表征绩效，并改用分行业估计的 Jones 基本模型计算盈余管理程度，重新进行相关检验，主要结论没有发生实质性改变。由于中国再融资以近 3 年的利润为“门槛”指标，盈余管理行为可能在此期间都比较频繁，本书采用再融资前 3 年平均盈余管理程度替代发行前 1 年的盈余管理程度重新进行相关检验，主要结论仍保持不变。为了扩大样本，采用 1 配 3 的 PSM 方法重新配对，研究结论仍没有发生显著改变。因此，本书的结论相对比较稳健。

六、结论

自 Loughran 等提出“新股融资之谜”以来，再融资的资源配置效率研究一直是学术界的热点话题。在中国可转债已成为再融资的重要方式之一，本书采用 PSM 方法控制样本自选择问题，通过比较发行可转债公司与配对公司的长期绩效差异来研究可转债发行后的绩效表现。

研究表明，发行可转债的公司较配对公司绩效显著更差。由于公司存在转股需求，在转股高峰期（即可转债发行后第 2 年），发行可转债的公司与配对公司之间绩效差异不存在显著性区别。然而，在控制了上一年和当年的盈余管理程度后发行可转债的公司绩效却显著更差，首次验证了在中国可转债发行实务中存在基于转股需求的盈余管理行为。

通过嵌套模型逐步验证进一步发现，发行前盈余管理程度对发行后公司的绩效表现具有显著负效应，即发行前的盈余管理是发行后公司绩效下滑的原因之一，这与 Teoh 等以美国 SEO 为样本的研究结论相一致。

不可否认，好的公司治理能够在一定程度上制约盈余管理，但是基于发行前公司治理水平不同的公司间盈余管理程度没有显著性差异，本书发现，好的公司治理能够制约发行前盈余管理的反转效应，并且本书结论不随表征变量的改变而改变。然而，遗憾的是，虽然排除了发行前盈余管理程度在不同公司治理水平的公司间存在显著性差异的替代性假说，却没有能够找到公司治理制约之前盈余管理反转效应的真正机制，这有待进一步研究。

由研究结论可知，对于可转债而言，不仅发行前盈余管理影响发行后绩效的下滑，而且还存在以转股为目的的盈余管理行为。故监管机构除应加强对可转债发行前盈余管理行为的监控外，还应对转股高峰期内的盈余管理活动予以必要的监控。同时，鉴于好的公司治理能有效制约发行前盈余管理行为的反转效应，应加强发债公司的公司治理建设以制约或者缓解反转效应的影响，保持公司绩效的持续稳定。

参考文献

[1] Lyandres E., Sun L., Zhang L. The new issues puzzle: Testing the investment-based explanation [J]. Review of Financial Studies, 2008, 21 (6): 2825-2855.

[2] Bilinski P., Liu W., Strong N.Does liquidity risk explain the underperformance following seasoned equity offerings? [R]. Manchester: Manchester Business School, 2009.

[3] Cheng Yingmei. Propensity score matching and the new issues puzzle [R]. Florida: Florida State University, 2003.

[4] Li Xianghong, Zhao Xinlei. Propensity score matching and abnormal performance after seasoned equity offerings [J]. Journal of Empirical Finance, 2006, 13 (3): 351-370.

[5] 陈小悦，肖星，过晓艳. 配股权与上市公司利润操纵 [J]. 经济研究，2000 (1)：30-36.

[6] Teoh S. H.，Welch I.，Wong T. J . Earnings management and the long-run market performance of initial public offerings [J]. The Journal of Finance，1998，53 (6)：1935-1974.

[7] 高雷，张杰. 公司治理、机构投资者与盈余管理 [J]. 会计研究，2008 (9)：64-72.

[8] Cornett M. M.，Marcus A. J.，Hassan T. Corporate governance and pay-for-performance：The impact of earnings management [J]. Journal of Financial Economics，2008，87 (2)：357-373.

[9] Loughran T.，Ritter J. R. The new issue puzzle [J]. Journal of Finance，1995，50 (1)：23-51.

[10] Aissia D. B.，Hallara S.，Eleuch H. Long run performance following seasoned equity offering on tunisian stock market：Cumulative prospect preference approach [J]. International Research Journal of Finance and Economics，2009 (34)：83-95.

[11] Allen D. E.，Soucik V. Longrun underperformance of seasoned equity offerings：Fact or an illusion? [J]. Mathematics and Computers in Simulation，2008，78 (2 /3)：146-154.

[12] 张金清，刘烨. A 股上市公司的股权再融资对价值创造的影响 [J]. 管理科学学报，2010，13 (9)：47-54.

[13] 毛小元，陈梦根，杨云红. 配股对股票长期收益的影响：基于改进三因子模型的研究 [J]. 金融研究，2008 (5)：114-129.

[14] Green R. C. Investment incentives，debt，and warrants [J]. Journal of Financial Economics，1984，13 (1)：115-136.

[15] Mayers D. Why firms issue convertible bonds：The matching of financial and real investment options [J]. Journal of Financial Economics，1998，47 (1)：83-102.

[16] Isagawa N. Convertible debt：An effective financial instrument to control managerial opportunism [J]. Review of Financial Economics，2000，9 (1)：15-26.

[17] Lee I.，Loughran T. Performance following convertible bond issuance [J]. Journal of Corporate Finance，1998，4 (2)：185-207.

[18] Lewis C. M.，Rogalski R. J.，Seward J. K. The long-run performance of firms that issue convertible debt：An empirical analysis of operating characteristics and analyst forecasts [J]. Journal of Corporate Finance，2001，7 (4)：447-474.

[19] Abhyankar A.，Ho K. Y. Long-run abnormal performance following convertible preference share and convertible bond issues：New evidence from the United Kingdom [J]. International Review of Economics & Finance，2006，15 (1)：97-119.

[20] 刘娥平. 中国上市公司可转换债券发行公告财富效应的实证研究 [J]. 金融研究，2005 (7)：45-56.

[21] 杨如彦，孟辉，徐峰. 可转债的信号发送功能：中国市场的例子 [J]. 经济学(季刊)，2006，6 (1)：207-226.

[22] 张雪芳. 可转换债券与公司市场价值：对我国上市公司的理论与实践研究 [M]. 北京：经济科学出版社，2008：173-188.

[23] 陆正飞，魏涛. 配股后业绩下降：盈余管理后果与真实业绩滑坡 [J]. 会计研究，2006 (8)：52-59.

[24] Ball R.，Shivakumar L. The role of accruals in asymmetrically timely gain and loss recognition [J]. Journal of Accounting Research，2006，44 (2)：207-242.

[25] Dechow P. M., Dichev I. D.. The quality of accruals and earnings: The role of accrual estimation errors[J]. The Accounting Review, 2002, 77 (Supplement): 35-59.

[26] Wang D. Founding family ownership and earnings quality [J]. Journal of Accounting Research, 2006, 44 (3): 619-656.

[27] 王兵. 独立董事监督了吗：基于中国上市公司盈余质量的视角 [J]. 金融研究，2007 (1)：109-121.

[28] 辛清泉，谭伟强. 市场化改革、企业业绩与国有企业经理薪酬 [J]. 经济研究，2009 (11)：68-81.

[29] 杜沔，王良成. 我国上市公司配股前后业绩变化及其影响因素的实证研究 [J]. 管理世界，2006 (3)：114-121.

[30] 李明辉. 股权结构、公司治理对股权代理成本的影响：基于中国上市公司 2001-2006 年数据的研究 [J]. 金融研究，2009 (2)：149-168.

[31] Leuz C., Nanda D., Wysocki P. D. Earnings management and investor protection: An international comparison [J]. Journal of Financial Economics, 2003, 69 (3): 505-527.

Earnings Management, Corporate Governance and Underperformance after Issuing Convertible Bonds

Liu Eping　Liu Chun

Abstract: Using propensity score matching (PSM) method to control the self-select problem, and selecting the companies which issued convertible bonds during 2000 to 2008 as treatment samples, we try to test the consequences of refinancing. We find that, in general, under performance after issuing convertible bonds is existed. More interesting, for the first time, we find there are earnings management behaviors for conversion in practice. Specifically, underperformance is insignificant during peak conversion (the second year after issuing), however after controlling the earnings management, it becomes significant. In addition, in spite of the reversion effects of earnings management before issuing is one of the reasons of underperformance, the good corporate govement can mitigate it. It indicates that besides regulating the earnings mamagement before issuing and coversion period, the more importance is to improve corporate governance of issuing companies.

Key Words: earnings management; corporate governance; underperformance after issuing convertible bonds; PSM method

公司治理与企业价值的实证研究 *

刘银国　朱龙

【摘　要】本文试图构建一个能够恰当反映和评价中国企业公司治理水平的 CGI 指标体系及企业价值计量模型，并运用回归分析，检验中国企业公司治理与其价值的相关性。研究结论表明公司治理水平对企业短期绩效的影响相比于对反映企业长期绩效的企业价值的影响更为显著。

【关键词】公司治理；企业价值；绩效

一、引言

基于两权分离，代理成本出现，公司治理得以产生。公司治理通过降低代理成本，企业价值得以提升，投资者财富得以增长。公司价值与投资者财富是同义反复。一般意义上认为，公司是投资者的，公司价值的提升必然带来投资者财富的增加。换句话说，投资者财富增加建立在公司价值提升基础之上。公司价值提升不仅带来投资者财富的增加，而且也能够使债权人、员工、政府等利益相关者福利增加。因此，现代公司治理中不同的治理主体（公司股东、董事会、管理层和员工等）都在致力于企业价值创造，以实现投资者财富最大化的目标。国内外许多学者和业界人士都曾努力尝试寻求方法来建立公司治理与公司价值之间的联系，通过规范董事会，调整股权结构，设置薪酬规划等方法来整合公司内部各方的利益。公司治理正在成为当前世界性的研究热点，受到前所未有的重视。

公司治理是现代企业发展的产物，现代企业的规模、技术含量、市场前景带来的机遇与风险、发展战略确定的重要意义、内部资源配置的效率这些问题都是传统业主式企业所不能比及或没有碰到过的。公司治理与企业价值存在着显著的相关性，国外研究已得到证实，国内在公司治理与企业价值方面的研究虽然也取得了一些成果，但大多都较为注重股

* 本文选自《管理评论》2011 年第 2 期。

东大会、董事会、监事会和经理层之间的分权和制衡关系，没有从治理的根本目的（投资者财富最大化）着手来研究问题，由此可能会出现公司治理结构研究中的“空洞化”结局，从而导致企业改革方向的迷失和理论研究的混乱。因此，有必要对公司治理的水平进行定量的评价。本文通过分析反映公司治理水平的综合指标 CGI 指数与企业价值的指标之间的相关性，实证检验两者的关系，并做出定量分析，为我国目前的公司治理实践提供切实有效的实证依据和指导，有助于降低公司代理成本，完善治理结构，从而积极推动企业改善经营管理，提高公司的运作效率。

二、文献综述

Jensen 和 Meckling 研究了经理拥有股权与公司价值之间的关系，他们认为公司的价值取决于内部股东所占有的股份比例，这一比例越大，公司的价值也越高。因为内部股东的利益随着其股权比例的增大，与全体股东的利益越会趋于一致。Yermack 利用福布斯杂志 1984~1991 年公布的美国 500 家最大公众公司的数据，得出了董事会规模越大，则公司绩效越差的结论。Rechner 和 Dalton 以及 Boyd 对董事长与 CEO 的合一与分离及其与公司绩效之间的关系进行了研究，认为两职合一或分离与公司绩效是相关的。Demsetz 和 Lehn 发现，股权集中度与企业经营业绩（ROE）并无显著相关关系。Mcconnell 和 Servas 发现，公司价值与股权结构之间具有非线性的函数关系，在控股股东控股比例小于 40%时，公司托宾 Q 值随控股比例的增大而增大；当控股比例达到 40%~50%时，公司托宾 Q 值开始下降。

Beiner 等研究了瑞士证券交易所上市的 275 家公司，并通过数据分析考察公司治理同企业价值的相关关系，结果证明公司治理综合指数（Corporate Governance Index，CGI）对企业价值确实有显著的正面影响，这表明那些治理水平较好的公司能够获得较高的市场估价，且 CGI 上升一个百分点，用托宾 Q（Tobin’ Q）衡量的企业价值就会增加 8.56%。

Black、Jang 和 Kim 考察了韩国公司治理水平和企业价值之间是否存在正相关关系，他们发现 CGI 表现出与企业价值很强的相关关系，具体来说，公司 CGI 指数上升 10 个百分点，就能使企业价值上升 5.5%。

Newell 和 Wilson 通过研究 6 个新兴市场发现，如果公司治理状况从最差到最好，会引起公司价值 10%~20%的提升幅度。Durnev 和 Kim 发现，治理较好的公司有更高的价值，如果一个公司的 CGI 有 10%的增长，公司价值会有 13%的增长，如果在公司的透明度上有一个相似的改善，公司价值会增加 16%。

Gompers、Ishii 和 Metrick 针对股东权利和接管防御，将治理机制归纳为 24 个方面，并设计了一个反映治理的负向指标 G 指数，结果表明 G 指数与公司价值之间有很高的相关性。1990 年的数据分析结果显示，G 指数每提高 1 个百分点，公司价值就显著性地降低

2.4 个百分点；而到 1999 年这一数字变为 8.9 个百分点。总的来说，他们的研究揭示，那些在公司治理方面体现出股东权利较弱的公司，会表现出更差的绩效、较低的销售增长率、更高的资本支出以及更多的兼并。

里昂亚洲商业银行曾用 7 大项、54 小项的标准衡量公司治理与公司价值的相关性，结果发现治理良好的公司，其股价表现相对优异。著名咨询公司麦肯锡（Mckinsey）对主要来自欧美管理着 3.25 万亿美元资产的 200 个国际投资人进行的调查结果表明，80%的被调查者认为，在其他因素相同的情况下，他们愿意为“治理良好”的公司付出溢价；75%的被调查者认为公司治理质量至少与公司财务指数同等重要。在财务状况类似情况下，投资人愿意为“治理良好”的亚洲企业多付 20%~27%的溢价，愿为“治理良好”的美国企业多付 18%的溢价。也就是说公司治理不健全的亚洲企业和美国企业其融资成本要分别比公司治理健全的企业高出 20%~27%和 18%①。

中国学者对公司治理与企业价值相关性也进行了探索，如许小年等、孙永祥和黄祖辉实证研究了公司股权结构同公司业绩以及企业价值之间的关系，股权集中度及其构成与公司业绩之间关系，Tian 主要考察了公司治理水平的衡量指标之一：股权及股权结构和企业价值之间的关系，发现在企业价值和政府持股之间确实存在着 U 型曲线关系，也就是说，在一个特定的“门槛”之前政府控股比例越小对公司越有利，而在此之后，也就是政府控股比例大对公司反而越有利。除此之外，Bai 等通过构建上市公司综合衡量指标 CGI，综合考察了公司治理水平和企业价值关系。他们发现中国上市公司治理和企业价值之间存在着正相关关系。并通过分析证实中国投资者确实愿意为公司治理水平较高的公司支付股票溢价，而且中国的投资者在一定程度上能够区分出公司治理水平的好坏。

白重恩、刘俏、陆洲等考察了我国上市公司内部人问题，并运用主元因素分析法编制了一个可反映上市公司治理水平的综合指标——G 指标，根据 G 指标对中国上市公司进行排名，发现排名较前的企业其市场价值也较高。但中国企业公司治理与企业价值的相关性如何，未见有效论证。

通观国内外有关公司治理和企业价值之间相关关系的文献，我们可以发现，这些研究可以分为实验研究和实证研究两大类。由于受到数据可得性的影响，一些学者采用了调查等实验研究手段，尽管没有很强的数据支持，但是却为后来的研究提出了很多重要的启示。比如，Melvin 从三个角度论证了公司治理和企业价值之间的关系：包括调查（如麦肯锡 2000 年对 200 个机构投资者的“全球投资者民意调查”）、公司治理水平排名以及“焦点列表”研究。另有一些学者则采用了大量的数据，通过翔实的回归分析，给出了可靠的结论。在此基础上本文试图构建一个能够恰当反映和评价中国企业公司治理水平的 CGI 指标体系及企业值计量模型，并运用回归分析，检验中国企业公司治理和其价值的相关性。

---

① 张春霖. 公司治理改革的国际趋势［J］. 世界经济与政治，2002（5）.

三、实证检验与分析

1. 研究假设

公司治理的核心，一是公司控制权的安排或配置，二是激励机制和约束机制的设计与实施。公司控制权配置合理与有效，不仅能够使公司控制权得以最有效运用，提高企业的决策水平和效率，而且能够降低交易成本（或制度运行成本），进而提升企业的价值；而激励机制和约束机制的健全，则能够保证经营者和股东的利益趋于一致，减少经营者的道德风险，降低代理成本，同样，最终提升企业价值。因此，本文作出以下假设：

H1：公司治理水平与企业绩效显著正相关。

企业要求发展除了好的“硬件”外，还必须要有相关“软件”，公司治理水平作为企业发展的一个软件资源对于提高公司绩效具有重要的促进作用，本文假设公司治理水平与企业绩效显著正相关。

H2：公司治理水平与企业价值显著正相关。

公司治理是企业发展的长远手段、策略，好的公司治理水平不仅能够带来企业短期绩效的提升，提高企业在市场上的竞争力，同样可也带来企业价值的提升，企业长期价值的提高需要有好的公司治理水平，故本文假设公司治理水平与企业价值显著正相关。

H3：公司治理水平对企业短期绩效的影响相比对企业价值的影响更显著。

公司治理的好坏是一个长期的结果，治理得好不仅能够给企业带来短期的绩效，更能够促进企业长期价值的提升，故本文假设公司治理水平对企业短期绩效的影响相比对企业价值的影响更显著。

2. 样本选择与数据来源

本文以 2009 年部分沪深两市上市公司（其中剔除被 ST、PT 和数据缺失或账面数据不正常的公司）为研究对象。根据 2001 年 4 月中国证券监督管理委员会公布的《上市公司分类行业指引》，共 13 大类（A 类~M 类）行业，每行业随机选取 30 家（深市 15 家、沪市 15 家），同时剔除托宾 $Q \geq 4$，即企业价值异常的样本点后共 582 家。考虑到部分数据收集的困难在分析企业绩效时采用 2009 年截面数据；在分析企业价值时，为了尽可能说明企业长期发展趋势和增长能力，考虑到 2009 年期初数据与期末数据的变化，计算出当期的增长速度，以作为时间序列数据。

文中数据来自部分沪深两市上市公司对外公布的上市公司年度报告 *.pdf 文件，文件均下载自深圳证券交易所和上海证券交易所的官方网站[①]；其他相关数据主要来自巨潮资

① 深圳证券交易所和上海证券交易所的官方网站，http：//www.sse.com.cn。

讯网[①]、中国证监会网[②]及中国上市公司资讯网[③]等相关网站。在数据处理与分析的过程中，本文主要利用SPSS14.0软件，采用两阶段最小二乘法对公司治理水平与企业价值、企业绩效及各外生解释变量进行相关性分析和回归分析，检验变量之间的相关性与显著性。

3. 变量定义

（1）公司治理水平的衡量——公司治理综合评价指数（CGI）的构建。

公司治理评价指数CGI，国内外学者有不同的设计和描述。Gompers、Ishii 和 Metrick 针对股东权利和接管防御的治理机制归纳为24个方面，并设计了一个反映治理的负向指标G指数。标准普尔从公司的所有权结构、财务利害相关者之间相互作用的关系、财务透明度和信息披露情况、公司董事会的结构与决策程序、董事会与管理层之间协调五个方面构建了公司治理的评价指标体系。Campos、Newell 和 Wilson 在研究新生市场公司治理水平发展的时候，曾经提出15种要素，如所有权结构、透明度、董事会规模、独立审计等，从广义角度给出公司治理的衡量指标。Bai 等人将公司治理机制分为内部和外部两个方面，根据数据的可得性以及重要性进行权衡，并对每一项因素进行打分，然后加总得出公司治理综合评价指数。南开大学的公司治理研究中心推出了一套公司治理评价指标体系，该体系涵盖的内容相当广泛，包括了股东权利和控股股东、董事与董事会、经理层、监事与监事会、信息披露、利益相关者六个方面，同时考察的内容也较细致，每一个分指标下包括了数个二级指标和80余个三级指标。

本文认为CGI的设计并非指标越多越好、越详尽越好，因为过多、过详尽的指标将会导致相当多的数据无法获得，同时指标过于琐碎和难以量化会给最终评价指数的指标权重设置带来困难。在CGI设计中，还应该注意以下两个方面的问题：其一，CGI应该切实反映中国上市公司治理现状。中国公司治理模式发展过程中所出现的问题既有历史因素也有外来推动，带有中国特色的鲜明烙印，不能简单地把英、美或是德、日的治理模式作为参照物。其二，CGI应当针对当前公司治理最突出的问题给予最显著的权重，并以反映内部治理机制指标为主，毕竟外部治理机制取决于整个国家的法律、政治及金融市场等制度环境。

本文从公司治理的系统性和整体性出发，构建了一个相对较为全面、严密的公司治理综合评价指数，这一指数在尽量涵盖多种不同的治理机制的同时，摒弃了一些琐碎的、难以量化的指标，而且所选的10个分指标都是针对我国上市公司实际问题，描述“是什么”而不是“怎么做”的数据，可以直接从上市公司年报中获得，简化了数据获取的难度，具体指标设计如表1所示。

---

① 巨潮资讯网（www.cninfo.com.cn）。

② 中国证监会网（www.csrc.gov.cn）。

③ 中国上市公司资讯网（www.cnlist.com）。

表 1　公司治理评价指标

一级指标	二级指标	层次
股权结构	I_1 第一大股东持股比例	Ⅰ
	I_2 前十大股东持股比例	
	I_3 流通股比例	
外部机构监管	I_4 财务报表审计意见	Ⅱ
	I_5 是否受到证监会或交易所批评	
董事会治理机制	I_6 董事长或副董事长是否兼任总经理	Ⅲ
	I_7 董事长或副董事长报酬来源	
	I_8 独立董事比例	
高管人员激励机制	I_9 高管人员持股数	Ⅲ
	I_{10} 高管薪酬总额	

注：表 1 中指标数据主要来自我国上市公司对外公布的年报，表中董事长、副董事长的报酬来源主要是指他们是否从公司取得报酬。

根据反映信息的重要性，我们将上述指标设定为三个层次。其一，“股权结构”既是中国上市公司面临的首要问题，又是中国上市公司面临的特殊问题，中国的上市公司不是古典企业制度发展的必然结果，而是在否定、改造计划经济的过程中嫁接，并被赋予改革国有企业使命而出现的。为了不动摇公有制的主导地位，在股权结构安排上引入国有股、法人股和公众流通股，其中国有股处于绝对控股地位。在这种特殊的股权结构下，公司治理的核心不但包括管理层和股东之间的利益冲突，更多的是控股大股东和广大中小股东之间的利益冲突。所以应当把它放在第一层次。其二，“外部机构监管”是公司内部治理情况的首要反映，应当属于第二层次。其三，“董事会治理机制”和“高管人员激励机制”两个指标在国外的研究中常置于很重要的位置，但在中国，董事会治理不良常常是股权结构不合理派生出来的问题。而在高管人员激励方面，一方面，由于中国证券市场的特殊现实，管理层所持有的股份往往不具有可转让性，股份对高管人员不能构成有效的激励；另一方面，由年报中得到的高管人员报酬本身的数据可靠性不足。因此，“董事会治理机制”和“高管人员激励机制”放在第三层次。本文在上述理由以及中国目前公司治理的情况下，提出由于股权结构的不完善造成了董事会治理机制的不完善，故提出以下权重标准：

在具体评分时，根据重要性将第一层次的指标权重设为 6，第二层次的指标权重设为 3，第三层次的指标权重设为 1。根据指标的质量高低，具体每个指标的分值分别为 3、2、1，分别表示优、良、中。同时为了方便观察和比较，将评分结果转化为 0 和 100 之间的某个数值。最终的公司治理指数计算如下：

$$CGI = (6 \times I_1 + 6 \times I_2 + 6 \times I_3 + 3 \times I_4 + 3 \times I_5 + I_6 + I_7 + I_8 + I_9 + I_{10})/最高分 \times 100$$

（2）企业价值和绩效的衡量。

金融经济学家给企业价值下的定义是：企业的价值是该企业预期自由现金流量以其加权平均资本成本为贴现率折现的现值，它与企业的财务决策密切相关，体现了企业资金的时间价值、风险以及持续发展能力。扩大到管理学领域，企业价值可定义为企业遵循价值规律，通过以价值为核心的管理，使所有与企业利益相关者（包括股东、债权人、管理者、普通员工、政府等）均能获得满意回报的能力。显然，企业的价值越高，企业给予其利益相关者回报的能力就越高。而这个价值是可以通过其经济定义加以计量的。

公司绩效反映的是企业经营当期的运营情况，它一般与企业当期的营业效益、营业利润相关，是对经营者经营业绩的一种比较有效的解释，也是考核评价经营者的主要指标。它一般用企业当期的营业利润来进行表示。

用于衡量公司价值和绩效的指标通常可以采用托宾 Q 值和 ROE。

a. 托宾 Q 值。托宾 Q 值是指企业的市场价值与企业总资本的重置成本（即企业总资产）之间的比率。它是用来反映企业价值及其长期成长能力的指标。该比率越高意味着投资者越相信公司将迅速成长，越愿意向该公司投资；该比率越低，则说明投资者对公司的发展前景越没有信心。托宾 Q 值的具体计算公式为：

Q = 企业总资本的市场价值/企业总资本的重置成本 = （年末流通股份市值 + 年末非流通股份价值 + 年末负债总额）/年末总资产

其中：非流通股份价值 = 每股净资产 × 非流通股份数

b. ROE。即净资产收益率，它是企业净利润与净资产的比率，一般用于说明企业的短期绩效。其计算公式为：

ROE = 净利润/平均净资产

（3）公司治理和企业价值的外生变量的定义。

公司治理与企业价值之间的关系不能独立于其他经济因素之外而存在[①]。这是因为：一方面公司治理水平对企业价值有直接的促进关系，另一方面它们之间的关系也可能通过别的变量加以体现。因此，如果我们要剥离那种间接的关系，就需要引入相关的外生变量，从而研究由公司治理、企业价值和外生变量构成的经济系统中的关系。

外生变量可以体现为以下三个方面：与公司治理水平有直接的关系，但是不能直接作用于企业价值的外生变量；与公司治理水平和企业绩效都存在关系的外生变量；与公司治理水平和企业价值都存在关系的外生变量。如表 2 所示。

表 2　公司治理的外生变量

性质	外生变量	定义
与公司治理水平有直接关系但不能直接作用于公司价值	公司是否属于垄断行业（IND）	是为 1，不是为 0
	公司是否境外上市（OMARKET）	是否同时拥有 A 股和 H 股
	公司成立时间（YEAR）	年报公布次数
与公司治理水平和企业绩效都存在关系	杠杆作用（DFL）	资产负债率 = 期末负债 ÷ 期末总资产
	经营效率（ATR）	总资产周转率 = 销售收入 ÷ 平均资产总额

① 袁庆明. 新制度经济学［M］. 北京：中国发展出版社，2005：151.

续表

性质	外生变量	定义
与公司治理水平和企业价值都存在关系	公司规模（SIZE）	总资产取自然对数
	成长机会（GROWTH）	近 3 年销售额平均增长率
	企业研发能力（TECHNOLOGY）	员工素质 = 企业中本科以上学历人数 ÷ 企业全部在册人数

4. 公司治理与企业价值的计量模型的构建

根据上述各变量之间关系的分析发现，这些变量间不仅仅是单一经济变量和影响该变量诸因素间的简单因果关系，而是构成了一个经济系统。因此，用单个计量方程构成的模型将失去一些必要的信息，有必要建立两个联立计量方程模型来描述这一系统内的相关关系，其特点是 CGI 指数既作为被解释变量，也作为净资产收益率 ROE 和托宾 Q 的解释变量。我们构建的公司治理与企业价值联立计量模型如下：

$$CGI = C(1) + C(2) \times IND + C(3) \times OMARKET + C(4) \times YEAR + C(5) \times DFL + C(6) \times ATR + C(7) \times SIZE + C(8) \times GROWTH + C(9) \times TECHNOLOGY \quad (1)$$

$$ROE = C(1) + C(2) \times CGI + C(3) \times DFL + C(4) \times ATR \quad (2)$$

$$Q = C(1) + C(2) \times CGI + C(3) \times SIZE + C(4) \times GROWTH + C(5) \times TECHNOLOGY \quad (3)$$

模型中 C(i)(i = 1，2，3，…，9) 分别为模型中的常数项和回归系数，方程（1）用于研究影响公司治理水平的各因素的显著性，方程（2）用于研究公司治理对企业短期绩效的影响，方程（3）用于研究公司治理水平是否能够有效地促进企业价值的提高。从而分别构造联立 1 方程组［(1)–(2)］、联立 2 方程组［(1)–(3)］描述公司治理水平和企业绩效以及公司治理和企业价值这一经济系统内的两对关系，实现我们比较分析的研究目的。

针对该联立方程，我们采用两阶段最小二乘法回归，即将第（1）方程回归得到的 CGI 拟合值代替第（2）、（3）方程中 CGI 的观察值，从而得到 CGI 和 ROE 以及 CGI 和托宾 Q 之间的关系。前者是剥离了杠杆作用和经营效率等外生变量影响，后者是剥离了资产规模、成长性等外生变量的影响之后得到的直接作用效果。这种估计方法的优点是在回归过程中，并没有涉及方程中内生变量和外生解释变量的数目，所以与方程的识别状态无关，因而既适用于恰好识别的结构方程，也适用于过度识别的结构方程。同时这种虚拟回归方法实际上等同于一般意义上的工具变量法，只不过在工具变量的选择上，它采用内生变量的拟合值作为工具变量。从而较好地解决模型建立中的内生性问题，即公司治理与企业绩效和价值到底谁因谁果问题。

5. 数据检验与实证结果分析

（1）数据检验。

限于篇幅，我们略去实证研究过程中的全部数据演算过程和众多结果，而只把最为主要的公司治理和企业价值计量模型的回归分析结果概述如下：

运用上市公司数据，我们得到联立方程组中各指标的相关系数，呈现出表 3 和表 4 所示的关系。

表 3 联立方程组 1 中变量间相关系数

变量	CGI	ROE	IND	OMARKET	YEAR	DFL	ATR
CGI	1.000	0.105	-0.082	0.184	0.612	0.240	0.194
ROE		1.000	0.003	0.008	0.185	0.137	-0.048
IND			1.000	0.081	-0.152	0.081	-0.154
OMARKET				1.000	0.002	0.812	-0.154
YEAR					1.000	0.611	-0.182
DFL						1.000	-0.228
ATR							1.000

表 4 联立方程组 2 中变量间相关系数

变量	CGI	Q	IND	OMARKET	YEAR	DFL	ATR	SIZE	GROWTH	TECHNOLOGY
CGI	1.000	0.401	-0.200	0.038	0.205	0.184	0.184	-0.189	-0.002	-0.007
Q		1.000	-0.019	-0.183	0.381	-0.081	-0.110	-0.811	0.290	0.881
IND			1.000	0.441	-0.007	0.008	-0.118	0.048	0.080	-0.009
OMARKET				1.000	0.051	0.168	-0.648	0.881	-0.225	0.888
YEAR					1.000	0.164	-0.813	0.208	0.190	0.184
DFL						1.000	-0.221	0.541	0.280	0.616
ATR							1.000	-0.807	-0.114	-0.131
SIZE								1.000	0.182	0.428
GROWTH									1.000	0.941
TECHNOLOGY										1.000

从表 3 和表 4 可以看出，通过一定的权重设置将分指标的得分整合成一个总体的公司治理指数之后，CGI 与 ROE 及托宾 Q 之间的相关系数呈现正值，这在一定程度上说明，作为一个整体，CGI 和 ROE 及托宾 Q 之间存在正向的关系。

IND 和 CGI 之间的相关系数都是负的，说明属于垄断行业的公司 CGI 比较低，虽符合一般逻辑推断，但这种关系是否显著还需要进一步计量检验。OMARKET 与 CGI 的相关系数为正，即表明境外上市的公司治理水平较高。YEAR 与 CGI、ROE、Q 的相关系数都是正的，说明公司成立的时间越长，治理水平越高，价值也越好，这点从理论上看是完全成立的。DFL、ATR 与 CGI 都为正，但联立方程（1）中的 ATR 与 CGI 比联立方程（2）中的相关性更大，说明在短期公司业绩中经营效率对公司治理更有说服力。SIZE 与 CGI、Q 的相关系数都是负的，这点和一般的理解有所不同，公司资产越大，治理水平反而越低，价值也反而越低，但这可能恰恰是中国上市公司的现状，也为我们进一步的纵深研究留下了空间。

另外采用两阶段最小二乘法回归，即将第（1）方程回归得到的 CGI 拟合值作为第（2）、

（3）方程中 CGI 的工具变量进行回归，得到联立方程组的回归结果及拟合模型如下[①]：

CGI = 108.26595 − 1.50353IND + 15.74744***OMARKET − 16.8130YEAR
(12.05819)　(−0.35864)　(−1.2509)　(1.5852)
− 12.12325***DFL + 0.11896ATR − 5.31898SIZE + 0.12559GROWTH*
(15.5662)　(5.20962)　(−0.28489)　(0.65894)
− 0.85161TECHNOLOGY
(−1.18465)

R−squared = 0.84951　F−statistic = 78.15078　DW = 8.1816　（4）

ROE = 11.48854 + 0.03893**CGI + 0.65230DFL − 13.5823*ATR
(14.8545)　(−1.1206)　(1.55464)　(−0.6597)

R−squared = 0.50359　F−statistic = 168.7926　DW = 18.4359　（5）

托宾 Q = 2.45655 + 0.020656**CGI − 15.7844SIZE + 0.24321GROWTH
(15.5484)　(−0.35628)　(−8.45652)　(0.415484)
+ 1.85725TECHNOLOGY
(0.24523)

R−squared = 0.85994　F−statistic = 65.8695　DW = 15.6551　（6）

（2）实证结果分析。

从方程（4）中的回归结果看，从 T 统计量的值来看公司成立的年数 YEAR、财务杠杆作用 DFL、经营效率 ATR 统计量的绝对值均大于 2，而行业性质 IND、是否在境外上市 OMARKET、资产的规模大小 SIZE 以及公司的增长性 GROWTH 统计量的绝对值均小于 2，这说明在解释公司的治理水平时前者比后者更具有说服力。出现这样的结果的原因我们认为可能有以下几点：①公司既然上市，就必然要遵循证监会和交易所的相关规定，建立相应的一系列治理制度，这使得上市公司治理模式是否属于垄断行业没有太大的区别，因此行业的划分对公司治理水平并不产生显著影响；②对于是否在境外上市对公司治理水平的影响虽不显著，但还是有一定影响，毕竟能在境外上市还是得具备一定实力，公司还得接受境外证券市场的一些规范条例，其在实质和形式上都会影响公司治理水平的真正提高，这也符合前面相关性分析；③公司的成长性、研发能力和成立年数成为解释公司治理水平的显著变量，说明现代企业的发展更多的是依靠技术的改进，具有自身的研发能力，更是依赖技术促进发展的重要前提，故对于我国上市公司来说，公司越要发展即公司成长性越高，研发能力越强，公司越需要建立良好的治理机制来支持公司的发展。

在研究 CGI 与 ROE 关系的方程（5）中，从回归系数的符号来看，再次证明公司治理水平与公司绩效显著正相关（验证了假设 1），公司治理水平每提高 1 个百分点，公司绩效上升 0.04 个百分点。说明公司治理水平的高低对公司绩效的影响还是比较明显的；另外杠杆比率对公司的价值有显著正面影响，这同资本结构的“权衡理论”以及 Jensen 的自

① 拟合模型中 *、**、*** 分别代表系数在 10%、5%、1%的水平下显著，括号内为 T 统计量。

由现金流理论是一致的。

在研究 CGI 与 Q 值关系的方程（6）中，从回归系数的符号来看说明公司治理水平与Q值之间显著正相关，公司治理水平每提高 1 个百分点，公司绩效上升 0.02 个百分点，可以看出公司治理水平对企业价值具有明显促进作用（验证了假设 2），但相比方程（5）这一数字明显缩小了约一倍之多，说明在我国公司治理水平对公司短期业绩提高的影响力度比对公司长远价值的影响力度大了近两倍，也即说明我国当前企业制度改革，完善公司治理制度还缺乏长远考虑。这也正好符合本文假设 3，在我国，公司治理水平对企业短期绩效的影响相比对企业价值的影响更显著。

四、结论

随着我国上市公司股权分置改革的完成，以及资本市场和债券市场的发展与完善，研究企业的公司治理与企业价值的关系更加具有实际的理论意义和指导作用。本文通过公司治理与企业价值相关性的实证研究主要得到以下结论：①公司治理水平的确影响着企业价值，且二者呈显著的正相关关系。即治理水平较高的公司，其企业价值也越大。如果站在证券市场的角度用市场价值的视角来审视企业价值时，我们也可以这样理解，良好的公司治理将使公司在未来具有较高的财务安全性，有利于公司盈利能力的提高，从而使投资者愿意为治理状况好的公司支付较高的溢价，进而提高了公司的价值。②公司治理水平对公司短期绩效的影响较公司价值更为显著。这从一定程度上反映出，我国公司治理的结构安排与机制设立更侧重于以短期绩效为目标，虽然短期绩效与公司价值在某种程度上具有正向关联性，但从国外的实践来看过于追逐短期绩效往往不利于公司的长远发展，不利于公司做大做强[①]。因此，在我国公司治理的未来发展中，公司的治理机构与治理机制的设计需要更多地关注公司短期绩效与公司价值的平衡问题，只有这样公司才可能实现持续的良性发展。

参考文献

[1] Jensen, Meckling. Theory of Firm: Managerial Behavior, Agency Costs and Ownership Structure [J]. Journal of Financial Economics, 1976 (3): 305-360.

[2] Yermack D. Companies' Modest Claims about the Value of CEO Stock Option Awards [J]. New York University: Leonard N, Stern School of Business, 1996 (4): 42-96.

[3] Rechner P. L., Dalton D R.CEO Duality and Organizational Performance: A Longitudinal Analysis [J]. Strategic Management Journal, 1991, 12 (2): 155-160.

① 奥利弗·哈特. 公司治理：理论与启示 [J]. 经济学动态，1996 (6)：15-20.

[4] Demsets H., Lehn K. The Structure of Corporate Ownership: Causes and Consequences [J]. Journal of Political E-conomy, 1985, 93 (6): 1155-1177.

[5] Mcconnell J. J., Servas H. Additional Evidence on Equity Ownership and Corporate Value [J]. Journal of Financial Economics, 1990, 27 (2): 595-612.

[6] Beiner S., Drobetz W., Schmid M, et al. An Integrated Framework of Corporate Governance and Firm Valuation Evidence from Switzerland [J]. Finance Working Paper, 2003 (34): 122-129.

[7] Black B. S., Jang H., Kim W. Does Corporate Governance Predict Firms' Market Values? Evidence from Korea [J]. The Journal of Law, Economics and Organization, 2006 (22): 366-413.

[8] Newell R., Wilson G. A Premium for Good Governance [J]. The McKinsey Quarterly, 2002 (2): 20-25.

[9] Durnev A., Kim E. H. To Steal or Not to Steal: Firm Attributes, Legal Environment, and Valuation [EB/OL]. http: //www. blackwellsynergy.com/doi/abs/10, 2008-12-15.

[10] Gompers P. A., Ishii J. L., Metrick A. Corporat Governance and Equity Prices. http: //www.nber.org/papers/w8449.pdf.

[11] 许小年，王燕. 中国上市公司所有制与治理，公司治理结构：中国的实践与美国的经验 [M]. 北京：中国人民大学出版社，2000.

[12] 孙永祥，黄祖辉. 上市公司股权结构与绩效 [J]. 经济研究，1999 (12): 23-30.

[13] Tian L. H. Government Shareholding and the Value of China's Modern Firms [Z]. William Davidson Institute Working Paper No.395, University of Michigan Business School.

[14] Bai C., Liu Q., Lu J., et al. Corporate Governance and Market Valuation in China [J]. Journal of Comparative Economics, 2004 (32): 599-616.

[15] 白重恩，刘俏，陆洲等. 中国上市公司治理结构的实证研究 [J]. 经济研究，2005 (2): 81-91.

[16] 张春霖. 公司治理改革的国际趋势 [J]. 世界经济与政治，2002 (5): 40-45.

[17] 南开大学公司治理研究中心公司治理评价课题组. 中国上市公司治理指数与治理绩效的实证分析 [J]. 管理世界，2004 (2): 63-74.

[18] 袁庆明. 新制度经济学（第 1 版）[M]. 北京：中国发展出版社，2005.

[19] 哈特. 公司治理：理论与启示 [J]. 经济学动态，1996 (6): 71-75.

An Empirical Study of Correlation between Corporate Governance and Corporate Value

Liu Yinguo Zhu Long

Abstract: This paper attempts to build a proper corporate governance and corporate CGI index system to reflect China's enterprises and the value model of enterprises, and then uses

the regression analysis to test the correlation between China's corporate governance and its value. Research conclusion show that corporate governance level is a better reflection to the short-term corporate performance than it is to the long-term performance of companies—corporate value.

Key Words: corporate governance; corporate value; performance

机构投资者持股对上市公司盈余管理影响的实证研究*

李善民　王媛媛　王彩萍

【摘　要】本文以2004~2006年非金融类机构投资者持股的上市公司为样本，实证检验发现机构持股对上市公司盈余管理存在显著正向影响，在控制住盈余管理对机构投资者的影响进行Granger因果关系检验后同样发现，机构投资者对盈余管理的正向作用依然显著。本文进一步实证分析还发现，消极机构投资者持股与盈余管理显著正相关；而积极机构投资者持股与盈余管理微弱负相关。本文研究结果为进一步探讨机构投资者在我国上市公司治理中的作用提供了理论依据和经验支持。

【关键词】机构投资者；盈余管理；公司治理

一、引言

近年来，我国资本市场迅速发展成为社会资源配置的重要渠道。在资本市场上配置资源主要依赖于上市公司的信息披露，其中会计盈余信息又是重中之重。然而，上市公司管理层往往出于各种需要对会计项目进行盈余管理，在一定程度上动摇了会计信息的真实性和可靠性。然而，由于盈余管理根源于“委托—代理”问题导致的“信息不对称”和“契约不完全”，以及盈余管理在一定程度上可以满足公司利益相关者的某些需求，因此很难找到一种治理机制来完全规避盈余管理。尤其是在我国，长期以来上市公司股权结构中存在的“一股独大”和“内部人控制”问题等，更加大了监督管理层盈余操控的难度。但是，相对于中小股东而言，以证券投资基金、社保基金等为主的机构投资者具有一定专业优势，他们拥有专门研究团队，能对上市公司进行持续研究，并及时地发现可能存在的问题。而相关法律制度的不断完善以及机构投资者实力的不断壮大，均为提升机构投资者流

* 本文选自《管理评论》2011年第7期。

通股东的权力提供了保障。实践表明，我国的机构投资者已在一定程度上关注上市公司治理，影响上市公司治理决策。

那么，我国机构投资者是否已关注并影响上市公司盈余管理行为？不同类型的机构投资者又能否对上市公司盈余管理存在不同影响？虽然目前国内已有研究对第一个问题进行了重要探索，但个别证据尚不足以表明我国机构投资者对上市公司盈余管理作用的普遍性，仍需选取不同期间其他样本，采取多种研究方法以及拓展视角对此进行进一步研究。以此为基础，本文实证研究得到了不同的发现，在2004~2006年样本期间，机构投资者持股对上市公司盈余管理存在显著正向影响，这可能与Porter所解释的机构投资者总体持股比例较低以及盈余压力较大相关。更进一步，本文将我国机构投资者划分为积极机构投资者和消极机构投资者，研究这两类投资者在上市公司盈余管理中作用的差异，所得结论对于深入了解我国机构投资者在公司治理中的作用，制定更详细的政策指引，促进我国机构投资者的进一步发展具有重要意义。

本文的结构安排如下：第二部分为文献回顾与研究假设，第三部分为样本选择与研究设计，第四部分为实证结果及讨论，第五部分为文章的研究结论。

二、文献回顾与研究假设

（一）机构投资者与盈余管理

机构投资者能否有效监督上市公司盈余管理行为，对此国内外学者的研究均没有得到一致的结论。De Fond 和 Jiambalvo 发现当公司拥有持股量超过流通股5%的机构投资者时，管理层事先调整盈利的可能性下降；Dechow 等发现机构持股较多的公司进行财务欺诈的概率降低；Rajgopal 和 Venkatachalam 发现机构投资者持股量与主观应计利润的绝对值负相关；Bushee 的实证结果发现，当机构投资者持股比例较高时，管理层不太会通过减少研发支出来扭转盈余下降的情况，表明机构投资者是成熟型的投资者并能对管理者短视行为实施监督，避免其进行盈余操纵。但 Porter 以及 Cheng 和 Reitenga 的研究结果却与上述发现相反。Porter 发现，当机构投资者只持有公司少量的股份并有短期盈利压力时，它会表现得更关注短期目标，机构投资者的这种短期目标会刺激公司管理层增加盈利。Cheng 和 Reitenga 通过检验机构投资者持股与任意应计项目绝对值之间的关系，发现非大股东的机构投资者仅在自己的盈利压力不大的时候，促进对管理层盈余管理的监管；而持股量很大的机构投资者仅仅在自己的盈利压力很大的时候，才放松对管理层盈余管理的监管。程书强以2000~2003年沪市A股为样本，研究发现我国机构投资者抑制了上市公司盈余管理。夏冬林和李刚也对此进行了探讨。基于此，本文对我国机构投资者持股对盈余管理的影响提出两个相反的假设：

假设 1a：机构投资者持股比例越高，上市公司盈余管理程度越小。

假设 1b：机构投资者持股比例越高，上市公司盈余管理程度越大。

（二）不同类型的机构投资者与盈余管理

在分析机构投资者参与公司治理的效力时，大多数研究指出，同一资本市场上的机构投资者是不同质的，不同类型的机构投资者具有不同的监督意愿。Bushee 等在其研究中将机构投资者分为勤勉型、短暂型和准指数型三类。他们的实证研究发现，大量持股的短暂型机构投资者显著刺激了管理层削减研发支出以实现短期盈利目标，而勤勉型机构投资者则会降低管理层短视行为的可能性。此外，Liu 和 Peng 等则发现被大量的短暂型机构投资者持股的公司更有可能发布非 GAAP 盈余信息以便日后重估。相反，勤勉型机构投资者由于更了解所持股公司的信息和管理状况，他们可以以相对较低的成本对管理层进行监督，而较长的持股时间足以让他们获得监督带来的收益，因此他们愿意花费精力和资源对所投资的公司进行研究，并阻止管理层做出损害公司长期价值的行动。Francis 同样发现，勤勉型机构投资者有较强的动机去监督公司财务报告过程，减轻公司管理层盈余操控压力。因此，本文在基于我国机构投资者存在异质性的前提条件下提出如下假设：

假设 2：积极的机构投资者持股比例越高，上市公司盈余管理程度越小；

假设 3：消极的机构投资者持股比例越高，上市公司盈余管理程度越大。

三、样本选择与研究设计

（一）样本选择与数据来源

根据研究的需要，本文样本可以分三个部分：①在盈余管理测度时，以国内深沪两市所有上市公司 2004~2006 年共 3 年的数据进行研究，并剔除金融类、ST 和 PT 类以及财务数据有误或缺失的上市公司以及统计上显示的奇异值，共获得 3324 个观察值。②机构持股样本在盈余管理测度样本的基础上，剔除机构投资者总体持股不超过 5%的数据，共获得 1468 个观察值。③受数据获取的制约，对机构持股风格和交易特征的研究中本文以证券投资基金为研究样本。由于 2004 年重要变量数据遗漏较多，该样本只选取 2005~2006 年所有非货币基金的中期和年度持股明细数据和股票交易数据共计 55725 条，并以衡量机构特征的八个变量为依据[①]，剔除相关重要指标缺省的数据，最后得到 736 个样本。所有数据来源于万得（Wind）中国金融数据库。

---

① 具体的测度八个变量请参见下文“机构投资者分类方法”。

（二）研究设计

1. 盈余管理测度

在对盈余管理的测度中，本文综合陈武朝和张泓以及陆建桥的研究，将无形资产及其他长期资产、存货净额变化、待摊费用和线下项目加入 Jones 模型中进行修正，采用修正的 Jones 截面模型进行测量。具体方法如下：

公司总应计利润额等于净利润减去经营现金流量的差额（公式 1），其中，$TA_{i,t}$ 是 i 公司第 t 年的总应计利润额；$NI_{i,t}$ 是 i 公司第 t 年的净利润；$CFO_{i,t}$ 是 i 公司第 t 年经营现金流量。上述变量都经过 t-1 年末总资产进行标准化处理，以消除公司规模差异造成的影响。

$$TA_{i,t} = NI_{i,t} - CFO_{i,t} \tag{1}$$

根据修正的 Jones 模型，非可操控性应计额是主营业务收入变动额、应收账款变动额和固定资产的函数，本文回归模型同时考虑了无形资产及其他长期资产、存货净额变化、待摊费用和线下项目对公司应计项的影响，因此非可操控应计利润表示为：

$$NDA_{i,t} = \beta_1 \times \frac{1}{A_{i,t-1}} + \beta_2 \times \frac{\Delta REV_{i,t}}{A_{i,t-1}} + \beta_3 \times \frac{\Delta REC_{i,t}}{A_{i,t-1}} + \beta_4 \times \frac{PPE_{i,t}}{A_{i,t-1}} + \beta_5 \times \frac{\Delta STO_{i,t}}{A_{i,t-1}} + \beta_6 \times \frac{IA_{i,t}}{A_{i,t-1}} + \beta_7 \times \frac{AMA_{i,t}}{A_{i,t-1}} + \beta_8 \times \frac{\Delta IBL_{i,t}}{A_{i,t-1}} \tag{2}$$

其中，$NDA_{i,t}$ 是 i 公司经过第 t-1 期末总资产调整后的第 t 期的非可操控性应计利润；$\Delta REV_{i,t}$ 是 i 公司第 t 期的主营业务收入和第 t-1 期主营业务收入的变化额；$\Delta REC_{i,t}$ 是表示 i 公司第 t 期的净应收账款和第 t-1 期的净应收账款的差额；$PPE_{i,t}$ 是 i 公司第 t 期末总固定资产价值；$\Delta STO_{i,t}$ 是 i 公司第 t 期的净存货和第 t-1 期净存货的差额；$IA_{i,t}$ 是 i 公司第 t 期末无形资产和其他长期资产价值；$AMA_{i,t}$ 是 i 公司第 t 期末的待摊费用和长期待摊费用的总额；$\Delta IBL_{i,t}$ 是 i 公司第 t 期和第 t-1 期间线下项目的差额；$A_{i,t-1}$ 是 i 公司第 t-1 期末的总资产。

公式（2）中参数 β_1 至 β_8 是不同年度的特征参数，可使用横截面数据通过未修正的 Jones 模型进行估计，估计模型如下：

$$TA_{i,t} = b_1 \times \frac{1}{A_{i,t-1}} + b_2 \times \frac{\Delta REV_{i,t}}{A_{i,t-1}} + b_3 \times \frac{\Delta REC_{i,t}}{A_{i,t-1}} + b_4 \times \frac{PPE_{i,t}}{A_{i,t-1}} + b_5 \times \frac{\Delta STO_{i,t}}{A_{i,t-1}} + b_6 \times \frac{IA_{i,t}}{A_{i,t-1}} + b_7 \times \frac{AMA_{i,t}}{A_{i,t-1}} + b_8 \times \frac{\Delta IBL_{i,t}}{A_{i,t-1}} \tag{3}$$

其中，β_1 至 β_8 分别是参数 b_1 至 b_8 的估计值。用总应计利润额减去非可操控性应计利润额，就可得到代表盈余管理程度的主观应计额（DA），即：

$$DA_{i,t} = TA_{i,t} - NDA_{i,t} \tag{4}$$

在本文中，取 $DA_{i,t}$ 的绝对值作为衡量盈余管理 EM 的代理变量。

2. 机构投资者分类方法

本文参考 Bushee 对机构投资者特征的分类方法。Bushee 通过设置三类指标共 9 个变量描述机构投资者投资行为：第一类为投资集中度指标，包括 CONC（平均在每只股票上投资额占资产组合总价值比）、APH（投资组合中每只股票占该公司流通股比例）、LBPH（持股率超过 5%投资占整体投资组合的比例）、HERF（投资组合中每种股票持股率的平方和）；第二类是投资周转率指标，包括 STAB（投资组合中持有超过 2 年的股票占投资组合价值比）、PT（当期持股变化绝对值之和占该期投资组合平均净值比）；第三类是交易敏感度指标，包括 CETS1（公司每股盈利 EPS 变化时投资组合的平均交易敏感度，当机构买入盈利增长的股票越多或抛售盈利下降的股票越多，CETS1 值就越大）、CETS2（买入股票与卖出股票的平均 EPS 之差）、CETS3（盈利增加公司持股量变化与盈利减少公司的持股量变化之差）。

考虑到我国证券投资基金在持股数量上波动较大，CONC 指标不能很好衡量基金投资的组合集中度，因此舍弃 CONC 指标。同时由于无法获得机构投资者季度数据，获取 STAB 指标较困难，因此本文采用 Wind 数据库中已有的证券投资基金半年度“平均持股时间”这一指标替代 Bushee 模型中的 STAB 指标，其他变量设置与 Bushee 相同，最终选取八个变量来描述机构投资者特征：平均持股率 APH、大额持股率 LBPH、赫氏集中度 HERF、平均持股时间 HOR、组合周转率 PT、盈利变化敏感度 CETS1、平均买卖利差 CETS2、正负盈利变化比 CETS3。此外，由于上述八个特征变量之间存在一定相关性，因此本文采用因子分析方法通过主成分分析首先得到能概括这八个变量的主要因子，确定主要因子并计算因子得分进行聚类分析，最后判别机构投资者的类型。

3. 主要变量及假设模型

在设置机构持股变量时，本文将公司所有机构投资者持股比例之和作为自变量；此外考虑到机构持股比例波动较大，将使用年度机构总体持股的平均值（INS）进行研究。并选取对盈余质量影响最为显著的五个因素，即公司规模 LOGA、杠杆 LEV、现金流变化 ΔCF、销售收入变化 ΔSALES 和股权集中度 H10 作为控制变量[①]。假设 H1 检验模型为：

$$EM_{i,t} = \beta_0 + \beta_1 \times INS_{i,t} + \beta_2 \times H10_{i,t} + \beta_3 \times LOGA_{i,t} + \beta_4 \times LEV_{i,t} + \beta_5 \times \Delta CF_{i,t} + \beta_6 \times \Delta SALES_{i,t} + \varepsilon_{i,t} \qquad \text{模型（1）}$$

其中 i 和 t 分别表示公司和时间，ε 表示独立随机误差项。INS 的系数 β_1 衡量机构总体持股量对盈余管理的影响。

机构投资者由于其专业优势和信息资源，能够识别公司的盈余管理。为了消除盈余管理对机构投资者投资决策的影响，在模型（1）中引入滞后一期盈余管理变量进行 Granger 因果关系检验，具体模型为：

---

① 各控制变量的定义如下：公司规模=总资产取自然对数；杠杆=当年平均负债额/当年平均总资产；现金流量变化额=当年现金流量变化额/当年平均总资产；销售收入变化额=当年销售收入增加额/当年平均总资产=当年销售收入增加额/当年平均总资产；股权集中度=前十大股东持股比例平方和。

$$EM_{i,t}=\beta_0+\beta_1\times INS_{i,t}+\beta_2\times H10_{i,t}+\beta_3\times LOGA_{i,t}+\beta_4\times LEV_{i,t}+\beta_5\times \Delta CF_{i,t}+\beta_6\times \Delta SALES_{i,t}+\beta_7\times LAGEM_{i,t}+\varepsilon_{i,t}$$ 模型（2）

为检验不同类型机构投资者对盈余管理的作用，以 ACT 和 NEG 表示积极机构投资者平均持股比例和消极机构投资者平均持股比例，加入控制变量后对公司盈余管理进行回归。假设 H2 和 H3 实证检验模型为：

$$EM_{i,t}=\beta_0+\beta_1\times ACT_{i,t}+\beta_2\times NEG_{i,t}+\beta_3\times H10_{i,t}+\beta_4\times LOGA_{i,t}+\beta_5\times LEV_{i,t}+\beta_6\times \Delta CF_{i,t}+\beta_7\times \Delta SALES_{i,t}+\varepsilon_{i,t}$$ 模型（3）

其中，β_1 和 β_2 分别衡量积极和消极机构投资者对盈余管理的影响。同样，为了消除可能的盈余管理对不同类型机构投资者影响，采用滞后一期的盈余管理作为自变量进行 Granger 因果关系检验。具体模型如下：

$$EM_{i,t}=\beta_0+\beta_1\times ACT_{i,t}+\beta_2\times NEG_{i,t}+\beta_3\times H10_{i,t}+\beta_4\times LOGA_{i,t}+\beta_5\times LEV_{i,t}+\beta_6\times \Delta CF_{i,t}+\beta_7\times \Delta SALES_{i,t}+\beta_8\times LAGEM_{i,t}+\varepsilon_{i,t}$$ 模型（4）

四、实证结果及讨论

（一）机构投资者持股对盈余管理的影响

1. 实证结果

采用修正 Jones 模型截面回归方法进行逐步回归分析，最后得到 2004~2006 年各年度的盈余管理数据，其描述性统计结果见表 1。从表中可以看出 2004 年盈余管理水平均值高于 2005 年和 2006 年，2005 年盈余管理水平较上一年下降，而到 2006 年盈余管理水平又上升。盈余管理水平呈现一年低、下一年高的趋势。对假设 1 实证分析结果如表 2 所示，采用年度截面数据回归，所有年度回归方程的 F 值都达到 1%的显著水平，这表明回归方程均具有显著的统计意义。2004~2006 年，每年机构投资者持股都与盈余管理显著正相关，相关系数平均达到 0.03；对 3 年总样本的回归结果同样显示，机构投资者持股与盈余管理之间正相关且更为显著。因而，实证结果支持假设 H1(b)，即机构投资者持股比例越高，上市公司盈余管理程度越大。

表 1 盈余管理变量描述性统计结果

年度	2004~2006 年	2004 年	2005 年	2006 年
均值	0.05729	0.06015	0.05484	0.05712
中位数	0.03932	0.03971	0.03742	0.04139
标准差	0.06200	0.06942	0.05807	0.05846
最小值	0.00001	0.00001	0.00005	0.00003
最大值	0.59205	0.59205	0.42289	0.48634
样本数	3324	1044	1141	1139

表 2 机构投资者与盈余管理关系的回归检验结果（模型 1）

变量	2004~2006 年	2004 年	2005 年	2006 年
Intercept	0.169***	0.233***	0.167***	0.113**
INS	0.030***	0.038*	0.031*	0.025*
H10	0.031**	0.058**	-0.003	0.036*
LOGA	-0.017***	-0.026***	-0.015**	-0.010
LEV	0.062***	0.102***	0.053***	0.043***
ΔCF	0.102***	0.125***	0.046	0.118***
ΔSALES	0.008	0.003	0.003	0.010
样本数	1468	392	479	597
F 值	15.217***	7.163***	3.986***	6.165***
R^2	6.90%	10.00%	4.70%	5.90%
调整的 R^2	6.50%	8.60%	4.20%	4.90%

注：表 2 是根据模型（1）进行回归分析的结果。*、**、*** 分别表示在 10%、5%、1%的水平上显著。以下表格与之相同。

此外，机构持股与盈余管理的正向关系还存在另一种可能，即机构投资者可能会由于自身的专业能力和信息优势，有能力提前识别公司盈余管理行为，而机构的短期盈利压力会促使它们选择进行盈余操控的公司作为投机对象。那么，到底是公司的盈余管理吸引了机构投资者进行投机获取短期收益，还是机构投资者的短视行为刺激了公司管理层为迎合机构而进行盈余管理？本文采用 Ajinkya 等的方法对此问题进行了进一步分析，通过在模型 1 中加入滞后一期的盈余管理变量作为控制变量进行 Granger 因果关系检验（模型 2），由此消除前一期盈余管理影响当期机构持股并进一步影响当期期末盈余管理的作用，从而能更准确检验当期机构持股对当期期末盈余管理的影响。

Granger 检验回归结果显示（见表 3），滞后一期的盈余管理变量系数显著为正，表明当期盈余管理与前一期盈余管理显著相关，因而盈余管理是可以预测的。除 2004 年外，在其他年度和三年总样本中，机构持股的相关系数仍显著为正，即在控制盈余管理对机构投资者的影响后，依然可以发现机构投资者持股对盈余管理具有显著正效应，因此不能拒绝机构持股不受盈余管理影响这一原假设，从而证实了机构持股确实会刺激公司管理层进行盈余操控。

表 3 机构投资者持股与盈余管理关系的 Granger 因果关系检验（模型 2）

变量	2004~2006 年	2004 年	2005 年	2006 年
Intercept	0.116***	0.183**	0.113*	0.067
INS	0.026***	0.032	0.028*	0.018*
LAGEM	0.160***	0.142***	0.166***	0.210***
H10	0.023*	0.047**	-0.007	0.030

续表

变量	2004~2006 年	2004 年	2005 年	2006 年
LOGA	-0.011***	-0.020**	-0.010	-0.006
LEV	0.046***	0.070***	0.039**	0.035*
ΔCF	0.108***	0.117***	0.059	0.123***
ΔSALES	0.008	0.005	0.000	0.011
样本数	1426	392	437	597
F 值	24.817***	10.567***	5.468***	8.487***
R^2	10.90%	16.20%	8.20%	9.20%
调整的 R^2	10.50%	14.60%	6.70%	8.10%

2. 机构投资者对盈余管理影响的讨论

本文的实证结果表明，机构投资者对上市公司盈余管理存在正向作用，这与 Porter 的研究结果存在一致之处，但与程书强等的研究发现存在差异，这可能是由于两者研究样本期间不同造成的，本文样本期是 2004~2006 年。从 2001 年开始我国证券市场经历了 4 年漫长熊市，随后受股权分置改革、人民币升值等宏观环境影响，自 2005 年下半年开始，我国股票市场又开始进入牛市，本文样本期经历了从熊市最低谷到牛市高峰的过程。市场环境的迅速变化必然对机构投资者的投资策略产生重要影响，甚至在一定程度上扭曲其投资理念。首先，2004 年至 2005 年初，长期熊市使券商、基金亏损严重，部分券商和基金开始面临倒闭危险。恶劣的市场环境使得机构投资者面临严重的盈利压力，使其沦为追逐短期利益的“交易者”，机构的这种短期盈利压力正向传导给上市公司管理层，刺激盈余管理发生。而在第二阶段，2005 年底迅速回升的股市引致了“全民炒股”现象，基金持有者中中小投资者占据越来越大的比例，新增中小投资者的短期逐利性迫使基金不得不重视短期盈利。而基金业绩评价、基金排名也为之带来了不小的短期盈利压力，加剧其投资行为短期化。事实上，本文对基金特征变量的描述性统计结果也证实了上述分析，统计结果表明，2005 年和 2006 年基金整体表现活跃，半年度买卖股票价值总和是股票投资组合价值的 4.6648 倍，基金平均持股时间只有约 4.7 个月。然而，由于主要持有人、投资目标等存在显著差异，不同类型的机构投资者对上市公司盈余管理的影响是否存在差异，本文将对此进一步进行研究。

（二）不同类型机构投资者持股对上市公司盈余管理的影响

1. 机构投资者的分类结果

根据前文对机构投资者分类方法的定义，对 2005~2006 年基金半年度投资数据的描述性统计表明，基金对上市公司平均持股比例仅为 1.33%，平均持股赫氏指数为 0.0154，此外，持股超过 5%的股票价值仅占股票投资净值的 4.7%，基金持股集中度较低。基金投资活跃度均值为 4.6648，整体表现比较活跃。此外，衡量机构买卖操作与所持股票半年度 EPS 变化关系的 CETS1 指标显示，EPS 变化方向与基金持股数量增减方向一致，EPS 增加

(减少)，基金更多会买入（卖出）公司股票[①]。

表 4 给出了采用主成分分析方法经过正交旋转得到的最后主要因子。其中 A 部分是本文因子分析结果，八个特征变量通过主成分分析得到最终的三个主要因子，投资集中度、交易敏感度和投资周转率。A 部分同时列示了各特征变量数据对主要因子打分的系数。主要因子的累积方差解释度达到 75.98%，表明所提取的三个主要因子对原有的八个特征变量解释力度较好。进一步采用 k-means 聚类分析方法根据因子得分情况对样本进行分类（B 部分）：第一类基金投资集中度高、交易敏感度低、投资周转率低，可以预期这类投资者更注重长期价值投资，定义为“积极机构投资者”；而第二类基金投资集中度低、交易敏感度高、投资周转率高，这类投资者持有多个公司的股票，股票投资转手率高，买卖操作交易频繁，定义为“消极机构投资者”。最终发现，在 736 个样本中，“积极机构投资者”仅占 89 例，而“消极机构投资者”占 647 例，比例高达 87.9%。

表 4 特征变量的因子分析和聚类分析结果

A 部分 特征变量的因子分析						
	主要因子			因子得分系数		
特征变量	投资集中度	交易敏感度	投资周转率	投资集中度	交易敏感度	投资周转率
APH	0.922	0.149	0.189	0.361	−0.023	0.006
HERF	0.903	0.081	0.085	0.374	−0.053	−0.065
LBPH	0.930	0.118	0.063	0.385	−0.035	−0.087
PT	−0.139	−0.104	−0.841	0.066	−0.011	−0.594
HOR	0.088	0.016	0.839	−0.079	−0.029	0.603
CET1	0.084	0.946	0.012	−0.062	0.487	−0.035
CET2	0.078	0.917	−0.012	−0.058	0.473	−0.051
CET3	0.105	0.487	0.108	−0.019	0.241	0.048
方差解释度	32.27%	25.35%	18.36%			
累计方差解释度	32.27%	57.62%	75.98%			
B 部分 聚类分析						
主要因子得分						
分类结果	投资集中度	交易敏感度	投资周转率	样本数		
积极机构投资者	2.081	−0.065	0.300	89		
消极机构投资者	−0.286	0.009	−0.041	647		
F 值	1085.835***	0.433	9.183***			

注：基金交易明细数据仅选取报告期内累计买入或卖出金额排名前 20 的交易或者占期初资产净值超过 2%的股票交易。

该分类结果为本文假设 2 和假设 3 提供了进一步研究的前提，也就是说我国资本市场上的机构投资者是不同质的，就证券投资基金来说，存在着消极和积极两种类型。

① 受篇幅限制，描述性统计结果未在正文中予以显示。

2. 不同类型机构投资者对盈余管理的影响

表 5 是对模型（3）和 Granger 因果关系模型（4）的检验结果。在分别度量证券投资基金的年度平均持股量后，检验两类证券投资基金对盈余管理的影响。

首先，从实证结果可以看出（见表 5），2005~2006 年整体数据和 2006 年数据的分析结果均表明消极证券投资基金对盈余管理的影响显著为正，将滞后一期的盈余管理变量纳入到回归方程后的 Granger 因果关系检验结果同样显示，消极证券投资基金持股会刺激公司盈余管理。

其次，尽管理论研究表明，持股集中、投资时间长的机构投资者更关注公司长期价值，积极影响公司治理，能对公司盈余管理进行有效监督，然而表 5 的实证结果并没有发现积极证券投资基金的显著作用。

考虑到如果上市公司中积极证券投资基金持股比例太低，当消极基金占主导地位时，其对盈余管理的刺激作用会弱化积极基金的监督作用。因此，本文剔除积极基金持股比例少于 5%的数据，最终得到 325 个样本，再次对模型（3）和模型（4）进行分析，回归结果如表 5 所示。从表中可以看出，积极机构投资者持股比例与盈余管理负相关，相关系数为-0.029，积极机构投资者能抑制公司盈余管理；而消极机构投资者仍然与盈余管理正相关，相关系数为 0.047。可见，增加消极机构投资者对盈余管理的刺激作用要强于积极机构投资者对盈余管理的抑制作用。

表 5　不同类型机构投资者对盈余管理的影响检验

	A 列						B 列	
年度	2005~2006 年		2005 年		2006 年		2005~2006 年	
变量	模型（3）	模型（4）	模型（3）	模型（4）	模型（3）	模型（4）	模型（3）	模型（4）
常数项	0.108***	0.074*	0.106	0.076	0.112**	0.071	0.147*	0.121
LAGEM		0.184***		0.176***		0.208***		0.179***
ACT	0.018	0.013	0.022	0.011	0.020	0.018	-0.029	-0.030
NEG	0.051**	0.045**	0.036	0.030	0.064**	0.058**	0.047	0.048*
H10	0.017	0.008	0.001	-0.011	0.039*	0.033	0.013	0.006
LOGA	-0.009**	-0.006	-0.009	-0.005	-0.010*	-0.006	-0.013*	-0.010
LEV	0.046***	0.036***	0.045***	0.028*	0.045***	0.039***	0.058***	0.045**
ΔCF	0.094***	0.100***	0.059	0.069*	0.102***	0.106***	0.090**	0.099***
ΔSALES	0.008	0.008	0.009	0.005	0.007	0.008	0.007	0.005
样本数	1017	1017	427	427	590	590	325	325
F 值	7.830***	12.136***	1.807*	4.431***	6.096***	8.131***	2.654***	3.991***
R^2	5.20%	8.80%	2.90%	7.80%	6.80%	10.10%	5.50%	9.20%
调整的 R^2	4.50%	8.10%	1.30%	6.90%	5.70%	8.80%	3.50%	6.90%

注：受样本数量的限制，表 5-B 中是对 2005~2006 年综合样本进行的统计分析结果。

五、结论

本文主要从分析机构投资者持股是否对上市公司盈余管理存在影响的角度，来探讨我国机构投资者影响上市公司治理的积极性和有效性。对机构投资者总体持股与盈余管理关系的实证检验发现，2004~2006 年我国机构投资者持股与上市公司盈余管理之间存在正相关关系，同时在控制住盈余管理对机构投资者可能存在的影响后，机构投资者对盈余管理的正向作用依然存在，这表明我国机构投资者总体上并没有对上市公司盈余管理起到积极监督作用。

本文进一步通过特征分析发现我国机构投资者中存在两种投资类型截然不同的证券投资基金：一类基金持股集中，持股时间长，对盈利变化不敏感，称为“积极机构投资者”；另一类基金持股分散，交易活跃，持股时间短，对公司盈利变化敏感，称为“消极机构投资者”。在选取的 2005~2006 年 736 例样本中，积极的机构投资者仅占 89 例，而消极的机构投资者则有 647 例。当检验不同类型机构投资者对盈余管理的作用时，发现消极机构投资者确实对公司盈余管理具有显著正向作用，而积极机构投资者的效用则不明显。进一步剔除积极机构投资者持股比例少于 5%的样本书后发现，积极机构投资者持股比例与盈余管理出现负相关。

本文的研究结果表明，在我国目前积极机构投资者为数较少，消极机构投资者为数较多的情况下，要充分发挥机构投资者对上市公司治理决策的影响和作用，需要管理层、机构投资者等各个证券市场参与者共同努力，从政策方面加以引导，进一步完善对投资机构的评价机制，创造出良好的投资环境，以促进我国机构投资者的成长和成熟。

参考文献

[1] 王琨，肖星. 机构投资者持股与关联方占用的实证研究［J］. 南开管理评论，2005，8（2）：27-34.

[2] Porter M. E. Capital Disadvantage：America's Failing Capital Investment System［J］. Harvard Business Review，1992，70（5）：65-82.

[3] DeFond M.，Jiambalvo J. Incidence and Circumstances of Accounting Errors［J］. The Accounting Review，1991，66（3）：643-655.

[4] Dechow P.，Sloan R.，A. Sweeney. Causes and Consequences of Earnings Manipulation：An Analysis of Firms Subject to Enforcement Actions by the SEC［J］. Contemporary Accounting Research，1996，13（1）：1-36.

[5] Rajgopal，S.，Venkatachalam M. The Role of Institutional Investors in Corporate Governance：An Empirical Investigation［R］. Working Paper，University of Washington，1997.

[6] Bushee B. J. The Influence of Institutional Investors on Myopic R&D Investment Behavior［J］. The Accounting Review，1998，73（3）：305-333.

[7] Cheng C. S. A., Reitenga A. L. Characterisitcs of Institutional Investors and Discretionary Accruals [R]. SSRN Working Paper, http: //ssrn.com/abstract=277717, 2001.

[8] 程书强. 机构者持股与上市公司会计盈余信息关系实证研究 [J]. 管理世界, 2006 (9): 134-141.

[9] 夏冬林, 李刚. 机构投资者持股和会计盈余质量 [J]. 当代财经, 2008 (2): 111-118.

[10] Liu L. Y., Peng E. Y. Institutional Ownership Composition and Accruals Quality [R]. SSRN Working Paper, http: //ssrn.com/abstract=929582, 2006.

[11] Francis J., LaFond R., Olsson P., et al. The Market Pricing of Earnings Quality [J]. Journal of Accounting and Economics, 2005, 39 (2): 295-327.

[12] 陈武朝, 张泓. 盈余管理: 审计师变更与审计师独立性 [J]. 会计研究, 2004 (8): 81-86.

[13] 陆建桥. 中国亏损上市公司盈余管理实证研究 [J]. 会计研究, 1999 (9): 26-36.

[14] Ajinkya B., Bhojraj S., Sengupta P. The Association between Outside Directors, Institutional Investors and the Properties of Management Earnings Forecasts [J]. Journal of Accounting Research, 2005, 43 (3): 343-376.

The Influences of Institutional Investors on Earning Management in Listed Companies

Li Shanmin　Wang Yuanyuan　Wang Caiping

Abstract: Drawing upon data of non-finance listed companies held by institutional investors during 2004 to 2006, this study finds that institutional shareholding can affect earning management positively, and this effect is confirmed by Granger tests. Then it divides the data into two categories by factor analysis and cluster analysis. The further empirical results show that the negative institutional shareholding can influence corporate earning management positively, but the active institutional shareholding can only influence corporate earning management weakly and negatively.

Key Words: institutional investors; earning management; corporate governance

家族成员的权力集中度与企业绩效
——对家族上市公司的研究*

贺小刚　李新春　连燕玲

【摘　要】如何在家族成员内部建立有效的治理机制是家族企业研究的关键问题之一。基于各个家族成员的偏好存在差异且追求其自身效用最大化这一假设，分析家族成员内部的权力集中度对企业绩效的影响程度以及这种影响的受制条件。实证结果表明：相对于线性关系，倒U型假设更有助于解释我国家族上市公司的家族成员内部权力集中度与经营绩效之间的关系；企业的经营多样性和经营规模对家族成员权力集中度的功效起到显著的调节作用。

【关键词】家族企业；权力集中度；调节作用；企业绩效

引　言

控制权与管理权等权力配置机制是公司治理研究中的一个非常重要的主题，但在诸多的家族公司治理研究文献中，不少学者将家族成员集团作为一个研究对象，而没有对家族成员的个体进行区分。这种研究是无法解释家族成员是如何组织其最佳的治理机制的，因为其蕴含的潜在假定是所有的家族成员都是利他主义者、具有基本相同的价值观和目标，他们会很自然地团结在一起。很明显地，此假设受到了挑战，因为在信息不对称情况下利他主义可能被家族成员所利用，诱使他们采取"搭便车"行为、逃避责任而不是努力工作；一个家族也不可能由利益与目标完全相同的个体所组成，受资源的约束，家族冲突将不可避免；最后，家族成员并不只是理性地追求经济效用的最大化，受非经济目标的驱动，他们可能会采取一些于己于人都不利的行为。针对上述假设所存在的问题，有些学者开始关注家族成员的目标和偏好差异等因素对家族企业治理、竞争绩效所可能产生的影响

* 本文选自《管理科学学报》2011 年第 5 期。

如 Schulze 等实证分析了家族成员之间的权力安排对企业财务决策的影响；Kellermanns 等和 Eddleston 等的研究表明家族控制权和所有权的安排将直接或间接地影响到家族内部的冲突，进而影响到企业绩效。近来有个别学者开始关注家族成员内部治理机制的研究。如许永斌和郑金芳、贺小刚等的研究表明家族内部存在一种亲缘效应、家族内部的权力分配将影响到企业的治理效率；贺小刚和连燕玲所进行的实证研究还发现，家族内部的所有权差距和管理权差距与企业价值创造之间存在比较显著的线性关系。

虽然国内外的一些学者已开始关注家族成员内部的治理机制问题，认为家族成员内部的权力安排影响到组织效率，但到底是集中权力于个别家族成员更为有效，还是将权力分散给不同的家族成员更为有效，对于这一问题目前还没有达成一致的结论。本文的研究贡献主要体现在：第一，前期的研究文献大多关注的是物质资本所有权或简单地假定家族成员的权力集中度与治理效率存在一种线性关系，本文则将家族成员内部的权力来源细分为所有权和管理权，并假设且验证了它们与家族治理效率的倒 U 型关系。第二，虽然个别学者从单变量角度探讨了家族权力集中度对家族企业财务决策或经营绩效的影响，但这些研究文献并没有考虑到此家族权力集中度的受制条件，本文假设且验证了企业经营多样性和经营边界对家族成员权力结构安排的制约作用，这为深入了解我国家族企业的治理效率提供了更为充分的解释。

一、理论分析与研究假说

（一）家族成员的所有权集中度与企业绩效

一般而言，家族企业的所有权分布具有三种典型的模式，即集中于业主、兄弟姐妹分享所有权、表亲以及其他准家族成员参与分享家族企业所有权。本文认为，过度集中所有权于极个别家族成员将产生一系列问题。这是因为，第一，集中所有权会导致自我控制问题，即由于非经济动机的存在，家族成员可能会采取一些于己于人都不利的行为，如控制性股东可能会利用绝对的权力优势投资一些只有他自己感兴趣而其他家族成员并不认为是最佳的项目。第二，既然投票的结果往往反映的是更具权威者的偏好，对于那些没有什么权力的家族成员而言，他们宁愿选择“搭便车”，且将其余力用于各种金钱或非金钱的消费而不是选择生产性的投资活动。第三，过度地集中所有权于个别家族成员将激发家族成员内部的矛盾。这些掌握核心权威的家族成员不仅仅拥有了有形的物质资源，而且控制了外部网络资源等无形资产，这使得其他家族成员感觉到自己的利益受到剥夺，进而对家族内部的公平性失去信心；况且控制性股东还可能会运用权力改变他们的最终财产计划，使得家族成员的财产索取权处于高度的风险之中，这就进一步恶化了家族成员之间的矛盾。

外部治理机制，包括有效的资本市场、公司控制市场等，是可以在一定程度上解决控制性损失问题的，但这些机制在家族企业很难发挥作用。为了解决家族成员之间的代理成本，一个可行的方法是赋予其他家族成员一定的所有权。因为掌握实实在在的所有权不仅会激励家族成员努力工作，而且还使得家族成员的经济目标趋同，使他们更关注企业成长，甚至敢于冒险和创新，而不是选择过度的消费；另外，让家族成员持有家族企业的所有权在一定程度上有助于解决家族成员内部的冲突问题，因为作为家族成员，他们总是感觉到和自认为有资格对企业的财富享有法定的索取权，所有权的分配可以在一定程度上解决家族成员的这种感觉上的不平等问题。

但毫无疑问，如果将所有权平均地配置给所有家族成员，家族内部的冲突和代理问题也将随之增加。这是因为，第一，当各家族成员拥有了相对均等的所有权，他们就有理由相信自己的行为不会轻易受到其他家族成员的制衡，这为自己及其核心家庭成员谋取福利创造了机会。比如他们可能会采取一些支持对己有利的新项目或招募其核心家庭成员参与主要的管理活动。第二，在所有权分散的情况下，要获得其他家族成员对一些重要的决策的支持是很难的，家族成员之间的协调成本将增加。第三，公平有助于减少冲突，但均等地分配所有权并不会给家族成员带来公平感，因为这并没有考虑到个体差异。同时，正由于平均地配置所有权并没有考虑到各个家族成员的偏好和差异性，这最终将导致家族成员之间相互争夺权力、私下交易和妥协，耗费企业的有限资源。

基于上述分析，提出假设 1。

H1：家族成员的所有权集中度与家族企业绩效存在一种倒 U 型的关系。

（二）家族成员的管理权集中度与企业绩效

从很多个案和研究文献来看，家族企业的领导者倾向于集中管理决策权。这种过度地将管理权集中于个别家族成员的权力配置模式将对企业产生消极的影响。这是因为集权者为确保其权力往往会禁止其他家族成员参与决策，这就减少了家族内部的信息交换与共享的机会，最终会导致低效的决策质量和组织绩效。另外，高度集中管理权将会激发家族成员之间的权力争夺行为。未掌握管理权的家族成员为确保其在家族中的地位和声望，一个可行的途径就是不断争取更大的剩余控制权。在争夺权力的过程中，截留信息、游说等政治活动更可能为家族成员所利用，而集中精力关注环境的变化以找到关键问题的解决方案、做出更为有效率的决策等生产性活动反而被忽略。

管理权的分享可以在一定程度上解决上述问题。Whiteside 等的研究发现，那些强调分享权力、合作和自由沟通的家族企业往往很少有破坏性的人际冲突。因为随着家族成员越来越参与到决策过程，许多不同的观点也随之形成，信息资源也将在更大程度上得以利用，并且家族成员的参与也可使他们更加清楚地明白企业的发展方向，这对于提高战略执行效率和战略目标的实现是非常有利的。另外，授权和参与导向的管理方法也激发了家族成员对组织的承诺动机和心理所有权，进而有助于他们更客观地评价企业所面临的优势和劣势，做出有利于最大化企业绩效的决策。

但是管理权过度地分散于家族成员则同样会产生诸多问题，这表现在：首先，过度分散管理权将降低经营决策的效率。由于每个家族成员对企业的战略决策具有同等的发言权，为了尊重每一个家族管理者的权力，决策程序自然延长了。Davis 等指出，如果没有一个具有足够影响力的家族成员引导或决定战略的制定，这会导致严重的决策冲突。其次，家族成员参与管理将提高家族管理成本。这是由于一旦某些家族成员担任了重要管理职位，则即使其能力低下也往往不会受到类似于市场机制下的惩治，因为利他主义削弱了家族领导者有效监督和规范这些家族成员行为的能力，他们在评价家族成员时会有选择地过滤掉一些于其家族成员不利的信息。最后，均等地分享管理权可能导致更为严重的冲突和非生产性的权力争夺行为。因为相对均等的管理权结构为家族成员拉帮结派以获取更多的权力奠定了基础。这在由多个代际、不同亲缘关系的家族成员管理企业时更为明显。

基于上述分析，提出假设 2。

H2：家族成员的管理权集中度与家族企业绩效存在一种倒 U 型的关系。

（三）权力集中度效应的调节作用

家族成员的权力集中度与企业绩效之间的关系将受到企业经营多样性及经营规模的制约。对于经营规模比较大的家族企业而言一般有两种控制手段，一是以制度和组织程序的强化替代权力的集中，这种方式在大多西方发达经济的情况下是具有普遍性的；但同时也存在另一种可能性，即由于制度和组织程序化的缺失或不完备，分权组织或者不存在或者不起作用，在这种情况下，组织的控制和领导效率更多的是依靠权力的集中化，也就是所谓的“人治”可能是较好的解决之道。我国家族企业的制度和组织程序大多是不完善的，这时的组织规模越大则越需要集中家族权力。另外，对于经营规模较大的企业，业主就需要更多的家族成员协助以维持家族的控制地位，但家族成员的增多会导致其目标出现更大的差异性、关系冲突增多，机会主义动机和行为也将随之产生甚至恶化。解决这个问题的一个可行方法就是相对地集中家族权力而不是分散家族权力。况且经营规模的扩大导致了家族成员可支配的营运空间也增大，权力的分散可能会促使家族内部小帮派的出现，这也不利于家族和谐机制的建立。而对于经营规模相对较小的家族企业而言是比较容易控制的，这种情况下家族企业没有必要将权力集中于极个别家族成员，将权力分散到不同的家族成员手中不仅不会导致新帮派的出现，还将更有利于整个家族的和谐。况且对于经营规模相对较小的家族企业而言，由于其运营受到资源获取约束、融资约束等诸多方面的制约，此时企业的发展只能或至少很大程度上是依赖于整个家族团队的，此时家族企业的一个相对有效策略就是通过分权以调动他们的积极性，从而充分地获取各个家族成员的资金、人力、社会关系等资源。

企业经营多样性也对家族权力集中度的功效起到调节作用。对于经营多样性水平不高的家族企业而言，它向市场所提供的产品或服务种类较少、目标市场相对集中，它所面临的市场环境相对简单、所需信息要求低、决策标准化和例行性则相对较高。在此经营背景下，家族成员中的集权对于企业市场运作效率的提高更为有利，因为此种环境下即使决策者事必躬亲也不会由于需要处理的信息量过大而超越其有限理性的阈值，集权能够产生效率。相反，此种单一经营环境下的分权机制则很容易导致家族成员之间的相互掣肘、阻碍信息的交流，不利于快速决策的制定。对于那些经营多样性较大的家族企业，它所面临的市场需求、竞争者、技术变迁或市场运作规则等战略因素错综复杂且具有非连续性；随着市场交易网络的扩大，所需的经营信息不仅不容易获取，且很难确保它的准确性。在此情况下，分权是有利的。这一方面是因为分权将有利于各家族成员尽可能多地获取和共享不确定的市场信息，同时也使得业主能够从繁杂的日常事务中解脱出来以专心致力于战略计划的制定和控制，进而提高决策和管理效率；另一方面将权力分散到不同的家族成员手中将有利于充分地激励他们在其各自的经营领域进行专有性投资，调动他们的积极性，并规避一些关系冲突。另外，组织政治理论的研究者还发现，在这种多样性的复杂经营环境下如果采取权力集中的机制，还会导致各参与者为了影响他人的决策而采取更多的政治活动，造成信息流动受限，最终不利于绩效的改进。

基于上述分析，提出以下两个假设。

H3a：在企业经营规模较大的情况下，相对地集中家族权力将更有利于绩效的改进。

H3b：在企业经营多样性水平较高的情况下，相对地分散家族权力将更有利于绩效改进。

二、研究设计

（一）研究样本与数据来源

本文以家族上市公司为研究样本，其标准为：①最终控制者能追踪到自然人或家族；②最终控制者直接或间接持有的公司必须是被投资上市公司第一大股东。根据北京色诺芬信息服务有限公司提供的CCER经济金融研究数据库，获取了2002~2005年所有民营上市公司的年度报告、招股说明书和上市公告书。在此基础上根据本文对家族上市公司的界定，排除了外资类、集体类、社会团体类和职工持股会控制类等非家族控制的企业，并删除了在2002~2005年数据缺失过多的家族上市公司，最后得到131家公司的面板数据库。这些公司依据全球行业分类标准（Global Industry Classification Standard，GICS），涉及工业（22%）、信息科技（20%）、消费者相机选购品（22%）、医疗保健（14%）、原材料（12%）、日常消费品（6%）以及金融（房地产管理与开发）（4%）七个行业。

（二）检验模型及相关变量说明

为检验本文的理论假说，构建了以下三个基本模型：

$$PERFOR_{it} = a_0 + a_1VRD_{it} + a_2VRD_{it}^2 + a_3MPD_{it} + a_4MPD_{it}^2 + a_5SIZE_{it} + a_6DEVI_{it} + a_7CONTR_{it} + \varepsilon \quad (1)$$

$$PERFOR_{it} = \beta_0 + \beta_1 VRD_{it} + \beta_2 VRD_{it}^2 + \beta_3 MPD_{it} + \beta_4 MPD_{it}^2 + \beta_5 SIZE_{it} + \beta_6 DEVI_{it} + \beta_7 VRD_{it}^* SIZE_{it} + \beta_8 VRD_{it}^* DEVI_{it} + \beta_9 MPD_{it}^* SIZE_{it} + \beta_{10} MPD_{it}^* DEVI_{it} + \beta_{11} CONTR_{it} + \varepsilon \quad (2)$$

$$PERFOR_{it} = \gamma_0 + \gamma_1 VRD_{it} + \gamma_2 VRD_{it}^2 + \gamma_3 MPD_{it} + \gamma_4 MPD_{it}^2 + \gamma_5 SIZE_{it} + \gamma_6 DEVI_{it} + \gamma_7 VRD_{it}^* SIZE_{it} + \gamma_8 VRD_{it}^* DEVI_{it} + \gamma_9 MPD_{it}^* SIZE_{it} + \gamma_{10} MPD_{it}^* DEVI_{it} + \gamma_{11} VER_{it}^{2*} DEVI_{it} + \gamma_{13} VER_{it}^{2*} SIZE_{it} + \gamma_{13} VER_{it}^{2*} DEVI_{it} + \gamma_{15} CONTR_{it} + \varepsilon \quad (3)$$

变量 1　企业绩效（PERFOR）。以资产收益率（ROA）和销售利润率（ROS）作为企业绩效的衡量指标。考虑到权力作用的滞后性，以会计当年、次年的均值作为计算绩效的基础；同时考虑到行业因素的影响，对绩效数据进行了以资产为权重的行业均值调整。

变量 2　家族成员的所有权集中度（VRD）。以投票权集中度来衡量家族成员的所有权分布状况，先将这几个家族成员视为一个整体，求得其在上市公司的总投票权，并依据他们在该目标公司的持股比例进行分配，进而求得每个家族成员的投票权（Sh_i）。由于本文所研究的上市公司并不一定完全由家族成员所占有，为充分地测量出家族成员的权力集中度，先将家族成员在企业中的投票权转变成为家族成员之间的相对比率 Vr_i，然后再利用赫芬达尔指数进行测量。公式为 $VRD = \sum (Vr_i)^2 = \sum (Sh_i / \sum Sh_i)^2$。式中 n 为持有投票权的家族成员人数。

变量 3　家族成员的管理权集中度（MPD）。以任职职位的高低和数量等客观指标测量家族管理权，即先借鉴贺小刚和连燕玲的方法确定我国家族上市公司中的职位类型及其相应的等级系数 po_i，以此作为每个家族成员管理权的测量指标，然后计算该成员在整个家族管理团队中的相对管理权威 mp_i，最后利用赫芬达尔指数进行测量。具体计算公式为 $MPD = \sum (mp_i)^2 = \sum (po_i / \sum po_i)^2$。式中 n 为持有管理权的家族成员人数。

变量 4　企业经营规模（SIZE）。企业的经营规模一般以企业资产总量或员工人数等进行衡量，本文同时采取了这两个指标。在初步的统计检验过程中以企业员工总人数进行测量，在后续的稳健性检验过程中则以企业期初与期末总资产的均值的方法衡量企业的经营规模。

变量 5　企业经营多样性（DEVI）。采取比较常用的熵指数法方法测量企业的经营多样性。具体公式为 $DEVI = \sum p_i \ln (1/p_i)$。式中 p_i 为第 i 个行业的营业收入占主营业务收入的比重，n 代表所涉足的行业数。控制变量（CONTR）包括：①家族成员的经营能力（MA），包括任期、教育水平和技术能力三个指标。②家族成员亲缘关系（KINS），即如果持股或任职的家族成员与控制性股东的关系为直系关系则设定为 1，否则为 0。③家族控股权（FSH），即家族直接或间接控制家族上市公司的股份总和。④持有股份或在家族企业任职的家族成员人数（FM）。⑤非家族管理者持股比率（NFSH）。⑥研发投入（RD），以研发人员比重作为替代性指标。⑦企业寿命（LIFE）。⑧债务资本比率（DEBT）。⑨市场风险（BETA）。

基于样本数据，对主要研究变量进行了描述性统计处理，结果见表 1。可以看出：①家族成员内部所有权的集中度一直明显地高于管理权集中度的水平，所有权集中度一直在 0.72 以上，而管理权集中度一直在 0.532 以下。②两种权力集中度的逐年变化方向不同，但变化的趋势都不明显。家族成员所有权集中度在 2002~2005 年逐年出现了一定程度的增长趋势，从 2002 年的 0.723 上升到 2005 年的 0. 735，但总体而言这种增长幅度是不大的；家族成员管理权集中度出现下降的趋势，但这种下降幅度并不明显。

表 1　主要研究变量的描述性统计结果

变量	参数	2002 年	2003 年	2004 年	2005 年	2002~2005 年
ROS	均值	0.270	0.273	0.252	0.228	0.256
	标准差	0.360	0.190	0.238	0.179	0.252
ROA	均值	0.028	-0.004	-0.042	-0.056	-0.018
	标准差	0.074	0.169	0.250	0.208	0.189
VRD	均值	0.723	0.727	0.730	0.735	0.729
	标准差	0.275	0.273	0.270	0.269	0.271
MPD	均值	0.531	0.512	0.507	0.505	0.514
	标准差	0.401	0.395	0.400	0.399	0.398
SIZE	均值	1852	2157	2619	2424	2268
	标准差	0.249	0.296	0.488	0.361	0.360
DEVI	均值	0.511	0.556	0.537	0.513	0.529
	标准差	0.450	0.465	0.448	0.447	0.452
样本量		131	131	131	131	524

三、检验结果与讨论

本文对检验模型同时采取了随机效应和固定效应法，具体的结果如表 2 所示。从各检验结果可以看出，所有的模型都具有很好的拟合效度。模型 1 和模型 5 的检验结果表明，家族成员内部所有权集中度与 ROS 和 ROA 之间存在显著的倒 U 型关系，并且这种先升后降的非直线关系在后续的模型 2、模型 3、模型 6、模型 7 加入了企业规模和经营多样性调节变量的情况下也仍旧非常显著。同时，检验结果还显示，家族成员内部管理权集中度与 ROS 和 ROA 之间也存在显著的倒 U 型关系；并且这种倒 U 型关系在后续的所有模型中也仍旧非常显著。在考虑到全部解释变量的情况下，大致可以推算出家族成员所有权集中度在 63.98%和 74.88%处即可使 ROS 和 ROA 达到最大值，而家族成员的管理权集中度在 29.19%和 52.87%时即可使 ROS 和 ROA 达到最大值。

表 2　全部样本的检验结果

变量	ROS				ROA			
	模型 1	模型 2	模型 3	模型 4	模型 5	模型 6	模型 7	模型 8
控制变量	—	—	—	—	—	—	—	—
VRD	0.360*** (0.115)	0.261** (0.117)	0.286** (0.137)	0.290** (0.135)	0.255* (0.136)	0.334** (0.141)	0.284* (0.165)	0.288* (0.163)
VRD^2	−0.274*** (0.084)	−0.207** (0.085)	−0.223** (0.097)	−0.229** (0.096)	−0.174* (0.100)	−0.224** (0.102)	−0.190* (0.117)	−0.194* (0.116)
MPD	0.123* (0.080)	0.083 (0.081)	0.077 (0.082)	0.096 (0.081)	0.119 (0.095)	0.155 (0.098)	0.169* (0.098)	0.171* (0.100)
MPD^2	−0.156** (0.064)	−0.134** (0.064)	−0.132** (0.065)	−0.144** (0.064)	−0.132* (0.076)	−0.154** (0.078)	−0.160** (0.078)	−0.166** (0.078)
SIZE	0.001 (0.008)	−0.008 (0.009)	−0.015 (0.016)	−0.012 (0.016)	0.015 (0.010)	0.022** (0.011)	0.026 (0.020)	0.031 (0.020)
DEVI	−0.026** (0.010)	−0.016 (0.010)	−0.027* (0.016)	−0.024 (0.016)	−0.002 (0.012)	−0.007 (0.013)	0.021 (0.020)	0.015 (0.023)
VRD*SIZE		0.075** (0.032)	0.066** (0.033)	0.066** (0.033)		−0.076 (0.038)	−0.064 (0.040)	−0.061 (0.040)
VRD*DEVI		−0.081** (0.041)	−0.070* (0.043)	−0.070* (0.043)		−0.055* (0.049)	−0.084* (0.052)	−0.085* (0.051)
MPD*SIZE		0.022 (0.021)	0.015 (0.025)	0.015 (0.025)		0.030 (0.025)	0.032 (0.030)	0.036 (0.030)
MPD*DEVI		−0.079** (0.034)	−0.081** (0.035)	−0.083** (0.034)		0.032 (0.041)	0.037 (0.042)	−0.002 (0.064)
VRD^2*SIZE			0.030 (0.196)	0.019 (0.193)			−0.037 (0.236)	−0.042 (0.233)
VRD^2*DEVI			0.171 (0.199)	0.130 (0.196)			−0.446* (0.239)	−0.543** (0.249)
MPD^2*SIZE			0.047 (0.083)	0.046 (0.082)			−0.022 (0.100)	−0.042 (0.102)
MPD^2*DEVI			−0.022 (0.089)	−0.075 (0.067)			−0.014 (0.090)	0.149 (0.195)
(常数项)	0.164*** (0.047)	0.197*** (0.049)	0.196*** (0.056)	0.175*** (0.056)	−0.016 (0.056)	−0.066 (0.059)	−0.061 (0.068)	−0.074 (0.068)
With in R^2	0.157	0.203	0.205	0.208	0.153	0.171	0.181	0.185
Between R^2	0.238	0.359	0.400	0.559	0.828	0.833	0.846	0.584
Overall R^2	0.153	0.198	0.201	0.198	0.160	0.178	0.186	0.185
Wald X^2	64.200***	86.360***	87.080***	4.100***	67.440***	75.640***	79.480***	3.380***

注：①各模型都包含了控制变量；②表中模型 1~3、5~7 为随机效应检验的结果，模型 4 和模型 8 为固定效应检验所得出的结果；③固定效应的分步检验的结果未列示，但与随机效应检验的对应模型基本相同；④*，**，*** 分别代表 10%、5%、1%的显著率；⑤样本观测值为 524。

以模型 3 和模型 7 为基础，拟合了家族成员所有权集中度和管理权集中度的有效取值之间的图形（见图 1 和图 2）。并且结合样本的描述性数据可以得知，在绩效达到最大化

值时的所有权集中度值的临界值是处于均值与正负两个标准差之间的（0.185~1.272），且该值与均值的差异分别为-0.089和0.019，所以一方面可以排除异常值的存在，另一方面也可以认为该模型的模拟效果要优于对权力集中度取对数或一次项或三次项等拟合模型的效果。对于家族成员的管理权集中度，同样可以得知在绩效达到最大化值时的管理权集中度的临界值处于均值与正负两个标准差之间（-0.282~1.310），这也使我们可以排除异常值的存在以及其他更优模型的存在。这些结果，一方面说明家族成员内部的权力集中度与家族企业绩效存在先升后降的倒U型关系；另一方面相对于家族成员的所有权集中度，管理权则可以相对地分散在家族成员之间，但这种分散也不是均等的分散，仍旧是一种相对的分散才有效。从模型4和模型8的固定效应检验结果也依旧可以得出相同的结论。

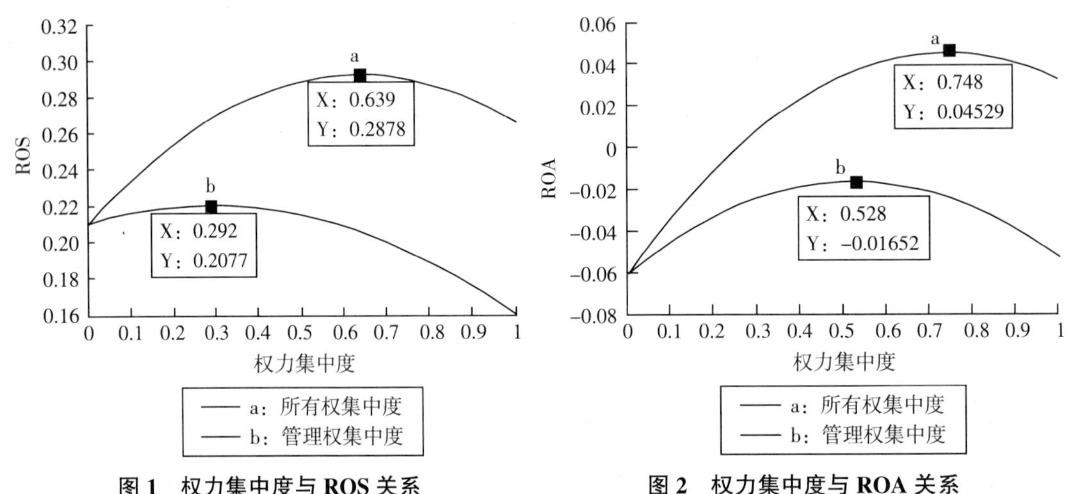

图1 权力集中度与ROS关系

图2 权力集中度与ROA关系

从表2中有关企业经营规模的调节作用的检验结果可以看出，在ROS检验的模型2、模型3，以及固定效应模型4中，企业规模与所有权集中度的交互项显著为正，与管理权集中度也存在互补作用，不过其显著性较弱。这在一定程度上说明，对于大规模企业而言集中所有权和管理权于个别家族成员是有利于提高家族企业绩效的。有关企业经营多样性的调节作用的检验结果表明，企业经营多样性与所有权集中度的交互项无论是在ROS模型中还是在ROA模型中都出现了显著负相关性，并且这种替代作用的显著性水平在后续的模型3和模型7中加入权力平方的调节变量以及模型4和模型8采用固定效应检验之后仍旧显著。经营多样性与管理权集中度的交互项也存在一定的负显著相关性，在固定效应模型中仍旧支持这一结论。这些结果基本上验证了本文的两个基本假设。

为了更清楚地分析企业经营规模和经营多样性在家族权力集中度影响企业绩效的过程中的调节作用，将员工总数在500人以下设计为小规模公司，反之为大规模公司；依据经营多样性水平的中位数将样本分为多元化上市公司和专业化上市公司。分样本的检验结果参见表3以及图3和图4。从大规模企业检验结果可以看出，权力集中度的一次项检验仅有管理权集中度显著负相关，所有权集中度则并不显著，但加入二次项检验后，它们的显著性水平明显增加了，且模型的解释力也提高了，由此认为家族成员的所有权集中度、管理权集中度都与企业绩效存在显著的倒U型关系。但值得注意的是，在大规模企业家族成员所有权临界值在69.91%时才达到绩效最大化水平，大于总体样本的63.98%水平，管理

表3 经营规模、经营多样化的调节作用检验结果

变量	大规模		小规模		多元化		专业化	
	模型1	模型2	模型3	模型4	模型5	模型6	模型7	模型8
控制变量	—	—	—	—	—	—	—	—
VRD	0.017 (0.019)	0.319*** (0.109)	-0.060* (0.035)	0.504 (0.226)	-0.018 (0.027)	0.201 (0.157)	-0.002 (0.027)	0.971*** (0.207)
MPD	-0.072** (0.021)	0.098** (0.081)	-0.073** (0.033)	0.066 (0.149)	-0.141*** (0.037)	0.140 (0.165)	-0.027 (0.025)	0.112* (0.106)
VRD^2		-0.228*** (0.082)		-0.404 (0.161)		-0.168* (0.118)		-0.689*** (0.147)
MPD^2		-0.139*** (0.064)		-0.114 (0.124)		-0.202* (0.117)		-0.151* (0.092)
(常数项)	0.271*** (0.036)	0.160*** (0.046)	0.334** (0.062)	0.153* (0.090)	0.258*** (0.057)	0.120*** (0.081)	0.335*** (0.047)	0.093*** (0.073)
With in R^2	0.176	0.224	0.173	0.229	0.213	0.243	0.058	0.203
Between R^2	0.242	0.333	0.465	0.238	0.038	0.044	0.907	0.920
Overall R^2	0.174	0.215	0.176	0.227	0.210	0.236	0.081	0.226
Wald X^2	57.080***	74.07***	29.850***	40.350***	45.170***	51.680***	15.250***	50.140***
N	369	369	152	152	251	251	270	270

注：①各模型都包含了控制变量；②因变量为ROS、ROA的检验结果相同；③所列示的数据为随机效应检验的结果，固定效应检验的结果与随机效应检验的对应模型基本相同；④*，**，***分别代表10%、5%、1%的显著率。

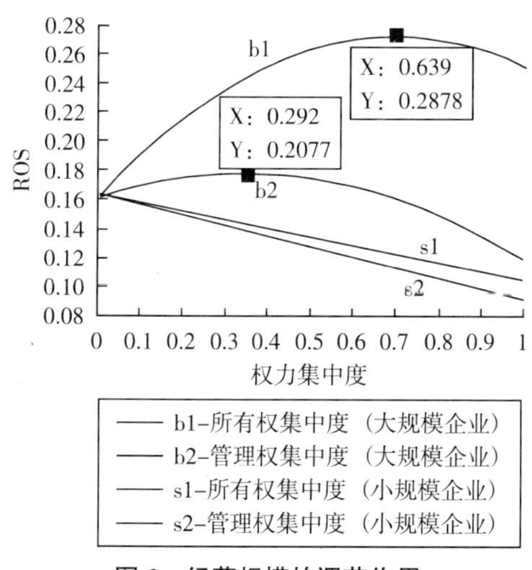

图3 经营规模的调节作用

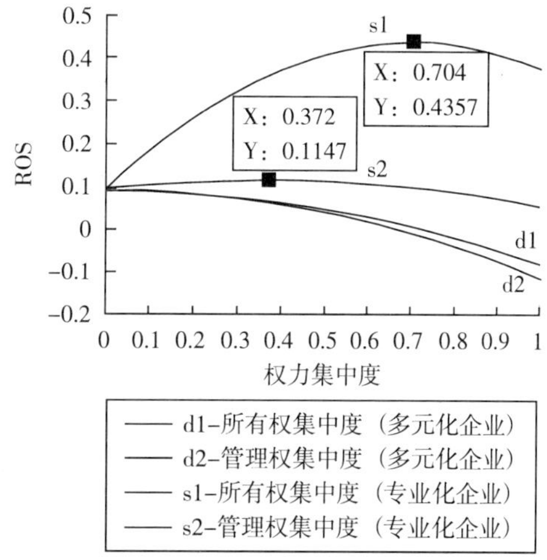

图4 经营多样性的调节作用

权集中度则在 35.308%的水平使企业绩效达到最优值，也大于总体样本的 29.19%。这就表明，在大规模企业中是可以相对集权的，只有当权力超过了临界值之后才会出现绩效的下降。对于小型家族上市公司的检验结果则表明，权力集中度的一次项呈显著的负相关关系，但在加入权力集中度的二次项后的检验结果并不显著。由此可知对于小规模家族上市公司，所有权集中度和管理权集中度与企业绩效之间存在显著的负相关关系，而不是倒 U 型关系。更换业绩指标以 ROA 作为效标变量进行检验，结果依旧支持此结论，只是所有权集中度的负相关性相对较弱。

有关多元化和专业化企业的检验结果则表明，虽然家族成员的所有权集中度、管理权集中度都与企业绩效存在倒 U 型关系，但其最大化绩效的临界值是不同的。在多元化经营的企业，所有权集中度和管理权集中度的绩效最大化临界值都为 0；在专业化经营的企业中，所有权集中度和管理权集中度的绩效最大化临界值分别为 70.427%、37.293%，这两个临界值显著地高于总体样本的 63.98%水平和 29.19%水平。这就说明对于多元化经营的企业，集中家族所有权将导致业绩的下滑，而对于专业化经营的家族企业则只有当所有权集中度超过 70.427%之后才出现绩效的下滑；对于多元化的企业，集中家族管理权将导致业绩的下滑，而对于专业化经营的家族企业则只有当管理权集中度超过 37.293%之后才出现绩效的下滑。

所以，对于大型家族上市公司，在一定范围之内集中家族权力是有效的，只有过于集中才导致家族企业绩效的下降，而对于小型的家族上市公司集中家族权力则是不利的；对于经营多样性程度小的家族公司集中家族权力是有利的，只有过于集中才导致绩效下降，但对于经营多样性水平高的家族上市公司集中家族权力则显著地不利于提高企业绩效。

四、稳健性检验

为了确保上述研究结论的稳定性，采取以下方法进行稳健性检验：

第一，从表 2 中可以看出，家族成员内部的权力集中度的一次项与企业绩效也存在显著的相关性，现假定线性关系具有更强的预测力。通过同样的统计处理，得出的结果是，经营规模和经营多样性的调节作用与方向没有出现显著的变化，但多数模型中家族成员内部的所有权集中度和管理权集中度对企业绩效的作用在加入交互项变量之后变得并不显著（$p < 0.5$），且所有模型本身的解释力出现了较大程度的下降。基于此，拒绝该假设，认为倒 U 型关系模型能够更加有效地解释我国家族上市公司的家族权力集中度与经营效率之间的关系。

第二，以现金流权作为所有权的替代指标进行检验。结果发现，家族成员内部现金流权的集中度与投票权的集中度的相关系数高达 0.986（$p < 0.01$）。采取与投票权集中度的

相同统计处理方法以检验它对家族上市公司绩效的影响，得出基本相同的结论，即家族成员所有权集中度与企业绩效之间存在倒U型关系，现金流权过于集中或过于分散都不利于企业绩效的改进。另外，还以企业的资产总额作为经营规模的替代变量，仍发现表2和表3中的结果没有出现显著变化。

第三，考虑到样本的时间选择也可能产生误差，还以2003~2005年（由于新增加样本，该期间总样本为153家）面板数据重新进行分析，检验结果表明各模型的解释力更强，且变量的主成分和交互项的显著性水平更高。

第四，本文基本可以排除家族成员内部权力集中度的内生性问题，因为本文数据的描述性统计结果表明，我国家族成员内部的权力集中度在样本期间的变化并不大（见表1），进一步的统计检验也说明了内生性问题是可以忽略的。

五、结束语

那种将所有家族成员简单地视为经济目标、非经济目标都完全一致、没有个体偏好差异的观点，那种认为家族成员之间没有矛盾和冲突、家族制企业可以将代理成本降低到可以忽略的水平的观点，都是值得怀疑的。假定，具有利他主义动机的家族成员也都在追求其自身的效用最大化，家族成员内部的冲突与代理问题无法规避。此种情况下，就有必要进一步深入地思考家族成员内部的有效治理机制的建立问题。

通过理论分析和实证检验得到以下结论，第一，相对于线性模型，本文的理论分析和实证检验结果表明，倒U型假设关系更有助于解释我国家族上市公司的家族权力集中度与经营绩效之间的关系，过于强化或过于分散家族所有权和家族管理权都不利于家族企业绩效的改进，只有这种相对集中家族权力的制度安排才对家族企业成长产生最优效果。第二，家族成员权力集中度的作用显著地受到企业经营规模和经营多样性的制约，在不同的经营规模和市场多样化水平下，权力集中度的作用发生了比较显著的变化。这主要表现在，在专业化经营的家族公司中相对集中家族权力是有利的，只有过度的权力集中才导致绩效下降，但在多元化经营的家族上市公司中集中家族权力则显著地降低了企业绩效；大型家族上市公司中相对集中家族权力是有效的，只有过于集中才导致家族企业绩效的下降，而小型家族上市公司中集中家族权力则是不利的。

研究结论进一步表明，从家族成员内部的权力结构、权力的配置机制角度去探讨家族企业的治理效率将有助于我们更为深刻地了解家族企业的性质，但这一领域的其他许多问题，如家族成员内部的权力偏离、权力配置的机理等问题仍值得进一步的思考和探索。

参考文献

[1] Claessens S., D. Jankov S., Lang L. H. P. The separation of ownership and control in East Asia corpo-

rations [J]. Journal of Financia l Economics, 2000, 58 (1- 2): 81-112.

[2] Stewart A. Help one another, use one another: Tow ard an anthropology of family business [J]. Entrepreneur ship Theory and Practice, 2003, 27 (4): 383-396.

[3] Bruce N., Waldman M. The rotten kid theorem meets the Sam aritan's dilemma [J]. Quarterly Journal of Economics, 1990 (105): 155-165.

[4] Sharma P., Chrisman J. J., Chua J. H. Strategic management of the family business: Past research and future challenges [J]. Family Business Review, 1997, 10 (1): 1-35.

[5] Sorenson R. L. Conflict management strategies used in successful family businesses [J]. Family Business Review, 1999, 12 (4): 325-339.

[6] Thaler R., Shefrin H. An economic theory of self control [J]. Journal of Political Economy, 1981, 89 (2): 392- 410.

[7] Schulze W. S., Lubatkin M. H., Dino, R. N. Exploring the agency consequences of ownership dispersion among the directors of private family firms[J]. Academy of Management Journal, 2003, 46 (2): 179-194.

[8] Lubatkin M. H., Schulze W. S., Ling Y., et al. Commentary: The effects of parental altruism on the governance of family-managed firms [J]. Journal of Organizational Behavior, 2005 (26): 313-330.

[9] Kellermanns F. W., Eddleston, K. A. A family perspective on when conflict benefits family firm performance [J]. Journal of Business Research, 2007, 60 (10): 1048-1057.

[10] Eddleston K., Kellermanns F. W. Destructive and productive family relationships: A stewardship theory perspective [J]. Journal of Business Venturing, 2007, 22 (4): 545-565.

[11] Eddleston K. A., Otondo R. F., Kellermanns, et al. Conflict, participative decision-making and generationa lownership dispersion: A multilevel analysis [J]. Journal of Business Management, 2008, 46 (3): 456-484.

[12] 许永斌，郑金芳. 中国民营上市公司家族控制权特征与公司绩效实证研究 [J]. 会计研究，2007 (11): 50-57.

[13] 王明林，周生春. 控制性家族类型. 双重三层委托代理问题与企业价值 [J]. 管理世界，2006 (8): 83-103.

[14] 贺小刚，连燕玲. 家族权威与企业价值：基于家族上市公司的实证研究 [J]. 经济研究，2009 (4): 90-104.

[15] 贺小刚，连燕玲，李婧等. 家族控制中的亲缘效应分析与检验 [J]. 中国工业经济，2010 (1): 135-145.

[16] Gersick K. E., Davis J. A., Hampton M. M., et al. Generation to Generation: Life Cycles of the Family Business [M]. Boston, MA: Harvard Business School Press, 1997.

[17] Schulze W. S., Lubatkin M. H., Dino R. N. Altruism, agency and the competitiveness of family firms [J]. Management and Decision Economic, 2002 (23): 247-259.

[18] Lu Y. H. The Boss's Wife and Taiwanese Small Family Business [M]. Boston: Stanford University Press, 2001.

[19] Stark O., Falk I. Transfers, empathy formation and reverse transfers [J]. American Economic Review, 1998, 88 (2): 56-58.

[20] Friedman S. D. Sibling relationships and intergene rational succession in fam ily firms [J]. Family Business Review, 1991, 4 (1): 3-20.

[21] Thomas J. B., Shankster L. J., Mathieu J. E. Antecedents to organizational issue in terpretation: The roles of single-level cross level and content cues [J]. Academy of Management Journal, 1994, 37 (5): 1252-1284.

[22] Whiteside M., Aronoff C. E., Ward J. L. How Families Work Together [M]. Marietta, GA: Family Enterprise Publishers, 1993.

[23] Upton N., Teal E. J., Felan J. T. Strategic and business planning practices of fast growth family firms [J]. Journal of Small Business Management, 2001, 39 (1): 60-72.

[24] Davis P. S., Harveston, Paula D. The phenomenon of substantive conflict in the family firm: Across generational study [J]. Journal of Small Business Management, 2001, 39 (1): 14-30.

[25] Pfeffer J. Power in Organizations [M]. Marshfield, Mass: Pitman Publishing, 1981.

[26] Ouchi W. G. Markets. Bureaucracies and clans[J]. Administrative Science Quarterly, 1980, 25(1): 129-141.

[27] Eisenhardt K. M., Bourgeois L. J. Politics of strategic decision making in high velocity environment and growth among U.S. semiconductor ventures 1978-1988 [J]. Academy of Management Journal, 1988, 31 (4): 737-770.

[28] Eisenhardt K. M. Making fast strategic decisions in high velocity environments [J]. Academy of Management Journal, 1989 (32): 543-576.

Power Concentration among Family Agents and Firm Performance: An Empirical Study in China

He Xiaogang　Li Xinchun　Lian Yanling

Abstract: One of the key questions in family firm research is how to establish an effective corporate governance structure among family agents. Based on the assumption that family agents have different preferences in economic and noneconomic goals and pursuit their own maximal utility, we studied the impact of power concentration among family members on firm performance, and we also explored themoderators effect on its impact. Our empirical findings indicate that the power concentration among family members has an inverted Ushaped, rather than linear, relationship with firm performance, and that the degree of business diversification and firm size have significant moderating effects on this relationship.

Key Words: family firm; power concentration; moderating effects; firm performance

强制披露、盈余质量与市场化进程
——基于制度互补性的分析*

程新生　谭有超　廖梦颖

【摘　要】文章以 2005~2009 年沪深两市 953 家上市公司共 4765 个样本为研究对象，控制了内生性后发现：由于法律制度尚不完善、积累的监管经验有限，控股股东往往倾向于让强制披露显得更加完整①，以便赢取良好的市场声誉，从而加剧了控股股东掏空上市公司的隧道行为。为了隐瞒这种行为，盈余往往会被操纵。但是在市场化程度较高的地区，完善的法律保护与监管体系为强制披露的质量提供了制度保障，因此在这类地区强制披露与盈余质量显著正相关。

【关键词】强制披露；盈余质量；市场化进程

一、引言

如何抑制盈余管理、提高盈余质量一直是人们关注的热点问题。大量研究表明，信息不对称是盈余管理发生的必要条件（Dye，1988；Schipper，1989）。因此，增加信息披露被认为是抑制盈余管理的有效手段（Hirst 等，2003）。由于代理问题的存在，管理者为避免私有收益曝光，披露的信息往往难以达到社会所需的最优水平，因此，为了保护外部投资者利益、提高市场运行效率，政府会强制规定上市公司信息披露的最低要求，从而形成了强制披露的基本内容。预期到盈余管理行为由于强制披露会更容易被发现从而受到惩罚，理性管理者对盈余管理的内在驱动力就会显著降低（Fields 等，2001）。大量实证证据也表明，强制披露有助于投资者发现盈余管理，提高盈余质量（Hirst 和 Hopkins，1998；

---

* 本文选自《财经研究》2011 年第 2 期。

① 证监会虽然对一些项目提出了强制披露的要求，但在完整性和及时性方面给予了公司一定的自主选择权，因此很多信息属于形式上的“强制”，实质上的“自愿”（王惠芳，2009），这就为上市公司操纵强制披露提供了前提条件。

Lee 等，2005；Hunton，2006）。

任何一项制度都必须与社会现有的其他制度相适应才能发挥功效（Schmidt 和 Spindler，2000），即必须满足制度互补性约束（李明辉，2007）。在美国等成熟市场，完善的法律保护制度以及成熟的监管体系为强制披露质量提供了制度保障，因此，高质量的强制披露能够有效地抑制盈余管理、提高盈余质量。但是在我国新兴市场的特殊制度环境下，各种法律制度尚不完善、监管效率较低，很难及时发现各种披露违规行为并给予恰当惩戒，且控股股东掏空上市公司的隧道行为非常普遍。为隐瞒这种行为，控股股东有强烈的操纵强制披露的动机。在这种环境下，强制披露是否一定能够保证管理者披露真实的信息？如果不能，那么强制披露是否还能提高盈余质量？

国内研究强制披露的实证文献比较缺乏，原因可能在于与强制披露相比，自愿披露具有相对独立性，更能反映公司的透明度（崔学刚，2004）。但即使是强制披露，由于管理者在及时性、准确性和完整性等方面具有一定的选择空间，从而会造成公司透明度的差异（王雄元等，2008；谭劲松等，2010）。因此，研究强制披露的效应同样具有重要意义。关于强制披露与盈余质量的关系，国内鲜有学者进行过专门的研究。韩慧博（2007）的实证文献与本文研究最接近，他发现信息披露对线下项目、可操控性应计具有显著抑制作用，而对真实交易的盈余管理影响并不显著。但是他的论文与本文有差异：一是他采用深交所信息考评结果，未严格区分自愿披露和强制披露；二是与其他绝大多数研究相同，未考虑信息披露与盈余质量的内生性关系。

本文的贡献在于，已有关于强制披露与盈余质量方面的研究大多基于成熟市场，各种完善的制度能够为强制披露的信息质量提供保障，因此，强制披露能够提高盈余质量，但是在中国特殊的制度环境下，这一结论是否仍然成立却少有专门的研究。本文丰富了这方面的文献，并且采用多种估计方法，控制了强制披露与盈余操纵之间的内生性①，使估计结果更加稳健。

二、理论分析与研究假设

股东获取收益的方式主要包括转让股权获得的价差和分享公司的剩余收益。但由于我国股权长期分置，控股股东在二级市场公开转让股权获取资本利得受到限制，其收益更多来自公司剩余收益。所有股东对现金股利的收益权是相同的，而控股股东控制权成本要远远大于中小股东，因此这种获利方式并非最优（李志文、宋衍蘅，2003）。在此种情况下，

① 盈余质量会对强制披露产生反作用。一方面，盈余操纵严重的公司，可能会隐瞒私有信息，降低公司透明度（谭劲松等，2010）；另一方面，盈余质量较差的公司可能会出于迷惑投资者的目的，披露更多的信息（唐跃军等，2008）。

控制权私有收益就成为控股股东最主要的获利方式（刘浩等，2010）。郝颖等（2006）认为，我国上市公司特殊的股权制度为控股股东获取控制性资源、截取控制权私有收益提供了条件。为隐藏追逐私有收益的行为，控股股东具有操纵强制披露的动机，而抑制这种动机的力度取决于市场发现强制披露违规行为的概率以及事后给予的惩罚成本。如果市场能够及时发现违规的披露行为并给予恰当处罚，提高披露水平很可能会曝光控制权私有收益，因此控股股东一般会披露仅仅满足强制披露最低要求的信息，而此时披露的信息往往是真实可靠的。反之，控股股东很可能使强制披露显得更加完整、及时和准确，从而博取良好的市场声誉（唐跃军、李维安，2009），而此时虚假陈述的现象往往会比较严重。

强制披露是以法律规范调整上市公司与其他利害相关者之间的信息不对称，法律制定和执行是强制披露的基础（何卫东，2003）。近年来，我国在证券立法方面有了长足的进步，如 2003 年颁布了最高人民法院关于审理证券市场因虚假陈述引发的民事赔偿案件的若干规定。但在实际执行过程中还存在很多问题，比如要求"谁主张、谁举证"，提高了处于信息劣势的中小股东的维权成本，没有对上市公司的虚假陈述行为施加惩罚性赔偿。因此，上市公司提供虚假披露的法律风险较低，我国法律制度在严惩机会主义者、保护中小股东利益方面力度不够（刘峰等，2004、2007）。

由于法律存在固有的不完备性，在保护投资者利益方面不可能做到尽善尽美（Pistor 和 Xu，2002），并且建立成熟的法律体系需要较长时间，因此可能产生其他替代机制（La Porta 等，2000）。目前学者讨论较多的是政府监管（陈冬华等，2008），并且提出有时政府监管可能比法律更有效（Glaeser 和 Shleife，2001）。根据公共利益理论，政府可以通过监管纠正市场失灵。但芝加哥大学法与经济学派强烈地抨击了这一理论，他们认为政府监管者是不能胜任的、腐败的和容易被俘获的（Shleifer，2005）。Stigler（1971）、Peltzman（1976）提出，监管者可能会被监管者所俘获，这样不但不能保证社会福利最大化，反而会沦为保护个别利益集团的制度守护者，并且即使监管者确实想提高公共利益，他们也是不能胜任的，因而很难成功。

对于我国证券监管是否有效，国内学者并未达成共识。陈冬华等（2008）认为，"清晰的绩效指标、业绩归属和责任边界，使得证券监管机构在避免公司丑闻方面，与中小投资者的利益几乎一致"。Chen 等（2005）通过研究发现，被证监会调查处罚的公司，股价普遍下跌 1%~2%，说明我国证监会是一只有牙齿的老虎。但有学者对于选择违规受处罚公司来验证监管的有效性提出质疑，他们认为这类公司往往都是因为"影响太恶劣或手段过于明显"才被监管层所关注（刘峰等，2004），所以尽管证券处罚具有明显的信息含量，但监管部门在及时发现并惩处各种证券违法违规行为方面仍显不足（张宗新、朱伟骅，2007）。而且，我国的产权制度安排和客观环境更容易使监管者被"俘获"，造成监管软约束：一方面，国有企业普遍存在战略性和社会性两种政策负担，承担了过多的社会职能。为了让这些国有企业继续生存，政府不得不对其进行保护（林毅夫、李志赟，2004）。因此，监管机构在一定程度上担当了国有产权主体或代理人的角色，导致监管者角色错位，从而制约了监管体系功能的发挥（张育军，2003）。另一方面，由于历史渊源和制度结构

的特点，监管部门成为券商、基金公司重要的人才输送地，监管层与业界人员存在密切的“合作关系”，阻碍了监管目标的实现（罗培新，2005；岳彩申、王俊，2006）。

综上所述，在我国新兴市场的特殊制度环境下，法律制度尚不完善，监管时效性较差并以广大公众投资者的权益损失为代价的事后监管为主（张宗新、朱伟骅，2007），因此，控股股东很可能会利用信息不对称，披露较多的虚假信息以便通过信息披露的信号显示作用赢得良好的市场声誉，迷惑市场和中小投资者（唐跃军等，2008），从而产生了不利的经济后果：一方面，良好的市场声誉会使上市公司吸引更多的社会资源，从而为控股股东持续长久地掏空上市公司提供了物质保障。为了隐瞒掏空行为，操纵盈余的动机和行为很可能会大量增加。另一方面，良好的社会声誉也会降低外部利益相关者的监督努力，导致控股股东掏空和盈余操纵的行为更难以被发现。具体过程如图1所示。

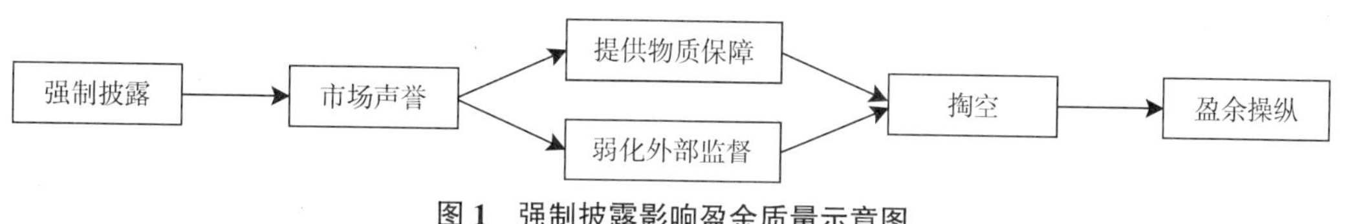

图1　强制披露影响盈余质量示意图

由此，本文提出以下两个假设：

假设1：在其他条件不变的情况下，强制披露具有迷惑作用。

假设2：在其他条件不变的情况下，强制披露与盈余质量负相关。

张育军（2003）认为，中国特殊的制度环境决定了监管效率不仅取决于监管架构的设计，还取决于市场运行所依存的环境。由于政策、地理、交通、历史等因素影响，中国各地区市场化进程差异明显（夏立军、陈信元，2007），不同市场化程度地区的公司，由于面临的法律环境和监管体系不同，从而虚假披露被发现的概率和惩罚也不尽相同。在市场化程度较高的地区，一方面，法律制度环境较完善，执法效率更高，因而控股股东的虚假披露行为能较及时地受到惩罚；另一方面，政府不断从“干预型”向“服务型”转化，倾向于与企业保持适当的距离，并且这些地区非国有经济比较发达，政府通过控制国有企业承担社会目标的动机较弱（夏立军、陈信元，2007），政府监管部门的独立性大大加强，有利于监管功能的发挥。因此，法律与监管等相关制度能够在很大程度上保证强制披露的质量，在这些地区强制披露的作用很可能与国外的研究结论相一致，由此本文提出假设3。

假设3：其他条件不变的情况下，在市场化进程较高的地区，强制披露与盈余质量正相关。

三、研究设计

（一）变量定义

1. 盈余质量

本文分别从线下项目（ROEBL）、可操控性应计（|DA|）、关联交易（RPT）以及真实交易（RA）四个方面来定义盈余质量，四个方面的值越大，盈余质量越低。本文借鉴高雷等（2008）的思路，用（投资收益＋营业外收入－营业外支出＋补贴收入）÷净资产来衡量线下项目。毕晓芳、周晓苏（2007）证明经现金流调整的CF-Jones模型比Jones（1991）模型的效果更好。因此，本文利用截面数据使用经现金流调整的Jones模型分行业计算可操控应计利润的绝对值（|DA|）。高雷等（2008）将关联交易归为三类：第一类为经常性关联交易，第二类为非经常性关联交易，第三类为担保和抵押。前两类都可被用来进行利润操纵，为了避免与前述线下项目重复计算，本文所指的关联交易为第一类关联交易。

通过真实交易操纵盈余指为达到财务报告目标，管理者误导利益相关者采用非正常营运手法，常用的有：销售操纵、降低可操控费用和过度生产（Roychowdhury，2006）。借鉴Dechow等（1998）的思路，本文采用以下模型估计非正常现金流、非正常生产成本和非正常可操控费用。通过真实交易操纵的利润总额＝非正常生产成本－非正常现金流－非正常可操控费用。

$$CFO_t/A_{t-1} = a_0 + a_1(1/A_{t-1}) + \beta_1(S_t/A_{t-1}) + \beta_2(\Delta S_t/A_{t-1}) + \varepsilon_t \tag{1}$$

其中，CFO_t表示第t期末的营运现金流，A_t表示第t期末的总资产，S_t表示第t期末的销售收入，$\Delta S_t = S_t - S_{t-1}$。利用上述模型分行业分年估计每一年度“正常”的现金流，然后用实际的现金流减去“正常”的现金流即为非正常现金流。

$$COGS_t/A_{t-1} = A_0 + A_1(1/A_{t-1}) + \beta_1(S_t/A_{t-1}) + \varepsilon_t \tag{2}$$

$$\Delta INV_t/A_{t-1} = A_0 + A_1(1/A_{t-1}) + \beta_1(\Delta S_{t-1}/A_{t-1}) + \beta_2(\Delta S_t/A_{t-1}) + \varepsilon_t \tag{3}$$

其中，$COGS_t$表示第t期末销售成本，ΔINV_t表示第t期末与第t-1期末存货变化净值，估计得到产品“正常”生产成本$PROD_t = COGS_t + \Delta INV_t$，用实际生产成本减去“正常”生产成本即为非正常生产成本。

$$DISEXP_t = A_0 + A_1(1/A_{t-1}) + \beta_1(S_{t-1}/A_{t-1}) + \varepsilon_t \tag{4}$$

其中，$DISEXP_t$表示第t期末可操控性费用，估计得到“正常”可操控性费用，用实际的减去“正常”的即非正常可操控性费用。

2. 强制披露水平（CDI）

本文以南开大学公司治理研究中心对中国上市公司信息披露的评价指标和中国证监会

发布的公开发行证券的公司信息披露内容与格式准则第 2 号——年度报告的内容与格式（2004 年和 2007 年修订版）为基础，选取了产品行业分布、风险信息、股东和高管信息、关联交易、审计等 26 项指标。每项指标满分是 1 分，逐项打分，最后求出每个指标的平均得分即强制披露得分。

3. 控制变量

良好的公司治理可以保护投资者权益，抑制盈余管理，提高盈余质量，并且能够提高股票收益率（Ali 等，2007；Karamanou 和 Vafeas，2005；李延喜等，2007；毛洪涛、沈鹏，2009）。因此，本文选择了第一大股东持股比例（TOP）及其平方和（TOP^2）、董事会规模（DBS）、独立董事比例（INDRATIO）、是否设置审计委员会（COMMIT）、零薪酬董事比例（NCOMD）、高管薪酬总额（COMPEN）、是否选择四大会计师事务所（BIG4）等 8 个指标。已有研究表明，企业财务状况越好，盈余管理动机越低，同时财务状况也会显著影响股票收益率。因此，本文控制了资产规模对数［LN（ASSET）］、收入（REVENUE）、现金流（CASH）、盈利（OPR）、增长（GOA）、财务杠杆（LEVERGE）、资产周转率（AT）、是否洗大澡（BIGBATH）、第一年属于洗大澡区间而第二年盈利（BIGBATH1）9 个指标反映财务特征。

（二）研究样本选择和数据来源

本文选取了深沪两市 2005~2009 年除金融行业外的所有上市公司作为研究样本，剔除了数据缺失和 5 年内没有持续存在的公司，得到每年 953 家公司共 4765 个样本。数据来源于：①南开大学公司治理数据库；②CCER 数据库；③国泰安数据库。本书使用的数据处理软件为 Stata 10.0。

四、实证检验结果与分析

（一）描述性统计分析

根据表 1，从标准差来看，样本的强制披露存在一定差异。从极差来看，披露较高与披露较低的公司之间也存在明显差异。这也验证了王雄元等（2008）、谭劲松等（2010）提出的不同公司之间强制披露存在一定差异性的观点。

（二）强制披露具有显著迷惑性假设检验

本文用强制披露与股票持有收益之间的关系来验证假设 1。如果强制披露具有迷惑作用，那么在当期披露越多，投资者应该更愿意购买这类公司的股票，从而推高股票价格，获得了较高的持有收益，但是这种操纵披露甚至是虚假披露行为并不能增加公司未来的现

表 1 样本的描述性统计

变量	最小值	最大值	均值	标准差	极差
ROEBL	-3.976	10.546	0.017	0.209	14.522
|DA|	0	0.990	0.054	0.059	0.990
RPT	0	3.956	0.079	0.317	3.956
RA	-3.706	4.472	0.050	0.606	8.178
CDI	0.093	1.029	0.443	0.149	0.936

金流，因此，滞后几期后，公司业绩可能因未达到投资者预期而出现股价下跌，进而造成股票持有收益为负。

$$RET_{it} = \alpha_0 + \alpha_1 CDI_{it} + \sum_{i=2}^{17} \alpha_j ControlVariable_{it} + \varepsilon_{it} \quad (5)$$ [①]

其中，RET_{it} 分别表示第 t 期、第 t+1 期和第 t+2 期的股票收益。本文为选择恰当模型进行了 F 检验和 Hausman 检验，发现应使用固定效应模型（FEM）。

根据表 2，强制披露得分越高，投资者越容易被迷惑，导致公司股价大幅上涨，所以投资者能够在当期获得较高的持有收益，由于惯性作用在第二年同样能够获得正的持有收益，但相比于第一年收益显著减少。在第三年持有收益显著为负，强制披露严重损害了长期价值投资和新投资者的利益。

表 2 强制披露与不同时期股票收益的回归分析结果 [②]

变量/参数	RET_{t+0}	RET_{t+1}	RET_{t+2}
CDI	1.448*** (27.65)	0.192*** (3.02)	-1.049*** (-18.09)
TOP	-0.662*** (-6.73)	-1.181*** (-9.90)	0.666*** (6.14)
TOP^2	1.277*** (3.67)	0.659 (1.57)	-0.936** (-2.45)
DBS	0.004 (0.61)	-0.021*** (-2.96)	0.001 (0.04)
INDRATIO	0.443*** (3.01)	0.099 (0.55)	-0.027 (-0.16)
COMMIT	0.0321 (0.52)	0.153* (2.03)	0.195** (2.85)
NCOMD	0.001 (0.03)	-0.040 (-0.92)	-0.080** (-2.04)

① 如果按照 2005~2009 年的时间跨度选取样本，那么 2011 年股票收益数据无法取得，因此，在回归分析中只有 2005~2008 年的数据。为了消除量纲影响，本文用 4 月末的股票价格对股票收益进行了调整。

② 虽然 RET_{it} 和 CDI_{it} 之间可能存在内生性，但由于 RET_{t+1} 和 CDI_{it} 之间内生性较小，且同样能够证明强制披露的迷惑作用，因此本文未专门控制 RET_{it} 和 CDI_{it} 之间的内生性。

续表

变量/参数	RET_{t+0}	RET_{t+1}	RET_{t+2}
COMPEN	0.087*** (6.16)	−0.075*** (−4.37)	−0.001 (−0.04)
LN（ASSET）	−0.132*** (−4.60)	−0.083** (−2.39)	0.144*** (4.52)
OPR	0.044 (0.92)	0.206*** (3.55)	−0.254*** (−4.72)
REVENUE	−0.007 (−0.71)	0.026** (2.10)	0.021* (1.77)
GOA	0.055*** (4.58)	0.001 (0.06)	−0.042*** (−3.14)
CASH	−0.160* (−1.94)	0.462*** (4.63)	−0.180* (−1.95)
LEVERGE	0.008 (1.22)	0.013 (1.60)	−0.030*** (−4.03)
AT	0.177*** (4.68)	−0.162*** (−3.63)	−0.034 (−0.83)
BIGBATH	−0.028 (−0.44)	−0.158** (−2.02)	−0.189*** (−2.64)
BIGBATH1	−0.108* (−1.73)	0.270*** (3.59)	0.227*** (3.31)
adj. R^2	0.379	0.081	0.194
F 值	100.92***	14.62***	39.70***

注：***、**、* 表示在 1%、5%、10%水平下显著；括号内为 t 值，下表同。

（三）强制披露与盈余质量的假设检验

为了验证强制披露与盈余质量之间的关系，本文建立了模型 6，其中 Y_{it} 表示四种不同的盈余操纵方式。

$$Y_{it} = \beta_0 + \beta_1 CDI_{it} + \sum_{j=2}^{17} \beta_j ControlVariable_{it} + \omega_{it} \quad (6)$$

由于我国上市公司普遍存在一股独大的现象，第五大股东至第十大股东持股比例较低，很难直接监督和阻止控股股东的掏空行为，抑制盈余操纵的作用并不明显，但同时他们的持股比例较其他中小股东要高很多，因此会要求公司披露更加详细的信息；董事会会议次数越多，需要披露的信息就越多，但我国董事会受控股股东控制较为严重（萧维嘉等，2009），很难起到监督控股股东的作用。因此，本文选取了第五大股东至第十大股东持股比例平方和的对数（EQUI）以及董事会会议年召开次数（BMT）作为工具变量进行回归。本文进一步做了 Hausman 内生检验，发现强制披露与三种盈余操纵方式都在 1% 水平下显著，说明二者之间存在很强的内生性。为获得一致的参数估计，本文采用了基于固定效应的二阶段最小二乘法（FE2SLS）。因为 TOP 与其平方项 TOP^2 相关系数很大，所以，本文借鉴了汉密尔顿（2008）的对中方法进行了处理。其他变量之间的 VIF 值都未超过 3，因此并不存在显著的多重共线性。

根据表 3 可以看出，工具变量与三种盈余操纵方式的 Sargan 检验都未通过显著性检验，说明工具变量与盈余质量不存在显著的相关性。通过第一步回归可以发现，EQUI 和 BMT 都在 1%水平下显著，从线性约束 F 检验得知，F 值为 64.12，远大于 10，说明工具变量不属于弱工具变量。因此这两个变量是有效的工具变量。

表 3　控制内生性后强制披露与不同盈余操纵方式回归分析结果

变量/参数	ROEBL	|DA|	RPT	RA	CDI
CDI	0.255** (2.52)	0.091*** (3.20)	0.197** (2.03)	−0.747*** (−4.73)	
EQUI	—	—	—	—	0.012*** (9.83)
BMT	—	—	—	—	0.008*** (12.14)
TOP	0.064 (0.88)	0.026 (1.29)	0.084 (1.20)	−0.131 (−1.15)	−0.610*** (−20.61)
TOP^2	−0.119 (−0.69)	−0.020 (−0.42)	−0.520*** (−3.17)	0.445* (1.66)	−0.042 (−0.39)
DBS	0.002 (0.86)	0.001 (0.34)	−0.005* (−1.95)	0.0136*** (3.56)	−0.001 (−0.89)
INDRATIO	0.041 (0.60)	0.029 (1.52)	0.066 (−1.71)	0.132*** (0.63)	0.132*** (3.20)
COMMIT	0.005 (0.39)	0.002 (0.68)	−0.047 (−1.18)	0.119*** (6.49)	0.056*** (9.21)
BIG4	0.300 (1.17)	0.003 (0.36)	0.033 (1.13)	0.016 (0.39)	−0.533*** (−3.36)
NCOMD	0.038** (2.15)	−0.011** (−2.22)	0.027 (1.57)	−0.003 (−0.11)	−0.003 (−0.29)
COMPEN	0.010 (1.17)	−0.002 (−0.66)	0.001 (0.17)	−0.001 (−0.05)	0.049*** (11.50)
LN（ASSET）	−0.104*** (−5.62)	−0.019*** (−3.64)	−0.054*** (−3.05)	0.058** (1.99)	0.132*** (18.98)
OPR	0.074*** (3.37)	−0.001 (−0.21)	0.021 (1.00)	0.133*** (3.84)	0.011 (0.82)
REVENUE	−0.011** (−2.57)	−0.001 (−0.29)	−0.013*** (−3.06)	−0.025*** (−3.67)	0.002 (0.78)
GOA	0.022*** (4.25)	0.016*** (10.87)	0.003 (0.54)	0.157*** (15.78)	−0.004 (−1.25)
CASH	−0.072* (−1.74)	−0.054*** (−4.68)	−0.089** (−2.26)	0.626*** (9.81)	0.047* (1.84)

续表

变量/参数	ROEBL	|DA|	RPT	RA	CDI
LEVERGE	0.061*** (19.65)	−0.001 (−0.60)	0.007** (2.34)	0.025*** (5.23)	−0.001 (−0.24)
AT	−0.001 (−0.03)	0.004 (0.73)	0.212*** (12.20)	−0.234*** (−8.48)	0.050*** (4.81)
BIGBATH	−0.268*** (−9.42)	0.068*** (8.55)	−0.020 (−0.72)	0.128** (2.90)	0.052*** (3.03)
BIGBATH1	−0.312*** (−10.54)	0.029*** (3.51)	0.019 (0.67)	−0.063 (−1.38)	−0.039** (−2.14)
adj. R^2	0.237	0.095	0.070	0.149	0.430
Wald（F 值）	1170.62***	5459.01***	1092.35***	851.96**	157.49***
Sargan 检验（F 检验）	0.652	2.318	1.857	1.791	64.12***

注：Wald（F 值）一行表示前四个模型为 Wald 值，最后一个模型为 F 值；最后一行表示前四个模型为 Sargan 值，最后一个模型为 F 值。

从表 3 可以进一步看出，在以线下项目、可操控性应计和关联交易为因变量的模型中，强制披露系数都通过了显著性检验，且系数为正，支持了假设 2；以真实交易为因变量的模型中，强制披露系数则显著为负，与假设 2 恰好相反。这说明控股股东采用了线下项目、可操控性应计以及关联交易盈余操纵方式，降低了盈余质量。

（四）市场化进程较高地区强制披露与盈余质量的假设检验

为了验证假设 3，本文采用了樊纲、王小鲁和朱恒鹏（2010）的《中国市场化指数——各地区市场化相对进程 2009 年度报告》中的市场化指数。由于在书中的指数仅仅截至 2007 年，缺乏 2008 年和 2009 年的相关数据，因此本文以 2004 年至 2007 年连续 4 年排名前五位的广东、上海、浙江和江苏四个省（市）作为市场化程度比较高的地区，采用模型 6 对属于这四个省（市）的上市公司进行了回归分析。

根据表 4，在市场化进程较高的地区，线下项目、可操控性应计以及真实交易都与强制披露显著负相关，关联交易虽然未通过显著性检验，但系数符号为负，与假设 3 一致。这就说明了在法律和监管等相关配套制度能够保障强制披露质量的前提下，强制披露可以起到提高盈余质量的作用。

表 4　市场化程度较高地区强制披露与不同盈余操纵方式的回归分析

变量/参数	ROEBL	|DA|	RPT	RA
CDI	−0.207*** (−2.81)	−0.071** (−2.07)	−0.125 (−0.75)	−0.625*** (−2.91)
控制变量	控制	控制	控制	控制
adj. R^2	0.262	0.067	0.195	0.096
Wald	556.37***	2026.76***	442.25***	213.25***

（五）稳健性检验

为消除股权分置改革对结果的影响，本文剔除了股权分置改革之前的样本，结果未发生显著变化；虚假陈述越多，越容易被监管部门发现，因此强制披露与盈余操纵之间可能存在倒U型关系，本文引入了强制披露平方项，结果未发生显著变化；为消除异常值带来的影响，本文采用Winsorize标准化的方法剔除了1%和99%之外的样本值，结果未发生显著变化；为消除估计方法对结果的影响，本文分别采用基于随机效应的二阶段最小二乘法（RE2SLS）和基于误差项的二阶段最小二乘法（EC2SLS）进行了回归分析，结果未发生显著变化；为了验证强制披露与盈余质量之间可能存在的滞后关系，本文又以强制披露的滞后一期项与盈余质量进行了回归分析，结果未发生显著变化；最后本文按照国有企业和非国有企业分别进行了回归分析，结果未发生显著变化。

五、研究结论

美国著名法官Brandeis曾经说过，“阳光是最好的防腐剂”，因而强制披露被认为能够帮助投资者发现上市公司的盈余操纵行为，提高公司的盈余质量。但是在我国新兴市场的特殊环境下，一方面为隐藏控制权私有收益的行为，控股股东有操纵信息披露的强烈动机；另一方面由于我国法律制度尚不完善、监管经验积累较少，从而难以发现并查处上市公司在信息披露方面存在的各种问题（唐跃军等，2008）。因此，控股股东往往使强制披露显得更加完整，以赢取良好的市场声誉，这加剧了控股股东掏空上市公司的隧道行为，为隐瞒这种行为，盈余往往被操纵。在市场化进程较高的地区，完善的法律制度和监管体系为强制披露的质量提供了配套制度保障，因此，强制披露在这些地区显著提高了盈余质量。这充分说明了强制披露制度与其他制度之间存在着互补性关系，在其他相关制度缺失的环境下，单单依靠强制披露很难达到提高盈余质量的预期效果。为适应市场变化，我国陆续颁布实施了新的《公司法》、《证券法》、《上市公司信息披露管理办法》以及新会计准则，法律制定与执行以及政府监管力度不断加强，强制披露很可能会随着这些措施的实施不断提高质量，最终起到提高盈余质量、保护投资者的作用。

参考文献

[1] 陈冬华，章铁生，李翔. 法律环境、政府管制与隐性契约 [J]. 经济研究，2008（3）：60-72.

[2] 韩慧博. 公司治理、信息披露透明度与盈余管理 [D]. 吉林：吉林大学，2007.

[3] 郝颖，刘星，林朝南. 上市公司大股东控制下的资本配置行为研究——基于控制权收益视角的实证分析 [J]. 财经研究，2006（8）：81-93.

[4] 李明辉. 制度互补性与公司治理趋同 [J]. 经济评论，2007（1）：144-160.

[5] 李延喜，包世泽，高锐，等. 薪酬激励、董事会监管与上市公司盈余管理 [J]. 南开管理评论，2007 (6)：55-61.

[6] 林毅夫，李志赟. 政策性负担、道德风险与预算软约束 [J]. 经济研究，2004 (2)：17-27.

[7] 刘峰，钟瑞庆，金天. 弱法律风险下的上市公司控制权转移与"抢劫"—— 三利化工掏空通化金马案例分析 [J]. 管理世界，2007 (12)：106-116.

[8] 刘浩，李增泉，孙铮. 控股股东的产权收益实现方式与利益输送转向——兼论中国的股权分置改革 [J]. 财经研究，2010 (4)：56-67.

[9] 谭劲松，宋顺林，吴立扬. 公司透明度的决定因素——基于代理理论和信号理论的经验研究 [J]. 会计研究，2010 (4)：26-33.

[10] 唐跃军，吕斐适，程新生. 大股东制衡、治理战略与信息披露——来自 2003 年中国上市公司的证据 [J]. 经济学（季刊），2008 (2)：647-664.

[11] 张育军. 中国证券市场监管能力和监管效率分析 [J]. 证券市场导报，2003 (7)：4-13.

[12] 张宗新，朱伟骅. 我国上市公司信息披露质量的实证研究 [J]. 南开经济研究，2007 (1)：45-59.

[13] Chen Gongmeng, Firth Michael, Gao Daniel N., et al. Is China's securities regulatory agency a toothless tiger? Evidence from enforcement actions [J]. Journal of Accounting and Public Policy, 2005, 24 (6): 451-488.

[14] Dye Ronald A. Earnings management in an over lapping generations model [J]. Journal of Accounting Research, 1988, 26 (2): 195-227.

[15] Hirst D. E., Hopkins P. E. Comprehensive income reporting and analysts. valuation judgments [J]. Journal of Accounting Research, 1998 (36): 47-75.

[16] Hunt on James E., Libby R., Mazza Cheri L. Financial reporting transparency and earnings management [J]. The Accounting Review, 2006, 81 (1): 135-157.

[17] Lee Y. J., K Petroni K. R., Shen M. Cherry picking, disclosure quality and comprehensive income reporting choices: The case of property-liability insurers [J]. Contemporary Accounting Research, 2006, 23 (3): 655- 692.

[18] Shleifer Andr ei. Understanding regulation [J]. European Financial Management, 2005, 11 (4): 439- 451.

Compulsory Disclosure, Earnings Quality and the Process of Marketization: An Analysis Based on Institutional Complementarity

Cheng Xinsheng　Tan Youchao　Liao Mengying

Abstract: On the basis of 953 listed companies in Shanghai and Shenzhen stock markets from 2005 to 2009 and controlling the endogeny, this paper finds that, owing to imperfect legal systems and limited supervision experience, controlling shareholders are usually apt to make compulsory disclosure more complete in order to gain a good market reputation, thus exacerbating the tunneling behavior of controlling shareholders. For the purpose of concealing these behaviors, controlling shareholders always manipulate the earnings. However, in regions with higher degrees of marketization, there is a positive significant relationship between earnings quality and compulsory disclosure because of effect ivelegal and supervision system.

Key Words: compulsory disclosure; earnings quality; process of marketization

中国上市公司控制权特征及其对公司绩效的影响
——基于改进的投票概率模型*

李斌　孙月静

【摘　要】控制权的度量问题一直是公司治理领域的一大难题，传统的度量方法或者以大股东为准，没有考虑到股权结构的影响；或者利用投票概率模型考察控制权数据，但模型在求解控制权时又存在着不足，本文对此进行了改进并以我国 A 股上市公司 2008 年控制权数据为样本进行实证研究，研究结果说明国有公司和民营公司的控制权特征有显著差异：国有公司的控制度和所有权比例显著高于民营公司；而两权分离度低于民营公司；国有公司大部分都是直接控制，民营公司多采用间接控制；民营公司中的相对控制比例比国有公司的要高。在我国上市公司中控制权对公司绩效有显著影响，且在实际控制人不同的公司里影响也不尽相同。

【关键词】实际控制人；改进的投票概率模型；公司绩效；国有公司；控制权

一、文献回顾与问题的提出

自伯利和米恩斯在《现代公司和私有产权》中开创地提出公司所有权与控制权分离的概念以来，众多学者从不同方面和角度对现代公司中所有权和控制权的分离问题进行了研究。关于控制权的研究成果主要分为两类。一类从控股股东的性质进行分析，得出一系列结论；一类就是从控制权、所有权及两权分离度这几个方面进行分析相应地得出结论。

刘锦红（2009）以 2004~2007 年的 147 家民营上市公司为样本，采用面板数据的分析方法，发现在民营上市公司中，最终控制人的控制度与公司绩效负相关，最终控制人的所有权（现金流权）比例与公司绩效负相关，最终控制人的控制权与所有权的偏离程度与公

* 本文选自《中国软科学》2011 年第 1 期。

司绩效负相关。徐莉萍、辛宇、陈工孟（2006）根据控股股东的性质把中国的上市公司分为七组：国有资产管理机构控股的上市公司、中央直属国有企业控股的上市公司、地方所属国有企业控股的上市公司、私有产权控股的上市公司、外资公司控股、金融机构控股以及高校控股，利用1999~2003年上市公司数据得出了上市公司控股股东的性质不同对公司经营绩效影响显著。他们发现，不同的国有产权行使主体对上市公司经营绩效的影响有明显的不同，中央直属国有企业控股的上市公司要比国有资产管理机构的上市公司有更好的经营绩效，私有产权控股的上市公司的绩效表现仅仅与一般水平的国有产权控股的上市公司的绩效表现相当。

Claessens等（2002）以1301家上市公司为样本进行分析，他们的结论是公司绩效与实际控制人的现金流权（所有权比例）正相关，与控制度负相关；控制权与现金流权之间较大的分离将导致公司绩效较大的下降。李善民等（2006）对2004年743家沪市上市公司的数据进行实证分析后认为控制权和现金流权的分离对公司财务绩效有显著的影响，分离程度越高，财务绩效越差。

从上述文献可以看出，现有文献有关控制权的研究，有些没有考虑到实际控制人性质的不同，而有些把控制权定性地进行分析研究，而对于控制权方面指标的计算更是多种多样，并没有统一且让人信服的标准。本文进一步改进了用来计算控制权的投票概率模型，并把它首次应用在计算实际控制人的控制度上。根据这个模型用我国上市公司公开数据计算出我国上市公司中实际控制人的控制权数据，并且根据实际控制人的性质把上市公司分国有公司和民营公司，并对这两组公司进行了控制权方面的对比，最后在此基础上实证分析了控制权特征对公司绩效的影响。

二、改进的投票概率模型：理论模型

（一）模型设定

我们定义控制度为实际控制人赢得股东大会的概率。当实际控制人的投票权达到50%以上时，实际控制人就控制了股东大会，此时实际控制人的控制度为100%。这是考虑到实际情况而进行的界定，而Cubbin和Leech没有考虑到这个重要问题。并且Cubbin和Leech只是把模型应用在了第一大股东上，本文把模型推广到了实际控制人的情况，更加符合现实。

股东大会是上市公司的最高权力机关，它由全体股东组成，对公司重大事项进行决策，有权选聘和解聘董事，并对公司的经营管理有广泛的决定权。谁能赢得股东大会，就可以说谁控制着上市公司。

在股东大会上，当实际控制人拥有超过一半以上的投票权时，小股东的投票不会起到

作用，股东大会此时对实际控制人是没有约束力度的，实际控制人在股东投票之前就可以决定决议是否被执行。此时，实际控制人对公司的控制度为100%。当实际控制人所拥有的投票权小于50%时，其他股东的投票行为是相关的。如果某些股东的行为是已知的，应该适当地从控制度中添加或减去。如果实际控制人在一个公司里并不处于绝对控制地位，则其他股东的不确定行为将变成相关的。在这种情况下，控制权不再是绝对控制。实际控制人在其他股东投票前，不能百分之百确定决议是否被执行。故在此定义控制度为实际控制人赢得股东大会投票的概率。

在现实中，公司由董事会进行日常经营管理。在给定情况下，董事会的行为越偏离股东的利益，则董事会越会在股东中树立自己的反对者，从而不会赢得股东大会。董事会成员如果没有偏离股东的利益，其在股东大会的提议会得到支持并赢得投票。但并不意味着董事会就是真正的实际控制人或这是一种衡量他们控制的力度。仅仅意味着他们现在的行为是被大多数股东所接受的。

只有问题是非日常决议时（必须得到多数的支持才能执行时），用这个概率去表示控制度才是适当的。因此在以下部分，我们考虑一个假设的环境，在这个环境里，对于任何一个参加投票的股东来说，他的投票结果是未知的。对于假定的股东都设定了一个支持的概率。而且我们设定他投赞成票的概率为50%。

当几个股东是同一家庭成员（或者大家相互认识）时，他们的投票行为就具有关联性。当几个股东联合起来，投票时一起投赞成票或反对票时，那么这几个股东就应该看作一个股东。相应地，如果有两个股东相互敌对时，那么他们的投票力量之差才是影响控制度的因素，因此，在无法得知股东关联关系与敌对关系的情况下，大多数公司的控制度基于这样一个假设：股东之间的行为是相互独立的。

（二）模型求解

假设股东 i（$i=0, 1, 2, \cdots, N$）拥有 S_i 股票，并且拥有 S_i 份投票权，实际控制人的投票权为 S_0。这样就有 $N+1$ 个股东，并且 $S_1>S_2>\cdots>S_N$，并且总数为 $T=\sum_{i=n}^{N} S_i$。我们假设：①对于每个股东来说，参加投票的概率为 Π；②对于一个决议，股东支持或反对的概率为 Π/2；③股东间的投票是相互独立的。

让 X 来表示股东 i 支持实际控制人的票数。如果反对实际控制人的话，这个数是负的；如果股东 i 弃权的话，$X=0$。这样这个变量是一个随机变量，它的取值和概率如表 1 所示。

总的投票结果可以用支持实际控制人的投票总数来表示，即 $M=S_0+\sum_{i=1}^{N} X_i=S_0+Y$，其中 $Y=\sum_{i=1}^{N}\sigma^2$。由于股东之间是相互独立的，Y 是一个随机变量，均值

表 1　X_i 的分布

X_i	概率
S_i	$\Pi/2$
0	$1-\Pi$
$-S_i$	$\Pi/2$

为 0，方差为 $\sigma_Y^2=\sum_{i=1}^{N}\sigma_i^2$，其中 σ_i^2 是 X_i 的方差，从表 1 可以看出，$\sigma_i^2=\prod S_i^2$，因此 $\sigma_Y^2=\prod\sum_{i=1}^{N}S_i^2$，当 N 比较大时，根据大数定理，Y 服从正态分布，同时由于公司里的总的投票权为 T，故 $-(T-S_0)\leqslant Y\leqslant T-S_0$，因此 M 是一个服从正态分布的随机变量，均值为 S_0，方差为 $\prod\sum_{i=1}^{N}S_i^2$，且 $-(T-S_0)+S_0\leqslant M\leqslant(T-S_0)+S_0$ 即 $2S_0-T\leqslant M\leqslant T$。股权越分散，这个变量越近似正态分布。例如，N 越大，$S_i(i\neq 0)$ 越小。因为概率投票模型利用了大数定律，因此股权越分散，该模型在刻画控制度时也越准确。此时实际控制人赢得股东大会投票的概率为 $P=P(M>0)$。在给定 Π 的情况下，通过 M 的分布表就可以得到这个概率，即为实际控制人的控制度。

更多时候，容易得到的是有关股东持股比例的数据。这个时候就应该对模型进行一点改进，假设总股份为 T，相应地，实际控制人的投票权比例为 $P_0=S_0/T$，第 i 个股东所占的投票权比例为 $P_i=S_i/T$，这时股东大会的投票结果 M′也是一个随机变量，均值为 P_0 方差为 $\sigma^2=\prod\sum_{i=1}^{N}p_i^2$ 且 $2P_0-1\leqslant M'\leqslant 1$，这样给定 Π，根据 M′的分布函数，就能得出实际控制人的控制度，即

$$P=P(1\geqslant M'>0\mid 2P_0-1\leqslant M'\leqslant 1)=\frac{P\left(\frac{1-P_0}{\sigma}\geqslant\frac{M'-P_0}{\sigma}>\frac{0-P_0}{\sigma}\right)}{P\left(\frac{1-P_0}{\sigma}\geqslant\frac{M'-P_0}{\sigma}\geqslant\frac{2P_0-1-P_0}{\sigma}\right)}$$

$$\approx\frac{\Phi\left(\frac{1-P_0}{\sigma}\right)-\Phi\left(\frac{-P_0}{\sigma}\right)}{\Phi\left(\frac{1-P_0}{\sigma}\right)-\Phi\left(\frac{2P_0-1-P_0}{\sigma}\right)}=\frac{\Phi\left(\frac{1-P_0}{\sigma}\right)+\Phi\left(\frac{P_0}{\sigma}\right)-1}{2\Phi\left(\frac{1-P_0}{\sigma}\right)-1}$$

三、理论假设

本文将从实际控制人的性质、实现方式、控制类型、实际控制人所拥有的控制度、所有权比例、两权分离度等特征分析中国上市公司实际控制权特征对公司绩效的影响。

（一）实际控制人性质对公司绩效的影响

国有公司的实际控制权归政府所有，其经营目标经常被实际控制人的政治目标所左右，这样就偏离了公司利润最大化的原则，进而影响了公司绩效。而且国有公司并没有作为真正意义上的股份制公司组织生产经营活动，参与市场竞争，另外，预算软约束也会导致国有公司的效率比民营公司的要低。如果国有公司面临破产，政府会对其进行援助，在市场经济下，政府援助企业的形式通常不是直接拨款，而是通过银行进行政策性贷款或政府官员干预性贷款等形式。

H1：实际控制人的性质对公司绩效有显著影响。民营公司的公司绩效比国有公司更好。

（二）实现方式对公司绩效的影响

本文根据实际控制人和公司的控制链情况把实现方式分为直接控制和间接控制两种。直接控制是指实际控制人直接拥有公司的股份并且达到了控制整个公司的程度，间接控制是指实际控制人通过一条或多条控制链对公司实施控制的情况，如果实际控制人是通过直接控制的形式管理公司时，其社会声誉与公司联系比间接控制情况下更为密切，这样实际控制人就更有动机去尽职尽责为公司服务，以增加其社会声誉，这样公司绩效也会比在间接控制情况下更好一些。

H2：实现方式对公司绩效有显著影响，直接控制公司的公司绩效要优于间接控制的公司。

（三）控制类型对公司绩效的影响

如果实际控制人对公司的控制度达到 100%，则它可以完全控制公司的股东大会，这样就形成了绝对控制的情况，此时实际控制人处于这样一种控制地位，即拥有控制公司全部事务的能力，特别是挑选并支配经营者的地位。当实际控制人的控制度小于 100%时，它不能够完全控制公司的股东大会，即某些时候不能赢得股东大会，此时的实际控制人对公司只能相对控制，实际控制人对公司进行控制时就有所顾虑，因为其提出的决议有可能不被执行。本文根据控制度是否达到 100%把控制类型分为绝对控制和相对控制。公司在绝对控制下，公司重大决议的决定权都在实际控制人手中，这样可以避免其他股东因为其专业知识不多而造成过多的干扰，实际控制人就更有能力和动机去控制公司，选择有专业能力的经营者。从而使公司绩效比相对控制的情况下要高。

H3：控制类型对公司绩效产生影响。绝对控制下的公司绩效比相对控制的情况更好。

（四）控制度对公司绩效的影响

实际控制人的控制度增加，他就有更大的权力去控制公司，一方面他有动机利用自己手中的控制权，通过一系列方式从上市公司转移资产和利润，造成对中小股东的侵害，也损害了公司利益。Johnson 和 La Porta（2000）等提出了“隧道效应”的概念，实际控制人侵害中小股东利益的途径之一就是通过地下隧道的方式。故在此提出假设 4：

H4：实际控制人的控制度对公司绩效有负向影响，实际控制人的控制度越高，公司绩效越差。

（五）实际控制人的所有权比例对公司绩效的影响

在其他条件不变的情况下，实际控制人的所有权比例越大，则实际控制人与公司的利益越一致，其侵占公司利益的动力就越小，体现出“激励效应”。另外，实际控制人在侵占其他股东的利益时也在损害整个公司的利益，进而产生侵占成本，较高的所有权比例将会导致较高的侵占成本，因此，实际控制人的所有权比例越大，其侵害公司利益的动机越小，在此提出假设 5：

H5：实际控制人的所有权比例对公司绩效有正向影响，实际控制人在公司的所有权比例越高，公司绩效越好。

（六）两权分离度对公司绩效的影响

上市公司的实际控制人会利用各种途径去实现自身利益最大化，控制度与所有权比例分离度不同，实际控制人利用侵占中小股东的动机也会存在较大差距。两权分离度越大，实际控制人与其他股东的利益越不一致，这样实际控制人侵害中小股东利益的动机越强。故在此提出假设 6：

H6：两权分离度对公司绩效有负的影响。两权分离度越高，公司绩效越差。

四、研究设计与样本数据的选取

（一）公司绩效指标

本文采用每股收益作为衡量公司绩效的指标。国外大部分都采用托宾 Q 值（总市值/总资产的重置成本）来衡量公司绩效。但在我国股票大部分都存在非流通股。由于这种特殊二元结构的存在，用托宾 Q 值来衡量公司绩效时，总市值无法得到。另外，我国资本市

场的制度不完善。股票价格时常受到操纵。所以，股票价格并不能反映业绩，托宾Q值很难真实地反映公司绩效。每股收益，也称每股利润或每股盈余，反映企业普通股股东持有每一股股份所能享有的企业利润和承担的企业亏损，是衡量上市公司盈利能力时最常用的财务分析指标。每股收益越高，说明公司的股利能力越强。每股收益是分析上市公司盈利能力的一个综合性较强的财务指标。

（二）控制权特征指标

根据改进的投票概率模型中的控制度计算公式，并利用我国上市公司的股权结构所计算得出实际控制人对公司的控制度；实际控制人占公司的所有权比例是通过上市公司年报中对实际控制人的披露情况得到的；两权分离度是由控制度与所有权比例之差计算得出的。

实际控制人性质根据实际控制人是否国有分为国有和民营，其中国有包括国有独资公司、国有控股企业、集体所有制企业、国有联营企业等；民营包括私营企业、港澳台资企业、外商投资企业、外国企业等。本文将实现方式分为直接控制和间接控制两种；另外，本文还根据实际控制人是否完全控制公司，将控制类型分为绝对控制和相对控制。绝对控制即为实际控制人的控制度为100%，实际控制人在股东大会投票之前就可以确定决议是否被执行，相对控制为实际控制人不能100%确定赢得股东大会。

（三）控制变量

为了控制可能对被解释变量产生影响的其他因素，根据已有的相关研究并结合中国上市公司的实际情况，本文引入了以下控制变量：

（1）公司规模（SIZE）。取值为年初总资产账面价值的自然对数，用于控制公司规模对公司绩效的影响。

（2）资产负债率（LEVER）。用来控制资本结构对公司绩效的影响。取值为公司年初总负债除以年初总资产。

（3）总资产周转率（ASTU）。用于控制经营效率对公司绩效可能产生的影响。取值为公司的营业收入除以平均总资产。

（4）行业。用于控制行业对公司绩效的影响，按证监会的行业分类标准，分为13个行业，由于剔除了金融保险行业的上市公司，故在本文中采用11个虚拟变量来表示。具体变量及含义见表2。

表2 变量定义表

变量类型	变量名称	变量符号	变量含义及说明
被解释变量	每股收益	EPS	EPS=净利润/普通股股数
解释变量	控制人性质	KIND	虚拟变量，实际控制人为国有时为1，民营时为0
	实现方式	WAY	直接控制为1，间接控制为0
	控制类型	TYPE	绝对控制为1，相对控制为0
	控制度	CONTROL	由改进的投票概率模型计算得出

续表

变量类型	变量名称	变量符号	变量含义及说明
解释变量	所有权比例	OWNERSHIP	实际控制人的持股比例
	两权分离度	APART	控制度与所有权比例之差
控制变量	行业	$CLASS_j$	虚拟变量，12 个行业，用 11 个虚拟变量来表示
	公司规模	SIZE	公司总资产取对数
	资本结构	LEVER	公司资产负债率
	总资产周转率	ASTU	当年销售收入/平均总资产

（四）模型和研究方法的选择

为了验证公司控制权特征对公司绩效的影响，并且考虑到变量之间可能存在的相互影响，本文建立如以下模型：

$$EPS_i = \beta_{10} + \beta_{11}KIND_i + \beta_{12}SIZE_i + \beta_{13}LEVER_i + \beta_{14}ASTU_i + \sum_{i=1}^{11}\gamma_{1j}CLASS_{ij} + \varepsilon_{i1} \quad (1)$$

$$EPS_i = \beta_{20} + \beta_{21}WAY + \beta_{22}TYPE_i + \beta_{23}SIZE_i + \beta_{24}LEVER_i + \beta_{25}ASTU_i + \sum_{i=1}^{11}\gamma_{2j}CLASS_{ij} + \varepsilon_{i2} \quad (2)$$

$$EPS_i = \beta_{30} + \beta_{31}CONTROL_i + \beta_{32}SIZE_i + \beta_{33}LEVER_i + \beta_{34}ASTU_i + \sum_{i=1}^{11}\gamma_{3j}CLASS_{ij} + \varepsilon_{i3} \quad (3)$$

$$EPS_i = \beta_{40} + \beta_{41}OWNERSHIP_i + \beta_{42}SIZE_i + \beta_{23}LEVER_i + \beta_{44}ASTU_i + \sum_{j=1}^{11}\gamma_{4j}CLASS_{ij} + \varepsilon_{i4} \quad (4)$$

$$EPS_i = \beta_{50} + \beta_{51}APART_i + \beta_{52}SIZE_i + \beta_{53}LEVER_i + \beta_{54}ASTU_i + \sum_{j=1}^{11}CLASS_{ij} + \varepsilon_{i5} \quad (5)$$

其中，β_{rs} =（r = 1，2，3，4，5；s = 0，1，2，…，5）为第 r 个模型第 s 个变量的系数；i = 1，2，…，1338 为第 i 个企业；j = 1，2，…，11 为第 j 个行业；ε_{i1}，ε_{i2}，ε_{i3}，ε_{i4}，ε_{i5} 为各个模型的残差项。

为了验证我国上市公司中由于实际控制人性质不同而造成的控制权特征差异，把样本根据实际控制人性质的不同分为两组，国有公司和民营公司。然后对两组的控制权特征变量分别进行比较。

（五）样本的选取

本文以沪深交易所 A 股上市公司 2008 年数据为研究对象。样本公司的控制权数据来源于国泰安研究服务中心并用改进的投票概率模型计算所得，财务数据和股权结构数据来源于巨灵金融数据库并根据公司年度报告手工整理取得。对 A 股上市公司执行如下筛选：①剔除 ST 公司；②剔除财务数据缺失的上市公司；③剔除金融保险行业上市公司。经过以上处理，最终获得 1338 家样本公司的年度观察值。数据处理使用 EVIEWS6.0 和 SAS9.1.3 统计分析软件进行。

五、描述性统计与实证分析

（一）描述性统计

从表 3 的描述性统计表可以看出，在我国现阶段，国有公司约占所有上市公司的 61.96%，仍然是中国上市公司的主要部分，而民营公司只占到了 38.04%。国有公司的平均每股收益低于民营公司，粗略地看出实际控制人性质对每股收益有影响，民营公司的每股收益比国有公司的要好。

表 3　各变量描述性统计分析表

变量	样本数		均值		标准差		最小值		最大值	
KIND	国有	民营	国有	民营	国有	民营	国有	民营	国有	民营
EPS	829	509	0.2502	0.3142	0.5235	0.4936	-2.2200	-0.800	6.2800	5.8900
CONTROL	829	509	89.67%	87.23%	0.0742	0.0827	70.89%	56.89%	100%	100%
OWNERSHIP	829	509	36.20%	27.27%	0.1672	0.1599	0.53%	0.24%	92%	78.18%
APART	829	509	53.47%	59.97%	0.1240	0.1202	8.00%	21.82%	85.70%	88.23%

国有公司的控制度和所有比例都大于民营公司，但两权分离度却小于民营公司，这些变量的标准差相差不多。国有公司的控制度平均为 89.67%，而民营公司有 87.23%，两者都比较大，说明在我国现阶段，无论是在国有公司中，还是民营公司中，实际控制人都对公司的大部分事务进行控制和管理。同时控制度最大值都为 100%。在我国上市公司中，存在着实际控制人完全控制的公司。国有公司的所有权均值为 36.20%，民营公司为 27.27%，最大值分别为 92%和 78.18%。国有公司的所有权比例均值要高出民营公司约 32.75%。同时，国有公司的两权分离度均值为 53.47%，而民营公司为 59.97%，数值都比较大，说明在我国控制权与所有权的分离现象较为普遍，且分离程度比较大，最小值分别为 8%和 21.82%。

从表 4 可以看出，在国有公司中，直接控制占主导地位，约占全部国有公司的 67.07%，而在民营公司中则相反，间接控制就占全部民营公司的 72.10%。无论是在国有公司中，还是在民营公司中，绝对控制的公司都占少数，国有公司中相对控制约占国有公司总数的 69.84%，民营公司中这个比例为 79.96%，在这里可以粗略地看到，国有公司的控制权特征与民营公司有区别。

（二）国有公司与民营公司的控制权特征差异分析

因为实现方式和控制类型为定性变量，必须采用单独的方法进行分析，故在此先对其

表 4　实现方式与控制类型的汇总统计表

国有公司			
	相对控制	绝对控制	合计
间接控制	200	73	273
直接控制	379	177	556
合计	579	250	829
民营公司			
	相对控制	绝对控制	合计
间接控制	287	80	367
直接控制	120	22	142
合计	407	102	509

他控制权特征变量进行差异分析。为了对国有公司和民营公司的控制权特征进行对比分析，应该对变量进行正态性和齐方差性检验。

首先，对各组的控制权特征变量进行正态性检验。采用 SAS 软件分别对各组的控制权特征权变量 CONTROL、OWNERSHIP 和 APART 进行 Shapiro-Wilk 检验，表 5 为检验结果。

表 5　正态性检验结果

	CONTROL		OWNERSHIP		APART	
	国有	民营	国有	民营	国有	民营
W 统计量	0.8366	0.9152	0.9855	0.9629	0.9873	0.9866
P 值(Pr<W)	<0.0001	<0.0001	<0.0001	<0.0001	<0.0001	<0.0001

从表 5 的结果可以看出，对于每个控制权特征变量，在每一组中都不服从正态分布，故不能简单地采用 T 检验进行差异分析。应该采用非参数检验对其进行检验。

表 6 为对这 3 个变量进行非参数检验的结果（采用 Kruskal-Wallis 检验）。从表 6 可以看出，这 3 个变量的卡方统计量最小的为 34.86，P 值都小于 0.0001。在国有公司与民营公司的控制权特征对比中，控制度、所有权比例和两权分离度都有显著的差异。结合以上描述性统计分析的结果，国有公司的控制度和所有权比例显著比民营公司的高，而两权分离度却比民营公司的显著要低，且差异显著。

表 6　非参数检验结果

	CONTROL	OWNERSHIP	APART
卡方统计量	34.86	89.16	82.76
P 值	<0.0001	<0.0001	<0.0001

下面进行实现方式和控制类型差异的检验，本文对这两个定性变量采用卡方检验。经过计算，其卡方统计量如表 7 所示，都在 1%的显著性水平上拒绝了原假设，故国有公司的实现方式与民营公司的实现方式和控制类型有显著不同，对于国有公司多采用直接控制，而民营公司多采用间接控制。国有公司中绝对控制的比例都高于民营公司。

表 7　实现方式与控制类型的检验

	WAY	TYPE
卡方统计量	193.92	16.65
P 值	<0.0001	<0.0001

综上所述，国有公司与民营公司的控制权特征有显著差别。控制度和所有权比例都比民营公司的要高，但两权分离度比民营公司的低，实现方式方面，国有公司大多采用直接控制，而民营公司普遍采用间接形式控制公司。控制类型方面，民营公司的相对控制比例更多一些。

因为国有公司和民营公司在控制权方面的差异很大，故在下面的分析中区分了国有公司和民营公司，分别就控制权对公司绩效的影响进行实证分析。

（三）相关性分析

表 8　控制权变量与公司绩效相关分析表

国有公司中各变量相关系数				
	EPS	CONTROL	OWNERSHIP	APART
EPS	1.000			
CONTROL	-0.0817**	1.000		
OWNERSHIP	0.0162	0.3544***	1.000	
APART	-0.0438	-0.0538	-0.9528***	1.000
民营公司中各变量相关系数				
	EPS	CONTROL	OWNERSHIP	APART
EPS	1.000			
CONTROL	0.0147	1.000		
OWNERSHIP	0.1677***	0.4056***	1.000	
APART	-0.1746***	0.0978***	-0.8700***	1.000

注：* 表示在 10%水平下显著，** 表示在 5%水平下显著，*** 表示在 1%水平下显著。

从表 8 的相关关系分析结果可以看出：

（1）在国有公司中，每股收益与控制度、所有权比例和两权分离度的相关系数分别为-0.0817、0.0162 和-0.0438，其中每股收益与控制度的相关系数是在 5%的显著性水平下显著的，另外两个相关系数是不显著的，说明在国有公司中，控制权中的控制度对公司绩效的影响更为显著，且符号为负，控制度对公司绩效有负影响，与假设一致。而在民营公司中这 3 个相关系数分别为 0.0147、0.1677 和–0.1746，然而，在民营公司中，每股收益与控制度的相关系数是不显著的，另外两个相关系数是显著的，这说明在民营公司中，控制权对公司绩效的影响与国有公司是不同的，在民营公司中，控制权对公司绩效的影响更多地体现在所有权比例和两权分离度上，所有权比例对公司绩效有正向影响，两权分离度对公司绩效有负向影响；而在国有公司中，控制权对公司绩效的影响主要是在控制度上。控制度对公司绩效有负向影响。

（2）在民营公司中，控制度、所有权比例和两权分离度三者的两两相关系数分别为 0.4056、0.0978 和–0.8700，而且都是显著的。这说明控制权中两权分离度与控制度之间的相关系数很小，仅为–0.0538，而且没有通过检验，说明在国有公司中两权分离度与控制度相关性不高。在控制权特征内部相关性方面，无论是国有公司，还是民营公司，控制度与所有权比例、所有权比例与两权分离度的相差系数都具有显著的相关性，控制度与两权分离度的相关系数在民营公司中相关系数为正且显著，而在国有公司不显著。

（3）通过对变量的相关性分析，发现控制权特征之间是相互联系的，如果把控制权变量都放在一个模型进行回归分析，可能会引起模型有严重的多重共线性问题。故把这些变量分别进行回归。

（四）多元回归结果及分析

本文对行业虚拟变量通过逐步回归法进行了筛选，把不显著的行业变量剔除掉，在模型（3）中，因为是对控制度进行的回归分析，在绝对控制下的控制度为 100%，而且绝对控制下的公司数量不少，如果参与回归，会对模型结果产生较大影响，故在这个模型中剔除了绝对控制下的公司。对每个模型都进行了 white 异方差检验，证明存在异方差问题，故对每个方程都采用广义最小二乘法进行估计，这样可以有效解决异方差问题。通过把可能引起多重共线性的变量分别进入模型，基本消除了多重共线性问题，每个模型的方差膨胀因子（VIF）都在 2 以下，所以，模型的多重共线性问题不严重。

从表 9 的回归结果来看，这几个模型拟合优度最小的为 0.4684，最大的为 0.9270。考虑到影响特征之间都是相互关联的，同时在国有公司公司绩效的因素很多，本文中只考虑了控制权和一些控制变量的影响，故这样的拟合优度是可以接受的。这几个模型的 F 值都在 40 以上，最小的为 45.43，P 值都小于 0.0001，所有模型都具有整体显著性。

表 9　多元回归结果

变量	模型 I	模型 II	
KIND	全样本	国有	民营
CONSTANT	–1.9752 (–35.50)***	–1.5519 (–16.79)***	–2.9567 (15.95)***
KIND	–0.070 (–13.48)***		

续表

变量	模型 I	模型 II	
KIND	全样本	国有	民营
WAY		−0.0144 (−1.91)*	0.0852 (5.85)***
TYPE		0.0780 (7.29)***	0.1462 (8.94)***
SIZE	0.2727 (40.97)***	0.2124 (19.97)***	0.3626 (17.44)***
LEVER	−0.0075 (−36.75)***	−0.0062 (−23.02)***	−0.0084 (−23.31)***
ASTU	0.1174 (22.22)***	0.0660 (8.67)***	0.1300 (8.99)***
$CLASS_j$	YES	YES	YES
R^2	0.7683	0.6526	0.7312
Adj. R^2	0.7668	0.6484	0.7242
F 统计量	489.38	153.67	103.59
P 值	<0.0001	<0.0001	<0.0001
样本量	1338	829	509

变量	模型Ⅲ		模型Ⅳ		模型 V	
KIND	国有	民营	国有	民营	国有	民营
CONSTANT	−1.2790 (−7.53)**	−2.7835 (−16.51)***	−1.5820 (−17.98)***	−3.2593 (−36.99)***	−1.5150 (−15.85)***	−2.6510 (−19.01)***
CONTROL	−0.4235 (−2.41)**	0.1307 (1.27)				
OWNERSHIP			0.1782 (5.61)***	0.5142 (15.49)***		
APART					−0.1815 (−5.17)***	−0.6728 (−12.99)***
SIZE	0.2136 (17.79)***	0.3497 (19.39)***	0.2087 (20.30)***	0.3888 (38.41)***	0.2202 (22.43)***	0.3814 (24.32)***
LEVER	−0.0056 (−15.71)***	−0.0090 (−22.32)***	−0.0060 (−20.69)***	−0.0086 (−24.04)***	−0.0064 (−24.63)***	−0.0083 (−21.46)***
ASTU	0.0913 (8.12)***	0.1719 (10.80)***	0.0702 (10.15)***	0.1289 (9.88)***	0.0732 (10.63)***	0.1304 (8.97)***
$CLASS_j$	YES	YES	YES	YES	YES	YES
R^2	0.4684	0.6846	0.6452	0.9270	0.6849	0.8995
Adj R^2	0.4581	0.6783	0.6409	0.9254	0.6814	0.8973
F 统计量	45.43	108.00	148.75	574.02	197.76	404.32
P 值	<0.0001	<0.0001	<0.0001	<0.0001	<0.0001	<0.0001
样本量	579	407	829	509	829	509

注：被解释变量 CONSTANT 为常数项，括号为 T 值，***、**、* 分别表示在 1%、5%和 10%显著性水平上显著，下同。

从这几个模型的回归结果可以看出：

（1）实际控制人性质前的系数为-0.1070，T 值为-13.48，在 1%的显著性水平上显著。系数为负，说明实际控制人性质确实影响着公司绩效，且影响显著。

民营公司的公司绩效要高于国有公司的公司绩效，支持了假设 1。

（2）实现方式前的系数分别为-0.0144 和 0.0852，都是显著的。说明实现方式对公司绩效的影响显著，且在不同性质的公司中表现不同。在国有公司中的系数为负，说明在国有公司中，间接控制下的公司绩效要比直接控制情况下要好，而在民营公司中，直接控制的公司有更高的公司绩效。支持了假设 2。

（3）控制类型前的系数分别为 0.0780、0.0852，都为正且显著。说明在我国上市公司中，绝对控制要比相对控制的情况要好。在绝对控制下，实际控制人更能发挥自己的管理和经营优势，为公司更好地服务。如果实际控制人要达到绝对控制的程度，必须拥有足够的投票权，而获取投票权的主要途径就是拥有更多的股票，故在绝对控制下的公司中实际控制人的所有权比例也会很高，公司的利益也和实际控制人的利益一致性很高，实际控制人也有动机去管理公司，支持了假设 3。

（4）控制度前的系数分别为-0.4235、0.3963，在民营公司中的系数是不显著的，而在国有公司中的系数是高度显著的，且为负。说明，在国有公司中，控制度对公司绩效有负的影响，这说明政府对公司的过度干预管理会影响公司绩效，在国有公司中，应该减少对公司的控制，以提高公司绩效。在民营公司中，控制度对公司绩效的影响不显著，可能是由于控制度对公司绩效的正负影响相抵消的原因。

（5）所有权比例在国有公司和民营公司的系数分别为 0.1782、0.5142，都在 1% 的显著性水平上显著。这说明：在国有公司和民营公司中，所有权比例越大，公司绩效越好，支持了假设 5，所有权比例越大，实际控制人与公司的利益越一致，无论是国有公司中，还是民营公司中，都存在着这个现象。

（6）两权分离度在国有公司和民营公司中的系数分别为-0.1815、-0.6728，两者都是高度显著的。说明我国上市公司中，两权分离度对公司绩效有负的影响，与假设 6 相符，两权分离度越高，实际控制人对公司的控制度与所有权比例差异越大，公司与实际控制人的利益越不一致，当实际控制人管理公司时，会导致公司绩效变差。

另外，本文发现：①公司规模前的系数在国有公司中都是显著的，在我国上市公司中，公司规模是影响公司绩效的一个重要方面。②资产负债率在模型中的系数是负的而且是显著的。根据以往研究，资产负债率对公司绩效的影响呈倒 U 型，在此是负相关关系，这说明在现阶段，资产负债率处于较高的水平。③总资产周转率在模型中的系数都是正的，并且都是显著的，公司运转效率对公司绩效的影响是显著的。

六、结论与研究局限

本文以沪深两地的1338家上市公司为样本，采用横截面数据分析方法，从实际控制人的角度考察了控制权特征及其对公司绩效的影响，得出了如下结论：

（1）在我国上市公司中，国有公司与民营公司的控制权特征显著不同。国有公司的控制度和所有权比例都大于民营公司，而两权分离度却明显低于民营公司；国有公司多采用直接控制，而民营公司中更多的是间接控制；民营公司中绝对控制的比例要高于国有公司。

（2）实际控制人的性质显著影响着公司绩效。民营公司的公司绩效要好于国有公司。在此阶段存在着国有公司管理不善的问题。国有公司被管理者偏离了利润最大化的目标，同时预算软约束也导致了国有公司的效率比民营公司的要低。

（3）控制权的实现方式对公司绩效的影响在不同性质的公司中不同。在国有公司中，间接控制比直接控制的情况要好，而在民营公司中，直接控制下的公司绩效更好。控制类型也对公司绩效产生影响。在我国上市公司中，绝对控制下的公司绩效更好，绝对控制下公司的利益与实际控制人的利益更加一致。控制度在国有公司中起到了负面作用，控制度越高国有公司的公司绩效越差，对于国有公司，减少对其的干预可以增加公司绩效。同时，控制度在民营公司中起到的作用不显著。无论是国有公司，还是民营公司，所有权比例对公司绩效都起到了正向作用，所有权比例越高，实际控制人侵占私人利益的动机越小，对公司绩效的提高有益。两权分离度起到了负面影响。控制权与所有权的分离导致了实际控制人的利益与公司的不一致，对公司绩效有负的影响。

但是由于客观条件的限制，在本文中并没有考虑到关联股东和敌对股东的情况，关联股东和敌对股东的投票行为必然会对控制权数据产生影响；实现方式和控制类型在本文中简单地设成了虚拟变量，但现实中实现方式和控制类型多种多样，在此无法对这些进行准确的刻画。这些将是我们以后研究的重点和难点。

参考文献

［1］Berle A. A., Means G. C. The Modern Corporation and Private Property, Harcourt, Brace and World, Inc., 1932.

［2］刘锦红. 控制权、现金流权与公司绩效［J］.财经科学，2009（5）.

［3］徐莉萍，辛宇，陈工孟. 控股股东的性质与公司经营绩效［J］. 世界经济，2006（10）.

［4］Claessens S., S. Djanlov, J. Fan L. P. H., Lang. Disentangling the Incentive and Entrenchment Effects of Large Shareholdings［J］. Journal of Finance, 2002, 57（6）：2741-2771.

［5］李善民，周木堂，余鹏翼. 最终所有权性质、治理机制对企业绩效的影响研究［J］. 管理科学，2006（5）.

［6］John Cubbin, Dennis Leech. The Effect of Shareholding Dispersion on the Degree of Control in British

Companies: Theory and Measurement [J]. The Economic Journal, 1983 (93): 351-369.

[7] Josef Lakonishok, Andrei Shleifer, Robert W. Vishny. Contrarian Investment, Extrapolation, and Risk [J]. The Journal of Finance, 1994 (49): 1541-1578.

[8] 白明，雷箐青. 国有产权与市场竞争 [J]. 经济体制改革，2006 (4).

[9] Jonson S. R., La Porta F., Lopez-de-silanes A. and Shleifer Tunnelling [J]. American Economic Review, 2000, 90: 22-27.

[10] Friedman Eric, Simon Johnson, and Todd Mitton Propping and Tunneling [Z]. NBER Working Paper, 2003.

[11] LaPorta R., Lopz-de-Silanes, F., Shleifer A. Corporate Ownership around the World [J]. Journal of Finance, 1999 (54): 471-517.

The Characteristics of Control Power of Chinese Listed Companies and Their Impacts on Corporate Performance

—Based on the Improved Probabilistic Voting Model

Li Bin　Sun Yuejing

Abstract: The measurement of the control right is one major problem in the area of corporate governance. The traditional methods are subject to only the largest shareholder but not take into account the impact of ownership structure, or use the probabilistic voting model which has another shortage offsets when find the solution of control right. This paper improves the model and uses control right data of Chinese A share listed companies in 2008 as sample to study. It finds that the control right characteristics of state-owned companies and private companies are significantly different: the ratio of control right and ownership of state-owned company is significantly higher than that of private company, but the separating degree is lower than private company. Most state-owned companies adopt direct control while a large part of private companies adopt indirect control, the ratio of relative control of state-owned company is significantly lower than that of private company, and the control right has significant effect on the corporate performance in listed companies, and the effects are not same in different companies.

Key Words: ultimate controller; the improved probabilistic voting model; corporate performance; state-owned companies; control right

基于多理论视角的董事会
——CEO 关系与公司绩效研究述评*

周建　李小青　金媛媛　尹翠芳

【摘　要】董事会和 CEO 是核心公司治理机制的两个关键要素，两者之间的关系会影响公司的战略选择，进而影响公司绩效。不同理论视角下的董事会—CEO 关系及其对公司绩效的影响相异，基于此，本文首先梳理和归纳了有关董事会—CEO 关系及其对公司绩效影响研究的理论渊源，然后构建了董事会—CEO 关系与公司绩效研究的理论模型，并分析了现有研究存在的不足，最后指出了未来研究值得关注的方向，以期为后续研究提供借鉴和启示。

【关键词】董事会—CEO 关系；公司绩效；代理理论；资源依赖理论；管家理论

一、引言

董事会和 CEO 是核心公司治理机制的两个关键要素，两者之间的关系及其对公司竞争优势和公司绩效的影响日益受到公司治理与战略管理研究领域学者的关注。董事会与 CEO 之间存在复杂、多维度的关系，并且两者之间的关系受到诸多因素的影响，从而对公司绩效产生不同的影响。尽管目前关于董事会—CEO 关系对公司绩效影响的研究堪称丰硕，但是鲜有综述性研究。在国外的相关研究文献中，我们发现仅有 Boyd、Haynes 和 Zona（2010）对 1982~2007 年发表在全球顶级管理学期刊[①]上的董事会—CEO 关系相关研究文献进行了综述。但他们只是基于不同的理论视角对相关文献进行了归类和梳理，并没有详细解读相关文献的研究内容，也没有分析和考察不同理论视角下董事会—CEO 关系对

* 本文选自《外国经济与管理》2011 年第 7 期。

① Boyd、Haynes 和 Zona（2010）的研究样本主要是指《管理学会期刊》（Academy of Managemanent Journal）、《管理科学季刊》（Administrative Science Quarterly）、《管理学期刊》（Journal of Management）、《管理学研究期刊》（Journal of Management Studies）和《战略管理季刊》（Stratigic Management　Journal）。

公司绩效的影响。基于此，本文拟在详细解读董事会—CEO 关系研究相关理论背景的基础上，对国外有关董事会—CEO 关系及其对公司绩效影响的研究文献进行了回顾与评价，以期引起国内学术界和实务界关心董事会—CEO 关系对公司绩效的影响，并且为我国情境下的相关理论研究和实践活动提供借鉴和参考。

二、不同理论视角下的董事会—CEO 关系的内涵

董事会—CEO 关系研究起源于 OECD 公司治理准则以及 1992 年英国凯德伯瑞报告①对董事长与总经理两职分离的规定，主要理论为代理理论。随后，资源依赖理论和管家理论的发展赋予了董事会—CEO 关系以更加丰富的内涵。为了深入把握董事会—CEO 关系对公司绩效的影响，本文首先介绍上述三种理论视角下的董事会—CEO 关系的内涵。

（一）代理理论视角下的董事会—CEO 关系的内涵

代理理论是董事会—CEO 关系研究的主要理论（Eisenhardt，1989；Sanders 和 Hambrick，2007）。代理理论假设所有权和控制权分离导致管理层和股东之间存在利益冲突（Berle 和 Means，1932；Fama 和 Jensen，1983a 和 1983b），认为董事会的主要职责是代表股东监督管理层，董事会与 CEO 之间存在目标冲突，董事会监督 CEO 的目的是为了约束 CEO 的自利行为。董事会通过投入有效的监督活动来降低代理成本，从而改善公司绩效。具体而言，董事会针对 CEO 的监督活动包括监督 CEO 行为（Boyd，1995；Daliy，1996）、确定 CEO 继任计划（Pitcher、Chreim 和 Kisfalvi，2000）、评价 CEO 及公司经营业绩、决定管理层薪酬（Conyon 和 Peck，1998；Shen，2003）等。在代理理论视角下，为了更好地履行监督职能，董事会倾向于董事长与 CEO 两职分离的治理结构，通过采取有效的监督活动来观察和控制 CEO 的行为，使得 CEO 不至于偏离股东利益最大化目标，从而至少部分解决代理问题（Johnson 等，1996；Hillman 和 Dalziel，2003；Shen，2003）。

（二）资源依赖理论视角下的董事会—CEO 关系的内涵

还有学者基于资源依赖理论来解释董事会—CEO 关系。资源依赖理论把公司看作一个开放的系统，公司的生存能力取决于其从外部环境获取关键资源的能力，而董事会被视为公司获取外部资源的一条重要途径。董事会实施资源提供行为的前提是把自己看作资源的

① 20 世纪 80 年代，国际上几家引人注目的大型公司相继倒闭。为了分析其中原因，英国伦敦几家著名的从事审计和管理规范研究的机构成立了由艾德里·凯德伯瑞爵士为主席的委员会，该委员会于 1992 年提交了一份名为《公司治理结构的财务表征》（The Financial Aspects of Corporate Governance）的报告，即凯德伯瑞（Cadbury）报告。该报告明确提出在公司治理结构中董事长和总经理应由两人担任。

提供者，而不仅仅是管理层的评价者和监督者。董事会的资源提供能力取决于其拥有的董事会资本（board capital），也就是说董事会的资源提供能力是有关董事会资本的函数（Hillman 和 Dalziel，2003）。Boyd、Haynes 和 Hillman（2010）认为，董事会资本可分解为广度和深度两个维度，其中董事会资本广度是指董事会人力资本和社会资本的异质性程度，而董事会资本深度则指董事会凭借董事的人力资本（如职业背景）和社会资本（如连锁董事身份）嵌入公司所在行业的程度。董事通过利用其人力资本和社会资本来履行提供资源的职能，董事的技能、经验、专长和知识可能会影响他们在监督 CEO、评价战略实施效果、制定 CEO 继任计划和奖励管理层方面的效能，没有相关资本的董事则相对缺乏正确评价管理层和有效选择 CEO 继任者的能力。由此可见，在资源依赖理论视角下，向 CEO 提供资源是董事会的一项重要职能，董事的业务专长和声望能够为 CEO 提供公司经营所需要的信息和资源。

（三）管家理论视角下的董事会—CEO 关系的内涵

如前所述，代理理论主张通过加强董事会对 CEO 的监督来降低代理成本，提高公司绩效，但是忽略了 CEO 的影响作用，也未能对 CEO 的非机会主义行为作出令人信服的解释。资源依赖理论虽然深入考察了董事会的资源提供职能，认为董事会利用董事人力资本和社会资本为 CEO 提供资源来促进 CEO 领导力的发展，从而提升公司绩效，但是没有考虑 CEO 受激励的水平对公司绩效的影响。而 CEO 的能力和受激励水平都有可能影响 CEO 行为进而影响公司绩效。正是在这样的背景下，有学者提出运用管家理论来解释董事会—CEO 关系。

管家理论认为，公司控制权在所有者和职业经理人之间的重新配置，有利于现代公司应对复杂的经营环境，而委托人利益得以实现的关键在于公司治理结构和机制是否能够赋予管理层适当的权限，并非监督和控制的防弊措施是否周全；管家必须被授予适当的权力以及获得充分的信任，才有能力和意愿实现组织利益最大化。管家理论假设 CEO 是兢兢业业、尽职尽责的管家，在任何情况下，作为管家的 CEO 都会把优先实现公司目标放在首位。因此，公司治理的关键在于设计合理的治理结构以确保充分发挥 CEO 的才能，从而获得预期的公司绩效，而不是对 CEO 的监督和激励。由此可见，在管家理论视角下，董事会对 CEO 的监督和控制职能被授权和自治所取代（Francis，1997；Wallis，2000），董事会的主要职能是为 CEO 服务、向 CEO 提供建议和咨询以及支持 CEO 的战略决策。表 1 对不同理论视角下的董事会—CEO 关系的内涵进行了总结。

表 1　不同理论视角下的董事会—CEO 关系的内涵

理论视角	代理理论	资源依赖理论	管家理论
理论渊源	经济学、金融学	组织理论、社会学	社会学、心理学
董事会角色	监督、控制	提供资源	战略协作
董事会结构	引进外部董事、董事长与 CEO 两职分离	引进外部董事、强调董事多元化	引进内部董事、董事长与 CEO 两职兼任

续表

理论视角	代理理论	资源依赖理论	管家理论
董事会职责	监督并约束 CEO 的自利行为	利用董事会资本进行战略参与活动	为 CEO 服务、向 CEO 提供建议和咨询
关键变量	董事会规模、构成、薪酬、会议次数等	董事会规模、多元化程度、外部董事比例等	CEO 权力、受教育水平、任期等
公司绩效标准	盈利性	盈利性、成长性	盈利性

资料来源：根据相关文献整理。

三、不同理论视角下董事会—CEO 关系对公司绩效的影响

近十年来，董事会—CEO 关系问题已引起了公司治理、战略管理、社会学、心理学等不同研究领域学者的关注。学者们分别从权力配置和控制、战略参与、监督激励等不同视角来考察董事会—CEO 关系及其对公司绩效的影响，并取得了丰硕的实证研究成果。但是，基于不同理论的相关研究，无论是概念框架还是重点都存在很大差别，结论也迥然不同。

（一）代理理论视角下董事会—CEO 关系对公司绩效的影响

相关研究主要从董事会独立性水平以及董事会领导权结构来考察董事会监督 CEO 的效能及其对公司绩效的影响。下面，我们就从这两个方面来梳理代理理论视角下董事会—CEO 关系对公司绩效影响的相关文献。

1. 董事会独立性水平对监督 CEO 的效能以及公司绩效的影响

董事会有效履行监督职能的首要前提是董事会具备较高水平的独立性。John（1998）和 Lynall 等（2003）研究表明，董事会的独立性水平越高，董事会对 CEO 的依赖程度就越低，进而董事会对 CEO 的监督就越有效。一般而言，由于内部董事与 CEO 之间的利益往往密切相关，因此，很难指望内部董事能有效监督和约束 CEO；而外部董事同 CEO 并无直接的利益关系，且外部董事一般具有良好的声誉，因此，外部董事的介入有利于降低 CEO 和内部董事合谋的可能性，进而对公司绩效产生重要的影响（Fama 等，1990；Baysinger 和 Hoskisson，1990；Johnson 等，1996）。

大多数学者的研究结论支持了上述观点。Hermalin 和 Weisbach（1998）将由业绩问题导致的管理层变更与董事会构成联系起来，检验了内部董事和外部董事在监督管理上的差异。结果表明，与外部董事比例低的董事会相比，外部董事至少占 60%的董事会更有可能解雇工作表现欠佳的 CEO。另外，Hermalin 和 Weisbach 采用纽约证券交易所 367 家公司 1973~1983 年的数据进一步实证分析得出，与内部董事主导的董事会相比，由外部董事主导的董事会解雇 CEO 的概率与公司绩效之间呈现更高的敏感性。Morck（2004）借助心理

学实验研究表明，董事会盲目忠诚于 CEO 的现象普遍存在，CEO 在董事会中的权力导致董事们把对股东和公司的责任转变为对 CEO 的服从，而独立董事的存在能够削弱董事会对 CEO 的顺从，从而改善公司治理并提升公司绩效。

然而，并非所有的经验研究都认同上述观点，也有学者（如 Dalton 等，1998；King 等，2004；Kroll、Walters 和 Wright，2008）通过实证研究得出了独立董事比例与公司绩效无关的结论，并且指出不管选用反映公司绩效的会计指标还是托宾 Q 值等市场价值指标，即使从长期考虑股票市场反应和公司绩效，也找不到独立董事比例与公司绩效之间存在显著性统计关系的证据。

2. 董事会领导权结构对监督 CEO 的效能以及公司绩效的影响

董事会领导权结构是指董事长与 CEO 之间的两职分离或兼任状态。代理理论认为，董事长与 CEO 两职兼任会削弱董事会相对于管理层的独立性（Lorsch 和 Maclver，1989；Fizel 和 Louie，1990），从而降低董事会实施监督职能的积极性，因此主张董事长与 CEO 两职分离。但是，有关董事会领导权结构对监督 CEO 效能及公司绩效影响的实证研究并未得出完全一致的结论。

大多数实证研究还是支持有关董事长与 CEO 两职分离有利于提高董事会监督 CEO 的效能进而提升公司绩效的观点。Jensen 和 Fama（1983）、Baysinger 和 Butler（1985）以及 Pi 和 Timme（1993）的研究均发现，独立型领导权结构的公司其绩效明显优于董事长与 CEO 两职兼任的公司，董事长与 CEO 两职兼任降低了董事会监督管理层的效能，而两职分离则有利于改善董事会的监督效能。另外，Geneen（1984）和 Mace（1997）研究发现，董事长与 CEO 两职兼任使得 CEO 有机会影响董事会结构和董事任期，导致董事不能公正、客观地评价和判断公司经营业绩，从而降低公司治理效率，最终损害公司绩效。

而 Rechner 和 Dalton（1991）利用 141 家保持稳定领导权结构的《财富》500 强公司 1978~1983 年的面板数据考察了董事会领导权结构和公司财务绩效之间的关系，结果发现独立型领导权结构的公司其绩效优于董事长与 CEO 两职兼任的公司。此外，Goyal 和 Park（2001）的实证研究表明，当董事长与 CEO 的职务由一人担任时，公司缺乏独立的领导权结构，从而难以更换业绩不佳的经理，导致 CEO 变更对公司绩效的敏感性显著降低。而 Chahine 和 Tohme（2010）则采用中东和北非地区 12 个阿拉伯国家 2001 年 1 月至 2007 年 6 月间首次公开上市公司为样本考察了董事长与 CEO 两职状态对公司首次公开上市后股票折价程度的影响，结果发现董事长与 CEO 两职兼任的公司股票折价程度较高，从而支持了代理理论提出的董事长与 CEO 两职兼任损害董事会监督效能进而降低公司绩效的观点。

虽然我们能找到充分的证据支持董事长与 CEO 两职分离对董事会监督效能以及公司绩效的正向影响，但还是有一些学者提出了不同的看法。Chaganti 等（1985）、Baliga 等（1996）以及 Abdullah（2004）的研究均未发现董事会领导权结构和公司绩效之间存在相关性。Boyd（1995）对美国 12 个行业 192 家样本公司的数据进行深入研究后指出，在资源缺乏且动荡、复杂的环境中，董事长与 CEO 两职兼任的领导权结构有利于提升公司绩效。Faleye（2007）基于大样本数据研究了董事会领导权结构对公司绩效的影响，认为董事长与 CEO 两职分离并不必然导致董事会监督效能和公司绩效的提高，董事会领导权结构对公司绩效的影响取决于公司内部特征以及 CEO 个人特征的双重作用。

（二）资源依赖理论视角下董事会—CEO 关系对公司绩效的影响

根据资源依赖理论，董事会的职能集中体现在向以 CEO 为代表的管理层提供资源，以确保有效实施公司战略（Pfeffer，1972；Pfeffer 和 Salancik，1978；Williamson，1984）。董事会为 CEO 提供的战略资源有利于公司构建外部关系、推广创新成果、帮助 CEO 正确制定重大的战略决策，同时能够缓解公司对外部环境的依赖，降低公司面临的不确定性，从而有助于提高公司绩效。

从董事会资源提供职能的角度看，学者们普遍认同这样一种观点：董事会资本有助于提高董事会的战略参与程度进而提升公司绩效。Pfeffer 和 Salancik（1978）基于董事会提供资源的职能考察了董事会—CEO 关系对公司绩效的影响，结果发现通过连锁董事形成的社会关系网络能够增加董事会的战略性知识，增强董事会的环境洞察力，从而有利于董事会更加有效地为 CEO 提供建议和咨询，最终提升公司绩效。Westphal（1999）利用调查所得的一手数据系统研究了缺乏独立性的董事会如何通过提高外部董事向 CEO 提出建议或提供咨询的频率来影响董事会的战略参与程度，进而影响公司绩效的问题。结果表明，董事会—CEO 之间的友谊和社会关系不但没有减弱董事会的监督职能，而且促使外部董事就公司战略问题向 CEO 提供建议和咨询，从而促进了公司绩效的提高。特别需要说明的是，Westphal（1999）的研究结论对代理理论学派认为的内部董事无法有效发挥监督作用的观点提出了强烈的质疑。Carpenter 和 Westphal（2001）以美国工业和服务业 406 家大中型公司为研究样本，运用分层回归法实证考察了董事会资本对董事会战略参与程度和公司绩效的影响。结果表明，董事的技能、专长、经验和知识会影响他们在监督 CEO、评价战略实施效果、制订 CEO 继任计划以及奖惩管理层等方面的效能，进而提升公司绩效，而没有相关资本的董事会则缺乏识别重要资源、正确评价管理层和有效选择 CEO 继任者的能力。Kor 和 Sundaramurthy（2009）利用美国 72 家高科技公司 1995~1999 年的 326 个纵向样本数据，采用多元回归方法验证了外部董事的人力资本和社会资本水平对公司成长的影响。结果表明，连锁董事、外部董事的特定行业管理经验以及技术专长对有效质疑和评价管理层行为产生了重要影响，对公司成长具有较大的促进作用，董事会资本直接提高了董事会监督和控制 CEO 的能力，有威望的董事能够更好地监督管理层（包括 CEO），进而提高公司绩效。他们的实证结论与 Hillman 和 Dalziel（2003）、Hillman 等（2009）的研究结果一致，类似的研究还有很多，在此不再一一赘述。

（三）管家理论视角下董事会—CEO 关系对公司绩效的影响

与代理理论不同，管家理论认为董事长与 CEO 两职兼任有利于提高公司绩效。因为董事长与 CEO 两职兼任避免了董事长与 CEO 两职分离可能会产生的冲突，赋予 CEO 明确的、不容挑战的地位和角色，能够保证公司领导权的清晰度和一致性，从而确保公司发展的持续性，进而产生比两职分离更高的股东回报（Alexander、Fennell 和 Halpern，1993；Baliga、Moyer 和 Rao，1996；Brickley、Coles 和 Jarrell，1997；Harris 和 Helfat，1998）。

Davis 等（1991）采用 337 个美国公司样本对 CEO 角色结构状态对股东权益的影响进行了实证检验。他们在控制行业差异、长期股权激励等影响因素后研究发现，与两职分离相比，董事长与 CEO 两职兼任为公司带来了更高的股东回报。Lin（2005）在深入分析我国台湾制造业 485 家上市公司董事会—CEO 关系的基础上指出，当 CEO 同时担任董事长职务时 CEO 的确能够按管家原则行事，董事长与 CEO 两职兼任有利于提高公司绩效。Bouillon、Ferriert 和 Stuebs（2006）研究发现，董事长与 CEO 两职兼任能够为管理层提供清晰、一致的角色预期，有利于公司内部行动的一致性，董事长与 CEO 两职兼任与公司绩效显著正相关。Kroll、Walters 和 Le（2007）以首次公开上市的 524 家创业型公司为样本，系统考察了董事会结构对公司绩效的影响，结果表明，由以 CEO 为代表的高管团队成员组成的董事会与公司绩效正相关，因为拥有高管团队成员身份的董事掌握着有关公司经营的隐性知识，与管理层具有共同的公司愿景，对公司发展具有较高的洞察力。因此，Kroll、Walters 和 Le（2007）主张外部董事的主要职能应该体现在为管理层实施公司战略提供必要的服务而非监督管理层，从而进一步佐证了管家理论。Miller 等（2008）基于家族企业和非家族企业样本的比较分析以及 Walters 和 Kroll（2010）基于创业型上市公司的实证研究均支持了管家理论提出的董事长—CEO 两职兼任有利于提升公司绩效的观点。

四、董事会—CEO 关系与公司绩效研究的理论模型

综上所述，有关董事会—CEO 关系与公司绩效研究主要基于代理理论、资源依赖理论和管家理论展开。在文献综述的基础上，本文构建了基于多理论视角的董事会—CEO 关系与公司绩效研究的理论模型（见图 1）。

该模型是对不同理论视角下董事会—CEO 关系与公司绩效的相关文献研究内容的高度提炼与抽象，主要涉及理论渊源、关键变量、董事会—CEO 关系、绩效标准、组织情境五个方面。该模型明确揭示了不同理论背景下“董事会属性变量”（董事会特征、董事会资本、董事会会议程序等）、“CEO 属性变量”（CEO 领导力）——“董事会—CEO 关系”——“公司绩效”之间的影响机制。

该模型有三个重要特点值得关注。

第一，该模型指出了董事会—CEO 关系与公司绩效的情境性特征。这些情境性特征包括公司内部特征（如公司类型、公司所处的生命周期阶段、CEO 的领导风格、股权结构、公司正规化程度等）和外部环境特征（如公司所处的行业特征，不同国家的法律法规、文化背景以及外部环境的丰裕度、动态性、复杂性等）。例如，董事会—CEO 关系因国家而异，德国、日本等大陆法系国家上市公司的董事会—CEO 关系与英国、美国等英美法系国

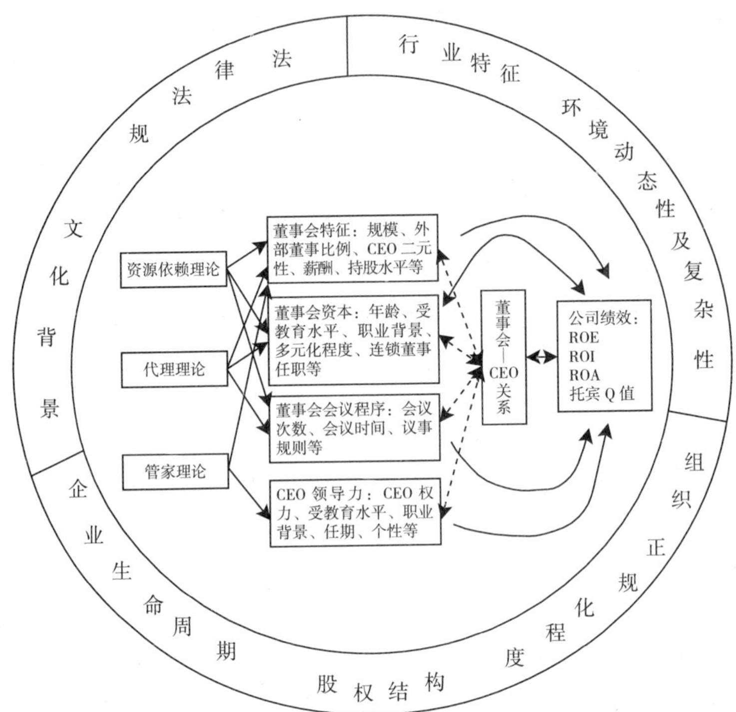

图 1　董事会—CEO 关系与公司绩效研究的理论模型

资料来源：根据相关文献整理。

家上市公司的董事会—CEO 关系显著不同；同时董事会—CEO 关系因公司所处的生命周期阶段而异，年轻的创业型上市公司的董事会—CEO 关系与成熟的大公司的董事会—CEO 关系也会存在显著差异。因此，必须根据各种理论本身的内涵以及各自的适用情境，运用权变思维来看待董事会—CEO 关系及其对公司绩效的影响。

具体而言，董事会—CEO 之间是一种动态演化的关系，其效用函数不断变化。在 CEO 任职初期，其机会主义行为的威胁相对较低，董事会可以借鉴管家理论和资源依赖理论的思想，与 CEO 建立一种相互信任的合作关系，促进 CEO 领导力的培育，最大限度地发挥 CEO 的潜能。随着 CEO 在其任期内领导地位和权力的巩固，其机会主义威胁逐渐凸显，CEO 往往会由兢兢业业、恪尽职守的管家逐步演变为追求个人利益最大化的机会主义者。此时，董事会可以考虑借鉴代理理论的思想，重点加强对 CEO 的监督和控制，以防止 CEO 可能出现的自负心态和机会主义行为。

第二，该模型指出了不同理论情境下变量之间的相互关联性。董事会—CEO 关系与公司绩效研究模型为揭示董事会—CEO 关系对公司绩效的影响提供了一个参考性框架，显示了不同变量间可能存在的关联性，这些变量之间的关联性既包括单向传递，也包括双向的相互作用（见图 1）。在进行董事会—CEO 关系与公司绩效相关理论与实证研究时，可把这些关联性作为一个整合不同理论视角研究的重要基础和手段。公司治理是一个复杂的现象，有很多理论可以解释董事会—CEO 关系，期望一个理论能够全面地解释所有公司治理

问题的做法则过于简化，不符合现实情况。在实证研究中，针对同一个研究主题，可以考虑基于不同的理论视角提出不同的假设，同时采用多种理论进行全面解释，从而丰富研究的解释力度。例如，Hillman 和 Dalziel（2003）通过建模试图把代理理论和资源依赖理论结合起来，结果发现，高水平的董事会资本不但使董事会为公司提供更多的资源以及更加卓越的建议成为可能，同时也使得董事会可以更加有效地监督 CEO，进而影响公司绩效，但是董事受激励水平对董事会的监督能力和资源提供能力起到了调节作用。把代理理论和资源依赖理论结合起来，不仅有利于更加准确地研究董事会运作的真实情况，而且可以克服仅仅选择一种理论而忽视另一种理论所导致的理论缺陷，从而避免产生过激的改革措施。

第三，该模型反映了以往董事会—CEO 关系与公司绩效研究的局限性。在过去几十年中，虽然关于董事会—CEO 关系及其对公司绩效影响的研究已经取得了很大的进步，但是通过上面的分析我们可以发现，由于基于不同的理论基础，相关实证研究至今仍存在矛盾和模糊的结果。如图 1 所示，已有研究大多围绕着董事会规模和构成、会议次数、CEO 二元性等结构性方面展开，以静态的董事会结构特征以及董事或 CEO 的受教育水平、职业背景、年龄、任期等人口学统计特征作为董事会—CEO 关系研究的代理变量，而非直接考察董事会—CEO 相互关系表现出来的行为对公司绩效的影响（参见图 1 中虚线所示），从而导致迄今为止已有研究对董事会—CEO 行为过程与公司绩效之间关系的作用途径和内在机理还了解很少，使得董事会运作过程成为一个“黑箱”。

另外特别指出的是，一些学者尝试着从行为经济学视角探讨董事会—CEO 关系对公司绩效的影响。Huse（2005）提出了董事会当责（board accountability）概念，认为董事会的决策行为和当责的创建要考虑包括 CEO 在内的管理层与利益相关者之间的互动问题。Rober（2005）提出了有利于创造董事会当责的行为规范，虽然其还需要进一步的实证检验，但对于传统的董事会—CEO 关系研究还是有较大的启示，突破了人们早期对董事会—CEO 关系的认识局限性，同时对董事会—CEO 关系对公司绩效影响的研究赋予了更加丰富的内容。

五、结论与展望

综观先有研究不难发现，董事会—CEO 关系对公司绩效影响的研究经历了从基于单一理论到综合多种理论、从静态到动态、从结构到行为的过程。尽管目前已经有大量关于董事会—CEO 关系与公司绩效的研究，但是有关董事会—CEO 关系影响公司绩效的途径和作用机理的研究还是比较少见。特别是随着公司治理实践的不断发展和经济环境的变化，关于董事会—CEO 关系与公司绩效的研究还有大量的未知领域尚待探索，未来可以从以下三方面推进相关研究深入开展。

（1）立足国际视域，拓宽董事会—CEO 关系与公司绩效的研究范围。目前关于董事会—CEO 关系与公司绩效的研究中，约有 96%的文献采用美国公司样本（Boyd、Haynes 和 Zona，2010），对美国公司以外的董事会—CEO 关系知之甚少。尤其是经济全球化背景下，关于跨国公司董事会—CEO 关系与公司绩效的研究亦非常缺乏。由于不同国家支配人们行为的文化传统（如导向是长期还是短期，对不确定性的偏好是接受还是规避）、价值观（业绩导向还是社会导向等）以及社会习俗存在很大差异，所以不能忽视制度环境变化（如文化、宏观制度环境、公司微观层面的制度、股权结构等）对董事会—CEO 关系的影响。未来应加强基于不同理论背景的董事会—CEO 关系与公司绩效的国际比较研究以及实证检验，以便确定各种理论的适用边界。

（2）运用实验研究方法来揭示董事会运作过程的“黑箱”。现有关于董事会—CEO 关系与公司绩效的经验研究大多使用二手数据，基于董事及 CEO 的人口学特征来推断其行为，从而导致规范性文献中对董事会—CEO 关系的认知与实证检验结果之间存在着较大的差距。Lawler（2002）、Westphal（2005）等曾运用访谈、问卷调查等方法来获取一手数据，企图撬开董事会运作过程的“黑匣子”，但是由于设计过程复杂、耗时性以及制度限制等因素，使得此类方法的应用受到局限。而另一种有助于我们理解面向战略决策行为过程的董事会治理“黑匣子”内部状况的方法便是实验研究法。例如，Gillette、Noe 和 Rebello（2003）以及李建标（2009）利用实验研究方法探讨了董事会科学决策的促成因素以及制度环境。但是专门针对董事会—CEO 关系对公司绩效影响的实验研究还非常缺乏。所以，未来应致力于设计合理的实验研究方法深入考察董事会—CEO 关系对公司绩效的影响，以便揭示董事会—CEO 关系行为过程的“黑箱”。

（3）基于行为视角探索董事会—CEO 关系与公司绩效研究的新方向。虽然代理理论在公司治理领域中得到了广泛的应用，也是研究董事会—CEO 关系的主流基础理论，但是相关实证研究至今仍存在矛盾和模糊的结果。同时在金融危机中暴露出来的董事会治理实践问题已引起了学术界对传统董事会治理理论的重新审视。在众多新的董事会治理研究视角中，影响最为广泛的是基于行为视角的董事会—CEO 关系研究。该方向的研究提出在关注传统投入产出模型的基础上，还要关注董事会—CEO 的行为和董事会决策过程对公司绩效的影响。董事会行为是影响董事会—CEO 关系和公司绩效的重要因素，相对于董事会结构方面的信息，董事会行为对提高公司治理效率的作用更大。由于缺乏董事会行为研究，导致在规范性文献中对董事会角色的认知与实证文献中角色检验结果之间存在着较大差距。

在 Boyd、Haynes 和 Zona 于 2010 年梳理的、发表在全球顶级管理学期刊的关于董事会—CEO 关系的研究文献中，总计 51 篇，基于传统的投入产出模型的文献有 48 篇，占 94%，而兼顾了情景和行为模式的动态演化研究文献只有 3 篇。这既印证了金融危机暴露出来的董事会治理实践问题，同时也说明学术界开始重新审视传统公司治理理论。因此，基于行为视角的董事会—CEO 关系与公司绩效研究无疑是一个具有重要理论与现实意义的研究方向。

参考文献

[1] Pfeffer J., and Salancik G. R. The external control of organizations: A resource dependence perspective [M]. New York: Harper&Row, 1978.

[2] Kor Y. Y., and Sundaramurthy C. Experience-based human capital and social capital of outside dorectors [J]. Journal of Management, 2009, 35 (4): 981-1006.

[3] Boyd B. K., Haynes K.T., and Zona F. Dimensions of CEO-board relations [J]. Joural of Management Studies, 2010, 15 (4): 1467-1499.

[4] Hillman A. J., and Dalziel T. Boards of directors and firm performance: Integrating agency and resourse dependence perspective [J]. Academy of Management Review, 2003, 28 (3): 383-396.

[5] Donaldson L., and Davies J. H. Stewardship theory or agency theory: CEO goverance and shareholder returns [J]. Australian Joural of Management, 1991, 16 (1): 49-64.

[6] Wasserman N. Stewards, angents, and the founder discount: Executive compensation in new ventures [J]. Academy of Management Joural, 2006, 49 (5): 960-976.

[7] Davis J. H., Schoolman D., and Donaldson L. Toward astewardship theory of Management [J]. Academy of Management Review, 1997, 22 (1): 20-47.

[8] Baysinger B., and Hoskisson R. E. The composition of boards of directors and strategic control: Effects on coporate strategy [J]. Academy of Management Joural, 1990, 15 (1): 72-87.

[9] Hermalin B. E., and Weisbach M. S. The determinants of board composition [J]. Joural of Economics, 1988, 19 (4): 589-606.

[10] Mock R. Behavioral finance in coporate governce—Independent directors, non-executive chairs, and the importance of the devil's advocate [R]. Working Paper, National Bureau of Economic Research, 2004.

[11] Hillman A. J., Withers M., and Collins B. J. Resource dependence theory: A review [J]. Journal of Management, 2009, 35 (6): 1404-1427.

[12] 周建，金媛媛，刘小元. 董事会资本书综述 [J]. 外国经济与管理，2010，32 (12)：27-35.

[13] Albanese R., Dacin M. T., and Harris I. C. Agents as stewards [J]. Academy of Management Reviews, 1997, 22 (3): 609-611.

[14] 李维安，牛建波，宋笑扬. 董事会治理研究的理论根源及研究脉络评析 [J]. 南开管理评论，2009，12 (1)：130-145.

[15] 周建，方刚，刘小元. 制度环境、公司治理对公司绩效的影响研究 [J]. 南开管理评论，2009，12 (5)：18-27.

[16] Wei Shen. The dynamics of the CEO-board relationship: An evolutionary perspective [J]. Academy of Management Reviews, 2003, 28 (3): 466-475.

[17] Rober J., McNulty T., and Stiles P. Beyond agency conception of the work of the non-executive director: Creating accountability in the boardroom [J] .British Journal of Management, 2005, 16 (special issue): 5-26.

[18] Gillette A. B., Rebello M. J., and Noe T. H.Corporate board composition, protocols, and voting behavior: Experimental evidence [J]. The Journal of Finance, 2003, 58 (5): 1997-2031.

[19] Huse M. Accountability and creating accountability: A framework for exploring behavioural perspectives of corporate goverance [J]. British Journal of Management, 2005, 16 (S. I.): 65-80.

The Multi-theoretical Perspective Board of Directors
——The Relationship Between CEO and Corporate Performance

Zhou Jian　Li Xiaoqing　Jin Yuanyuan　Yin Cuifang

Abstract: Board of directors and CEO are two core factors in corporate goverance. The relationship of them can influence the stratigic choice and corporate performance. The different theoretical perspective relationship of board of directors and CEO influence corporate performance differently. So we summerize the theories of it and then build the theory model. We analysize the defects of the theories. Finally, We point out the research directions to provide reference and inspiration.

Key Words: the relationship of board of directors and CEO; corporate performance; angency theory; resource dependence theory; housekeeper theory

第二节

国外期刊精选

题目：关于任命名人作为公司董事的研究

作者：史蒂芬 P.弗里斯，肯尼斯·金，泰克士·尼士卡瓦，埃姆雷·昂鲁

期刊：世界经济交流

日期：2011 年第 58 期

内容简介：本文选择了 1985~2006 年 700 家聘任了名人作为董事的公司作为样本进行研究。我们发现在同一时期市场会有积极的反应。作者选择了这些公司的 1 年期、2 年期和 3 年期的绩效作为证据来证实以上论点。我们得出的结论，名人董事任命促进公司效益的理论与 Merton 等的投资人理论相一致。

关键词：董事；名人；治理；会议

Title：Reaching for the Stars：The Appointment of Celebrities to Corporate Boards

Author：Stephen P. Ferris，Kenneth A. Kim，Takeshi Nishikawa，Emre Unlu

Periodical：International Review of Economics

Date：2011（58）：337-358

Abstract：For a sample of over 700 celebrity appointments to corporate boards of directors over the period 1985-2006，we find positive excess market returns at the time of their announcement. The 1-year，2-year，and 3-year long-run performance of the appointing firms provide corroborating evidence of the value of these appointments. We conclude that the appointment of celebrities as directors increase a firm's visibility in a fashion consistent with Merton's（J Finance 42：483-510，1987）investor recognition hypothesis.

Key Words：directors；celebrities；governance；boards

题目：公司治理和风险承担：以日本企业为例

作者：帕斯卡·阮

期刊：太平洋金融杂志

日期：2011 年第 19 期

内容简介：本文对日本公司风险治理方面的影响进行了研究。我们发现家族企业和所有权集中度较高的企业的风险较大。就风险与绩效之间的关系讨论，研究结论提供了一个家族企业（银行控制的企业）高（低）绩效的经济原则。研究结果将公司治理结构与高风险产生高收益的关系相联系，解释了股权集中度高的公司的高收益。最后，我们证明了加强公司内部治理对增进风险的控制能力是非常有帮助的。

关键词：公司治理；家族企业；银行控制；非系统风险；公司绩效

Title: Corporate Governance and Risk-taking: Evidence from Japanese Firms

Author: Pascal Nguyen

Periodical: Pacific-Basin Finance Journal

Date: 2011 (19): 278-297

Abstract: This paper examines the influence of corporate governance on the risktaking of Japanese firms. We show that family control and ownership concentration are associated with higher idiosyncratic risk, whereasbank control has the opposite effect. Considering the link between idiosyncratic risk and firm performance, the results provide aneconomic rationale for the higher (lower) performance of familycontrolled firms (bank-controlled firms) . The results also explain the higher performance of firms with concentrated ownership by relating their governance structures to the risk-taking strategies that generate greater competitive advantages. Finally, we show that the impact of governance structures on risk taking is stronger after controlling for endogeneity.

Key Words: corporate governance; family firms; bank control; idiosyncratic risk; firm performance

题目： 董事会，首席执行官与金融危机的应对：从因特网衰退中获得的证据

作者： 格伦·道尔，玛格丽特·沙克尔，弥敦·斯图尔特

期刊： 战略管理杂志

日期： 2011 年第 10 期

内容简介： 我们研究当公司面对金融困难时公司治理是否更加重要。我们提出理论，金融危机改变了治理机制的成本和收益。当公司面临困难时，独立的、小规模的董事会更有益于公司。我们进一步提出假设，如果公司集中权力能更快地应对危机时，首席执行官拥有权力将对公司有利。通过历史数据分析，在 2000~2002 年的大众商业网络公司证明了我们的假设。我们的研究结果建议，公司治理模式要根据环境加以调整，固守一种治理模式很可能是没有效果的。

关键词： 公司治理；生存；历史性数据分析；董事会；首席执行官的权力

Title： Boards，CEOs and Surviving a Financial Crisis：Evidence From the Internet Shakeout

Author： Glen W.S. Dowell，Margaret B. Shackell，Nathan V.Stuart

Periodical： Strategic Management Journal

Date： 2011，32（10）

Abstract： We examine whether corporate governance matters more for firms facing financial distress. We theorize that financial crisis changes the relative costs and benefits of governance mechanismsand that more independent and smaller boards become more valuable in distressed firms. We further hypothesize that CEO power becomes increasingly beneficial as concentrated power allows the firm to respond more rapidly to the crisis. Event-history analysis of the failure of publicly traded Internet firms over the period 2000-2002 confirms our hypotheses. Our results suggest that the association between governance and survival depends on firm and environmental context and that one-size-fits-all prescriptions for governance mechanisms are therefore likely to be ineffective.

Key Words： corporate governance；survival；event-history analysis；board of directors；CEO power

题目：董事会非正式等级和企业的财务绩效：探索战略性结构指导董事间的相互影响

作者：何金宇，黄志

期刊：管理学会学报

日期：2011 年第 6 期

内容简介：我们考虑到，董事会作为公司的上层机构是由人组成的组织，并且测试了领导机构中非正式组织的默契合作对公司财务绩效的影响。这一非正式组织建立在相互信任的基础之上。我们主张非正式组织能够帮助董事之间的协调，从而有利于提高公司绩效的可能性。我们进一步认识到内外部的偶然因素对非正式组织作用的影响。我们选择了 530 家美国制造企业作为样本进行研究，支持我们的主张。

关键词：非正式等级；财务绩效；董事间的相互作用

Title: Board Informal Hierarchy and Firm Financial Performance: Exploring a Tacit Structure Guiding Boardroom Interactions

Author: Jinyu He, Zhi Huang

Periodical: Academy of Management Journal

Date: 2011, 54 (6)

Abstract: We consider boards as human groups in the uppermost echelon of corporations and examine how an informal hierarchy that tacitly forms among a firm's directors affects firm financial performance. This informal hierarchy is based on directors' deference for one another. We argue that the clarity of the informal hierarchy can help coordinate boardroom interactions and thereby improve the likelihood of the board's contributing productively to the firm's performance. We further identify a set of internal and external contingencies affecting the functioning of the informal hierarchy. Our analysis of seven-year panel data on 530 U.S. manufacturing firms provides support for our arguments.

Key Words: informal hierarchy; financial performance; boardroom interactions

题目：董事会的独立性与能力

作者：亚历山大·格瓦纳

期刊：金融治理杂志

日期：2011 年第 20 期

内容简介：这篇文章分析了董事会的独立与能力，但是不可避免地联系到董事会的有效性上。有能力的领导增加了股东价值，因为他们能够拿出有利于公司的方案。当首席执行官关心股东价值时，他想让董事会配合他的计划，为自己获得更多的私人收益。因为在很多情况下，首席执行官与董事会之间是不会相互影响的。本文研究一个相互影响的模型，这一工具迄今为止很少在公司治理中使用。分析解释了一个权衡：能力较低的董事会较容易给予支持。在困难的时候股东与首席执行官之间的利益冲突更容易表现出来。幸运的是，上面所说的权衡并不会产生有效率的支持。几个经验主义者的预言证明了模型的结论，他们中的部分人解释了存在的事实。

关键词：董事会；公司治理；关系性契约

Title: Board Independence and Competence

Author: Alexander F. Wagner

Periodical: Journal of Financial Intermediation

Date: 2011 (20)

Abstract: This paper analyzes board independence and competence as distinct, but inextricably linked aspects of board effectiveness. Competent directors add shareholder value because they have better information about the quality of projects. While a CEO cares about shareholder value, he also wants his board to behave loyally to him by agreeing to projects that give him private benefits. Because many aspects of the CEO-board relationship are not contractible, the paper studies a model of relational contracts, a tool that has hitherto been rarely used in work on corporate governance. The analysis reveals a tradeoff: Inefficient loyalty is endogenously easier to obtain from a less competent board. The implied conflict of interest between shareholders and the CEO is particularly pronounced in difficult times. Fortunately, the tradeoff does not arise with respect to efficient loyalty. Several empirical predictions flow from the model, some of which explain existing empirical facts while others are new.

Key Words: Boards; corporate governance; relational contracts

题目：我或我们：代理成本上首席执行官获组织认同的影响

作者：史蒂芬·贝维，唐纳德·兰格，迈克尔·麦当劳，杰姆斯·韦斯特法尔

期刊：管理学会学报

日期：2011 年第 3 期

内容简介：在公司治理的文献中，关于代理问题的救济大多集中在外部控制机制，尤其是董事会的独立。我们应该换个角度考虑一下内部的、心理因素——组织对首席执行官的认同——可能会在一定程度上影响代理成本，包括哪些付给 CEO 双倍薪酬和与公司绩效挂钩的奖金。我们的理论解释了为什么一个受到组织高认同感的 CEO 能够避免获得个人利益后的追查，而这些利益的获得可能会损害他或她所领导或代表的公司的利益。我们进一步发现，在组织对 CEO 的认同度很高时董事会尽管独立的程度很大，但还是不太可能减少代理成本。

关键词：首席执行官；代理成本；公司治理

Title：Me or We：The Effects of CEO Organizational Identification on Agency Costs

Author：Steven Boivie，Donald Lange，Michael L. Mcdonald，James D.Westphal

Periodical：Academy of Management Journal

Date：2011，54（3）

Abstract：The corporate governance literature on potential remedies for the agency problem has focused largely on external control mechanisms，especially board independence. We instead consider how an internal，psychological factor—CEO organizational identification—may influence the extent to which firms incur agency costs，including those entailed by the decoupling of CEO pay and perquisites from firm performance. Our theory and findings explain why a CEO with high organizational identification may avoid pursuit of personal gains that can harm the firm he or she leads and its image.We further show how board independence is less likely to reduce agency costs when CEO organizational identification is high.

Key Words：CEO；agency cost；coporate goverance

题目：发展中国家与发达国家间的智力资本披露

作者：马丹·哈辛

期刊：商业研究国际期刊

日期：2011 年 2 月

内容简介：现在，世界上关于智力资本的披露很少被大公司所重视，更不用说自愿披露了。但是智力资本的漏报会给股东的投资决策带来影响，或者导致物质资产的错误估算。本文选择了印度（发展中国家）和澳大利亚（发达国家）的 IT 产业公司作为研究对象来分析他们对于智力资本的披露。为了获得数据，我们选择了印度 16 家公司和澳大利亚的 20 家公司作为样本进行比较研究，主要从他们的年报中获得相关数据。研究结果发现智力资本的披露在这些公司中是低的，特别是在陈述中对这些内容没有给予特别的说明。知识、创新、信息技术和人力资本在将来都是非常关键的，在知识经济中智力资本是非常重要的驱动力。作者建议公司从战略和战术上考虑，公司应该主动公布智力资本。这种主动公布可以用于公司内部的管理，但从有利于投资者决定考虑这种公布应该成为公司的长期目标。

关键词：智力资本；披露；发展中国家；发达国家；信息技术公司；印度；澳大利亚

Title： Intellectual Capital Disclosures between a Developing and Developed Nation

Author： Madan Bhasin

Periodical： International Journal of Contemporary Business Studies

Date： February，2011

Abstract： At present，disclosure of IC information across the globe is done by very few leading corporations，purely on a "voluntary" basis. Unfortunately，the omission of IC information may adversely influence the quality of decisions made by shareholders，or lead to material misstatements. This study attempts to provide an insight into the style of IC disclosures done by the top IT-sector corporations from India（a developing country）and Australia（a welldeveloped nation）. In order to survey the recent IC disclosure practices，we conducted a comparative study of 16 Indian and 20 Australian corporations in which the "content analysis" was performed on their annual reports. The results of this study confirmed that IC disclosure by the corporations from these countries are found to be low，mostly reported in a narrative form，and IC disclosure had not received any preference from the mentors of these corporations. Knowledge，innovation，information technology，and people are key contributories in the future of any organization and IC is the key driver of market value in the knowledge economy. A major recommendation for corporations is to develop strategic and tactical initiatives that provide for 'voluntary' disclosing of IC. These initiatives may initially be used for internal management purposes，but an external stakeholder-focus IC report should be the ultimate longrun goal.

Key Words： intellectual capital；disclosures；developing；developed nations；information technology corporations；India；Australia

题目：家族企业与财务绩效：基于现有研究和将来研究面临的挑战

作者：基娅拉·玛雅

期刊：家族企业战略杂志

日期：2011 年第 2 期

内容简介：这一研究调查了家族控制的公司与公司财务绩效间的关系，主要是财务关系上。本文的研究主要是对现有的理论框架进行重新分析，对被证实和没有证实的内容进行区分。为了实现研究，本文收集和分析了 23 篇关于相关问题批评的文章。在先前的文章中关于家族控制与公司绩效间关系研究的欠缺说明他们之间关系的复杂性，有些能够影响他们之间关系的因素还没有被分析。需要被进一步调查的内容主要有：①对于绩效概念的多重理解，以及从财富创造到价值创造的转变；②在家族企业的研究上理论方法的有效性；③家族企业解释的两难以及它的内涵；④私人所有的家族企业的成长。这些题目是有一定战略意义的挑战，很值得进一步研究。

关键词：家族企业；财务绩效；所有权结构；家族管理；价值和财富创造；系统性文献回顾

Title：Family Business and Financial Performance：Current State of Knowledge and Future Research Challenges

Author：Chiara Mazzi

Periodical：Journal of Family Business Strategy

Date：2011（2）

Abstract：The present study investigates the link between family ownership/control/management and firm performance，focusing on financial relations. This study aims to reconstruct the existing theoretical framework and systematize the current state of knowledge，distinguishing between widely corroborated findings and those that have not been clearly substantiated. Towards this aim，the present work analyses 23 articles that were selected according to systematic review criteria in the most relevant databases for social sciences research. The lack of homogeneity in the results of previous studies suggests that the relationships between family business and corporate performance are complex and very probably moderated or mediated by factors that have not been included in these analyses. The main areas that need further investigation are as follows：（i）the multidimensional concept of performance and the shift from wealth creation to value creation，（ii）the validity and perspectives of theoretical approaches to the study of family firms，（iii）the family business definition dilemma and its implications，and （iv）the growing interest in privately held family firms. These topics represent strategic challenges and opportunities for future research.

Key Words：family business；financial performance；ownership structure；family management；value and wealth creation；systematic literature review

题目： 当创始人是领导者时的公司治理

作者： 李峰，苏拉·斯里尼瓦桑

期刊： 金融经济学杂志

日期： 2011 年第 102 期

内容简介： 当创始人是领导者但并非 CEO 的情况下，我们测试了 CEO 的薪酬、留职政策、兼并收购决定。我们发现创始人领导的公司与其他公司提供了不同的激励组合措施。在创始人领导的公司中绩效—薪酬敏感度更高，基本工资水平则较低。比起非创始人领导的公司，在创始人领导的公司中 CEO 因为公司业绩而离开公司的敏感性明显要高。总的来说，证据证明，比起其他美国公司，在创始人领导的公司中董事会在薪酬和人员流动政策上给予了更多的权力。在创始人领导的公司，在公司兼并收购后的股票收益更高，董事会的出席率也更高。

关键词： 首席执行官薪酬；首席执行官的流动；创始人；董事会；公司治理

Title: Corporate Governance When Founders are Directors

Author: Feng Li, Suraj Srinivasan

Periodical: Journal of Financial Economics

Date: 2011 (102)

Abstract: We examine chief executive officer (CEO) compensation, CEO retention policies, and mergers and acquisition (M&A) decisions in firms in which founders serve as a director with a nonfounder CEO (founder-director firms). We find that founder-director firms offer a different mix of incentives to their CEOs than other firms. Pay-for-performance sensitivity for nonfounder CEOs in founder-director firms is higher and the level of pay is lower than that of other CEOs. CEO turnover sensitivity to firm performance is also significantly higher in founder-director firms compared with nonfounder firms. Overall, the evidence suggests that boards with founder-directors provide more high-powered incentives in the form of pay and retention policies than the average US board. Stock returns around M&A announcements and board attendance are also higher in founder- director firms compared with nonfounder firms.

Key Words: CEO compensation; CEO turnover; founder; boards of directors; corporate governance

题目：股东治理，债权人治理和管理者的风险承担

作者：道贤多利王，咪咪文

期刊：银行与金融杂志

日期：2011 年第 35 期

内容简介：我们分析了公司的政体治理结构与管理者风险承担行为间的关系。我们发现公司的整体治理结构对管理者做出投资决定有明显的影响：在强债权人介入的治理模型中更倾向于低风险投资政策，像资本支出、在科研上更低的支出。相反，在股东权力很弱的情况下会导致更多的科研支出。而且我们发现，在投机类公司和投资类公司中治理在投资政策上的影响明显不同。在投机类的公司中，债权人介入的多或者股东拥有更多的权力会导致公司倾向于更多的资本支出和低科研支出。而且财务、投资合同表现出很强的力量来阻止这种投资风险。最后，在董事会影响更大的情况下公司更倾向于低资本支出和高科研投入。

关键词：公司治理；债权人治理；管理者的风险承担

Title: Shareholder Governance, Bondholder Governance, and Managerial Risk-taking

Author: Tao-Hsien Dolly King, Min-Ming Wen

Periodical: Journal of Banking & Finance

Date: 2011 (35)

Abstract: We examine the relation between the overall corporate governance structure and managerial risk-taking behavior. We find that the overall governance structure has a significant impact on how managers make decisions on investment policy: strong bondholder governance motivates more low-risk investments such as capital expenditure and lower high-risk investments such as R&D expenditures, whereas weak shareholder governance (entrenched managers) leads to more R&D expenditures. Moreover, we find that the effects of governance on investment policy differ significantly between speculative and investmentgrade firms. For speculative firms, strong bondholder or shareholder governance leads to more capital expenditures and low R&D investments. For investment-grade firms, strong bondholder or shareholder governance leads to low capital expenditures and an insignificant impact on R&D investments. Furthermore, financing and investment covenants exhibit strong binding power to deter risky investments. Finally, a more dependent (or a less independent) board is associated with low capital expenditures and high R&D investments.

Key Words: corporate governance; bondholder governance; managerial risk-taking

第三章　公司治理学 2011 年出版图书精选

2011 年，国内外公司治理领域的学术著作成果丰硕，达到数百种，对公司治理领域的各个方面都进行了分析研究，对推动相关学术研究进步大有益处。作者从中选出了 12 本中文著作和 10 本英文著作，将其相关信息和主要内容列示出来，给读者提供一个参考。通过这些内容介绍，读者不但可以了解书中的重要内容、知悉相关知识，还可以方便读者的选择。

这些书籍的选择考虑到公司治理的各部分内容，兼顾了不同读者的需要。这些书籍中除了有专家学者的学术性著作，还有在公司工作多年的成功人士所写著作；有表达作者观点、紧跟学术前沿的著作，还有挖掘历史、学术与基础相结合的著作。这些著作论述详细，并且提供了很多相关、翔实的资料，对帮助读者了解相关领域的历史、现状，理解作者观点大有帮助，非常值得一读。另外，本书推荐的外文书籍都是英文著作，这是考虑到英文在中国的普及性，相比较其他语种在中国的影响要大得多，所以只选择了英文书籍。

当然，除了本书所选图书之外，2011 年还有很多优秀的公司治理著作，读者可以根据需要进行选择。在排列顺序上按照出版时间的先后排列。

第一节

书名：《基于价值管理的国有企业分红制度研究》
作者：汪平
出版时间：2011年1月
出版社：经济管理出版社

内容摘要：目前，国有企业分红问题已经成为中国国企改革的热点问题之一。在确保政府股东财富最大化与国有企业可持续发展的约束条件之下，此书设计出了以资本成本为基础的利润分红比例的估算模型，从而为国有企业利润分红比例的确定提供了一个重要的技术支撑。

所谓"基于价值管理的国有企业分红制度"，就是在分红制度的设计中，尤其是在分红比例的确定中，综合地、科学地考虑政府股东和国有企业双方的利益均衡，在保障政府股东财富最大化和企业长远可持续发展的前提下，合理科学地进行利润分红。它的基本理念表现在：第一，国有企业分红行为是一种企业行为，分红政策是国有企业财务政策的重要组成部分。第二，政府股东财富最大化是国有企业的理财目标，该目标实现与否的关键在于企业能否通过资本投资行为实现政府股东所要求的报酬率目标。第三，国有企业分红政策的核心是分红比例的确定，本书认为可以基于政府股东的要求报酬率（国有企业股权资本成本）和国有企业财务可持续增长能力两个因素进行估算确定。第四，在以价值管理为基础的国有企业分红制度框架下，政府应当基于市场平均报酬率、投资所承担的风险以及行业政策等因素，确定国有资本在不同行业中的报酬率要求，并通过不同方式予以明示。但该明示的要求报酬率不应该具有法律效力。第五，政府一旦将国有资本投入到企业中，政府股东应以投资者的身份规范自己的行为。第六，政府股东根据国有企业实现其报酬率要求的程度来确定国有资本的投资方向和规模，并借此影响国有企业的分红政策。

按照上述理念，在对国有企业分红实践进行总结的基础上，此书对国有企业分红制度的基本理念、政府股东的定位以及国有企业的股权结构和投资效率等问题进行了深入剖析。同时，基于对资本成本作为分红比例估算基础的考虑，作者对国有企业（包括海外交叉上市）资本成本的估算特征、估算方法以及效应等进行了研究。以此为基础，从兼顾国有股权资本成本与国有企业财务可持续增长的角度，构建了国有企业分红比例估算的技术模型（SPORM）。模型构建的理论分析表明：当留存收益再投资报酬率（ROE）大于股权资本成本（Ke）时，SPORM在保证投资者要求报酬率（股权资本成本）得以满足的前提下，为企业留存收益再投资报酬率提供了一个允许下降的安全边际（当前留存收益再投资报酬率与股权资本成本之差），同时也为企业限定了一个维持当前财务可持续增长水平前提下的最高股利支付率。此时，在这一边际范围内，投资者必要报酬率可以得到满足，并能维持当前财务可持续增长水平。当留存收益再投资报酬率（ROE）小于股权资本成本时，SPORM 则确立了以股权资本成本为标准的留存收益再投资报酬率目标，并为企业在逼近次目标的过程中，限定了一个满足投资者必要报酬率、达到有利于价值创造的财务科持续增长水平时的分红比例上限。

从国有控股上市公司分行业可持续分红比例的估算来看，尽管大多数行业的留存收益再投资报酬率能够补偿国有股权资本成本的要求，但仍旧存在一些行业由于自身盈利能力差而不能补偿股权资本成本、财务可持续增长现状不利于价值创造的现象。此外，国有控股上市公司分行业可持续分红比例的估算结果还表明，在兼顾投资者要求报酬率、有利于价值创造的可持续增长因素的前提下，我国国有控股上市公司可持续分红比例所显示的分红特征与国外成熟市场的行业特征并不一致，主要表现在还没有形成盈利能力、财务科持续增长能力与分红水平之间的良性循环机制。

根据估算结果，依托 EVA 价值管理体系，此书构建了一个 SPOR 价值创造框架（分红比例实现机制），框架分析与相关数据验证表明，2002~2006 年国有控股上市公司各行业股权经济增加值实现状况并不理想。研究建议，我国国有企业科学分红的基本方向是在国有资本经营预算体系的框架内，实现“国有企业分红”与“EVA 业绩考核”的成功对接，从而促进国有企业的价值创造能力，提升国有企业的发展质量和实现国有企业的可持续发展。

最后作者提出，科学的国有企业分红制度的实施绝非简单的利润分派问题，它意味着我国国有企业改革的不断深化与完善，也意味着我国国有企业自身素质的不断提高。通过实施利润分红政策，可以在政府股东与国有企业之间建立起科学、健康的关系，在确保国有企业长期可持续发展的同时，满足政府股东对国有资本投资报酬的要求。这是一个良性循环的状态，也是我国经济运行理性化、市场化的良好开端。

此书的特点主要有：第一，将公司治理理论与财务管理内容相结合，研究中国国有企业的分红制度，研究视角独特、论述分析深刻，对我国国有企业的分红制度改革非常具有借鉴作用。第二，在本书中，作用引用了中国国有企业发展过程中的大量资料和数据，对于帮助读者了解中国国有企业的改革历程非常有帮助。结合历史发展论述今天国有企业的红利制度改革，深入浅出，非常便于读者对相关理论和内容的理解。

书名：《公司治理视角下的资本结构与公司绩效关联性研究》
作者：徐向艺等
出版时间：2011 年 3 月
出版社：经济科学出版社

内容摘要：此书是关于资本结构与公司治理关系的一次探索性研究，是国内此类问题研究的前沿作品。资本结构与公司治理具有目标上的一致性，而传统研究仅从股权结构上去研究公司治理机制的框架，范围过窄、不足以反映公司治理的全貌。此书则从更为广泛的公司治理视角展开研究，将资本结构的治理效应划分为股权治理、债权治理和控制权治理三个方面，运用规范研究和实证研究相结合的方法研究资本结构领域公司绩效的关联性问题。

在第一章绪论中，作者对资本结构、公司治理、公司绩效等核心概念进行了界定，为后文的研究打下基础。在第二章文献回顾中，作者对有关于资本结构理论的大量研究文献进行了归纳总结。并且转换了一个新的归纳视角，将文献分为三个方面：股权治理理论、债权治理理论和控制权治理理论。这种新的文献分类将资本结构与公司治理紧密联系在一起，系统分析资本结构如何通过影响治理结构进而影响公司绩效，并得出结论，资本结构与公司治理之间是一种相互作用的双向关系，而不是现有研究成果中大量出现的资本结构影响公司治理机制的单向关系。第三章是股权治理与债券治理效应博弈分析。在金融契约理论的背景下，基于马特-史密斯（Mahrt-Smith，2005）的一个概念模型，对负债契约与股权契约的互动关系做了框架性概述；然后对大股东、经理人和债权人在公司融资决策中的博弈过程进行了扩展性的理论演绎，阐明了负债融资与公司绩效改进之间的关联性；最后在博弈分析的基础上，归纳出公司负债融资治理效应的作用机制。第四章是股权治理与债权治理效应实证分析。本章首先指出现有对公司治理结构的研究仍强调股东利益至上原则，忽视了其他利益相关者（包括债权人和中小股东）在公司治理中的重要作用，以及债权治理衡量变量上存在的缺陷。此书所做的改进包括，重视股权结构、债务结构与公司绩效之间的内生性问题，加强债务结构和股权结构的互动性分析，加强公司绩效变量与财务杠杆的相关性研究。第五章是控制权治理效应理论分析。公司控制权是公司治理的核心，控制权转移是上市公司治理机制不可或缺的组成部分，作者从控制权转移角度分析了控制权治理效应的表现，以及资本结构的控制权转移对公司绩效的影响。此外作者还分析了新控股方不同股权性质与公司绩效的关联，将新控股方分为国有股和法人股两种情形，首先比较了两种类型公司的潜在最大利润，得出法人股控股行公司的潜在最大利润要高于国有股控股类公司；然后通过建立委托—代理博弈模型，分析了两种股权性质下的外部套利程度，得到新控股方不同股权性质对公司绩效的改善程度无显著差异。第六章是控制权治理效应实证分析，本章根据第五章提出的控制权治理效应实证假设，通过实证方法验证了控制权转移对公司绩效的影响。第七章是全书的一个系统总结及未来的研究展望。本章针对当前我国上市公司资本结构中存在的问题提出了有针对性的政策建议。针对当前上市公司股权治理的现状，作者认为应从三个方面予以完善：积极推进股东结构合理化，实行分散的股东结构；实行投资主体的多元化；逐步推行经营者持股制度。针对上市公司债权治理的现状，作者认为应从三个方面予以完善：积极推进企业债券市场发展，实现债务融资对上市公司的硬约束；完善公司破产法律法规，规范破产退出和债权人相机控制机制；完善主办银行制度，建立起更加合理的银企关系。针对当前上市公司控制权治理的现状，作者认为应从四个方面予以完善：①对控制权转移方式的规制；②反收购立法；③并购融资方面的法规障碍；④完善法制制约因素。

此书的特点主要有：第一，概念界定的创新。此书采用了广义的资本结构与公司治理概念，将股权结构、债权结构和控制权转移对公司绩效的影响纳入到一个统一的分析框架，建立了一个系统分析股权治理、债权治理和控制权治理共同作用影响公司绩效的研究范式，从而从一个更广泛的公司治理视角去认识和把握资本结构与公司绩效之间的关联性。本书的这点创新更加注重资本结构各治理效应之间的内生性关系，更为全面地反映了资本结构治理效应的全貌。第二，博弈分析框架创新：作者在分析研究过程中均采用了博弈的分析框架，分析过程严谨细致、考虑周全，灵活应用博弈分析方法的基础上结合实际予以创新。第三，实证方法的创新，主要包括模型构建方法创新和样本分组创新。

书名：《公司再造：中国上市公司治理的新路径》
作者：杨桦
出版时间：2011 年 4 月
出版社：中信出版社

内容摘要：该书的要旨是研究上市公司治理的本土化问题，从国内 1700 多家上市公司的治理实践入手，通过分析其治理状况，勾勒出国内上市公司治理的特色和特有问题，进一步构建和完善了本土化上市公司治理模式的理论和政策规范。作者重点研究了中国国有控股上市公司治理问题、民营控股上市公司治理问题以及金融类上市公司治理问题，并结合国外公司治理的实践，梳理了资本结构、股权结构与公司治理的关系，提出了董事会建设、社会公众股东权益保护、上市公司投资者关系管理与社会责任等方面的政策和建议。

第一章作者回顾了中国上市公司治理改革的发展过程，分析了中国公司治理改革的主要特征和治理框架。作为研究起点，作者首先对公司治理的概念、理论基础和价值理念进行了梳理，在综合借鉴的基础上对相关概念进行了界定。第二章作者分析了国有控股类上市公司的治理状况，包括国有股权的管理制度、转让制度以及国有控股上市公司治理的特色。第三章作者分析了民营控股类上市公司的治理状况。与国有企业治理结构模式和特征相比，民营企业存在着一股独大、大股东侵害小股东利益、一言堂和家族化等局限。由于缺乏行政约束，民营上市公司大股东和实际控制人所受制约力不足，容易把持资本和控制权。在人事安排上，民营上市公司的高管仍或多或少延续亲缘化。当然不可否认的是，中国民营上市公司的治理水平在过去几年中有了较大提高。第四章分析了金融类上市公司的治理问题。作者回顾了中国金融类企业的治理历程，分析了金融类上市公司治理现状与特征、金融危机对金融类上市公司治理的影响、国内外关于金融机构公司治理的主要规则，最后针对金融类上市公司治理的问题提出了改进建议。第五章以比较的视角分析了国内外公司治理实践。作者首先分析了国外国有企业的治理特色，在比较分析后提出国外国有企业的治理实践有两点启示是值得特别关注的：第一，国有企业经营管理和治理模式的市场化趋向是国有资产经营获得活力的重要保障；第二，降低国有企业在竞争性部门中的比重是实现市场化治理的有效途径。作者最后在分析通用的治理准则基础上，比较分析美国、日本、德国、东欧等转型国家的公司治理和价值创造。第六章分析了公司治理中的资本结构与股权结构。资本结构与股权结构是公司治理的基础，不同的资本结构和股权结构直接影响上市公司股东、债权人等利益主体在公司治理中的地位，影响公司决策、控制和监督等权利的分布和配置，从而形成不同的公司治理模式。作者通过系统分析比较后提出，在中国上市公司中，政府信用替代上市公司管理技能的现象普遍存在，并导致一系列问题的产生。第七章分析了中国上市公司董事会建设的成就、问题和完善策略。中国上市公司在董事会制度建设方面取得了较大进展，但受制于原有体制的路径依赖，上市公司董事会运作仍存在众多问题。第八章作者研究了社会公众股东的权益保护问题。社会公众投资者是资本市场的基石，社会公共股东的利益应居于核心地位。但现实中，他们是分散的弱势群体，其权益易受到强势主体的侵害。保护社会公众股东的权益是上市公司治理的出发点和归宿。接着作者针对中国具体情况提出社会公众股的保护进行分析，提出了一些改进建议。第九章分析了上市公司的投资者关系管理与社会责任。投资者关系管理主要包括信息披露与交流，它对于上市公司治理和证券市场的健康发展具有重要意义。公司治理作为一种制度安排，体现利益相关者之间的制衡关系，而投资者关系管理的目标是最大可能解决经营者、控制者与投资者之间的信息不对称，降低代理风险，确保投资者利益的最大化，体现公司的治理结构，因此两者在根本上是可以统一的。作者通过分析得出结论，除股东之外，众多的利益相关者都是上市公司承担社会责任的对象，在投资者关系管理中，可以通过决策程序社会参与和企业行为结果社会考虑来促进公司社会责任意识。

此书的特点主要有：第一，以本土化的视角研究了中国上市公司治理的特色和特有问题，进一步构建和完善了本土化上市公司治理模式的理论和政策规范，这是本书最大的特色和贡献所在。第二，在研究方法上，该书主要运用了演化分析、比较分析和规范分析方法，是多种方法的运用和融合。

书名：《公司治理、管理层权力与公司价值研究》
作者：汤洪波
出版时间：2011 年 5 月
出版社：经济科学出版社

内容摘要：此书在借鉴芬科尔斯特恩（1992）的权力模型基础上，结合中国上市公司的特征和信息披露方面的限制，构造出中国上市公司 CEO 的权力结构模型。在第一章，作者论述了企业家范畴的形成。第二章对 CEO 的权力与公司价值进行了分析。在借鉴芬科尔斯特恩的权力模型的基础上，结合中国上市公司的特征和信息披露方面的限制，作者构造了中国上市公司 CEO 权力结构模型。第三章作者运用中国上市公司的实际数据来实证研究 CEO 的权力构成对公司价值的影响，并且建立了计量模型。第四章写的是 CEO 的权力及其报酬。CEO 的报酬与激励是公司治理研究的一个重大问题，关于该问题的研究主要有三个视角：委托—代理理论、公司治理理论和管理权力理论。然后作者对这三个理论分别予以阐述、分析，为今后各章的研究打下基础。在第五章，作者从 CEO 的权力角度来分析 CEO 报酬，即 CEO 的报酬在多大程度上是由其权力决定的，以及权力结构中各因素所起的作用，并且结合中国的实际情况运用实证、模型的方法进行分析，结合权力结构的分析建立了 CEO 报酬与其权力模型。第六章研究了 CEO 权力与资本结构。作者从现代资本结构理论分析入手，对以莫迪里安妮和米勒的 MM 定理为起点进行分析论述。随着不完全契约理论的引入形成了融资契约理论，通过对这一理论的介绍分析，作者从资本结构的视角对 CEO 权力进行了分析。第七章为结论，作者通过对 CEO 权力与公司价值、CEO 报酬的关系的实证研究。

此书的特点主要有：第一，对企业家理论的演进进行了重新梳理。企业家理论从康替龙到萨伊再到马歇尔的演进反映了企业家职能的多重性，地位、身份的多样化，而其共同点是把企业家等同于资本家。作者突出分析了熊彼特对企业家概念的科学界定。熊彼特把企业家和投资者区别开来，在“创新理论”的基础上赋予企业家与其地位相适应的特有职能，即创新，把企业家理论纳入市场均衡理论体系，为现代企业理论奠定了基础。第二，集中研究了 CEO 的权力。从彭罗斯和熊彼特的公司成长理论、管理租金理论、委托—代理理论和管理权力理论的对比分析中逐步探究 CEO 权力的作用、意义和构成，将 CEO 权力这一抽象概念具体化，并结合中国上市公司信息披露数据的现实状况，构造了中国上市公司 CEO 权力的结构。第三，以 CEO 的权力为出发点来研究 CEO 的报酬以及与公司价值的关系，通过实证分析得出了一些有意义的结论。第四，从 CEO 权力的变化来分析资本结构理论从 MM 定理到融资契约理论的发展过程。

书名：《独立董事制度保障性问题研究》

作者： 申富平

出版时间： 2011 年 6 月 1 日

出版社： 中国社会科学出版社

内容摘要： 此书首先分析了我国上市公司的主要代理问题——大股东对于小股东之间的利益冲突，为其研究提供了一个公司治理背景，提出我国的独立董事制度主要是为解决大股东与小股东之间的代理问题。其次，对我国上市公司独立董事制度的运行现状进行了调查分析，并对其有效性进行了实证检验。再次，作者根据实证分析的结果，对独立董事的选聘机制与独立性保障、激励与防范合谋契约以及审计委员会与监事会权责的调和三个方面的问题进行了理论分析。最后，针对我国上市公司独立董事制度运行的现状与存在的问题，提出有针对性的政策和建议。

具体来说，在第一章绪论中作者介绍了本书的研究背景、研究内容、思路与框架、研究方法和创新之处以及基本概念。在概念界定方面，作者对独立董事、内部人控制、管理层等核心概念进行界定，通过列举美国机构投资者委员会、加拿大多伦多证券交易所等机构对独立董事的界定，为我国独立董事概念的界定指出了一个新的方向。第二章是文献回顾与评述，对独立董事相关的研究成果进行综述，总结了国内外学者对独立董事制度理论基础、制度背景、选聘机制、激励机制、投资者利益保护、审计委员会与监事会关系六个方面的研究现状。在此基础之上，作者对独立董事制度研究现状进行了简要的述评。第三章是对独立董事制度变迁的国际考察。首先对董事会和独立董事制度的变迁进行了国际考察，然后从经济学和公司法的视角对此制度进行分析。第四章是大股东侵占小股东的利益分析，对我国上市公司的股权结构特征现状进行分析，从理论上对大股东与小股东代理关系的形成、大股东侵占小股东利益的动因及其经济后果等问题进行分析，最后导出我国引入独立董事制度的根本目的是为了抑制大股东侵占小股东的利益。第五章是独立董事制度的运行机制。主要阐述了独立董事“独立性”的界定标准的设计及其制度保障问题。作者指出独立性界定从形式上保证了独立董事的独立，要达到实质独立，就需要完善独立董事制度的具体运行机制，主要包括独立董事的选聘机制、激励机制和退出机制。第六章是我国独立董事制度运行机制有效性的实证检验，本章通过问卷调查，对我国上市公司独立董事制度的运行状况作出一个总体的判断与分析，然后，采用统计分析方法对独立董事制度运行机制的有效性进行实证检验。在第七章，作者运用博弈论方法，推导独立董事激励契约和防范合谋契约，通过最优契约提高独立董事在保障中小股东方面的积极性，降低独立董事与控股股东或经理层之间的合谋。第八章探讨了我国上市公司中，由于审计委员会与监事会两种制度的并存而出现的冲突情况，以及如何调和这种冲突。第九章作者对全书进行了归纳总结，得到了全书的研究结论，有针对性地给出了政策性建议，并指出了全书的研究局限性和未来研究的方向。

此书的特点主要有：第一，一个国家的公司治理模式只有与本国的具体环境相匹配才能达到理想的治理效果，此书作者正是针对中国公司治理中的具体情况进行研究，对了解中国独立董事制度的情况、推动相关改革大有益处。第二，此书的研究主要运用了实证研究的方法，其数据和研究结果都有较高的可信度，对帮助学者进行相关研究提供方便。第三，研究方法多样化，不但采用了传统的实证研究方法，而且采用了博弈等多种方法进行研究，很有启发和借鉴意义。

书名：《治理公司：全球化时代的规制和公司治理》
作者：贾斯汀·奥布莱恩编，高明华、杜文翠等译
出版时间：2011 年 6 月
出版社：经济科学出版社

内容摘要：此书是在 2004 年 9 月澳大利亚皇后大学组织的公司治理国际研讨会的基础上整理、编著而成。此书体现了全球各国政府和监管部门深化公司治理改革、重塑公众信心的共同愿景，汇集了世界各国站在公司治理研究和实践最前沿的学者、监管者和从业者的观点，为读者描绘了一幅世界各国共同探索公司治理改革的宏伟蓝图。具体来说，它主要回答了四个问题：第一，舞弊案发生后，各国政府和监管者是如何避免公司舞弊，重塑公众信任的。第二，除了监管部门，我们还能从哪些方面避免公司舞弊，重塑公众信任。第三，什么是舞弊，为什么会发生舞弊，如何发现舞弊。第四，律师、财务分析师、审计师等相关人员在公司舞弊中扮演了什么样的角色。

如何减少公司舞弊？首先要做的是找到公司舞弊的根源。公司舞弊案往往有多个主角，这些主角一般是公司高管。公司丑闻曝光后，公众往往把公司的违规行为归因于高管的贪婪和无耻。毫无疑问，这些高管行为直接导致了公司丑闻的产生，高管的贪婪也成为公司丑闻的推动力。但事实上，个体的贪婪不能成为公司丑闻的借口，真正引发公司丑闻的是公司治理制度的缺陷。个体的贪婪只是经济人的本性，只要是理性的经济人，在面对丰厚利得时，贪婪永远是最优的选择。真正诱使这些经济人偏离正轨、铤而走险的是人们对预期非法利得与惩戒风险的权衡。当预期非法利得既定时，舞弊行为被发现的可能性和被惩罚的力度则成为影响高管选择是否舞弊的关键因素。而舞弊行为被发现的概率取决于公司治理制度的完善与否，舞弊行为被惩罚的力度则取决于监管部门对舞弊行为的厌恶程度。由此可见，公司舞弊的根源并不是所谓的个别人的贪婪，而是公司治理制度的缺陷和监管部门对舞弊行为的暧昧态度。具体来说，直接导致这种全球性危机的原因有三个：一是公司和政治家那些辞藻华丽的、任务式的评估报告；二是公司对这些报告和法规约束的忽视；三是用于纠正行为偏差和监管措施的局限性。

经济全球化影响着国家经济，其中一个可预见的结果就是国家监管体制的趋同改革。我们需要的是这样一种模式，该模式能将经济全球化与国内监管的变化联系到一起，而国内监管的变化则表明了相关经济和政策进程，以及这两者之间的本质联系。如果想要创建出这样一种令人满意的模式，应对国内政治的活力和创造性国家战略的潜力给予更大的关注。这其中需要特别关注的模式有两个：第一，要确保市场统一和限制监管范围之间存在一个持续的平衡过程；第二，要对风险意识和流动性有正确的认识。从根本上说就是要完善公司治理制度，提高公司舞弊行为被发现的概率；并且要明确监管者的职责，加大对公司舞弊案的惩罚力度不但能够惩戒已经发生舞弊的公司，还能威慑可能发生舞弊的公司。

此书的特点主要有：第一，此书的研究内容不仅包括澳大利亚的公司治理改革，更涵盖了美国、英国、德国、爱尔兰、加拿大等许多国家的公司治理问题，真正是从世界角度来分析公司治理问题。第二，此书最大的特点就是理论与实践间的结合与碰撞。此书汇集了世界各国站在公司治理研究和实践最前沿的学者、监管者和从业者的观点，是在国际研讨会的充分讨论的基础上编写而成，可以说是理论与实践碰撞、融合的结晶。

书名：《看门人机制：市场中介与公司治理》
作者： 约翰·C.科菲著，黄辉、王长河等译，
出版时间： 2011年7月
出版社： 北京大学出版社

内容摘要： 从安然丑闻到金融危机，全球资本市场和公司治理领域接连出现重大灾情，令人震惊。公司治理领域为何越治越"无理"？到底错出在哪里？为解答这些问题，科菲教授在此书中提出并全面阐述了著名的"看门人理论"，大胆突破了公司治理研究囿于董事会等公司内部机制的传统范式，将目光投向公司治理的外部环境，全面深入考量审计师、律师、证券分析师以及资信评级机构等市场中介在公司治理中的角色，从看门人机制的角度对公司治理问题提出了全新理论诠释和现实对策。他提出的理论在国外影响巨大，直接指导了相关立法改革，包括安然丑闻后的《萨班斯-奥克斯利法》和金融危机后的《多德-弗兰克法》。对于一直在学习西方经验进行改革的中国而言，这本书无疑具有同样重大的价值。

科菲教授将"看门人"定义为"那些以自己职业声誉为担保向投资者保证发行证券品质的各种市场中介机构"，主要包括审计师、律师、证券分析师和信用评级机构等。理论上，与投资大众相比，这些中介机构在市场地位方面具有一定优势，能够获得更多的关于公司和金融产品的信息，并运用自己的专业技能进行分析和判断，在发现上述信息存在问题时向市场发出警报，阻止不当行为的发生，从而发挥看门人的作用，有效地保护投资者利益，保障金融市场的健康运行。

为什么这些市场中介机构能够担任看门人的重要角色呢？因为上述行为都是市场行为的重复参与者，在市场中经营多年，为大量公司客户的证券发行提供信息核实服务，从而建立起了自己的"声誉资本"。一旦拥有这种声誉资本，这些机构在核实公司发行人的相关信息时，就等于将自己的声誉资本借给或抵押给公司发行人，投资者或市场能够据此信赖公司发行人的信息披露和证券品质。比如，审计师对于发行人的财务报表进行核实、律师对于招股说明书的内容出具法律意见、投资银行提供证券承销服务、信用评级机构对于公司和金融服务产品等进行评级，以及证券分析师对于证券的买卖推荐等，从制度经济学的角度看，这些行为实际上就是看门人以自己的"声誉资本"为相关信息提供"担保"，以增强其可信度。

简言之，上市市场中介机构能够担任看门人的核心因素就是他们的声誉资本。如果一个人没有足够的声誉资本，他就不可能成为一个让人信赖的看门人。如果他们被发现渎职，包庇了其公司客户的不当行为，那么他们的声誉资本就会减损甚至完全毁灭。因此，

看门人面临的选择，一方面是重大的甚至是致命的声誉资本损失，另一方面是勉强同意欺诈而可能侥幸获得的额外收益。这是一个很简单的经济分析：如果看门人的声誉资本价值超过他们从客户处获得的可期待利润，他们就会选择忠于职守，拒绝与客户串通作假。现实中，情况通常如此，投资者也就据此逻辑信任看门人，进而信任看门人担保的公司客户的信息和产品质量。当然，在某些情况下，看门人的成本收益对比可能截然相反，他们此时的理性选择便是为了一时收益而不顾声誉资本，疏忽职守甚至监守自盗，最终导致金融市场的灾难，这就是看门人机制的失灵。

在现代公司中，特别是英美法系国家的大型公众公司中，公司的所有权与控制权相分离，由于股权高度分散和信息不对称等问题，公司经营权实际上掌握在管理层手中，股东难以对管理层进行有效制约，因此，管理层利益与股东利益之间存在偏离，这就是所谓的“管理层代理成本”。公司治理研究的终极目标就是通过设计和运用各种公司治理机制，“胡萝卜加大棒”，激励与约束并用，努力降低公司经营的代理成本，尽量使得管理层利益与股东利益保持一致。这些公司治理机制主要包括：独立董事制度；股东选举董事的权力；以股东诉讼制度为支撑的董事义务制度；以股份为参照点的经理人薪酬激励制度；敌意收购的市场压力等。

但是，上述公司治理机制的一个共同点是，它们的效能都取决于股价的准确度和股东手中拥有的相关信息。如果股价不准或股东信息不足，上述机制就难以有效发挥作用，从而破坏公司的治理质量，减少总体的社会财富。看门人机制的核心功能正是在于解决公司管理层与股东之间的信息不对称问题，并提升公司股价的准确度，为传统的公司治理机制提供一个良好的运行环境。也就是说，看门人机制是传统公司治理机制的前提和基础，前者出现问题，后者必然瘫痪，诚如电器没有电力就无法运行一样。从此意义上讲，看门人机制是公司治理的效率瓶颈。

值得指出，看门人机制的运行与失灵是一个非常复杂的问题，同时也是一个大有可为的研究领域。市场中的看门人职业很多，除了本书重点讨论的会计师、律师、证券分析师和资信评级机构等之外，还有一些其他比较重要的看门人职业，比如公司并购中的财务顾问、公司上市中的保荐人等。我们的法律改革路径总是出现一个问题解决一个，我们永远不知道下一个出现问题的看门人职业会是哪一个；而且，“世易时移，变法宜矣”，社会不断在变化和发展，看门人机制的商业模式和运行环境也在不断变化和发展，这给看门人机制失灵问题不断带来新的动因和影响，使得同一个看门人职业可能在解决一个问题后又出现新的问题。因此，看门人机制的运行和失灵问题是一个动态发展的问题，它可能比我们想象的要复杂和艰难得多，这将不断为我们带来新的研究课题和空间。

此书的特点在于：第一，追溯历史，作者结合历史分别分析审计师、律师、证券分析师、证券评级机构在公司治理中的作用以及“看门人角色”的担当，并且深入分析了他们为什么不能切实履行起“看门人”的职责。阅读这本书可以深入了解这些“看门人”的发展过程以及如何失去看门人作用的原因。第二，此书的最大特色在于，将深奥的法学理论与具体的现实问题紧密地结合起来，对安然丑闻和金融危机进行了抽丝剥茧般的深入剖析，大胆地跳出了公司法研究的传统窠臼，将眼光投向公司治理的外部环境，试图解决公司治理的效率瓶颈——看门人机制失灵的问题，从而为公司治理问题找到一个全新的理论阐释和现实对策。的确，此书一问世，就引起了各界的广泛关注，并直接影响了美国在金融危机后的法律改革路径。

书名：《中国家族企业的社会角色——过去、现在和未来》
作者：陈凌、李新春、储小平
出版时间：2011 年 10 月
出版社：浙江大学出版社

内容摘要：此书是国内迄今为止第一本从历史比较的角度对中国家庭、家族和家族企业进行系统阐述的学术著作，主要试图回答三个方面的问题：第一，中国家庭制度的历史、现状与未来是如何的？第二，中国家族企业对国民经济的贡献是怎样的？家族企业的社会角色和地位如何变化？未来中国家族企业的社会角色和地位会是怎样的？第三，家族企业的转型与发展的历史命运是如何的？其中有些什么历史经验与教训值得吸取？当前中国家族企业面临转型发展的现代挑战与过去有何不同？作者分九章，通过历史回顾、分析，对这些疑问一一做了分析。

第一章是引言，主要论述了我们为什么要关注家族企业，它在现代经济中的重要作用。第二章，“中国家族的社会角色”是对于中国的家、家庭与家族制度的有关定义和特征的讨论。我们将中国传统家族制度的基本特征归纳为宗法制、父权制、诸子均分和伦理构化四个方面，由此给读者一个工业化开始初期中国家庭家族制度的基本情况介绍。第三章、第四章主要叙述中国近代家族企业从清末洋务运动后兴起开始到新中国社会主义改造所经历的两个发展的循环，并简述在这两个循环中家族企业如何利用家族的改造来应对环境的变迁，主要针对江苏无锡荣氏家族这个当时最大家族企业之一的发展历程加以说明和分析。第五章介绍了中国现代家庭的主要历史演变。1949 年以后中国工业化、城市化和社会主义改造对传统家庭模式形成极大的冲击，传统家庭的生活方式和组织方式让位于集体主义的工厂或生产大队。1978 年年底开始的改革开放一方面是前期工业化和城市化的延续，同时农村家庭经济的恢复、乡村工业化和城镇私营企业的逐渐发展，又使得传统家庭模式在城镇和村庄重新恢复，尤其是新一轮民营企业以家庭作坊、家庭企业的形式的大量出现。本章以宁波慈溪毛氏家族的创业为例加以说明和分析。第六章以作者和全国工商联合作在 2010 年所做的私营企业调查资料为基础，介绍了家族企业发展的总体概况、家族企业发展的优势和劣势、家族企业主的社会特征和人们视野里的家族企业二代接班人形象。作者试图利用调查数据对中国当前家族企业的范围与规模、中国家族企业对国民经济的贡献和社会影响力加以分析和评估。第七章讨论了中国家族企业现代转型所面临的诸多挑战，主要是代际传承、家族治理与公司治理、家族企业管理现代化等。本章也探讨了中国家族制度变化所引起的特殊挑战，诸如计划生育政策所形成的独生子女家庭的传承发展问题，女性在家族企业中的角色，如何突破“富不过三代”而成为“百年老店”等。应该说，这些问题和挑战同样困扰着海外的华人家族企业。海外华人家族企业的成长已经走过了更长时期，积累了丰富的经验教训。第八章，作者选取了香港冯氏集团（利丰集团）、香港李氏家族（李锦记）、香港曹氏集团（万邦集团）和马来西亚杨氏家族（皇家雪兰莪）为例，介绍了不同背景下华人家族企业的发展过程和成长得失。第九章对中国家族企业的未来发展、社会角色和地位，尤其是家族企业的理性化管理做了展望。总体来说，只要对中国的改革开放有信心，对中国的民营企业有信心，也就必然会相信家族企业会在未来中国社会经济中发挥更加积极、健康而又持久的作用。

此书特点主要有：第一，运用历史挖掘、比较研究的方法，追本溯源、从距今 150 年前的中国家庭、现代工业开始研究分析，深刻阐述了中国家族企业的成长、发展过程，对读者理解今天的中国家族企业很有帮助。第二，案例研究的方法。这些案例来自不同历史时期和不同国家地区背景，结合这些案例更好地表达作者的观点和思想。为了避免主观性，避免少数案例可能产生的以偏赅全的问题，作者同时简略提及更多企业和家族实例。第三，引入多学科内容进行分析。作者在研究家庭、家族、家族企业的时候引入了一些社会学方面的知识进行研究，分析更加深刻、全面。

书名：《公司治理伦理研究》

作者：薛有志 等

出版时间：2011 年 11 月

出版社：南开大学出版社

内容摘要：本书的框架由薛有志教授确定，共分为三个主要部分：第一部分为基础理论部分，主要阐述引发公司治理伦理概念提出的现实背景与理论基础，并构建公司治理伦理基本的概念模型与运行机制，该部分为本书的第一章至第三章。第二部分为公司治理伦理的基本维度部分，从股东、董事会、经理层、其他利益相关者和信息披露等层面探索公司治理伦理的运作，该部分为本书的第四章至第八章。第三部分为实践部分，主要阐述美国、日本和中国公司治理与伦理的协同演进过程，从而为优化公司治理制度、完善公司治理伦理运行机制提供现实的启发，该部分为本书的第九章至第十一章。

第一章是相关理论基础，对伦理、企业伦理、制度伦理、公司治理的伦理属性、制度内涵、公司治理目标的伦理内涵等相关内容做了介绍，并将伦理、企业伦理与道德做了比较。第二章是公司治理伦理的基本概念，论述了公司治理伦理的内涵、现实表现、意义等相关内容。作者论述到，公司治理伦理的基本目标是通过制度的安排解决当前的伦理问题，其本身是一种动态的治理制度，随着伦理观念的不断提升，需要通过新的制度安排实现新的伦理目标。第三章论述公司治理伦理的运行机制。现代公司的公司治理通常包括三种内部治理机制和一种外部治理机制。三种内部治理机制有：股权的集中程度；董事会；高管薪酬。外部治理机制是控制权市场。在公司治理伦理的运行机制方面，可以通过董事会结构的安排、股权结构的设计、经理者参与来实现公司治理和伦理的融合。第四章讲股东的伦理。股东伦理包括两个层面的行为标准，即股东自身的伦理及股东对企业伦理的影响。股东自身行为的伦理性主要是指大股东行为的伦理性。股东对企业伦理的影响主要是指股东在公司决策、行为施加影响时所遵循的行为标准。股东伦理的完善应该结合股东权力的运用以及股东大会两个维度进行。第五章讲董事会的伦理。从法律角度说，董事会是公司的最高决策机构；从伦理角度说，董事会理应是各利益相关者利益的集中反映之地。董事会伦理是由外部要素和内部要素共同催生的，其作用的发挥要以组织设置和组织运转为基础，并且以战略目标和各方利益协同为导向。第六章是经理层伦理。经理层伦理主要是指经理层以企业系统为核心，围绕企业运作而构建起来的一种价值观、准则，以及对这种价值观和准则的认识和实践。包括经理层的责任伦理、社会伦理和领导伦理。第七章是利益相关者伦理。该伦理指的是在公司治理过程中实现对公司弱势利益相关者公平、公正要求的企业伦理责任。其目标是实现剩余索取权与剩余分布权对称分布；内部治理和外部治理的有机结合；公平与效率协调平衡；公司治理安排的动态性；企业利益与社会利益兼顾。路径是企业应充分认识到利益相关者内涵的动态性变化；企业应明确认定属于自己的利益相关者；利益相关者积极参与公司治理。第八章是信息披露伦理，内涵主要包括：信息披露应当遵循的伦理原则是什么；信息披露制度及其准则的伦理内涵是什么；信息披露伦理标准下好的信息披露制度准则是什么。目标是改善信息披露的现状；优化公司治理；提升企业的经营绩效；提升企业整体价值。路径有：信息披露人员的道德自律；提高高层人员的伦理水平；加强道德建设；加强制度建设。第九章、第十章和第十一章分别介绍了美国伦理、日本伦理和中国伦理的历史和现状。

此书的特点主要有：第一，将社会学内容与公司治理内容相结合，系统分析了公司治理中的伦理问题，对理解企业的社会责任大有帮助。第二，此书思想脉络清晰、定义准确，便于读者对相关内容的理解把握。第三，作者结合公司治理中的各个部分论述分析了公司治理中的伦理问题，阐述内容全面，资料翔实充分，并结合案例分析，有利于读者对公司治理伦理问题的全面掌握。

书名：《上市公司董事会结构与经理败德行为的关系研究——以公司财务的视角》
作者：姚海鑫 等
出版时间：2011 年 11 月
出版社：经济管理出版社

内容摘要：此书结合国内外公司治理理论与实践，侧重从财务角度，采用理论与实证分析相结合的方法，对董事会结构与经理败德行为之间的关系进行深入研究。首先，依据委托代理和公司治理理论，对董事会监督经理进行成本—收益分析，指出了董事会结构与监督强度，进而与监督成本和收益的关系；运用博弈论方法分析董事会监督与经理败德行为之间的关系。其次，运用上市公司实际数据，采用多种统计分析方法，实证检验了监督成本和收益对董事会结构的影响、董事会结构对经理败德行为的影响、董事会结构对财务透明度的影响、董事会监督有效性及其对公司绩效的影响。最后，通过两个典型的财务舞弊案例，剖析了案例公司在财务透明度、董事会结构设置等公司治理方面的不规范行为和缺陷，为相关部门提出了针对性的建议。

具体来说，在第一章绪论部分，作者提出了要研究的问题，进行文献综述，设计研究思路，选择研究方法以及研究内容与结构框架的安排。第二章对公司治理中的败德行为进行了研究。这部分从财务角度出发，围绕信息不对称和委托—代理问题，通过对高管腐败、在职消费、投融资偏好、代理成本、财务透明度等方面的阐述，提出公司治理中经理败德行为的产生、表现形式、影响及危害。第三章为内部治理中董事会结构及其作用。这部分从董事会起源、职能及作用、董事会结构特征及影响以及董事会模式的国际比较这几方面对董事会及其在内部治理中的作用细致阐述，并分析了中国上市公司董事会建设的模式、现状及存在的问题。第四章为董事会结构与经理败德行为关系的理论分析，它是全书的理论基础。首先，从 Williamson 模型以及 Jenson 和 Meckling 模型入手，分析了股东与经理之间的委托—代理关系对于公司价值的影响。其次，引入公司治理理论，以期寻找降低经理败的行为的有效机制。再次，对董事会监督经理败德行为的成本和收益进行了分析，应用经济学中的成本—收益曲线，刻画了董事会监督强度与监督成本和监督收益之间的关系。最后，利用博弈论分析，对董事会和经理败德行为进行了更进一步分析，并提出三个有意义的命题，即在均衡状态下，董事会监督强度的提高将会降低经理败德行为的程度；企业所拥有的资源较多时，亦即经理层的败德行为发生的可能性较大时，董事会的监督强度会较大；企业的成长能力与风险较大时，董事会的监督强度会较小。第五章为经理败德行为对董事会结构影响的实证分析。经理败德行为对董事会结构的影响是通过监督成本收益体现出来的，因此该书主要从董事会的监督成本与监督收益两个方面来实证检验这种影响。首先，根据相关文献和理论分析确定与董事会监督收益和成本有关的因素，并提出本章所要验证的各项假说。其次，运用独立样本 T 检验与回归分析的方法对经理败德行为对董事会结构的影响进行实证检验。最后，考虑到我国国有企业与非国有企业在所有权性质上的不同，这可能会使公司股东在董事会的选择上有所不同，进而导致董事会结构出现较大差异，因此进一步将样本分成两组，分别进行了实证检验和比较分析。第六章为董事会结构对经理败德行为影响的实证分析。在本部分的分析过程中，以经理的过度投资和在职消费作为经理败德行为的替代变量，实证检验了董事会结构对经理败德行为的影响。同时，考虑到董事会结构变量的内生性，利用二阶段最小二乘法（2SLS）对回归方程进行了分析。与之前研究类似，考虑到我国国有企业与非国有企业在所有权性质上的不同，进一步对样本分为两组，进行了比较分析和研究。第七章为董事会结构及其监督有效性的实证检验。作者研究的基本逻辑结构是：董事会及其结构→监督经理败德行为→财务透明度→公司绩效→新一轮的经理败德行为与董事会监督行为。因此，可以通过财务透明度和公司绩效来考察董事会结构及其监督的有效性，很明显，经理败德行为在此充当了中间变量。并且通过进一步研究验证了董事会结构及其对经理败德行为监督的有效性。第八章为案例分析。通过格林柯尔和科苑集团的财务舞弊案例，解释中国上市公司中董事会结构与经理败德行为的关系，进一步验证理论分析与实证分析的结论，并通过案例分析对我国公司治理给予启示。第九章是研究结论与政策建议。在总结全书研究结论的基础上，对我国上市公司和政府监管部门提出相关的政策建议，最后指出了本书研究的局限性与不足。

此书的特点主要有：第一，该书最大的研究特色是将董事会结构作为内生变量，从公司财务的视角即监督收益、监督成本及公司财务透明度，研究董事会结构与经理败德行为之间的相互关系以及董事会结构对公司财务透明度及公司绩效的影响。将董事会结构内生化研究是本书的主要创新和贡献所在。第二，在研究方法上，作者采用理论分析与实证分析相结合、定性分析与定量分析相结合的方法，运用委托—代理理论、公司治理理论、博弈分析与多元统计回归分析等多种方法进行理论与实证分析。

书名：《公司内控治理（公司治理系列丛书）》
作者：王中杰
出版时间：2011 年 11 月
出版社：中国发展出版社

内容摘要：公司内部控制治理是近年来公司治理研究的一个热点，特别是从 21 世纪以来国内外频频发生的公司财务丑闻，学者们在把矛头直指向企业财务会计报告造假舞弊问题的同时，也在探索企业内部控制等问题，并把问题的症结和解决途径归到了企业的内部控制治理。加强和完善企业内部控制，已成为当前理论界和实务界关注的焦点之一。王中杰博士的新作《公司内控治理》（中国发展出版社，2011 年 11 月版）便是在此研究方向上的一次有益探索。

此书共由九章组成，第一章讲内部控制的历史，着重介绍内部控制思想的起源以及发展历程，通过梳理各阶段内部控制的发展轨迹，把握内部控制的发展脉络，同时描述了内部控制各阶段的概念、内涵。第二章是内部控制前沿理论，主要介绍了近年来国内外内部控制理论的最新发展情况，以及我国内部控制的相关研究现状和执行现况，并指出了当前我国企业内部控制存在的问题。第三章是企业内部控制设计，重点讲解了内部控制设计的原则、内部控制的划分方式、设计步骤、形式设计等内容。此章在全书中起着承上启下的作用，为后文详细介绍内控五要素做了准备工作。第四章是企业内部控制环境，指出企业内部控制环境是内部控制五大要素之一，是内部控制其他四要素赖以存在和完善的基石。在本章中，作者重点介绍了公司治理机制、组织结构、人力资源政策、企业文化等内控赖以生存的环境。第五章是企业内部控制风险评估，阐述了内部控制与风险管理的关系、全面风险管理，并介绍了各种不同的风险预警技术等内容。在本章中，作者对当前企业内部控制的风险评估方法、内容都做了详细而周到的阐述。同时，作者重点介绍了全面风险管理，指明了全面风险管理是企业风险管理今后的发展趋势，对企业也提出了更高标准的要求，而当前全面风险管理仍是我国企业管理中还属于相对薄弱的环节，这就需要研究学者、政府和企业的共同努力。第六章是企业内部控制的方法措施，分别介绍了约束控制、业务控制、激励控制、监督控制以及业绩评价控制等具体内控方法措施。作者认为传统的内部控制方法主要以约束控制和业务控制为主，当前的内控方法已经增加了激励控制和监督控制方法，而控制的范围也涉及了公司治理层面，实现了由低层次的业务、流程的内部控制到高层次的公司治理、战略层面的内部控制。第七章是企业内部控制的信息沟通，主要阐述了国内外内控框架信息与沟通要求。作者在本章中对国外内控框架信息与沟通要求的解读较为抽象，而对国内的内控框架信息与沟通要求的解读较为具体，不仅仅局限于对现有法律法规的解释说明上，更加结合企业实际具体介绍企业内部控制过程中的信息收集和传递的具体方法、流程。第八章是企业内部控制的监督检查，阐述了内部控制五要素中的最后一个要素——监督。本章作者不仅仅是介绍内部控制的监督方法，而是对当前我国企业但是现在的企业内部监督体系进行了深度剖析，指出了监事会与审计委员会职能重复、监事会因独立性不足而存在自我评价问题、内部审计机构的只能与地位不匹配问题。当然，作者也对此提出了相应的解决方法，如对企业内部监督体系进行优化调整，首先需要对企业的公司治理进行优化，加大国有股减持力度，解决内部人控制问题。然后，应对企业内部监督体系进行调整，主要包括：①改善监事会人员结构，建立独立监事制度；②避免审计委员会与监督委员会交叉；③应对内部审计的职能进行合理定位。第九章是企业内部控制数据实证分析。在本章中，作者运用了大量的数据对我国上市公司的内部控制状况进行了分析，由于采用了多种分类方法进行分组后进行分析，使得分析的结果具体、细致，包括了企业内部控制治理的各个方面。作者正是以这些数据计算出了上市公司内部治理的得分情况。但遗憾的是，此章节的分析仅仅停留在简单的描述性对比分析上，没有进行更为深入的相关性分析、回归分析；在分析过程中，作者采用了绝对数量分析和相比比例分析，我们认为由于各个分组的数量差异较大，绝对数量分析意义不大；在对各指标进行分析时，作者只是简单地描述各种分析的结果，而没有更为深层次探讨出现这种结果的原因，同时，多种分类对比分析之后缺乏一定的归纳总结，使读者在阅读该部分时，有一种陷入"数字海洋"的迷茫。该章节的缺憾成为本书美中不足的一个地方。

此书的特点主要有：第一，全面详细，浅显易懂：作者在每个部分都做到了全面周详，使读者能够系统的学习企业内部控制的原理与实务。在全书的文字上，作者做到了文字精练，没有晦涩难懂的文字，做到了浅显易懂，方便读者阅读，该书不但能够作为相关学者理论研究的一个参考，也可以作为高等院校财会专业学生的学习读物。第二，具有时效性、针对性：此书引用、分析了大量美国和中国的相关法律，使此书的研究成果具有较好的实效性。第三，引用了大量数据和案例进行分析，生动易懂、便于学习。

书名：《公司治理的历史——从家族企业集团到职业经理人》
作者：兰德尔·K.莫克主编，许俊哲译，格致出版社
出版时间：2011 年 11 月
出版社：上海人民出版社

内容摘要：不同国家的公司治理因各自的历史、文化、政治环境等因素的不同而有所区别。此书追溯历史，对加拿大、中国（清末和民国时代）、法国、德国、印度、意大利、日本、荷兰、瑞典、英国和美国共 11 个国家的公司治理历史进行研究，帮助读者在了解这些国家公司治理历史的过程中对现在世界公司治理现状有更深刻的了解。

在第一章，作者对加拿大的公司治理历史进行了评述。在 20 世纪前半叶，由于种种原因导致家族控制和金字塔式的集团企业逐渐减少、失势。后到 20 世纪 60 年代末 70 年代初，金字塔式的集团重新崛起，直到 20 世纪末又一次占据了重要的地位。在对加拿大公司治理机制研究的基础上，作者总结了公司治理的三种机制：第一组机制是可以认为是那些需要激发创业精神和能力的机制。第二组机制是可以认为是能够鼓励和保护联合投资的机制。第三类机制是促进精英循环的机制。

第二章是作者对中国清朝和民国时期的公司治理进行总结、分析。早在 1904 年清政府就颁布了公司法。这部公司法采用了西方式的公司法规，以日本和英国的公司法为基础制定，但最终发现根本没有效果。通过分析研究作者总结，要有两种主要的方式来执行公司治理法律。一种方式是由一个强大而独立的法规实体来监督，比如由美国的证券交易委员会监督相关的公共会计报告等事务。另一种方式是一个强大独立的法律体系。这两种方式没有一个存在于 1904 年的中国，公司法的实现也就不可能。

第三章是法国。在法国过去的 300 年中，历史因素导致了一个薄弱的银行和资本市场结构，因此企业发展往往会依靠自筹资金，通过企业的留存收益来创建其他企业，以此来进行扩张。这反过来会加强所有权结构在个人和家族手里的集中程度，致使创始家族仍然一代一代地掌控着企业。同时法国民法典的规定对这一趋势也起到了推波助澜的作用。因此发展到今天的法国公司治理结构还表现出所有权集中、家族所有权以及控股公司存在的特点。

第四章是德国。1870 年的公司法确立了当前这种“双董事会”结构，以直接保护小股东和公众免受自利的内部人之害。在魏玛共和国时期，股权越来越分散，这使创建公司的家族和他们雇用的经理非常惧怕公司被收购。为防止这种情况发生，多重股票投票权和投票上限得到了广泛运用。在领导原则下，1937 年的纳粹股东法免除了公司经理和董事长对股东的具体义务，代之以一个对所有股东适用的通用义务，特别是对第三帝国。这部法律禁止了股东通过邮件投票，强令无法投票的股东把他们的股份委托给银行，由银行代理行使投票权。这使大银行获得了德国大部分公司的投票控制权。"二战"后金字塔式的集团企业得到发展，到 20 世纪末这一模式得到更广泛的应用。现代德国经济主要由家族控制的金字塔集团和名义上大众持有（实际上由顶级的几家银行通过代理控制）的公司组成。占据主导地位的几家银行共同控制了它们自己大部分的股份。银行投票控制在小公司中不是很明显，所以小公司趋向于由家族控制。

第五章是印度。基于种族和宗族集团的大规模商人交易网络可以追溯到几个世纪以前。而现代印度的商业集团的组成仍然与之类似。在英帝国统治时期，印度开始了工业化进程。在过去 70 年，所有权集中化是印度私人企业的一个重要特征。自印度 1947 年实现独立以来，印度经济经历了几个主要的结构性变化时期。在第一个时期，20 世纪 50 年代，由英国贸易公司控制的资产被交还给了印度所有者。在第二个时期，从 50 年代晚期到 70 年代，印度政府通过各种措施对经济进行干预，也就是所谓的"许可证统治"。最后，是一个经济改革时期，80 年代首先出现了一些政策的小幅度放宽，1991 年出现了严重的经济危机之后，政策宽松化的速度加快。20 世纪 90 年代，印度经济开始自由化，政府政策的一个主要目标就是吸引外国机构投资者。当代印度企业主要有两大特点：总体层面上持续存在的所有权集中化和个体公司层面上主导所有者的变动。

第六章是意大利。在 20 世纪初期，意大利政府很少有兴趣直接干预经济活动。然而在 1931 年，意大利最主要的 3 家投资银行倒闭，法西斯政府接管了他们持有的工业股份，而且在法律上规定把投资业务从商业银行分离出来。第二次世界大战后，意大利政府仍然在经济中扮演着直接角色，支持财务困难的企业，运用它掌握的公司治理权力来指导经济增长，特别是在资本密集部门。政府官员通过廉价的资本帮助建立大型商业集团，新的公开交易的家族集团很少出现。现在意大利的公司治理表现出以下特点：对投资者的法律保护少，法律执行度低，股票市场发展不成熟，金字塔形的企业集团，以及高度的所有权集中化。

第七章是日本。明治政府建立了国有企业，把所有西方产业的方法带到日本，在这个过程中也背上巨大的债务。为了摆脱这种情况，明治政府实行了大规模的私有化。大多数企业都被卖给了三井、住友家族和其他一些由家族控制的商业集团，这些集团被称为财阀，是一种由上市公司组成的金字塔形的集团。"二战"期间军政府制定法律，剥夺了股东的公司治理权。日本很快建立起严格的中央计划经济体制。尽管财阀家族在名义上仍然保留着所有权，但是他们在管理方面几乎没有发言权，而且股利受到限制。到 1945 年美国占领军进入日本时，日本实行的是同 1989 年很多东欧国家一样的中央规划体制。"二战"结束以后，日本企业逐渐发展出水平型和垂直型商社。商社本身很难有准确的定义，商社集团的所有权结构是非金字塔形的，它的形成是为了防止恶意收购，是一种非常有日本特色的企业集团。

第八章是荷兰。荷兰拥有世界上最悠久的股票市场，它的企业家们发明了股份合资公司。1602 年，世界上最早的大众化持有的股份合资有限责任公司——荷兰东印度公司成

立了。19 世纪后半期工业发展的资金主要来源于家族企业的留存收益。在 20 世纪，脱离家族控制而走向职业管理的趋势变得明显起来。到 1928 年，政府才从法律上对于荷兰大多数有限责任公司公开年报做出了要求。结构化体制是在 1971 年引入的，它赋予工会一些影响力，并将股东大会的大部分权力都移交给自作决定的监事会，沿袭德国模式的双重董事会制度。第一层级由执行委员会（董事会）和负责公司策略以及日常运营的管理团队组成。这些执行人员受第二层级——监事会的监管。但与德国不同，荷兰的银行对公司管理不加干预，这就形成了荷兰特色的公司治理模式。

第九章是瑞典。瑞典公司治理最大的特色是将他们独特的高度平等化的社会民主模式与公司治理相结合。

第十章是英国。家族所有制是英国商业史上的主旋律。在 20 世纪初，英国正如大多数其他国家一样，有权势的家族支配了它的企业部门。到 20 世纪 70 年代之初，现今英国企业所有权与控制权的主要特征已经形成：大量的机构持股、恶意收购市场以及对小投资人广泛的保护。它们共同达到了建立活跃的企业管理市场的效果。到 20 世纪 80 年代，英国废除了双极股票与金字塔结构就是由于机构投资者占据了支配地位。英国的大型公司尤其依赖股市来为企业成长筹集资金。英国公司通过发行股票使家族控制股权稀释，而收购中的非歧视性对待股东从某种程度上也可解释英国为何没有金字塔结构。收购者无法购买公司的部分股权，以让其建立金字塔。标的公司被实施兼并的公司吸纳而消逝，本质上成为独立的上市主体。

第十一章是美国。在 20 世纪初，强大的银行和财阀家族控制着大部分公司行业，掌握这些公司的控制权，监控、选择和更替那些经理们以及设定公司的发展方向。到 20 世纪 30 年代，所有这些都改变了。从第一次世界大战爆发到第二次世界大战结束前，发生了大规模的股份民主化持有。而这种分散的好处取决于股票市场的深度。为了获得多元化的好处以及减轻进步媒体的指责，许多富有的家族把它们的大部分公司股份卖给了股票市场。当然，大部分家族一开始通过投票委托、常任董事会保留对企业的控制。积极的法官和进步政治家，在财富的支持下，有效地把美国的大企业的治理转到了职业经理人。

此书的特点主要有：第一，选择分析的国家非常有代表性，除了非常有代表的七个发达国家，中国和印度两个非常有代表的发展中国家，以及非常有特点的荷兰和瑞典。通过对这些国家公司治理历史的了解，非常有助于对今天世界公司治理现状理解和把握。第二，每一章是一篇独立的、非常优秀的论文，不仅选取的分析样本数据准确和科学，更将对各国政治、文化、历史的充分了解融入了研究中。正是这样的精准结合，让本书不但不显枯燥，反而更易理解。

第二节

外文图书精选

书名：《Money for Nothing: How CEOs and Boards Are Bankrupting America》

《也有钱不起作用的时候：CEO 和董事们是怎样导致美国破产的》

作者： John Gillespie，David Zweig

出版时间： 2011 年 1 月 4 日

出版社： Free Press

内容摘要： 很多人都认为 2008 年爆发的金融危机是由于 CEO 的贪婪、鲁莽和无能所导致的，却忽视了董事会的作用。作者收集了大量的原始报道，采访了很多公司的高层内部人士，揭示了 CEO 和董事们阻碍股东权利实现的很多方法。实际上，全世界的 CEO 和董事们相互之间联系紧密，公司治理中的监督机制已经不起作用，因此才导致美国数万亿美元的损失，经济受到严重损害。董事们被认为是公司治理中的监督者，是股东利益的维护人，但实际上却成了 CEO 们的帮凶，以此来为自己获得更多的收益和权力。

作者写作本书正是为了揭示情况的严重性，呼吁公司治理的改革，以避免破坏性的灾难再次到来，带来比这次更大的经济损失。本书在大量的报道、案例、评论、访谈等实证资料的基础上进行研究，提出：当你将权力与数量巨大的金钱、个人优势、高风险、现代企业快速发展的复杂性、全球化的环境和个人贪婪相结合，你就有巨大的力量来驱动公司影响下的世界。这一能量如果能够被控制，就能推动经济向更好的方向发展；如果失去控制则会带来可怕的后果。控制它的最好方法就是通过董事会。

此书的特点在于：第一，拥有大量详实的资料。作者采访了很多的董事、CEO、经济顾问、会计师、律师、员工、积极参与公司事务的股东、政府官员、投资者和学者，并且还收集了很多的原始报告和评论。因此此书所依据的案例、材料丰富，可信度较高，这为进一步的学习、研究提供了很大方便。第二，语言生动，较易理解。此书的表达语言较为通俗，研读者较易理解，特别适合于中国学生、学者和实务界人士阅读。第三，材料丰富，论述清楚，思想表达明确，理解较为容易。正如刚才所说，因为此书的资料丰富、详实，结合作者具体分析，使作者思想表达清楚，易于理解。

书名：《Thin on Top：Why Corporate Governance Matters and How to Measure and Improve Board Performance》

《从根源挖掘：为什么公司治理重要和如何评价、提高董事会绩效》

作者： Bob Garratt

出版时间： 2011 年 2 月 10 日

出版社： Nicholas Brealey Publishing

内容摘要： 此书认为，全球公司治理的危机是领导忽视、战略无能和贪婪的复杂混合体，解决这一危机的关键在于专业化的招聘、培训和评价领导者，从智力、道德水平和做事的结果来进行评价。现在政客、投资者和社会大众对于董事会缺乏质量、道德和基本能力的情况也表现出非常不满，像西方这些民主国家，董事会的角色、工作、职责也不能被政客、业务主管和大众所理解。这本书正是讨论了公司治理中的所有权、权力、控制、腐败等重要问题。

作者提出，我们必须学会如何评价和奖励领导者。如果能够有既有能力又自信的个人独立自主地在公司决策中发挥作用、帮助纠正不正确的决定，那么这种情况下的平衡是对的。如果没有这样的人，就很容易犯错。本书在此基础上，对领导者的责任、评价等提出了很多实用性的方法和深刻分析，提出要加强董事会的培训和学习能力。

此书是一本书董事会治理和公司治理的专著，追溯历史、挖掘根源，在深刻分析董事会治理的同时也论述了公司治理的重要性。观点鲜明、论述清楚、论据丰富确实，对读者很有启发。

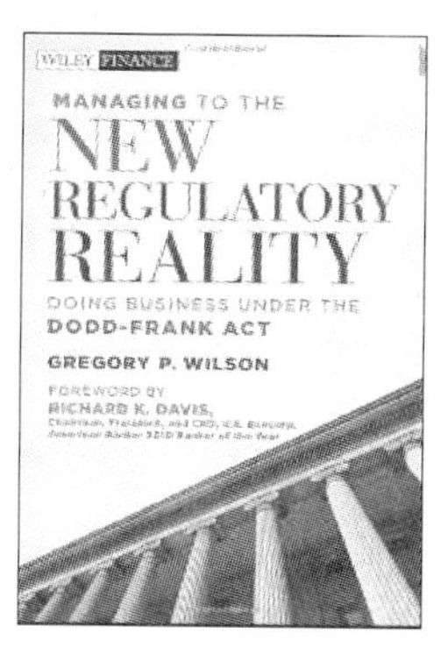

书名：《Managing to the New Regulatory Reality: Doing Business Under the Dodd-Frank Act》
《新监管的实现：在多德-弗兰克法案下的经商之道》
作者： Gregory P. Wilson
出版时间： 2011 年 2 月 11 日
出版社： Wiley

内容摘要： 2008 年爆发金融危机以来给世界经济发展带来巨大损失，很多国家都出台新的政策和法律本国经济进行整治，美国也出台新的法律对金融公司的董事会和管理层进行治理。此书回顾了这次金融危机所带来的巨大灾难，总结了其中的各种缘由，提出美国金融公司的董事和管理者的监管改革有三个关键因素：第一，《多德—弗兰克法案》仅是第一步。它能给最后的使用者带来积累效应，对经济产生意外的影响。第二，以美国为代表的国家政府对本国公司治理的干预会更多。第三，公司的财务主管和董事必须要与今后的政策制定者和管理者相适应。

作者对 G20 国家的情况进行分析总结，为金融公司的财务主管和董事会写作本书。通过大量资料的收集分析后提出，今后政策制定者要注意利益相关者、股东、消费者、管理者、董事之间的平衡，各国政府政策的制定要根据本国的具体情况。各国之间的具体情况不同，都有自身的优点和弱点，要根据自身的具体情况制定法律。并且作者还对《多德—弗兰克法案》做出预测：第一，在几个月或几年后，当该法案的效果更好地发挥出来时，人们会认为它对与危机的反应有些过头。第二，由于政策和监管的过度反应，《多德—弗兰克法案》的积累效应会拖累经济的恢复，影响将来金融市场的竞争。第三，对那些要求更多保护的消费者来说，《多德—弗兰克法案》将会带来一些负面影响。

此书的特点主要有以下几方面：第一，作者是在回顾、总结 2008 年金融危机基础上进行写作，对风险非常关注，因此其写作重点主要是风险的监督与管理。第二，作者分析主要是从政府的宏观层面进行考虑，将宏观政策、法律与微观的公司治理相结合进行分析，是宏观与微观相结合的一本著作。

书名：《Joining a Nonprofit Board: What You Need to Know》
《加入非营利组织的董事会：你需要知道些什么》

作者：Marc J. Epstein，F. Warren McFarlan

出版日期：2011 年 4 月 19 日

出版社：Jossey-Bass

内容摘要：随着公司承担社会责任的增加，商业对社会福利的促进作用越来越明显。同时我们也注意到一种社会潮流，在非营利董事会工作的商业领导者对他们的付出希望在个人层次上能得到回报。这是给予自愿者的报酬，但我们必须清楚，在营利组织和非营利组织中这种报酬是有明显不同的。这本书正是从这一角度进行深入分析。

在非营利组织中的董事会成员必须注意到，在这些组织中，财务上的要求是不一样的。因为非营利组织的财务在很大程度上依靠慈善事业，因此董事会成员更多的也是慈善者或筹款人。他们在非营利组织中不但不能从工作中得到经济上的收益，还要为组织提供财务上的帮助，所以在担任非营利组织的董事前一定要清楚这些。此外，董事会成员还必须采取积极行动来培养捐赠者和开展社会征集活动，这会占用大量的时间和精力。就我的经验而言，任务是非营利组织运行的原动力，而非赚钱。对于组织来说，相互之间的信任、共识、共同合作向前进更加重要。这样，在客观上会促进董事会成员之间的感情增加。

此书在章节设置上共分为八章，第一章指出本书的中心是董事会的角色和责任，在这一章对此做了总结。第二章指出，由于缺少收益，非营利组织董事会的角色是建设和监督。在第三章中，因为收益并不是非营利组织的经营目标，因此监督改善、组织整体成功的评价就显得很困难，在这一章中提供一些评价和测量方法。第四章、第五章对董事会的任务是建立安全的财务系统进行了论述。第六章、第七章说明了非营利董事会在规模上的问题以及在组织和管理上的问题和挑战。第八章论述了如何做受托人，从要不要做受托人、如何参见面试、如何面对头两年的工作等细节方面进行介绍。

这本书总体来说具有以下特点：第一，语言文字表达较为通俗，理解起来较为容易，比较适合中国学生、学者阅读。第二，此书主要是从公司治理的角度分析论述了非营利组织，将营利组织和非营利组织的董事会、经理层等内容进行了比较，写作角度独特，很具有启发性。对较深刻地理解董事会、经理层等公司治理内容很有帮助。第三，阅读该书的中国读者增加，对帮助中国慈善事业的发展和建立非营利组织将会非常有帮助。

书名：《Reappraising State-Owned Enterprise: A Comparison of the UK and Italy》

《国有企业的重新评价：英国与意大利的比较》

作者： Franco Amatori，Robert Millward，Pier Angelo Toninelli

出版时间： 2011 年 4 月 20 日

出版社： Routledge

内容摘要： 国有企业在我国经济发展中占有举足轻重的地位，为我国的经济发展做出了巨大贡献。中国国有企业的改革长期以来都是学术界和实务界关注的热点。此书对国有企业的性质、作用等重要内容进行论述，对我国的国有企业改革有很大的借鉴意义。

在英国、意大利等西方国家，国有企业在经济发展中也发挥着重要角色。在 20 世纪 50 年代，英国的国有企业创造的 GDP 不超过 10%，但大多集中在资本密集型行业，其投资额也占到整体的 20%。在意大利，国有企业在电力、石油等行业也都占有非常重要的角色。此书正是在总结两国国有企业的规模、绩效和战略上对两个国家进行了比较，两国在历史、地理位置、特性和经济发展进程上都有很大不同。

此书分为两大部分，第一部分（1~7 章）论述了国有企业的本质、目的和规模。第二部分（8~13 章）从石油、钢铁等不同行业进行论述，对两国国有企业的角色、特点等进行了比较、区分。

此书的特点有：第一，追溯历史，从历史根源挖掘、进行比较，在不同历史阶段比较了英国和意大利的国有企业。第二，运用比较的研究方法。此书主要是在两国比较的基础上展开分析、研究，总结国有企业的特点、本质，重新对国有企业的特点、本质、目的等内容进行解释，使读者对国有企业能有一个新的认识。

书名：《Minority Shareholders：Law，Practice and Procedure》
《小股东：法律、实践和程序》

作者：Victor Joffe，David Drake，Giles Richardson，
Daniel Lightman，Timothy Collingwood

出版时间：2011 年 4 月 30 日

出版社：Oxford University Press

内容摘要：小股东利益的保护在公司治理中的作用越来越重要，这本书正是针对小股东利益保护写作的实用性很强的一本参考书。书中选择了 50 多个新案例，其中包含了有关不公平的损害、实用附录、先例、法律材料和 2006 年公司法中的部分内容，对实践者会有很大的帮助。此外，作者还对小股东做了介绍和评述，帮助读者对法律实践和程序有更好的理解。

此书的特点有：第一，是一本实践性很强的参考书，对小股东了解相关的股票操作和法律知识有很大的帮助，有利于小股东的自我保护。第二，结合 2006 年《公司法》解释、论述得较多，能够帮助读者对相关法律有更深刻的理解。第三，实践性很强，提供和分析了很多案例材料，介绍内容丰富细致，是小股东很好的参阅手册。

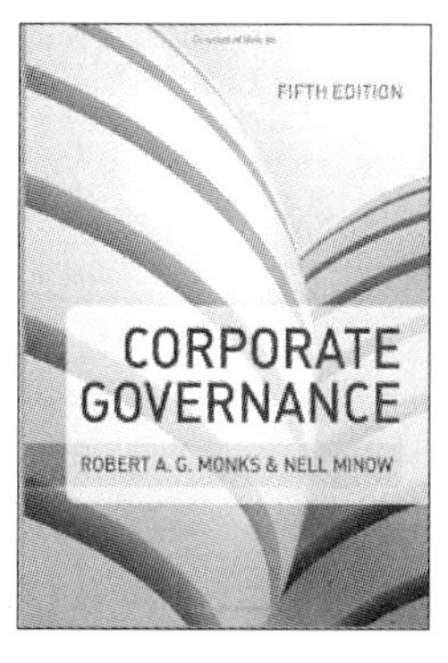

书名：《Corporate Governance》
《公司治理》
作者： Robert A. G. Monks，Nell Minow
出版时间： 2011 年 8 月 23 日
出版社： Wiley

内容摘要： 2008 年世界经济危机的爆发使人们对公司治理问题又重新给予广泛的关注，不少作者也都在此基础开展研究。该书作者正是在金融危机爆发不久撰写此书，其意在为学生和商界专业人士提供一种新观点，对公司管理层、董事会、投资者和股东等问题提出自己的意见。此书分为六个章节，分别对公司治理的内涵、股东、董事会、管理层、国际化的公司治理和后记六个部分进行阐述。

公司治理是关于公司如何构建和领导的学问，每一次战略的制定、生产的改革、公司的合并分立、资产配置的决定等内容都与公司治理结构有关。这些决定的做出如果考虑的是长期利益，则其结果会对股东、公司雇员有利；相反，如果考虑的是短期收益，则会对部分群体有益，对其他人则不一定有益。公司治理存在三个关键因素，经理层、董事会和股东。通过监督机制促使这三个关键因素的平衡，并且他们之间的相互作用影响了最后公司决策。所以作为成功的首席执行官应重视自身的雇用合同，这影响到他的权利和责任以及与董事会、股东谈判的主动性，在很大程度上影响了这个平衡机制作用的发挥。

此书的特点在于：第一，重点突出。在本书刚开始，作者就将各章节的关键要点列出，便于学生对各章重点的学习和把握。第二，作者在分析每一部分时都结合历史发展和社会环境，由浅入深、不断深入，分析得非常细致，并将自身观点融入其中。第三，案例生动，结合现今热点展开讨论。比如结合了智力资本、机构投资者等问题进行讨论，分析了公司治理的发展趋势。

书名：《The CEO，Strategy，and Shareholder Value：Making the Choices That Maximize Company Performance》
《CEO，战略和股东价值：最大化公司绩效的选择》
作者：Peter Kontes
出版时间：2011 年 9 月 13 日
出版社：Wiley

内容摘要：从金融危机爆发之后，商业领导者从来没有遇到过这么棘手的问题，必须马上做出决定来应对快速的经济下滑。此书正是基于此时，分析了很多关键因素，总结出创造公司价值的关键内容，分别对影响公司领导的五大问题进行讨论，最后提出解决问题的方法。

作者首先提出，对于公司来说经济利润是非常关键的。只有有了经济利润，公司才有足够的经济收入来激励经理层更加敏锐，做出更好的战略决策。此书提到三个中心概念，CEO 的角色、战略选择和股东价值创造都可用经济利益的内容来描述。要将它们融合在战略管理的框架中。此后在经济利润的基础上，作者分析了战略选择、正确的公司绩效目标、正确的治理结构等方面的内容，对经济利润等内容做了深入分析。经济利润并不是一个新概念，对于管理层来说经济利润的评估也不能作为唯一标准，但对于商业管理来说确实非常重要。一个成功战略的形成和执行都需要一个稳定的经济支撑。所以在现在，很多大型公司都将提高顾客满意度作为公司奋斗的目标，这一点作者持保留态度。不能忽略经济利润的影响，一个公司的长久发展必须保持对经济利润的重视。

首先，此书在写作过程中非常重视经济利润的影响，书中运用经济利润和经济学方面的知识进行分析的内容较多，可以说是本书的一个特点。其次，本书将公司战略管理与公司治理相融合进行分析研究，成为此书的一个亮点，看后很有启发意义。最后，此书的逻辑思路明确，整书下来分析框架非常清晰，给读者理解作者思想带来很大方便。

书名：《Who Will Take Over the Busines：Succession Planning for the Canadian Business Family》

《谁来接管企业：关于加拿大家族企业的成功计划》

作者：Susan Latremoille，Peter Creaghan，Frank Archibald，Linda Betts，Arnie Cader，Sheila Crummey，Tony Ianni，Steve Landau，Ron Prehogan，Pearl Schusheim

出版时间：2011 年 11 月 8 日

出版社：Wiley

内容摘要：现在中国家族企业的传承是继续发展的关键问题，成为中国家族企业领域讨论的热点。此书以加拿大的家族企业为主要研究对象，重点讨论了家族企业的传承。作者提到，在家族企业的传承中有些问题是要考虑到的：税收、情感、遗产规划、财富管理、家族发展、人寿保险，这些都是企业在继承、过渡中非常重要的内容。最后作者强调，在家族企业的发展中要重视按照一定规律发展专业网络的重要性，这样可以很好地促进相互信任，通过这一网络实现持续的沟通和协作，为客户提供他们需要的服务。

此书的特点主要有：第一，本书在写作过程中主要以案例分析为主，表达生动、容易理解。加上表达的语言词汇也比较通俗，特别适合初学者、英语基础一般的读者阅读。第二，地域上的局限。因为此书研究的对象主要是加拿大的家族企业，在相关问题上与中国的环境有些区别，这点在阅读中要特别注意。对于有借鉴意义的内容应重点阅读，不同处可做了解。

书名：《The Nonprofit Board Answer Book：A Practical Guide for Board Members and Chief Executives》

《非营利组织董事会参考：关于董事会成员和行政总裁的实践指导》

作者： Board Source

出版时间： 2011 年 12 月 27 日

出版社： Jossey-Bass

内容摘要： 在营利组织和非营利组织间有很多共性，也有很多不足。两种组织都必须有董事会强有力的领导，必须严格遵守国家的相关法律。但是营利组织必须考虑股东利益，他们经营的目的是为了收益。非营利组织则要对它的成员、支持者、捐赠者和公众负责，它们的任务也不是为了赚钱，而是要改善部分人和社会的困窘。

行政总裁的职责会因为组织的历史、规模、结构的不同而不同。非营利组织的有效运作则在乎董事会与行政总裁间权力和威望的微妙平衡。此书共分七个部分，结合实践经验进行分析论述：第一章，作者讨论了非营利组织董事会的基本责任，叙述了在不同情况下董事会的特殊角色，比方在制订战略计划、筹款等不同情况下。第二章，作者讨论了董事会的内部结构，包括常委会的任命，董事会成员的选任，董事会主席的重要作用。第三章，作者提供了一些实践性技巧，介绍了如何选聘、留住、评价董事会成员，从而保证其自身和组织都能从其工作中获益。第四章，作者提出，战略的制定要能引导董事会成员最大限度地利用在一起的时间来工作。第五章，作者提供实用方法帮助组织管理财务，评述了董事会在预算、投资、创收中的合适角色。第六章评述了组织成员的不同角色，强调董事会与行政总裁间的互补作用。第七章针对发展到一定阶段、较为成熟的非营利组织进行介绍，讲述了合并与分立战略、如何根据环境进行调整等方法的内容。

此书的特点主要有：第一，也是最大的特点就是结合实践经验。此书主要是在作者多年实践工作的基础上完成的，对实践工作有很强的指导作用。因此来源于实践，服务于实践成为此书最大的看点，甚至可以成为实际工作中的指导手册。第二，此书所述内容主要是关于非营利组织中董事会及董事会成员的工作、发展中的内容，具有很强的针对性，读者在选择时可以多加注意。

第四章 公司治理学 2011 年大事记

2011 年国内外关于公司治理的学术活动有很多，它们通过报告、讨论等多种形式对公司治理的相关问题展开研究。这些方式不但展现了关于公司治理研究的最新成果，而且通过交流、思想碰撞又促使新的研究成果的产生。本书在收集、梳理相关学术活动的基础上，对国内 10 次研讨会和国外 9 次研讨会做了介绍，方便读者了解该领域的最新研究成果，为进一步展开研究提供参考。

第一节 国内大事记

一、中国会计学会 2011 年学术年会

此研讨会是由中国会计学会教育分会主办、重庆大学经济与工商管理学院承办，于 2011 年 7 月 2~3 日在重庆召开。其讨论的内容主要是会计领域的，但会中也有不少学者对公司治理领域的内容展开讨论。

近年来，公司治理一直是财务会计、公司财务、企业管理等学科关注的话题，其研究文献特别多、研究视角特别广。其中，高管激励引起了与会代表的广泛关注。除了张玮倩从媒体报道的视角研究媒体报道的效果对高管薪酬的管制作用，绝大多数与会者都是从公司治理视角研究高管薪酬。蒋涛以 ST 公司为样本，发现业绩信息异质性和管理层权利是导致管理层免于薪酬惩罚的重要因素。王清刚也对管理层权力与薪酬关系展开了研究，发现管理层权力越大，发生异常高管薪酬的可能性越大。李辰颖则从控制权性质、CEO 声誉视角分析了未预期薪酬，发现 CEO 声誉与其正向的未预期薪酬显著正相关，但没有发现 CEO 声誉与负向的未预期薪酬存在相关性，且这一现象只存在于国有企业。与会代表还专门研究了政府干预对薪酬的影响。

例如，沈永建发现，作为政府干预代理变量的市场化程度越高，冗余雇员规模越小；冗余雇员的存在显著降低了国有上市公司高管薪酬与业绩的敏感性，使得基于会计业绩的度量评价作用减弱。王烨以 2006 年股权激励制度改革为契机，发现政府干预不仅削弱了国资控股公司选择股权激励的意愿，而且抑制了国资控股公司实施股权激励的强度。陈运

森将研究视角拓展到董事网络，认为独立董事的治理行为受到其所处董事网络的影响，独立董事网络中心度越高，高管薪酬对业绩的敏感度越大。卢闯发现公司规模对高管薪酬具有显著正相关影响，而才能对薪酬的贡献依赖于市场规模，市场规模的扩大有助于拓展才能发挥作用的空间，从而提高薪酬水平。

公司治理的其他报告论文同样形成了一些很有价值的观点。刘星等在我国转型时期所有权制度背景下，以掌握实际经营决策权的国有企业高管层为切入点，研究高管控制权特征对公司资本扩张的影响，探讨资本扩张可能引致的财务风险，对于理解微观领域的投资问题与财务困境及其相互关系，具有重要的现实意义。肖成民将制度弹性引入会计与财务分析，以控股股东利益侵占行为为例，阐释了制度弹性对公司行为的影响，并指出了建立和维持政治关系是控股股东寻求和利用制度弹性的具体方式之一。吴先聪发现，各类机构投资者整体上促进了公司治理水平的提高；具有私有产权性质的证券投资基金有效地提高了公司治理水平；而具有明显公共产权性质的社保基金没有对公司治理水平的提高做出积极贡献。张金松则对多职位独立董事对公司业绩的影响展开研究，发现多职位的公司具有较低的市值—账面价值比，但资产净利率却较高。陈琴发现公司治理机构会影响公司所得税避税程度。

二、第十届全国会计信息化年会

此次研讨会于2011年7月9日至10日在山西太原隆重举行。本次会议由中国会计学会会计信息化专业委员会主办、山西财经大学会计学院承办、山西煤炭进出口集团有限公司和金蝶（软件）中国有限公司协办，财政部会计司应唯副司长与中国会计学会许玉红副秘书长出席会议。会议以“交流、协作、创新、发展”为宗旨，采用主题演讲、高层论坛、辩论会与小组讨论等形式，对会计信息化理论与实务进行深入研讨，并且还将公司内部控制与IT风险控制作为一个主题展开热烈讨论。

金蝶软件（中国）有限公司助理总裁兼风险及内部控制事业部总经理、财政部内控专家赵亮在题为“以内部控制构建企业管理与信息化体系”的报告中，指出内部控制能帮助企业管理者驾驭企业，其前提是要建立以全面风险管理为导向的内部控制体系，并将企业内部控制体系融于日常工作中。以金蝶为例介绍了内部控制与风险管理的基本原理，展示了以内控为导向的企业管理和信息化项目实施过程。在信息环境下，企业应以风险为视角评价制度流程，以控制为手段再造制度流程，以风险为指标来评估制定集团管控，以系统为平台来承载内控体系。

山西财经大学MBA中心主任辛茂荀教授基于认知、理念和行为视角，提出IT环境下企业进行内部控制的目标、要素、方法和具体实施措施。针对内部控制与风险管理研究与应用，与会者还从不同角度发表了观点。

在信息化环境下，IT治理和内部控制之间存在密切的联系，它们协调作用，共同影响着企业绩效的水平和结构。企业必须从包括传统内部控制和作业流程在内的固有格局中脱身而出，重新设计和再造各类控制手段和措施，将技术管理、风险鉴证、控制目标和组织架构等融合于新技术环境下。并将人的“软因素”与技术的“硬因素”有机结合，才能减少信息化风险，提升企业整体绩效。

建立全面风险管理为导向的企业内部控制体系，应从组织结构、流程结构、绩效结构和风险结构四维来考察企业风险产生的机理，分析内部控制与风险管理的内在架构关系，提出“关注当前绩效就要关注事件，关注未来企业绩效就要关注企业风险”，通过对事件的控制来强化企业管理，有效降低企业风险，提高企业绩效。

探求信息审计对我国会计系统的信息管理与控制发挥的作用，具有重要意义。信息审计是基于价值、功能和用途对企业信息资源、信息流程和信息需求等内容发表审计意见。目前比较成熟的信息审计方法有信息地图法、集成审计法、信息流法和亨茨尔（Henczel）法等。针对会计系统的特点，选用信息流法和亨茨尔法为宜。信息流法既重视信息资源的识别，又能同时对企业信息流进行分析。亨茨尔法则是在分析信息流法和集成审计法的基础上，提出了较为科学的信息审计步骤。

三、第六届公司治理国际研讨会

2011 年 8 月 20~21 日，第六届公司治理国际研讨会在大连世界博览广场隆重举行。本次会议由东北财经大学工商管理学院、南开大学商学院和南开大学公司治理研究中心联合主办，会议主题是“公司治理：后危机时代的共同准则”。辽宁省副省长陈超英、南开大学校长龚克教授、国务院发展研究中心原党组书记陈清泰研究员、大连市副市长朱程清、辽宁省教育厅副厅长张建华、中国保监会发改部副主任张雁云等领导专程到大连出席会议，国家教育部、国务院国资委、国务院发展研究中心、中国银监会、中国证监会、中国保监会、上海证券交易所、深圳证券交易所、国家自然科学基金委管理科学部等相关部门的领导以及来自美国、英国、法国、日本、澳大利亚、韩国、以色列和中国台湾、中国香港等国家和地区著名大学和国际机构的公司治理知名专家，国内公司治理学界专家、企业家、知名商学院院长 350 余人参加了本届研讨会。会议由校长李维安教授主持。

在本届研讨会开幕式上，东北财经大学党委书记艾洪德教授首先向与会领导及专家致欢迎词，辽宁省副省长陈超英、南开大学校长龚克教授、大连市副市长朱程清、中国保监会发改部副主任张雁云随后致辞。陈超英副省长在致辞中代表辽宁省人民政府对会议的召开表示热烈祝贺，高度评价本次会议既是一次重要的学术交流活动，同时也为进一步加强学科建设提供了难得契机，充分肯定了东北财经大学在公司治理理论研究方面的学术积淀成绩，并对东北财经大学学科建设提出了希望和要求。艾洪德书记代表学校感谢与会领导、来宾和专家学者对东北财经大学的支持和厚爱，介绍了东北财经大学的办学水平和发展前景，并预祝大会圆满成功。龚克校长在讲话中指出本届国际研讨会的成功举办，标志着南开大学与东北财经大学深厚友谊、进一步合作交流的崭新开始，两校合作已上升到新的高度，缔结出新的成果。朱程清副市长代表大连市委、市政府对参会代表表示衷心感谢，盛赞东北财经大学和南开大学的成功合作促成公司治理国际研讨会首次落户大连的重要意义，对东北财经大学广泛的国际影响力给予充分肯定，并相信本次高水平的学术交流与合作将为东北财经大学的学科建设和整体发展提供有益经验和积极帮助。张雁云副主任在致辞中从公司治理的角度解读了金融危机的产生和保险监管的作用，并提出了完善保险企业治理结构的几点意见。

围绕大会主题，大会邀请国务院发展研究中心陈清泰研究员作《公司治理的若干问题》主题报告，东北财经大学校长李维安教授作《中国公司治理评价报告（2011)》主题报告，李校长同时代表课题组发布了“2011 年度中国上市公司治理评价指数（CCGI）及报告”，分析了中国公司治理的最新发展趋势及新的研究课题完善对策。大会同期邀请了来自美国华盛顿州立大学、法国 INSEAD 商学院、日本中央学院大学、香港浸会大学、国务院发展研究中心企业研究所、韩国高丽大学、澳大利亚皇家墨尔本理工大学、深圳证券交易所综合研究所、英国萨里大学、美国南加州大学、台湾大学等单位的公司治理专家和学者作了 11 场主题演讲，并设置了“实验经济学与公司治理”、“董事会与经理层治理”、“股东权益与公司治理”、“行政型治理与经济型治理”、“金融机构治理”、“资本市场与公司治理”、“内部控制与公司治理”、“信息披露与公司治理”、“利益相关者与公司治理”九个专题论坛，有 40 余位专家、学者在专题论坛上担任主持人，200 余位参会者参与发言讨论，为与会专家和学者提供了深入研讨的交流平台。在本届研讨会收到的 457 篇投稿论文中，大会录用 341 篇，评选出优秀论文 15 篇，并举行了优秀论文颁奖仪式。

会议期间，辽宁省副省长陈超英，辽宁省教育厅厅长张福昌、副厅长张建华，东北财经大学党委书记艾洪德、校长李维安会见了参加会议的境外学者和国内知名大学的校领导，就进一步加强东北财经大学与国内外知名高校的学术交流和校际合作进行了深入的交流和探讨。

第六届公司治理国际研讨会的成功举办得到了全球公司治理论坛、国家自然科学基金委员会、国家教育部、中国管理学会公司治理专业委员会，以及国务院国资委、中国银监会、中国证监会、中国保监会等部门和广大企事业单位和组织的大力支持，并受到中央电视台、新华社、人民日报、经济日报、第一财经报道、中国新闻社、北方网、中国改革报、辽宁省人民政府网、辽宁电视台、辽宁日报、今晚报、中国证券报、中国青年报、证券时报、上海证券报、大连电视台、大连日报、新商报等媒体的广泛关注。

四、2011 年第四届全国比较管理研讨会

由中国企业管理研究会、经济管理出版社、《中国工业经济》杂志社、《比较管理》编辑部、《战略管理》编辑部和《人力资源管理评论》编辑部联合主办，山东大学管理学院与山东省比较管理研究会承办，中国社科院管理科学与创新发展研究中心、首都经济贸易大学工商管理学院协办的“第四届全国比较管理研讨会——情景化、本土化理论与比较管理研究”于 2011 年 9 月 17 日在山东省济南市山东大学隆重召开。来自教育部工商管理教育指

导委员会、国家自然科学基金委员会管理学部、中国社科院、清华大学、中国人民大学、西安交通大学、山东大学、首都经济贸易大学等单位的代表160余人参加此次大会。

中国社会科学院工业经济研究所副所长、中国企业管理研究会理事长黄速建教授详细介绍了比较管理的渊源及发展阶段。国家自然基金委员会管理科学部冯芷艳处长重点指出了中国管理学者在社会转型期间所肩负的历史责任，并对本次研讨会寄予了厚望。西交利物浦大学执行校长席酉民教授、《中国工业经济》杂志社社长李海舰教授、中国人民大学商学院邓荣霖教授、中山大学管理学院副院长张书军副教授、南开大学商学院副院长薛有志教授分别就“比较与管理”、“从原子型企业到网络型企业”、“比较管理研究的本质与内容”、“战略与创业”、“泰罗科学管理引申的比较管理”五个主题作了精彩的学术报告。会议期间，学者们就比较管理研究的情景化、本土化理论及相关主题展开深度探讨，他们的观点或论题大致可以分为比较管理学的研究方法与范式、中国本土化管理理论、国外管理模式比较、比较管理专题四大类。在分会场，学者们将公司治理作为一个独立的主体展开热烈讨论。

清华大学经济管理学院关鑫老师指出，在“双重控制链”分析范式下，终极股东控制权与其现金流权之间的偏离加大，导致其追逐控制权私利的动机进一步增强，这种被“修正”后的逐利动机，即被“社会资本控制链”分析范式下的控制权溢价放大的“股权控制链”分析范式下的两权分离度，才是终极股东对上市公司进行剥夺的根本动因。他沿着这一分析思路，通过对“股权控制链”分析范式和“社会资本控制链”分析范式的比较分析，分别对终极股东利益输送渠道的选择、剥夺行为的逻辑起点、“隧道挖掘”行为以及“二次剥夺”等问题作以详尽剖析和深刻解读，并特别提出了显性剥夺和隐性剥夺两种剥夺形式，从而可以更加全面清晰地认识终极股东的剥夺机理。

山东大学管理学院徐宁老师认为，股票期权与限制性股票是股权分置改革后中国上市公司最常用的两种激励模式，两者因其特征的差别而具有不同的适用条件。她以2006~2009年国内沪深两市中首次公告股权激励方案的上市公司为样本，运用spearman相关性分析与Logistic回归分析方法对上市公司股权激励模式的选择动机进行实证检验。结果表明，公司成长性与股权性质是影响激励模式选择的最主要因素，但两者的显著性随着时间的不同而变化：2006~2007年，股权性质是影响上市公司激励模式选择的显著性因素；2008~2009年，成长性成为主导因素。这种动态演化既来源于政策环境的发展，也取决于上市公司对股权激励契约设计合理性的理性思考。

辽宁大学商学院韩亮亮副教授等以2002~2009年我国民营上市公司1720个观测值为样本，根据控制权、控制权与现金流权偏离度中位数对样本分组，研究终极股东控制权防守、利益转移对资本结构敏感性的交互影响。他们通过实证分析发现，偏离度影响了控制权与资本结构的敏感性，相比高偏离度组，控制权与资本结构在低偏离度组中更敏感；控制权影响了偏离度与资本结构的敏感性，相比高控制权组，偏离度与资本结构在低控制权组中更敏感。研究揭示出控制权防守与利益转移两种动机在不同情形下对终极股东资本结构决策的不同影响：对控制权较低或两权偏离度较高的公司，利益转移是终极股东选择资本结构的主要因素；对控制权较高或两权偏离度较低的公司，控制权防守是终极股东选择资本结构的主要因素。

东北财经大学工商管理学院李宇老师通过实证研究比较分析了我国上市公司与非上市公司基于协同效应量化的并购绩效。他指出，获得协同效应是公司并购活动的主要价值体现，非上市公司并购主要以发生在公开证券交易市场之外的协议收购为主，同上市公司的并购活动存在较明显差异。他以并购引致的整体现金流变化为标准，通过对比分析考察了上市与非上市公司在并购协同效应产生现金流的提升幅度，市场导向及政策导向的并购动机，以及横向、纵向和多元化并购方式引起的并购绩效差异，揭示基于协同效应的企业并购绩效特征全貌。

五、第六届（2011）中国管理学年会

第六届（2011）中国管理学年会于 2011 年 9 月 24~25 日在成都举行。该届中国管理学年会由中国管理现代化研究会主办，西南财经大学工商管理学院承办，会议主题为“管理学术创新的回顾与展望：全球视野、主流范式与中国实践”。该届年会由中国管理现代化研究会名誉理事长、全国人大常委会原副委员长、著名经济学家成思危任名誉主席，西南财经大学校长赵德武、中国管理现代化研究会理事长赵纯均任大会主席，工商管理学院执行院长杨丹担任大会副主席。四川省政协副主席解洪、校长赵德武、中国管理现代化研究会理事长赵纯均、国家自然科学基金委管理学部处长冯芷艳等出席开幕式并致辞，中国管理现代化研究会秘书长石勇主持了开幕式。

该次会议讨论的主题主要有：组织与战略、会计与财务、金融、组织行为与人力资源管理、运作管理、市场营销、管理科学与工程、信息管理、公共管理、创业与中小企业管理、技术与创新管理、城市与区域管理、系统管理与复杂性科学、国防管理与信息科学、商务智能、公司治理等内容。

在研讨会上，2003 年诺贝尔经济学奖获得者罗伯特·恩格尔（Robert F. Engle）教授，西交利物浦大学执行校长、英国利物浦大学副校长席酉民教授，南京大学商学院名誉院长赵曙明教授分别以“The Global Volatility Outlook”、“反思与整合：新环境下的管理探索”以及“国外人力资源研究进展和人力资源管理中国化”为主题发表了精彩的主题演讲，工商管理学院院长陈滨桐主持了三位特邀嘉宾的主题演讲。

24 日下午，年会优秀论文颁奖仪式举行，工商管理学院副院长杨石磊主持了仪式。本届年会共收录中英文学术论文 483 篇，经过各专业委员会专家的严格评审，共评出优秀论文 15 篇。随后还举行了与下届年会承办单位的交接仪式，陈滨桐院长作为本届年会主办方代表将年会会旗交与下届承办方天津大学管理与经济学部。

24 日下午和 25 日全天，来自全国各大高校及研究机构的管理学者们，按照管理学相关 16 个学科主题，分小组宣读论文并进行学术研讨。

中国管理学年会是中国管理学领域规模最大、层次最高的综合性学术会议，旨在加强

中国管理学界的合作与交流，推动中国管理科学研究的发展，提升中国管理实践的水平。此前，中国管理学年会已成功举办五届，此次年会为第一次在西部举办，将对西部地区管理学研究水平的提升及西部企业管理理念的发展产生深远影响。

六、2011 会计信息系统与公司治理国际研讨会

10 月 15 日，2011 会计信息系统与公司治理国际研讨会在河北经贸大学隆重召开。会议由河北经贸大学和澳大利亚《管理与发展论坛》主办，河北经贸大学会计学院和北京中经蓝山文化交流有限公司承办。韩国国际会计学会会长林在熙，韩国工商管理学会会长韩吉溪，中国会计学会《会计研究》编辑部主任刘国强，天津财经大学教授盖地，上海对外贸易学院教授杨淑娥，《会计之友》杂志社代表以及来自国内外多所高校的会计专家、学者近百人参加了本次会议。会议以“会计信息、公司治理、股东权益保护”为主题，征集了大量的稿件，有 50 多篇文章被 ISTP 索引。专家们共作了 10 场主题报告，报告人和师生进行了互动。本次会议不仅让我们看到了国内外会计改革动态、公司治理和股东权益保护的学术研究前沿，还让我们了解了国外会计教育状况，为参会人员扩展了会计眼界与思维，对于加强中外学术交流和感情沟通起到了重要的作用。

七、第七届“创业与家族企业成长”国际研讨会

以“家族企业的历史”为主题的第七届“创业与家族企业成长”国际研讨会于 2011 年 11 月 24、25 日在杭州隆重召开。来自加拿大、澳大利亚、新加坡、日本、印度尼西亚、中国大陆、中国香港等多个国家和地区知名学府的百余名学者参加了此次会议。本次研讨会共收到论文 66 篇，与会的专家就“创业与传承”、“家族企业的公司治理”、“家族企业的可持续发展与现代化管理”、“理论探索与案例研究”以及“浙江大学城市学院创业教育课题开题报告”等专题展开了热烈的讨论。关于家族企业的公司治理内容摘录如下：

家族企业的公司治理包括外部治理和内部治理。本次研讨会提交的论文主要集中在家族企业内部治理，所以本节将着重论述家族企业的内部治理及其转型。家族企业内部治理包括两方面的问题：第一是家族企业如何融合非家族经理人，怎么实现职业化管理；第二是近几年兴起的有关家族内部治理的研究。

1. 如何融合非家族职业经理人的治理问题

家族企业的成长是一个不断融合社会资本的过程，而人力资本是其中重要的组成部分。上海财经大学张远飞、贺小刚、连燕玲、梅琳结合外部制度环境，考察了亲缘关系如何影响家族上市公司的权力配置。他们利用 2001~2008 年 1289 个企业层面的观测值，发现在制度环境越不发达的情况下，业主越倾向于采用基于亲缘关系的权力配置模式，即通过引进家族成员控制关键岗位的方式，将家族权力配置给有亲缘关系的家族代理人，而非完全掌握在职业经理人手中。更进一步地，相对于完全配置给职业经理人而言，将家族权

力配置给有亲缘关系的家族代理人，是有利于企业绩效改进的。

家族企业引入非家族职业经理人并不单单是家族业主的事情，一方面，家族业主在引入职业经理人的时候要充分给予信任。另一方面，职业经理人又如何反应呢？在复杂多变的内外部环境中，经理人是否主动向高层领导寻求反馈已经成为影响组织有效运营的关键因素。中山大学谢俊、储小平研究了经理人寻求反馈的机理所在。他们从效率导向与印象管理的双重视角，探讨组织的发展支持和上下级关系对经理人反馈寻求行为的影响机制。其研究发现，组织的发展支持和上下级关系对经理人的反馈寻求行为都具有显著的正向影响，印象管理预期在组织的发展支持与经理人反馈寻求行为之间起到了部分中介作用，绩效提升预期也在上下级关系与经理人反馈寻求行为之间起部分中介作用。同样地，华南农业大学欧晓明、汪凤桂、马少华也是从职业经理人的自我概念与组织身份的角度出发，通过发放问卷调查了广东 87 家家族企业的职业经理人及其上司的 276 个配对样本，研究了组织认同在组织支持感和工作表现的中介作用。主要发现组织支持感与职业经理人的工作绩效显著正相关，与离职倾向负相关，组织认同在其中起中介作用。

2. 家族内部治理的问题

早期的研究往往把家族成员视为一个目标、一致的整体，认为家族成员之间不存在代理成本，成员间团结一致。但以 Schultz 为首的研究团队对此进行了质疑。实际上，我国历史上的家族企业就曾出现过家族成员内部冲突的事例。南京财经大学姚清铁在借鉴 Chami（1999）模型的基础上，以恒丰聂氏（完全不信任）、荣氏（对称非完全信任）及刘鸿生企业（不对称信任）为例，讨论了不同信任条件对近代家族企业的影响。从他的分析可以看到，恒丰聂氏的家族成员团体之间已经陷入了非常不信任的地步。聂氏是一个庞大的家族，聂缉有一妻二妾，育有八子四女。从 1908 年恒丰成立到 1918 年恒丰分家析产之间的十年，聂氏子嗣之间在恒丰的矛盾不断激化，企业管理混乱，家厂不分。在 1918 年聂缉去世后，恒丰分家析产，兄弟反目，家族纷争此起彼伏。历史上北京同仁堂“四房共管”也是家族成员互不信任的一个案例。

不仅在历史上，当今的现实生活中，家族企业中兄弟成仇、父子反目的事例屡见不鲜，由家族失败导致企业失败比比皆是。上海财经大学的贺小刚教授是国内学者中较早实证检验家族内部治理效率及其对企业绩效影响的学者。以贺教授为首的研究团队近年来以家族权威、家族权力集中度、家族权力偏离度、家族和谐度等一系列指标实证检验了家族内部治理与企业绩效之间的关系。但家族治理与企业经营效率间的关系究竟如何，正如他所言，仍然不清楚，在这个研究领域还有许多值得进一步研究的方向。

八、第三届海峡两岸会计学术研讨会

2011 年 11 月 26~27 日，由中国会计学会和台湾政治大学联合主办，并由广东商学院承办的第三届海峡两岸会计学术研讨会在广州东方宾馆举行。会议得到海峡两岸会计学者、会计实务界人士及政府主管部门的积极响应和大力支持。大会共收到参会论文 70 篇，其中，来自台湾的论文 21 篇，来自大陆的论文 49 篇。经有关专家筛选，确定其中 26 篇入选大会报告论文。参加本次会议的专家、学者及特邀代表共计 138 人，分别来自海峡两岸 60 多所高校及数十家企事业单位，其中，来自台湾的代表 28 人，来自大陆的代表 110 人。中国会计学会会长金莲淑出席了本次会议并作重要讲话，台湾政治大学前校长郑丁旺教授、广东商学院党委书记程飚及广东省人民政府副秘书长江海燕分别致辞。财政部会计司副司长、中国会计学会秘书长刘光忠最后做大会总结发言。本次会议分为开幕式、主题报告会、分组讨论会、专家报告会和闭幕式五个部分。现将公司治理的内容综述如下：

本次研讨会收到的有关公司治理问题的论文内容丰富多样，视角新颖独特，所关注的焦点主要集中于董事会特性的财务影响及股权结构及其变化的经济后果等方面。

有关董事会特性的财务影响方面。谢永明和陈昶桦发现，银行董事会规模、独立董监事比率、经营者持股比率及现金流量权比率与信用风险显著负相关；银行董监持股质押比率与公司信用风险显著正相关；机构投资人持股比率与信用风险负相关，但并不显著。林谷峻、谢宜桦和洪嘉馨发现独立董监事占董事会席次比例越低、董事会规模越大、董监事股权质押比率越高、董监事股权质押权责偏离程度越大、信息披露程度越薄弱、会计师选任越不严谨，未来三年内企业落入财务危机的几率就越高。

两岸学者还就股本结构及其变动的经济后果进行了广泛的探讨。Ming-Cheng Wu、Chang-Tyan Yang、Yi-Ting Huang、Yi-Jyun Chen 发现，公司授予员工认股权会诱使高级经理人进行盈余管理，员工认股权的授予具有提升扣除盈余操纵影响后的公司绩效的作用，公司可以通过治理机制的提升来降低该盈余操纵行为。耿云江和吕萍研究表明，高管持股与公司业绩之间不存在区间效应，因而公司可以根据自身特征进行有益于业绩提升的调整。刘亭立和陈晨发现近 20%的创业板公司在解禁期满后被高管减持。高管减持主要通过辞职套现与在职抛售两种方式，其中辞职套现使得高管在解禁期后获得最大利益。黄政仁发现机构投资者持股与外部合作及创新绩效具有显著正向关系，并且机构投资者持股与创新绩效的关系受到外部合作密集度的影响。刘永泽和唐大鹏发现，资本市场对社保基金持股信息具有明显的正反应。林良枫和古秀敏研究表明，两岸在政治经济及传统产业公司治理方面存在着差异。具体地说，大陆传统产业公司境内机构法人持股率及国有股比率与其经营绩效显著负相关，而经理人持股率、境外机构法人持股率及独立董事比率则与经营绩效无显著相关性；台湾传统产业公司经理人持股率、境内机构法人股持股率、境外机构法人持股率、董事净持股率及独立董事比例皆与公司经营绩效无显著相关性。

九、第一届公司治理国际高峰论坛

2011 年 12 月 11 日，“第一届公司治理国际高峰论坛暨财务治理指数/高管薪酬指数（2011）发布会”在北京师范大学成功举办。北京师范大学副校长韩震出席会议并致辞，国务院国资委大型企业监事会主席季晓南，欧洲管理学会副主席、荷兰格罗宁根大学公司治理研究中心主任 Hans van Ees，美国南加州大学法学院教授、以色列特拉维夫大学公司治理研究中心主任 Ehud Kamar，澳大利亚纽卡斯尔大学副校长 Stephen Nicholas，商学院院长 Jim Psaros，香港浸会大学工商管理学院院长 Stephen Y.L. Cheung，国务院国资委研究中心主任李保民、中国社会科学院研究生院院长刘迎秋、北京市金融工作局党委书记霍学文、国务院研究室副司长乔尚奎、中央党校经济学部副主任韩保江、国务院发展研究中心信息中心原主任程秀生、北京大学校长助理黄桂田、清华大学政治经济学研究中心主任蔡继明、中国人民大学商学院邓荣霖，中央财经大学中国发展和改革研究院院长邹东涛，以及来自国家发改委、财政部、中国证监会、中国银监会、国家外汇管理局、中国社会科学院、中国企业合作促进会、北京师范大学、对外经贸大学、北京科技大学、首都经济贸易大学、中国工商银行、中国银行、中国人民保险集团、中国铝业集团、中国航天科工、深圳海王生物、重庆罗云旅游发展公司、内蒙古正平拍卖公司、厦门庐山实业发展公司、合动能源控股公司、香港港基国际公司、北京城市排水集团等政府、学界和企业界的专家学者和企业家，北京师范大学相关部门负责人和师生共计 300 余人出席了本次盛会。

本次会议是北京师范大学经济与工商管理学院、北京师范大学公司治理与企业发展研究中心和经济科学出版社继成功举办“中国上市公司高管薪酬指数（2009）”发布会、“中国上市公司信息披露指数（2010）”发布会之后的第三次公司治理高峰论坛。本次会议发布了“中国上市公司财务治理指数（2011）”和“中国上市公司高管薪酬指数（2011）”，这是北京师范大学高明华教授首创的“中国公司治理分类指数系列”（共八类）的最新研究成果。该指数报告系列已列入国家“十二五”重点图书出版计划。截至目前，已出版和发布三类四个公司治理分类指数。与会专家认为，该系列指数是可以列入公司治理评级史册的重要研究成果，它将会对投资者投资、监管机构监管、企业走向规范起到非常重要的指引作用。

韩震副校长对两个公司治理分类指数的发布给予高度评价。他认为，经济活动的细胞是公司，而公司的好坏就在于有没有一个高的治理水平，治理水平决定了一个公司的活力。他希望不断深入这项研究，使之成为公司治理水平不断提升的重要推动器。

十、第十届中国公司治理论坛

由上海证券交易所主办、国务院国资委和经合组织共同主持的第十届中国公司治理论坛 19 日在上海召开。上交所总经理张育军主持论坛开幕式和上市公司治理专项奖颁奖仪式，与会领导向获奖上市公司颁发了 2011 年度董事会奖、2011 年度信息披露奖和典型并购重组案例奖三个专项奖。

中国证监会党委书记、主席郭树清表示，公司的质量决定中国经济的未来，公司治理没有“最好”但有“更好”。目前，中国企业的公司治理已经取得历史性成就，但完善上市公司治理仍然面临着非常艰巨的任务。

上海市委副书记、市长韩正表示，上海高度重视并不断完善企业的公司治理结构，借助资本市场功能，加快推进国资国企开放性、市场化的重组，努力提高国资和国企的证券

化率。上海将积极配合上海证券交易所，不断优化企业发展环境，全力推进资本市场发展，加快上海四个中心建设，力争取得新进展和新突破。

与此同时，记者了解到，今后上交所将从两方面着手，进一步推进蓝筹股市场建设：第一，进一步支持大中型优质企业来上交所上市，积极推动金融、能源、军工、文化、网络等行业的重点企业发行上市；第二，继续推进上市公司并购重组，提高并购重组的质量和效益，促进上市公司进一步做优、做强。

深圳证券交易所综合研究所所长金立扬表示，中小板创业板企业的特点给信息披露工作带来了很大的挑战，目前总体的信息披露质量都有待提高，披露动力与商业利益之间存在矛盾，且通用披露格式主要针对共性问题，不能完全体现行业特征，存在第三方鉴证难度大、监管难度较大等问题。

他认为，对处于新行业、开发新模式的上市公司，需要以清晰的、易懂的方式阐述自身的业务与技术，可以探索对专业术语进行必要的解释，要求用语清楚、简练、容易读懂，对关键绩效指标，要求披露其定义、计算方法、假设。

国资委产权局副局长陶瑞芝表示，中央企业与其所控股上市公司在香港资本市场孵化注资的资本运作实践值得思考，并呼吁与有关方面共同探索，研究这一模式与现有的解决同业竞争和关联交易监管框架进行互补、互动的可行性，从而不断提高股东治理、上市公司治理及上市公司的持续盈利能力，进而促进我国证券市场的健康发展。

他指出，在解决关联交易和同业竞争过程中，需要依靠法律手段和监管手段，结合中国资本市场发展实际，鼓励和引导上市公司股东，成为积极的、负责任的、有作为的、规范的、有利于促进上市公司发展的市场参与者。

上海证券交易所研究中心主任胡汝银表示，关联交易的核心是定价问题。而关联交易中的几个关键问题，首先是缺乏有效的内部控制，关联交易将面临战略风险、经营风险、财务风险、资产安全风险、合规风险等。

第二节 国外大事记

一、“监督和执行企业管治守则：给上市公司、银行和金融机构的最佳实践方法”研讨会

2011 年 2 月 8~9 日在阿塞拜疆的首都巴库举行了题为“监督和执行企业管治守则：给上市公司、银行和金融机构的最佳实践方法”的研讨会。在 2009 年 1 月举行的第一次区域研讨会，专注于采用企业管治守则的基本原理和案例。紧接着在 2009 年 11 月召开的第二次研讨会上进行了起草和制定企业管治守则。在 2011 年 2 月 8~9 日，在巴库举行的

第三次区域研讨会，重点修订和监测了企业管治守则的实施。

近年来，许多国家都采用了最佳的企业管制守则，以此来恢复和增强投资者的信心，促进改革的努力，并为企业的治理政策提供一个基准。为了加速欧亚地区的这一进程，以及帮助建立咨询服务来满足这一领域不断增长需求的技术能力，论坛，即IFC咨询服务的合作伙伴，正在为欧亚地区企业管治守则的制定和实施开展着一系列高层次的技术研讨会。

本次研讨会的目的是为银行和证券监管机构，资本市场协会，政府机构和其他在企业管治守则制定和实施的利益相关者作为会议的高级代表。讨论的问题包括：如何促进公司的守则，什么是企业管治守则实施的有效工具，以及如何监视和测量守则的影响。IFC阿塞拜疆公司治理项目以及阿塞拜疆论坛的活动是由瑞士政府的国家经济事务秘书处举办的。

二、国际金融公司和全球公司治理论坛

2011年2月10日在阿塞拜疆首都巴库举行了一场全球公司治理论坛。参加这一论坛的有IFC（国际金融公司）、阿塞拜疆经济发展部等多方代表。这一大会讨论了国家经济组织新批准的公司治理准则。

阿塞拜疆经济发展部在2011年1月采纳了阿塞拜疆的公司治理标准。很多公众机构，银行、私营部门代表（如阿塞拜疆银行培训中心和阿塞拜疆公司董事及经理人协会）讨论并提出了意见。IFC（国际金融公司）的公司治理论坛提供了一个国际专家小组来帮助起草和审查标准。

“阿塞拜疆公司治理准则为了良好的公司管治实践，在全国建立了一个框架，”全球公司治理论坛主任菲尔·阿姆斯特朗说，“这些标准涵盖了公司管治最重要的原则，并且也达到了当地的要求和条件。”

新标准解决了阿塞拜疆的公司面临的最显著的公司管治和信心的问题，包括股东的权利滥用，治理机构之间的检测和制衡，以及向股东的披露等问题。一般公众标准的执行应通过公司章程和内部章程在内的有关规定，并坚持这些实践的做法来得以实现。

经济发展部成立了公司治理特别工作组来起草这些准则，小组成员包括代表部，中央银行，国家证券委员会，司法部，阿塞拜疆投资公司和IFC（国际金融公司）的阿塞拜疆企业管治项目。

“阿塞拜疆企业管治标准是创业发展措施实行的组成部分，”特别工作小组的Anar Hajizade说，“标准将有利于股份制公司的有效性和透明度。此外，执行标准将有助于防止腐败和有关违反法律的行为，并且将促进公司董事会和管理绩效透明度。”

公司管治标准的最佳实践方法是一组非约束性的建议，旨在改善和指导在特定国家的法律环境和商业环境中的公司管治常规。阿塞拜疆标准采用OECD公司治理原则和在其他国家发行的公司管治守则中提到的许多原则和建议。

IFC 阿塞拜疆公司治理项目和阿塞拜疆论坛的活动是由瑞士政府的国家经济事务秘书处组织建立的。活动紧接着由欧亚区域研讨会监测和实施公司管治守则：上市公司，银行和金融机构的最佳实践方法。

三、拉丁美洲公司治理机构第四次会议

拉丁美洲公司治理机构会议是非正式机构间的会议，开始于 2009 年。在智力的圣地亚哥，在企业管治圆桌会议上由经济合作与发展组织和全球公司治理论坛组织举办。2011 年的这次会议于 2 月 23 日在哥伦比亚的波哥大举行，11 个研究所签订了"意向书"，通过定义成员的规则、目标和治理来规划拉丁美洲公司治理机构会议的网络。菲利普·阿姆斯特朗——论坛的带头人——支持这项倡议并且说："在世界上很难找到其他的公司管治机构能够如此的公开和富有成效的交流知识和经验了。"

与会者也加入到广泛的辩论中，针对拉丁美洲公司管治的进展进行了讨论。这次讨论将被用作未来出版的基础，定于 2011 年出版。此次会议获得 Confecamaras，哥伦比亚的拉丁美洲公司治理机构会议代表支持。

拉丁美洲公司治理机构会议的成员有：阿根廷政府组织研究所（阿根廷），企业 Govenanca（巴西），公司治理和市场开发中心（智利），哥伦比亚（哥伦比亚商会联合会），企业管理研究所，哥斯达黎加（哥斯达黎加），公司治理（厄瓜多尔），基业证券（萨尔瓦多），卓越中心的企业管治（墨西哥），Procapitales（秘鲁），企业管理研究所，巴拿马（巴拿马）和来自玻利维亚的代表。

四、哥伦比亚董事会董事的争端解决培训

此次培训研讨会于 2011 年 2 月 24 日在哥伦比亚首都波哥大举行。全球公司治理论坛在哥伦比亚为董事会成员举办了第一次培训研讨会，主要是解决公司治理的争议问题。该活动以新的 Toolkit 为基础。Toolkit 提供了实际的指导意见。这些意见涉及如何通过协商一致的裁决防止、解决、减少分歧带来的负面影响。从而改善公司治理实践，加强投资者信心，实现持续经营。

Toolkit 包含三个层次。第一个层次是运用 ADR 机制解决公司治理分歧。第二个层次是如何实施与应用公司治理分歧解决机制和服务。第三个层次是审视一些技能，这些技能对于有效解决公司治理分歧、满足管理者以及公司治理专家的需求来讲是必不可少的。

除了哥伦比亚的董事会成员，拉丁美洲的一些公司治理机构的代表也参加了这个论坛。两个知名的公司治理专家参加了这个论坛。他们是 Leonardo Viegas 和 Sandra Guerra。他们两个人都有丰富的经验，同时也是巴西公司治理机构的创建者。

与会者非常高兴有这次培训的机会。Protecsa SA 的董事会成员，Jorge Saravia Rios 表示，此次研讨会是一个绝佳的机会，我们可以分享关于公司治理分歧解决的经验与知识。

德国人 Estefan 是哥伦比亚和巴西许多董事会的成员。他也认为，研讨会为这些公司提供了理论和实践的帮助，有助于解决频繁的分歧，为公司创造价值。

五、孟加拉国金融市场恢复计划启动以及南亚银行业公司治理培训方案研讨会

关于孟加拉国和南亚金融机构公司治理中的董事会领导力培训者的第一次培训在孟加拉国的达卡举行，它是由孟加拉国企业家协会承办，于 2011 年 3 月 3 日到 6 日进行。它是由全球公司治理论坛、国际金融公司、孟加拉银行工会和孟加拉国资本市场研究所共同组织。

公司治理董事会领导力领导者培训的参加者是从 50 多个申请者中选出，包括 20 个高级别董事和银行的前总经理、大学教授、注册会计师和律师。参加者是根据他们的背景、公司、为银行业进一步做贡献的潜力等方面选择的。孟加拉国资本市场研究所的 CEO 和孟加拉银行工会成员参加了这次培训。

论坛的金融市场的恢复项目是这次培训的关键，它是用来加强金融机构公司治理实践的，特别关注在风险管理的解决上。公司治理董事会领导力领导者培训是根据论坛的公司治理董事会领导力培训资源工具包和对银行管理的补充。

培训资源是在 2008 年被论坛建立，已经被 50 多个国家的领导力培训机构所采纳。它培训的内容涉及了领导力培训的方方面面和细节训练，特别强调战略的制定，财务控制、监督和报告、风险管理。

这一培训对银行业的重视主要是来源于 2008 年的全球金融危机，它发展了关于银行和金融机构领导的特殊需要。在印度尼西亚是在 2010 年 11 月开始，银行治理被颇为重视，现在是孟加拉国，然后是全球。

论坛金融市场复苏计划在孟加拉国于 2011 年 3 月 3 日开始。在开幕仪式上，孟加拉国中央银行首长，Atiur Rahman 博士说，“我想表达对孟加拉国企业协会的感谢。由于他们多年的倡导，促使了孟加拉国的公司治理水平得到很大的提升。此次论坛将会更好地帮助银行的领导者理解他们的角色和责任，激励他们积极主动地促进管理。我热切地希望，在即将到来的岁月中，孟加拉国企业协会、国际金融公司和孟加拉银行工会能够为我们培养出优秀的银行领导者，帮助他们更好地理解他们的角色和责任，铺平地区和全世界金融的发展道路”。

六、第三届关于新兴市场公司治理的国际会议

这次国际论坛于 2011 年 5 月在韩国首尔举行。作为推进公司治理实践的重要努力，此次论坛讨论了新兴市场的公司治理研究网络，一个独特的发展，吸引了全世界的专业研究人员。

来自国际货币基金组织和（IMF）和阿姆斯特丹大学的斯泰恩克拉森说“该网络的目的是提高学术质量的研究，并促进不同区域学者之间的交流——不同国家诸多问题解决的共同的目标”。2011 年 5 月克拉森网络组委会主席出席了韩国首尔第三届两年一次的集会。本次会议由全球公司治理论坛、亚洲公司治理协会以及韩国高丽大学商学院联合主办。

七、第二次欧洲东南部国家银行监管的高层会议

这次会议于 2011 年 6 月 16 日在英国伦敦举行。高级别政策集团的第一次会议（the High Level Policy Group）制定了这些政策。第一次会议在塞尔维亚的贝尔格莱德举行，从金融危机中吸取教训，探讨了银行治理方面最好的国际实践。此次金融危机揭露了欧洲东南部一些公司以及金融机构在风险管理方面的短板。

此次讨论主要集中在四个主题：①外资控股的董事会和子公司董事会的关系，因为许多该地区的银行都是外资的。②把全球的经营实践地方化，以确保企业适应地区的商业方式。③对董事会成员治理能力的培养。④独立地处理这些公司问题，这是因为各种关系有一些影响。超过 65 名银行监管者和实践者参加了此次论坛，他们来自阿尔巴尼亚、波斯尼亚和黑塞哥维那、保加利亚、克罗地亚、马其顿、黑山、罗马尼亚和塞尔维亚。论坛得到了澳大利亚发展银行，OECD 等的支持。

全球公司治理论坛以及欧洲重建和发展银行，致力于改善欧洲东南部的银行以及其他金融机构公司治理实践，加强他们的绩效和竞争力。在欧洲东南部，EBRD 组织了这个关于银行治理的高级别政策会议。机构的专家与地区参与人员共同审视针对欧洲东南部银行所制定的政策，他们都是赞成的。这些政策，大致涉及国外经营、信息披露、风险管理等方面的改善。

这些政策并不是强制约束的、必须遵守的。它们只是一些参考，就像 OECD 的原则等一样，起着一定的指导作用，其中很重要的一点是针对金融集团结构的管理。母公司必须要监督子公司的管理实践，确保子公司在双方共同的监管之下。这些政策，还涉及了内部控制以及监管的作用。

作为资金来源，银行机构在该地区越来越重要。所以，银行治理的改善是重中之重。此外，银行的作用非常特别，它同时会影响到那些向它借款的公司。影响它们的公司治理。所以，银行是这些公司的榜样，是高标准、高绩效的榜样。

与会者认为，相比国外市场，各地区的环境都有所不同。他们探讨了针对特别地区的政策以及欧洲东南部分的实际需求。

八、公司圈第六届年度会议

是什么让领先的前 19 强的拉美公司的董事和高层管理人员每年从他们繁忙的日程中

能挤出两三天时间？是拉丁美洲的公司圈。公司圈 2011 年 11 月在秘鲁首都利马举行了第六届年度会议。与会者审议了两份草案报告（年度股东大会时间报告和董事会评估），讨论了公司治理改革的良好实践案例，并设置 2012 年议程。

公司圈受到拉丁美洲圆桌会议、国际金融中心、经济合作与发展组织论坛的支持。它成立于 2005 年，并且迅速地赢得了该地区最有活力和最有效倡导良好的、好的公司治理声誉。公司圈能够提供私营部门投入工作的圆桌会议，并且越来越重要的是董事和高级管理人员的一个论坛可以坦率地讨论共同关心的公司治理问题，分享实用的解决方案。

九、2011 年拉美公司治理圆桌会议

拉丁美洲企业管治圆桌会议于 2011 年 11 月 29~30 日在秘鲁首都利马举行会议。汇集了来自 16 个国家的政策制定者、监管机构、证券交易所、公司治理机构和私营部门的利益相关者。

本会的主要亮点包括：一个秘鲁组成专案组考虑圆桌会议的白皮书“加强拉美的机构投资者公司治理中的作用”。它发表了一项引用圆桌会议建议的行动计划，并与机构投资者，证券交易所和监管机构采取具体行动，加强秘鲁的企业管治。

圆桌会议的参会者同意成立一个专项小组，进一步分析和制定国家具体的建议，以防止滥用关联方交易。在公司集团内的关联交易处理将是一个特别的重点领域。

新的董事会会议的调查表明选举和利益冲突揭示了一个明显的弱点，这个弱点在于地区性直接影响董事会的组成，而且这个弱点极大可能会妨碍研发的多样性以及董事会是否有能力去完成目标并且独立客观地去判断目标。

可以很明显地从一个与证券交易所的会话中看出其对非上市公司的关注，以促进改善公司治理和通过教育活动更广泛地访问拉美资本市场，并改善特殊房产段、公司治理机构和学术项目的伙伴关系。在金融危机时期获得银行信贷是很困难的一件事，此时资本市场融资也许可以为小型和中小型企业提供一个可行的选择。

圆桌会议的另一个问题讨论了有关国有企业的公司治理方面，其将通过拉丁美洲网络上一个新的国有企业的公司治理方案得到解决。首次的网络会议于 2011 年 9 月在哥伦比亚首都波哥大举行，并将持续每年举行一次。

在闭幕会议上，有人指出在 2012 年通过的公司圈会议上，圆桌会议的网络、专案组和其他相关团体将完成一个完整的工作方案，其中包括国有企业网络、关联交易专责小组、拉美公司治理机构的网络以及受哥伦比亚当局确认的哥伦比亚企业治理专案组和团队投资人。为了能有更充足的时间和资源集中用于这项工作的进度，有人提出圆桌会议应该每年制定一次全体会议日程安排，同时支持参与其他本地举行的企业管治项目。

在西班牙政府的支持下，拥有 140 名来自拉丁美洲和经济合作与发展组织国家的圆桌会议联合举办了经济组织、国际金融公司和全球公司治理论坛。圆桌会议由秘鲁的证券市场监管（SMV）、利马股市（BVL）和 Procapitales 共同主办。

第五章　公司治理学 2011 年中文文献索引

在此章中，作者将 2011 年发表的公司治理方面的文章索引列了出来，以方便读者的查找和了解。所查阅期刊的确定是以 2008 年版的北大核心期刊目录为依据，通过中国知网查找。索引按照时间划分。

1. 双重激励下的组织行为—— 一个关于国有企业（SOEs）的理论/李军林（中国人民大学经济学院，北京 100872）；万燕鸣，张英杰//经济学动态（北京），2011（1）：86–88

2. 募股权与治理权价值/平新乔（北京大学经济学院，北京 100871）//经济学动态（北京），2011（1）：36–40

3. 信任对企业控制权配置的影响/王斌（中山大学岭南学院，广东广州 510275），刘有贵，曾楚宏//经济学家（成都），2011（1）：49–56

4. 工作感受和组织公平对员工组织承诺与职业承诺影响的跨层次研究/刘小禹（对外经济贸易大学国际商学院，北京 100029）；孙健敏，苏琴//经济科学（北京），2011（1）：114–125

5. 国有控股公司治理中合谋防御的机制设计/蒋神州（南开大学公司治理研究中心，天津 300071）//经济评论（武汉），2011（1）：116–126

6. 具有行政背景的独立董事影响公司财务信息质量吗？——基于国有控股上市公司的实证分析/余峰燕（南开大学经济学院金融系，天津 300071），郝项超//南开经济研究（天津），2011（1）：120–131

7. 中国转型期投资效率下降的所有制结构解析/刘宇春（南开大学经济学院，天津 300071），景维民//南开经济研究（天津），2011（1）：15–23

8. 关系、道德风险与经理人有效激励/皮建才（南京大学经济学院，天津 210093）//南开经济研究（天津），2011（1）：89–101

9. 企业家寻利还是寻租：一个微观分析框架/李晓敏（中南财经政法大学经济学院，湖北武汉 430064）//当代经济科学（西安），2011（1）：91–98

10. 债务融资结构对企业投资行为的影响/谢海洋（中南财经政法大学会计学院，湖北武汉 430073），董黎明//中南财经政法大学学报（武汉），2011（1）：92–96

11. 国有企业社会责任与业绩研究——基于可持续增长视角/杨汉明（中南财经政法大学会计学院，湖北武汉 430073），邓启稳//中南财经政法大学学报（武汉），2011（1）：

120-127

12. 制度质量与企业家活动配置——对鲍莫尔理论的经验检验/李晓敏（中南财经政法大学经济学院，湖北武汉 430073）//中南财经政法大学学报（武汉），2011（1）：135-140

13. 国有企业委托代理问题研究/徐传谌（吉林大学中国国有经济研究中心，吉林长春 130012），闫俊伍//经济纵横（长春），2011（1）：92-95

14. 管理者和投资者过度自信及其度量方法研究述评/陈菊花（东南大学经济管理学院，江苏南京 211189），隋姗姗//经济纵横（长春），2011（1）：121-124

15. 管理层异质性与管理层薪酬契约效率/黄寿昌（南京大学会计与财务研究院，江苏南京 210093），陈星光，李朝晖//山西财经大学学报（太原），2011（1）：72-79

16. 控股股东更换是否会提高公司绩效——基于中国上市公司的经验研究/张媛春（山东大学经济学院，山东济南 250100），邹东海//山西财经大学学报（太原），2011（1）：88-93

17. 上市公司诚信与企业价值的实证研究/赵旭（上海对外贸易学院金融管理学院，上海 201620）//山西财经大学学报（太原），2011（1）：94-100

18. 环境披露、环境绩效和财务绩效关系的实证研究/吕峻（中国社会科学院数量经济与技术经济研究所，北京 100732），焦淑艳//山西财经大学学报（太原），2011（1）：109-116

19. 产权性质、信息风险与银行借款/许慧（中南财经政法大学会计学院，湖北武汉 430073），杨孙蕾//山西财经大学学报（太原），2011（1）：24-32

20. 各国交易所竞争跨国上市资源的影响因素分析/李开秀（上海财经大学金融学院，上海 200439）//山西财经大学学报（太原），2011（1）：33-39

21. 董事会政治背景对公司获得银行贷款的影响——基于中国中小企业板上市公司的实证研究/魏锋（重庆大学贸易与行政学院，重庆 400030），罗竹凤//山西财经大学学报（太原），2011（1）：101-108

22. 独立审计与会计信息的债务契约有用性/窦家春（温州大学城市学院，浙江温州 325035）//山西财经大学学报（太原），2011（1）：117-124

23. 公司治理、现金股利变化与盈余变化持续性——基于中国上市公司的分析/王克明（中山大学管理学院，广东广州 510275），王平//经济问题（太原），2011（1）：69-72

24. 我国上市公司信息披露违规的影响因素研究——基于 2006~2009 年数据的实证分析/曾月明（东华大学旭日工商管理学院，上海 200051），崔燕来，陈云//经济问题（太原），2011（1）：116-120

25. 略论资源型企业海外并购整合与内部控制模式之构建/刘建（南开大学商学院，天津 300071），李莉，关宇航//现代财经（天津），2011（1）：29-33

26. 利益相关者为视角的中小企业跨国经营风险防范/陈宁（广东技术师范学院公共管理系，广东广州 510260）//现代财经（天津），2011（1）：54-59

27. 公司治理环境对企业社会责任的影响分析/谢文武（浙江大学城市学院，浙江杭州

310015）//现代财经（天津），2011（1）：91–97

28. 股权分置改革后中国上市公司可转债融资选择研究/赵红平（东南大学经济管理学院，江苏南京 211189）//经济经纬（郑州），2011（1）：147–152

29. 董事会特征与银行绩效关系的实证研究——来自我国 14 家上市银行的证据/张娜（北京交通大学经济管理学院，北京 100044），关忠良，郭志光//经济经纬（郑州），2011（1）：59–62

30. 上市公司财务信息失真分析及治理对策/龚亮（贵州商业高等专科学校，贵州贵阳 550004）//贵州财经学院学报（贵阳），2011（1）：51–54

31. 金融危机背景下环中国圈国家公司治理面临挑战及对策研究/姚伟峰（贵州财经学院，贵州贵阳 550004），邱询旻//贵州财经学院学报（贵阳），2011（1）：84–87

32. 产品市场竞争、董事会治理与股价同步性——基于中国制造业上市公司的实证研究/肖浩（华中科技大学管理学院，湖北武汉 430074），夏新平//贵州财经学院学报（贵阳），2011（1）：62–67

33. 董事会治理特征与盈余质量——以后股权分置时代为研究背景/杨继伟（云南民族大学管理学院，云南昆明 650031），卜华白，刘纯//首都经济贸易大学学报（北京），2011（1）：73–81

34. 控股股东两权分离、过度投资与公司价值/杨兴全（石河子大学经济贸易学院，新疆石河子 832003），曾义//江西财经大学学报（南昌），2011（1）：24–30

35. 大股东在 SEO 中的认购行为与恶性增资/唐洋（天津商业大学商学院，天津 300134），刘志远，李伟//当代财经（南昌），2011（1）：112–120

36. 股东性质、多元化类型与公司业绩关系的实证研究/张荔（中国人民大学商学院，北京 100872），施继攀，章卫东//当代财经（南昌），2011（1）：121–128

37. PPP 模式下高速公路项目最优股权结构研究/孙慧（天津大学管理学院，天津 300072），范志清，石烨//管理工程学报（杭州），2011（1）：154–157

38. 跨国并购战略与对海外子公司内部控制/杨忠智（浙江财经学院会计学院，浙江杭州 310018）//管理世界（武汉），2011（1）：176–177

39. 中小企业的董事会结构与战略选择——基于中国企业的实证研究/谢绚丽（北京大学光华管理学院，北京 100871），赵胜利//管理世界（武汉），2011（1）：101–111

40. 机构持股、股改对价调整与市场反应/潘婉彬（中国科学技术大学统计与金融系，安徽合肥 230026），陶利斌//经济管理（北京），2011（1）：112–120

41. 我国商业银行债权在上市公司治理中的效应/胡宗义，刘亦文（湖南大学金融与统计学院，湖南长沙 410079）//经济管理（北京），2011（1）：137–145

42. 债务重组的公司治理效应——基于中国上市公司的实证分析/黄新飞（中山大学国际商学院，广东广州 510275），张娜//经济管理（北京），2011（1）：131–136

43. 多个大股东存在下的董事会结构模型及其实证检验/段云（哈尔滨工业大学经济与管理学院，黑龙江哈尔滨 150001），王福胜；王正位//南开管理评论（天津），2011（1）：

54-64

44. 信息不对称、流动性与股权结构——基于深圳证券市场的实证研究/屈文洲（厦门大学管理学院，福建厦门 361005），谢雅璐，高居先//南开管理评论（天津），2011（1）：44-53

45. 治理主体干预对公司多元化战略的影响路径——基于管理者过度自信的间接效应检验/周杰（南开大学泰达学院，天津 300457），薛有志//南开管理评论（天津），2011（1）：65-74

46. 公司捐赠与经济理性——汶川地震后中国上市公司捐赠行为的再检验/方军雄（复旦大学管理学院，上海 200433）//上海立信会计学院学报（上海），2011（1）：17-26

47. 公司内部治理机制研究述评与启示/叶陈刚（对外经济贸易大学国际财务与会计研究中心，北京 100029），王海菲//审计与经济研究（南京），2011（1）：90-97

48. 内部控制信息披露制度的选择与优化——以公司效率为分析视角/钟玮（财政部财政科学研究所，北京 100142），刘洋//审计与经济研究（南京），2011（1）：57-63

49. 内部控制治理效率：基于成本收益视角的研究/林钟高（安徽工业大学会计系，安徽马鞍山 243002），曾祥飞，储姣娇//审计与经济研究（南京），2011（1）：81-89

50. 中美独立董事规模与会计舞弊相关性的比较/韩传模（天津财经大学商学院，天津 300222），李秋蕾//审计与经济研究（南京），2011（1）：64-71

51. 多个大股东控制下的董事会结构模型研究/段云（哈尔滨工业大学管理学院，黑龙江哈尔滨 150001），王福胜，王正位//预测（合肥），2011（1）：24-29

52. 大股东自利动机下的资本投资与配置效率研究/郝 颖（重庆大学经济与工商管理学院，重庆 400030），刘星//中国管理科学（北京），2011（1）：167-176

53. 中国上市公司控制权特征及其对公司绩效的影响——基于改进的投票概率模型/李斌（东北财经大学管理科学与工程学院，辽宁大连 116025），孙月静//中国软科学（北京），2011（1）：124-134

54. 治理模式、规制变迁及其下一步：由 5 类垄断产业破题/范合君（首都经济贸易大学工商管理学院，北京 100070），戚聿东//改革（上海），2011（1）：32-39

55. 网络组织中的外包策略与企业核心能力构建/刘会齐（复旦大学工商管理博士后流动站，上海 200433），侯洪亮//开发研究（兰州），2011（1）：121-123

56. 基金持股与公司绩效：基金作为第二大股东持股的视角/李忠海（南京大学经济学院金融与保险学系，江苏南京 210093），张涤新//上海经济研究（上海），2011（1）：68-78

57. 中国上市公司并购信息披露制度优化问题分析/于炳华（南京大学国际经济贸易系，江苏南京 210093），曾建中，田满文，曾秋枝//宏观经济研究（北京），2011（1）：55-60

58. 外资并购的价值转移效应测算/尹豪（云南财经大学国际工商学院，云南昆明 650221），余泳，朱晓丽//经济问题探索（昆明），2011（1）：135-139

59. 政治资本、企业评级与政企纽带/邵挺（复旦大学经济学院就业与社会保障研究中心，上海 200433）//南方经济（广州），2011（1）：3-13

60. 地方政府投资行为分析：基于委托—代理理论的视角/魏向杰（南京大学经济学院，江苏南京 210093）//开放导报（深圳），2011（1）：85–88

61. 论国有独资公司董事经营责任追究的三维机制/赵新龙（安徽财经大学法学院，安徽蚌埠 233030）//现代经济探讨（南京），2011（1）：75–78

62. 社会网络视角下家族企业外部资源的获取/毛清华（燕山大学经济管理学院，河北秦皇岛 066004），高杨，王楠//改革与战略（南宁），2011（1）：143–145

63. 基于公司治理的企业内部控制评价体系研究/陈耀敏（濮阳职业技术学院，河南濮阳 457000）//企业经济（南昌），2011（1）：49–51

64. 日本公司治理模式的改革及其启示/卢山（武汉理工大学经济学院，湖北武汉 430070）//企业经济（南昌），2011（1）：133–135

65. 价值最大化下的企业社会责任与竞争力关系/廉正（上海理工大学管理学院，上海 200093），张永庆，刘清华//企业经济（南昌），2011（1）：148–152

66. 关键高管的政治联系能否有助于民营上市公司打破行业壁垒?/ 杜兴强（厦门大学管理学院，福建厦门 361005），曾泉，杜颖洁//经济与管理研究（北京），2011（1）：89–99

67. 家族管理与 CEO 支配力对企业价值之影响/ 陈辉格（朝阳科技大学，台湾台中 41349），张天西，林秀凤//经济与管理研究（北京），2011（1）：100–107

68. 国有企业是低效率的吗/张晨（中国人民大学经济学院，北京 100872 ），张宇//经济学家（成都），2011（2）：16–25

69. CEO 任期、终极产权与会计盈余质量/陈德球（对外经济贸易大学国际商学院，北京 100029），雷光勇，肖童姝//经济科学（北京），2011（2）：103–116

70. 个体特质、信息获取与风险态度——来自中国股民的调查分析/尹海员（陕西师范大学国际商学院，陕西西安 710062），李忠民//经济评论（武汉），2011（2）：29–37

71. 上市公司违规动因研究——基于管理层权力理论视角/陈震（中南财经政法大学会计学院，湖北武汉 430073），李艳辉//中南财经政法大学学报（武汉），2011（2）：135–140

72. 多维经济效率视角下的企业合并反垄断规制——兼评“可口可乐与汇源合并案”、穆胜（重庆大学经济与工商管理学院，重庆 400030），卢代富//中南财经政法大学学报（武汉），2011（2）：127–134

73. 上市公司股权结构与现金股利分配政策关系探析/涂必玉（浙江工商大学财会学院，浙江杭州 310018）//经济纵横（长春），2011（2）：92–94

74. 供求均衡视角下的信息披露与公司治理分析/高凤莲（南京审计学院会计学院，江苏南京 210029）//经济纵横（长春），2011（2）：114–117

75. 公司治理改善与资源配置效率优化——来自中国上市公司的经验证据/周中胜（中国社会科学院财贸所，北京 100836）//山西财经大学学报（太原），2011（2）：69–75

76. 公司丑闻、声誉机制与董事会重构/醋卫华（厦门大学管理学院，福建厦门 361005）//山西财经大学学报（太原），2011（2）：76–83

77. 管理层持股与中小上市企业绩效——基于中小企业板数据的实证分析/谭庆美（天

津大学管理与经济学部，天津 300072），吴金克//山西财经大学学报（太原），2011（2）：92–99

78. 会计专业人士担任独立董事的效果研究/曹洋（南京大学商学院，江苏南京 210093），林树//山西财经大学学报（太原），2011（2）：109–116

79. 网络讨论、投资者情绪与 IPO 抑价/林振兴（厦门大学管理学院，福建厦门 361005）//山西财经大学学报（太原），2011（2）：23–29

80. 股价信息含量与资本配置效率的改善/杨继伟（中南大学商学院，湖南长沙 410083），刘冬荣//山西财经大学学报（太原），2011（2）：84–91

81. 内控监管能否增进股东利益——基于《通知》发布日和深市 A 股市场的事件研究法/郑小荣（南京审计学院内部审计发展研究中心，江苏南京 210029）//山西财经大学学报（太原），2011（2）：100–109

82. 股权激励对公司价值影响因素的统计分析/王锐（武汉工业学院经济与管理学院，湖北武汉 430023），龙子午//现代财经（天津），2011（2）：85–91

83. 税率变动与企业盈余管理研究——来自中国上市公司的经验证据/王素荣（对外经济贸易大学国际财务与会计研究中心，北京 100029），高静//上海财经大学学报（上海），2011（2）：55–61

84. 大股东持股比例、投资者保护与掏空行为——来自我国沪市民营上市公司的实证研究/张学洪（河海大学商学院，江苏南京 210098），章仁俊//经济经纬（郑州），2011（2）：76–81

85. 委托代理视角下的长贷短存合理性辨析/申建文（西安交通大学经济与金融学院，陕西西安 710061），王立平//经济经纬（郑州），2011（2）：148–152

86. 实际控制人属性、治理环境与控制权私人收益/万立全（河南财经政法大学会计学院，河南郑州 450002）//经济经纬（郑州），2011（2）：70–75

87. 公司治理广义视角下的股东间代理问题分析——以“实德投资减持大元股份”为例高煜（西北大学经济管理学院，陕西西安 710127），任保平//经济经纬（郑州），2011（2）：101–106

88. 分析师跟进的公司治理效应研究综述/欧阳励励（暨南大学管理学院，广东广州 510632）//云南财经大学学报（昆明），2011（2）：135–140

89. 基于知识的跨国公司治理模式研究/丛聪（北京航空航天大学经济管理学院，北京 100191），徐枞巍//科学学研究（北京），2011（2）：252–256

90. 慈善捐赠、公司治理与股东财富/郑杲娉（清华大学经济管理学院，北京 100084），徐永新//南开管理评论（天津），2011（2）：92–101

91. 不同管理形态企业的会计师与独立董事功能/王茂昌（中国文化大学会计学系暨研究所，台湾台北 11114）//审计与经济研究（南京），2011（2）：81–88

92. 公司交叉持股的会计问题研究/朱开悉（湖南商学院会计学院，湖南长沙 410205）//审计与经济研究（南京），2011（2）：73–80

93. 股权结构与财务重述研究/张俊瑞（西安交通大学管理学院，陕西西安 710049），马晨//审计与经济研究（南京），2011（2）：63-72

94. 经济后果观下的内部控制信息披露问题——基于三大上市银行 2001~2008 年年报的思考/宋京津（江西财经大学会计学院，江西南昌 330013）//审计与经济研究（南京），2011（2）：56-62

95. 契约理论视角下的企业税务筹划——基于企业和利益相关者之间契约关系的分析/盖地（天津财经大学商学院，天津 300222），梁虎//审计与经济研究（南京），2011（2）：17-22

96. 上市公司高管薪酬现实状况、变化趋势与决定因素：1999~2009/何杰（西南财经大学工商管理学院，四川成都 610074），王果//改革（上海），2011（2）：95-103

97. 农业上市公司股权结构及其治理优化/余景选（西北农林科技大学经济管理学院，陕西杨凌 712100），郑少锋//开发研究（兰州），2011（2）：111-114

98. 股权分置改革对股权结构与公司绩效关系变迁的影响机理及实证分析/王新霞（西安交通大学经济与金融学院，陕西西安 710061），刘志勇；孙婷//上海经济研究（上海），2011（2）：63-72

99. 境外上市对我国上市公司权益资本成本的影响/汪冬华（华东理工大学商学院，上海 200237），俞晓雯//上海经济研究（上海），2011（2）：82-91

100. 不同所有制企业承担社会责任的具体形式探讨——基于创新型 CSR 模型基础之上/郭洪涛（西南财经大学经济学院，四川成都 611130）//经济问题探索（昆明），2011（2）：95-100

101. 实际控制人性质、政府目标与股权转让溢价——基于大宗股权协议转让的经验证据/薛玉莲（河南财经政法大学会计学院，河南郑州 450002），谢香兵，乔薇//南方经济（广州），2011（2）：28-37

102. 公司治理视角下的动态战略管理模型/程立（上海第二工业大学经济管理学院，上海 201209），孙慧//改革与战略（南宁），2011（2）：37-40

103. 民营企业利益相关者问题的实证研究/冯俊华（陕西科技大学管理学院，陕西西安 710021），张龙，福静//改革与战略（南宁），2011（2）：146-148

104. 内部控制核心内涵的历史演变及其评述/季晓云（南京广播电视大学工商管理系，江苏南京 210002）//企业经济（南昌），2011（2）：39-42

105. 户外拓展企业利益相关者管理战略探析/罗小燕（萍乡高等专科学校经济与管理系，江西萍乡 337055），谭丽//企业经济（南昌），2011（2）：43-46

106. 社会责任信息披露的实证研究——基于辽宁上市公司 2009 年度数据的分析/刘敏（辽宁大学辽东学院，辽宁沈阳 110036）//企业经济（南昌），2011（2）：136-138

107. 法国国有企业高管激励的经验及其启示/刘迅（山东工商学院经济学院，山东烟台 264005），李东升//管理现代化（北京），2011（2）：62-64

108. 家族企业职业化管理的动因与阻碍研究/谢雅萍（复旦大学管理学院博士后流动

站，上海 200433），周芳//管理现代化（北京），2011（2）：24-26

109. 企业内部控制与盈余管理的相关性研究/王奇杰（盐城工学院经济与管理学院，江苏盐城 224051）//管理现代化（北京），2011（2）：27-28

110. 终极控股股东、两权分离与股权融资成本/魏卉（石河子大学经济与管理学院，新疆石河子，532003），杨兴全//经济与管理研究（北京），2011（2）：12-23

111. 中国上市公司股权结构与公司绩效实证研究/刘媛媛（北京大学经济学院金融学，北京 100871），黄卓，谢德逊，何小锋//经济与管理研究（北京），2011（2）：24-32

112. 债务杠杆、所有权特征与中国上市公司投资行为研究/窦炜（重庆大学经济与工商管理学院，重庆 400030），刘星//经济与管理研究（北京），2011（2）：33-45

113. 公司治理与现金股利分配倾向——来自中国上市公司的经验证据/林川（重庆大学经济与工商管理学院，重庆 400044），曹国华，陈立泰//经济与管理研究（北京），2011（2）：64-71

114. 股利政策冲突、稳健会计选择与公司债务成本/郝东洋（上海交通大学安泰管理学院，上海 200052），张天西//经济与管理研究（北京），2011（2）：72-80

115. 大股东资产注入：制度背景与动因分析/刘建勇（中国矿业大学管理学院，江苏徐州 212116），朱学义，吴江龙//经济与管理研究（北京），2011（2）：5-11

116. 中国上市公司国有股权对创新战略选择和绩效的影响研究/徐二明（中国人民大学商学院，北京 100872），张晗//管理学报（武汉），2011（3）：206-213

117. 国际金融危机成因的新视角：治理风险的累积/高明华（北京师范大学经济与工商管理学院，北京 100875），赵峰//经济学家（成都），2011（3）：91-98

118. 社会资本与企业会计盈余质量/曾亚敏（南开大学商学院，天津 300071），张俊生//经济科学（北京），2011（3）：93-104

119. 政治联系、最终控制人、制度环境与银行借款——基于国有上市公司 2004~2008 年的经验证据/周泽将（厦门大学管理学院，福建厦门 361005），杜颖洁，杜兴强//当代经济科学（西安），2011（3）：33-42

120. 董事会治理与企业技术创新：理论与实证/赵旭峰（西安交通大学经济与金融学院，陕西西安 710061），温军//当代经济科学（西安），2011（3）：110-116

121. 基于“进入权激励”的知识——资本剩余索取权混合契约分析/雷宏振（陕西师范大学国际商学院，陕西西安 710062），王盼//当代经济科学（西安），2011（3）：19-25

122. 外资参股对中国银行业的影响——基于面板 VAR 模型的动态检验/段军山（广东商学院金融学院，广东广州 510320），袁鲲，苏国强//当代经济科学（西安），2011（3）：43-49

123. 管理层激励、企业发展潜力与财务风险——基于 A 股上市公司的面板数据分析/高雷（南京审计学院金融学院，江苏南京 211815），戴勇//中南财经政法大学学报（武汉），2011（3）：107-114

124. “名人”独立董事履行职责状况分析——来自中国上市公司的证据/郑路航（中国

人民大学商学院，北京 100872）//中南财经政法大学学报（武汉），2011（3）：31-37

125. 上市公司内控信息披露质量及影响因素——基于公司治理视角的经验证据/何建国（重庆理工大学财会研究与开发中心，重庆 400050），张欣，周曙光//山西财经大学学报（太原），2011（3）：98-106

126. 国家控制、债务融资与大股东利益侵占——基于沪深两市上市公司的经验证据/雒敏（南京大学会计系，江苏南京 210093）//山西财经大学学报（太原），2011（3）：107-115

127. 终极产权、股权治理结构与财务履约——来自后股权分置时代的经验证据/贺勇，刘冬荣（中南大学商学院，湖南长沙 410083）//山西财经大学学报（太原），2011（3）：116-124

128. 制度演进、市场竞争对公司价值的影响——来自中国原生民营上市公司的经验证据/张欣哲（厦门大学管理学院，福建厦门 361005）//山西财经大学学报（太原），2011（3）：72-79

129. 政策调整、盈余管理与公司价值——来自房地产上市公司的经验证据/周琳（上海财经大学会计学院，上海 200433）//经济问题（太原），2011（3）：11-15

130. 上市公司债权治理对公司绩效影响的实证研究/杨棉之（安徽大学商学院，安徽合肥 230039），张中瑞//经济问题（太原），2011（3）：57-60

131. 国有独资公司：我国政策性担保机构法律形态最佳选择/陈秋明（深圳职业技术学院，广东深圳 734500）//现代财经（天津），2011（3）：67-71

132. 生命周期视角：民营企业社会责任履行促进机制探讨/陈晓峰（苏州大学商学院，江苏苏州 215006）//现代财经（天津），2011（3）：46-50

133. 我国公司章程的合意属性：契约、宪章还是自治法？——基于 2006~2009 年 A 股公司董事会权限条款的经验研究/陈伟忠（同济大学经济与管理学院，上海 200092），吴磊磊//上海财经大学学报（上海），2011（3）：42-48

134. 制度约束下的上市公司动态股权激励模型的修订与改进/张秀兰（桂林航天工业高等专科学校，广西桂林 541004）//贵州财经学院学报（贵阳），2011（3），37-41

135. 跨境双重上市对公司治理影响研究述评/刘小元（中央财经大学商学院，北京 100081），金媛媛 //首都经济贸易大学学报（北京），2011（3）：102-110

136. 经济转轨中的企业重构：论国有企业激励制度的转变/张肖虎（云南财经大学工商管理学院，云南昆明 650221）//云南财经大学学报（昆明），2011（3）：136-142

137. 董事会战略参与效应及其影响因素研究/李国栋（中国民航大学经济与管理学院科研基地/MBA 教育中心，天津 300300），薛有志//管理评论（北京），2011（3）：98-106

138. 机构投资者持股比例与上市公司盈余管理的实证研究/李延喜（大连理工大学管理与经济学部，辽宁大连 116024），杜瑞，高锐//管理评论（北京），2011（3）：39-45

139. 信息不对称下委托代理契约纳什实施性研究/朱军（南京大学工程管理学院，江苏南京 210012），顾为东//管理评论（北京），2011（3）：21-28

140. 基于会计监管的中国独立董事制度有效性实证研究/郑春美（武汉大学经济与管理学院，湖北武汉 430072），李文耀//管理世界（武汉），2011（3）：184-185

141. 我国上市公司银行贷款与投资行为的关系研究——基于终极控制人性质调节效应的分析/李胜楠（天津大学管理学院，天津市 300072）//管理学报（武汉），2011（3）：464-470

142. 中国公司治理理论与实证研究——国家杰出青年基金项目（70525005）回溯/张宗益（重庆大学经济与工商管理学院，重庆 400030），宋增基//管理学报（武汉），2011（3）：371-379

143. 公司治理与管理层机会主义会计选择——基于新会计准则的实证分析/王俊秋（华东理工大学商学院，上海 200237）//经济管理（北京），2011（3）：132-141

144. 企业内部控制信息披露与债务契约——来自于中国房地产上市公司的经验证据/夏芸（暨南大学国际商学院，广东珠海 519070），徐欣//经济管理（北京），2011（3）：114-122

145. 中国国有经济战略调整、CSR、公司治理与经济发展方式转变——2010 中国国有经济发展论坛观点综述/张东明（吉林大学中国国有经济研究中心，吉林长春 130012），王文成//经济管理（北京），2011（3）：191-193

146. 企业生命周期、公司治理与公司资本配置效率/李云鹤（华东师范大学金融与统计学院，上海 200062），李湛，唐松莲//南开管理评论（天津），2011（3）：110-121

147. 公司治理与商业模式创新路径的选择/姚伟峰（中国社会科学院世界经济与政治研究所，北京 100081）// 商业经济与管理（杭州），2011（3）：24-27

148. 市场化进程、终极股东控制与公司资本投资价值/杨兴全（石河子大学经济与管理学院，新疆石河子 832000），曾义，吴昊旻// 商业经济与管理（杭州），2011（3）：34-43

149. 大股东资金占用、业绩困境与盈余管理/翁健英（厦门海洋职业技术学院，福建厦门 361012）//上海立信会计学院学报（上海），2011（3）：25-33

150. 内部控制审计与财务报表审计的联系、区别与整合/唐建华（中国注册会计师协会，北京 100039）//上海立信会计学院学报（上海），2011（3）：19-24

151. 所有权性质、盈利能力与商业信用的提供——基于再分配理论的实证研究/谢诗蕾（浙江工商大学财务与会计学院，浙江杭州 310018）//上海立信会计学院学报（上海），2011（3）：56-65

152. 股权制衡下高层管理人员薪酬影响因素研究/马德林（南京审计学院会计学院，江苏南京 211815）//审计与经济研究（南京），2011（3）：76-83

153. 上市公司内部控制缺陷的披露：基于治理特征的研究/刘亚莉（北京科技大学经济管理学院，北京 100083），马晓燕，胡志颖//审计与经济研究（南京），2011（3）：35-43

154. 审计委员会的关键成功因素与治理绩效评价/胡苏（南京审计学院会计学院，江苏南京 211815），涂建明；贾云洁//审计与经济研究（南京），2011（3）：53-60

155. 终极产权、股权结构与财务履约差异——基于利益相关者的实证研究/贺勇（中

南大学商学院，湖南长沙 410083），刘冬荣//审计与经济研究（南京），2011（3）：84–91

156. 基于委托代理的医药企业社会责任激励研究/申俊龙（南京中医药大学经贸管理学院，江苏南京 210046），汤少梁，倪杰，沈爱琴//预测（合肥），2011（3）：65–69

157. 银行规模优势、关系建构与中小企业贷款的可获得性/李琳（对外经济贸易大学金融学院，北京 100029），粟勤//改革（上海），2011（3）：114–120

158. 日本中小企业百年研究述评/林松国（日本立命馆大学经营学部）//上海经济研究（上海），2011（3）：70–82

159. 海内外华人合资企业管理文化与战略联盟绩效实证分析——以合资企业创新期为例/伍华佳（复旦大学管理学院，上海 200433）//上海经济研究（上海），2011（3）：109–116

160. CEO 强制性变更、继任模式与公司绩效的实证研究——来自中国上市公司的经验证据/刘美玉（东北财经大学工商管理学院，辽宁大连 116025）//宏观经济研究（北京），2011（3）：75–81

161. 企业集团化、吸收能力与企业绩效关系实证研究/王学工（广东药学院医药商学院，广东广州 528485），帅惟//改革与战略（南宁），2011（2）：164–166

162. 上市公司同业竞争法律问题探讨/梁胜（华东政法大学国际法学院，上海 200042）//企业经济（南昌），2011（3）：190–192

163. 基于和谐社会视角的国有企业社会责任研究/黄秋容（西南科技大学经济管理学院，四川绵阳 621010），徐鹏//企业经济（南昌），2011（3）：156–158

164. 公司治理视角的内部控制机制研究/叶陈刚（对外经济贸易大学国际财务与会计研究中心，北京 100029 ）//企业经济（南昌），2011（3）：5–9

165.公司内部治理风险评价指标体系的构建研究/杨颖（中国标准化研究院质量分院，北京 100083）//企业经济（南昌），2011（3）：36–42

166. 媒体监督、声誉机制与独立董事辞职行为/李焰（中国人民大学商学院财务与金融系，北京 100872），秦义虎//财贸经济（北京），2011（3）：36–40

167. 中国企业组织演变路径分析/王凤彬（中国人民大学商学院，北京 100872），李彬，陶哲雄//经济学动态（北京），2011（4）：34–38

168. 机构投资者参与公司治理的决策研究/钱露（武汉纺织大学工商学院，湖北武汉 430200）//经济学动态（北京），2011（4）：38–41

169. 股权分置改革前后竞争、终极控制人及公司业绩关系的比较研究——来自工业类上市公司的经验证据/谢梅（中国矿业大学管理学院会计学系，江苏徐州 221008），郑爱华//南开经济研究（天津），2011（4）：15–32

170. 公司经营者物质报酬、政治激励与经营绩效——基于国有控股上市公司的实证分析/宋增基（重庆大学经济与工商管理学院，重庆 400030），郭桂玺，张宗益//当代经济科学（西安），2011（4）：99–104

171. 交叉上市、绑定假说与大股东利益侵占——基于关联交易视角的实证研究/计方（重庆大学经济与工商管理学院，重庆 400044），刘星//当代经济科学（西安），2011（4）：

105–114

172. 上市公司环境会计信息披露影响效应域研究——以陕西省上市公司为例/王小红（西安工程大学管理学院，陕西西安 710048），王海民，李斌泉//当代经济科学（西安），2011（4）：115–123

173. 高管权力、薪酬契约与国企改革——来自国有上市公司的实证研究/代彬（重庆大学经济与工商管理学院，重庆 400044），刘星，郝颖//当代经济科学（西安），2011（4）：90–98

174. 公司治理中的代理成本问题研究综述/党印（中国社会科学院世界经济与政治研究所，北京 100732）//中南财经政法大学学报（武汉），2011（4）：3–9

175. 中国钢铁企业的并购特点及绩效评估/佘元冠（北京科技大学经济管理学院，北京 100083），陶瑞//经济纵横（长春），2011（4）：86–90

176. 集团上市公司整体破产重整模式研究/王春超（暨南大学经济学院，广东广州 510632），曹阳，张小立//经济纵横（长春），2011（4）：91–94

177. 公司治理与并购绩效关系研究进展/杨稣（西安电子科技大学人文学院，陕西西安 710071），吕光桦//经济纵横（长春），2011（4）：121–124

178. 隐性业绩评价与高管薪酬契约——基于价值创造的视角/沈永建（南京大学商学院，江苏南京 210093），姜龙，蒋德权，钱蓓蓓//山西财经大学学报（太原），2011（4）：71–81

179. 公司内部治理机制与绩效的交互效应——基于内生性视角的经验证据/周翼翔（浙江树人大学管理学院，浙江杭州 310015）//山西财经大学学报（太原），2011（4）：93–105

180. 非财务指标融入分部经理激励契约设计的研究/王华兵（温州大学城市学院，浙江温州 325035），李雷//山西财经大学学报（太原），2011（4）：115–124

181. 制度环境、独立董事与长期借款融资——来自中国上市公司的经验证据/胡苏（南京大学会计与财务研究院，江苏南京 210093）//山西财经大学学报（太原），2011（4）：106–114

182. 基于委托代理模型的物流供应链任务分配及利益协调机制研究/文龙光（湖南工程学院经济管理学院，湖南湘潭 411104）//经济问题（太原），2011（4）：62–66

183. 机构股权与股价波动性——基于股利政策的研究/徐潮进（南京大学会计与财务研究院，江苏南京 210093）//经济问题（太原），2011（4）：87–91

184. 大股东机会主义与定向增发折价——兼析制度变迁的影响/徐寿福（上海财经大学金融学院，上海 200433），徐龙炳//上海财经大学学报（上海），2011（4）：82–89

185. 大股东掏空行为监管的进化博弈分析/张学洪（河海大学商学院，江苏南京 210098），章仁俊//经济经纬（郑州），2011（4）：106–110

186. 信息环境、法律制度与投资者利益保护/陈小林（九江学院会计学院，江西九江 332005）//经济经纬（郑州），2011（4）：131–135

187. 基于IRM管理视角的企业社会责任信息需求与披露现状调查研究/赵颖（天津外国语大学国际商学院，天津 300204）//经济经纬（郑州），2011（4）：86-90

188. 高管薪酬、监督力与控制权收益：限薪的后果/吴春雷（辽宁工程技术大学工商管理学院，辽宁葫芦岛 125105），马林梅//经济经纬（郑州），2011（4）：141-144

189. 公司股权结构与经营绩效关系的实证研究——来自中国上市公司的经验证据/朱静（贵州大学科技学院，贵州贵阳 550001）//贵州财经学院学报（贵阳），2011（4）：63-67

190. 利益相关者视角下企业社会责任评价体系构建研究/杜剑（贵州财经学院会计学院，贵州贵阳 550004）//贵州财经学院学报（贵阳），2011（4）：47-52

191. 中国上市公司股权融资偏好的文献综述/褚晓琳（北京物资学院经济学院，北京 101149）//首都经济贸易大学学报（北京），2011（3）：109-115

192. 公募基金实施股权激励制度探究/方毅祖（首都经济贸易大学，北京 100070），符启林//首都经济贸易大学学报（北京），2011（4）：66-70

193. 投资者法律保护测度研究综述：基于立法与执法视角/戚文举（浙江大学管理学院，浙江杭州 310058）//外国经济与管理（上海），2011（4）：59-65

194. 国外知识视角下的购并研究回顾与展望/程兆谦（浙江工商大学工商管理学院，浙江杭州 310018）//外国经济与管理（上海），2011（4）：19-25

195. 国外经理薪酬治理研究进展与评析——基于股东能动主义视角/黄再胜（南京政治学院上海分院，上海 200433）//外国经济与管理（上海），2011（4）：51-57

196. 家族企业内创业：圈内人与圈外人选择研究/马丽波（东北财经大学，辽宁大连 116025），刘亚丹//财经问题研究（大连），2011（4）：31-37

197. CEO控制权、成长性与审计定价/林川（重庆大学经济与工商管理学院，重庆 400044），曹国华，丘邦翰，毕家豫//当代财经（南昌），2011（4）：110-119

198. 监事会的本原性质、作用机理与中国上市公司治理创新/王世权（东北大学工商管理学院，辽宁沈阳 110004）//管理评论（北京），2011（4）：47-53

199. 我国家族上市公司控制权私人收益的影响因素研究/雷星晖（同济大学经济与管理学院，上海 200092），王寅//管理评论（北京），2011（4）：11-17

200. 我国的机构投资者具有治理效应吗？——基于贷款软约束视角的实证分析/张敏（中国人民大学商学院，北京 100872 ），王成方，姜付秀//经济管理（北京），2011（3）：16-23

201. 证券市场审计师信息透明度制度研究/陈波（中南财经政法大学会计学院，湖北武汉 430073）//上海立信会计学院学报（上海），2011（4）：65-71

202. 制度弹性与控股股东利益侵占行为/肖成民（上海立信会计学院会计与财务学院，上海 201620）//上海立信会计学院学报（上海），2011（4）：26-33

203. 独立董事独立性、关联交易与公司价值——基于沪深两市上市公司的经验证据/徐高彦（南京大学会计与财务研究院，江苏南京 210093）//审计与经济研究（南京），

2011（2）：77-84

204. 基于过度自信和监督机制的风险投资契约模型/李云飞（电子科技大学经济与管理学院，四川成都 610054），周宗放//预测（合肥），2011（4）：48-54

205. 企业经营成果和财务内控/杨迟（山东大学威海校区商学院会计系，山东威海 264209），张心立//开发研究（兰州），2011（4）：148-149

206. 小额贷款公司运行中的制度创新和完善——以温州为例/诸葛隽（温州市行政学院，浙江温州 325000），徐竞//上海经济研究（上海），2011（4）：56-62

207. 基于我国上市公司自愿性信息披露质量的思考/杨蕊（云南民族大学管理学院，云南昆明 650031）任宏伟，董新端//经济问题探索（昆明），2011（4）：181-185

208. 我国投资基金管理公司治理的困境及对策分析/滕莉莉（华南理工大学，广东广州 510640），宋光辉//经济问题探索（昆明），2011（4）：64-68

209. 企业产权结构和隶属层级对生产率的影响/吴延兵（中国社会科学院经济研究所，北京 100836）//南方经济（广州），2011（4）：16-29

210. 资产权、控制权与股权激励行为效应——心理所有权的中介作用/鲍盛祥（中南民族大学管理学院，湖北武汉 430074）//现代经济探讨（南京），2011（4）：35-38

211. 基于股东特质视角的我国中央企业社会责任研究/干胜道（四川大学工商管理学院，四川成都 610064），田超//现代经济探讨（南京），2011（4）：65-68

212. 基于投融资视角的上市公司中小股东权益保障探讨/倪筱楠（沈阳大学工商管理学院，辽宁沈阳 110044 ）//企业经济（南昌），2011（4）：153-155

213. 家族企业权力交接时机的选择/杨芳（云南民族大学管理学院，云南昆明 650031）//企业经济（南昌），2011（4）：25-28

214. 论公司控制权的基本涵义和特征/周军（武汉理工大学经济学院，湖北武汉 430070）//企业经济（南昌），2011（4）：56-58

215. 收益时滞性、任职短期性与银行科层经理人有效激励分析/徐冯璐（浙江金融职业学院金融系，浙江杭州 310018）//企业经济（南昌），2011（4）：74-77

216. 国企高管薪酬失控：问题及对策/浦勇超（东北财经大学金融学院，辽宁大连 116025）//企业经济（南昌），2011（4）：83-85

217. 企业整体上市对关联交易的影响——基于本钢板材整体上市的案例分析/李保红（信阳师范学院经管学院，河南信阳 464000）//企业经济（南昌），2011（4）：32-34

218. 实际控制人对民营企业成败的影响因素/黄贤福（四川大学经济学院，四川成都 100064）//管理现代化（北京），2011（4）：23-25

219. 中小民营银行公司治理结构研究：以稠州商行为例/董富华（浙江师范大学，浙江金华 321004）//经济学动态（北京），2011（5）：75-80

220. 公司治理理论：异同探源、评介与比较/刘金石（西南财经大学，四川成都 611130），王贵//经济学动态（北京），2011（5）：80-85

221. 高管权力、货币报酬与在职消费关系实证研究/树友林（扬州大学商学院，江苏

扬州 225009）//经济学动态（北京），2011（5）：86-89

222. 论制度与企业家活动/卢现祥（中南财经政法大学经济学院，湖北武汉 430073）；李晓敏//经济学家（成都），2011（5）：42-49

223. 政府干预、同属管辖与自利性股权转让市场反应研究——基于控制权转让溢价和内幕交易的视角/乔薇（南京大学商学院，江苏南京 210093），李瑞敏//经济评论（武汉），2011（5）：57-69

224. 利益集团与经济改革的模式/邓伟（北京大学光华管理学院，北京 100871）//南开经济研究（天津），2011（5）：49-59

225. 货币政策、实际控制人类型和房地产上市公司现金持有水平变化/王先柱（清华大学房地产研究所，北京 100084），刘洪玉//当代经济科学（西安），2011（5）：66-73

226. 机构投资者、现金股利政策与股票市场稳定性研究——来自 2005~2009 年中国 A 股上市公司的经验证据/王立文（西安交通大学经济与金融学院，陕西西安 710061）//当代经济科学（西安），2011（5）：99-108

227. 基于经理人过度投资行为的控制权配置机制设计/张红波（湖南科技大学工业工程系，湖南湘潭 411201），王国顺//当代经济科学（西安），2011（5）：78-84

228. 基于对称信息的双监督人共谋防范实验研究/张斌（安徽财经大学工商管理学院，安徽蚌埠 233030），徐琳//中南财经政法大学学报（武汉），2011（5）：33-40

229. 责任指数、公司性质与环境信息披露/吴德军（中南财经政法大学会计学院，湖北武汉 430073）//中南财经政法大学学报（武汉），2011（5）：49-54

230. 机构股东的积极治理效应研究——基于投资者关系管理调节效应与中介效应的检验/高丽（天津外国语大学国际商学院，天津 300204），胡艳//中南财经政法大学学报（武汉），2011（5）：127-133

231. 企业价值管理模式研究述评/刘圻（中南财经政法大学会计学院，湖北武汉 430073），王春芳//中南财经政法大学学报（武汉），2011（5）：62-67

232.最终控制人、高管薪酬与技术创新/夏芸（暨南大学国际商学院，广东珠海 519070），唐清泉//山西财经大学学报（太原），2011（5）：86-92

233. 政府管制、融资行为与审计治理效应——来自我国上市公司配股融资的经验证据/王良成（四川大学工商管理学院，四川成都 610065），曹强，廖义刚//山西财经大学学报（太原），2011（5）：117-124

234. 家文化视角下家族企业治理评析/许叶枚（苏州大学东吴商学院，江苏苏州 215021）//经济问题（太原），2011（5）：100-102

235. 变迁中的非上市公众公司治理法律规则/傅穹（吉林大学法学院，吉林长春 130012），关璐//上海财经大学学报（上海），2011（5）：42-49

236. 政府控制层级、CEO 政治关联与代理成本：来自国有发电上市公司经验证据/胡永平（重庆理工大学财会研究中心，重庆 400050）//经济经纬（郑州），2011（5）：135-138

237. 国内上市公司不相关并购绩效的分析——基于核心竞争力的视角/张根明（中南

大学商学院，湖南长沙 410083），刘娟//经济经纬（郑州），2011（5）：81-84

238. 债务契约冲突：投资过度或不足——来自中国制造业上市公司的经验证据/雷新途（南京大学工商管理博士后流动站，江苏南京 210093）//经济经纬（郑州），2011（5）：123-128

239. 上市公司内部控制信息披露影响因素实证研究——基于深市主板 A 股上市公司 2009 年数据分析/许江波（首都经济贸易大学会计学院，北京 100026），朱琳琳//首都经济贸易大学学报（北京），2011（5）：57-63

240. 高新技术企业的治理机制、高管薪酬与绩效实证——中国 A 股上市公司的数据检验/杨淑玲（江西财经大学信息管理学院，江西南昌 330032）//江西财经大学学报（南昌），2011（5）：33-38

241. 内部控制的有效性影响审计收费吗？——来自中国资本市场的经验证据/孙新宪（天津财经大学会计系，天津 300222），田利军//江西财经大学学报（南昌），2011（5）：19-27

242. 上市公司股权激励制度与管理层利益输送探析/刘旭妍（江西财经大学会计学院，江西南昌 330013），余新培//江西财经大学学报（南昌），2011（5）：28-32

243. 上市公司投资者关系管理问题分析/段军山（广东商学院金融学院，广东广州 510320）//河北经贸大学学报（石家庄），2011（5）：62-68

244. 政治因素和业绩因素对管理层变更的影响：来自上市公司的证据/谢军（华南师范大学经济与管理学院，广东广州 510006），梁树洪//云南财经大学学报（昆明），2011（5）：94-101

245. 论社会资本在我国家族企业代际传承中的影响/杨玉秀（天津社会科学院现代企业研究所，天津 300191）//云南财经大学学报（昆明），2011（5）：131-137

246. 利益相关者收益最大化——基于企业契约论与企业责任观的碰撞与协调/袁奋强（中南财经政法大学会计学院，湖北武汉 430223）//云南财经大学学报（昆明），2011（5）：138-144

247. 公司治理、盈余质量与经理人代理成本/杨棉之（安徽大学商学院，安徽合肥 230039），卢闯//财经问题研究（大连），2011（5）：93-97

248. 我国董事的专业性与政府背景分析/余玮（上海对外贸易学院金融学院，上海 210620）//华东经济管理（合肥），2011（5）：110-114

249. 企业集团内部资本市场异化对公司治理的影响/吴成颂（安徽大学商学院，安徽合肥 230039）//经济管理（北京），2011（5）：159-164

250. 股权结构与择时披露/王艳艳（厦门大学管理学院财务系，福建厦门 361005），于李胜//南开管理评论（天津），2011（5）：118-128

251. 机构投资者持股对信息披露的治理作用研究——以管理层盈余预告为例/高敬忠（天津财经大学商学院会计学系，天津 300204），周晓苏，王英允//南开管理评论（天津），2011（5）：129-140

252. 董事会特征与公司盈余管理水平——基于中国民营上市公司面板数据的研究/江维琳（四川大学工商管理学院，四川成都 610064），李琪琦，向锐//软科学（成都），2011（5）：142–144

253. 股权分置改革、管理层薪酬业绩敏感性与机构投资者治理效应——基于中国上市公司的经验证据/卢锐（中山大学岭南学院，广东广州 510275），邢怡媛//上海立信会计学院学报（上海），2011（5）：3–12

254. 高管薪酬变化与并购代理动机的实证分析——基于国有与民营上市公司治理结构的比较研究/李小燕（北京化工大学经济管理学院，北京 100081），陶军//中国软科学（北京），2011（5）：122–128

255. 公司治理效率述评及其引申/王军伟（南京航空航天大学经济与管理学院，江苏南京 210016），陆桂琴//改革（上海），2011（5）：105–109

256. 我国商业银行股权结构、治理机制与风险行为的实证分析——基于资产配置的视角/王涛（重庆大学经济与工商管理学院，重庆 400030），蒋再文//经济问题探索（昆明），2011（5）：102–107

257. 从“股东至上”到“企业公民”：企业慈善观研究述评/卢正文（南京大学商学院，江苏南京 210093），刘春林//现代经济探讨（南京），2011（5）：62–66

258. 中国上市公司融资结构与公司治理绩效的实证研究/冉光圭（贵州大学管理学院会计系，贵州贵阳 550025）//企业经济（南昌），2011（5）：171–176

259. 创业板上市公司管理层舞弊行为动因及其 CPA 审计策略/叶陈云（中央财经大学会计学，北京 100081），张琪，谢志华//企业经济（南昌），2011（5）：28–30

260. 上市公司财务舞弊行为的成因与防范探索——以 HY 制药公司的财务舞弊行为为例/蔡晶晶（河北工程大学财务处，河北邯郸 056038）//企业经济（南昌），2011（5）：177–179

261. 基于锦标赛理论的上市公司高管继任模式选择研究/杜雯翠（北京师范大学经济与工商管理学院，北京 100875），高明华//管理现代化（北京），2011（5）：9–11

262. 基于利益相关者理论的科研团队领导影响力研究——以某研究所为例/李玮（中国科学院研究生院管理学院，北京 100080），霍国庆，肖建华//管理现代化（北京），2011（5）：39–42

263. 股权制衡的公司治理绩效模型研究/吕怀立（西安交通大学管理学院，西安 710049），李婉丽//经济与管理研究（北京），2011（5）：5–11

264. 经理层声誉与薪酬关系研究——来自上市公司的经验证据/刘红霞（中央财经大学会计学院，北京 100081），李辰颖//经济与管理研究（北京），2011（5）：12–20

265. 上市公司终极所有权结构与股权激励绩效探究——基于中国上市公司平衡面板数据的经验证据/刘存绪（四川教育学院，四川成都 610051），何凡//经济与管理研究（北京），2011（5）：32–38

266. 内部控制质量与权益资本成本关系研究述评与展望/王敏（复旦大学管理学院企

业管理系，上海 200443），夏勇//经济与管理研究（北京），2011（5）：49–55

267. 董事会独立性与银行债务融资契约研究——基于 2007~2009 年上市公司数据实证分析/丁庭选（河南商业高等专科学校，河南郑州 450034）//经济与管理研究（北京），2011（5）：56–62

268. 外部治理机制与企业过度投资——来自中国 A 股的经验证据/简建辉（华北电力大学工商学院，北京 102206），黄毅勤//经济与管理研究（北京），2011（5）：63–71

269. 所有权性质、融资约束与企业投资——基于投资现金流敏感性的经验证据/吴宗法（同济大学经济与管理学院，上海 201804），张英丽//经济与管理研究（北京），2011（5）：72–77

270. 中国中小板企业上市前融资偏好实证研究/金永红（华东理工大学商学院金融创新研究中心，上海 200237），钱雯婷//经济与管理研究（北京），2011（5）：85–93

271. 公司诉讼风险与管理层盈余预告披露方式选择——来自中国 A 股上市公司的经验证据/高敬忠（天津财经大学商学院，天津 300222），韩传模，王英允//经济与管理研究（北京），2011（5）：102–112

272. 负债来源、会计信息质量与企业投资/蒋瑜峰（财政部财政科学研究所流动站，湖北武汉 430034），袁建国//经济与管理研究（北京），2011（5）：78–84

273. 上市公司内部审计模式实证分析——基于公司治理绩效视角/王奇杰（盐城工学院经济与管理学院，江苏盐城 224051）//经济与管理研究（北京），2011（5）：123–128

274. 迎合理论对公司决策影响研究评述/崔晓蕾（上海财经大学金融学院，上海 200433），徐龙炳//经济学动态（北京），2011（6）：132–137

275. 最终控制人对公司价值影响研究述评/许荣（中国人民大学财政金融学院及中国财政金融政策研究中心，北京 100872），汪勇祥，向文华//经济学动态（北京），2011（6）：138–143

276. 过渡性制度安排理论研究综述/周冰（浙江财经学院经贸学院，浙江杭州 310018），钟玉文//经济学动态（北京），2011（6）：52–58

277. 互动公平真的能唤醒我国女性管理者责任心吗？——组织支持感的中介作用/杨付（中国人民大学劳动人事学院，北京 100872），张丽华，霍明//经济科学（北京），2011（6）：38–41

278. 定向增发与公开增发新股融资股东财富效应的实证研究/邹斌章（江西财经大学会计学院，江西南昌 330013），卫东周，冬华，王珏伟//经济评论（武汉），2011（6）：81–87

279. 债务契约、控制人性质与盈余管理/李增福（华南师范大学经济与管理学院，广东广州 510006），曾庆意，魏下海//经济评论（武汉），2011（6）：88–96

280. 转型期国企经营者的身份博弈与经济后果/黄再胜（南京政治学院上海分院，上海 200433）//当代经济科学（西安），2011（6）：103–108

281. 内部控制、内部控制信息披露及公司治理——嵌合治理框架的建构及理论诠释/

张晓岚（西安交通大学经济与金融学院，陕西西安 710061），沈豪杰//当代经济科学（西安），2011（6）：109-115

282. 全流通与业绩改进——基于股权结构视角的实证研究/李瑞（中央财经大学会计学院，北京 100081），马德芳，祁怀锦//中南财经政法大学学报（武汉），2011（6）：63-69

283. 环境信息披露、投资者信心与公司价值——来自湖北省上市公司的经验证据/唐国平（中南财经政法大学会计学院，湖北武汉 430073），李龙会//中南财经政法大学学报（武汉），2011（6）：70-77

284. 基于风险导向的企业社会责任管理研究——以××石油天然气股份有限公司 TH 油田安全生产管理为例/王清刚（中南财经政法大学会计学院，湖北武汉 430073），王灵宁//中南财经政法大学学报（武汉），2011（6）：57-62

285. 中国上市公司交叉持股的效应：财务特征与业绩/冉明东（中南财经政法大学会计学院，湖北武汉 430073）//中南财经政法大学学报（武汉），2011（6）：93-100

286. 论现代监管理念与我国监管现代化/刘树杰（中国人民大学中国经济改革与发展研究院，北京 100872）//经济纵横（长春），2011（6）：1-7

287. 对央企控股上市公司实施独立董事间接薪酬制的质疑/李秋蕾（天津财经大学商学院，天津 300222）//经济纵横（长春），2011（6）：110-113

288. 外资并购与中国企业全要素生产率的实证分析/李娟（对外经济贸易大学国际经济贸易学院，北京 100029）//山西财经大学学报（太原），2011（6）：57-63

289. 股权分置改革、会计准则变迁与决策有用性/修宗峰（中南大学商学院，湖南长沙 410083）//山西财经大学学报（太原），2011（6）：106-113

290. 审计独立性、行业专长与财务舞弊行为——基于证监会处罚公告的经验证据/袁春生（江西师范大学财政金融学院，江西南昌 330022），汪涛武，唐松莲//山西财经大学学报（太原），2011（6）：114-124

291. 公司并购中目标公司绩效问题研究/祝文峰（安徽财经大学金融学院，安徽蚌埠 233000），左晓慧//经济问题（太原），2011（6）：45-49

292. 引入债务期限结构的企业价值模型构建/欧阳祖友（湖南工业大学财经学院，湖南株洲 412000）//经济问题（太原），2011（6）：66-71

293. 利益相关者理论的经济伦理意蕴/龚天平（中南财经政法大学哲学院，湖北武汉 430073）//上海财经大学学报（上海），2011（5），19-33

294. 机构投资者与股价波动率：理论与实证分析/李勇（西北大学经济管理学院，陕西西安 710118）；王满仓//经济经纬（郑州），2011（6）：156-160

295. 中国跨国并购的政策动因研究——基于中国上市公司外资并购与民营并购绩效比较的视角/邱伟年（广东外语外贸大学国际工商管理学院，广东广州 510420），欧阳静波，林家荣//经济经纬（郑州），2011（6）：77-81

296. 管理层权力与高管薪酬粘性/高文亮（河北金融学院会计系，河北保定 071051），罗宏，程培先//经济经纬（郑州），2011（6）：82-86

297. 区域微观环境、股权集中度与现金股利政策/钟希余（湘潭大学商学院，湖南湘潭 411105），崔慧贞//经济经纬（郑州），2011（6）：87–91

298. 国有商业银行利益相关者共同治理模式实证研究/宋克勤（首都经济贸易大学工商管理学院，北京 100070），杜昱//首都经济贸易大学学报（北京），2011（5）：52–59

299. 创业板上市公司内部控制信息披露影响因素探究/王宏（江西财经大学会计学院，江西南昌 330013）//江西财经大学学报（南昌），2011（6）：43–48

300. 终极控制权、代理问题与公司融资政策/袁振兴（河北经贸大学会计学院，河北石家庄 050061）杨淑娥，马丽//河北经贸大学学报（石家庄），2011（6）：87–89

301. 公司创业网络本质解构与作用机理和治理要义探析——基于利益相关者视角/王世权（东北大学工商管理学院，辽宁沈阳 110004），王丹//外国经济与管理（上海），2011（6）：9–17

302. 公司治理的监督机制与激励机制间的替代效应——基于中国上市公司 EVA 绩效的实证研究/宋增基（重庆大学经济与工商管理学院，重庆 400030），郑海健，张宗益//管理学报（武汉），2011（6）：836–843

303. 基于委托—代理关系的风险投资家激励契约模型/李云飞（电子科技大学经济与管理学院，四川成都 610054），周宗放//管理学报（武汉），2011（6）：872–878

304. 高管成群离职、大股东控制力与公司业绩实证研究——基于中国 2008~2009 年制造业新增 ST 公司的证据/沈友娣（江苏大学工商管理学院，江苏镇江 212013），许成，焦丽华//华东经济管理（合肥），2011（6）：67–70

305. 董事会性别多元化、管理者权力与审计需求/况学文（南昌大学经济与管理学院，江西南昌 330031），陈俊//南开管理评论（天津），2011（6）：48–56

306. 媒体治理与中小投资者保护/徐莉萍（中山大学现代会计与财务研究中心/ 中山大学管理学院，广东中山 510006），辛宇//南开管理评论（天津），2011（6）：36–47

307. 投资者保护微观效应文献综述：基于影响机制复杂性与结果多样性的新观察/李维安（南开大学公司治理研究中心，天津 300071），王倩//南开管理评论（天津），2011（6）：4–15

308. 我国上市公司终极股东的剥夺机理研究：基于“股权控制链”与“社会资本控制链”的比较/关鑫（清华大学经济管理学院，北京 100084），高闯//南开管理评论（天津），2011（6）：16–24

309. 终极控制股东对债务期限结构选择的影响：来自中国上市公司的经验证据/肖作平（西南交通大学经济管理学院会计系，四川成都 610031）//南开管理评论（天津），2011（6）：25–35

310. 终极所有权、银行借款与投资行为的关系：基于商业银行制度变迁背景的经验研究/王鲁平（西安交通大学管理学院会计及财务系/过程控制与效率工程教育部重点实验室，陕西西安 710049），杨溢来，康华//南开管理评论（天津），2011（6）：137–148

311. 境外战略投资者对商业银行效率与治理影响的实证研究/陈玉罡（中山大学管理

学院，广东广州 510275)，孙振东，刘静攀//软科学（成都)，2011（6)：92-96

312. 终极控制人、机构投资者持股与上市公司股利分配/王彩萍（中山大学旅游学院，广东广州 510275)，李善民// 商业经济与管理（杭州)，2011（6)：26-33

313. 公司治理的社会嵌入性：理论框架及嵌入机制/陈仕华（东北财经大学工商管理学院，辽宁大连 116025)，李维安//中国工业经济（北京)，2011（6)：99-108

314. 所有权结构、环境规制与中国发电行业的效率——基于 2003—2009 年 30 个省级面板数据的分析/张各兴（复旦大学管理学院，上海 200433)，夏大慰//中国工业经济（北京)，2011（6)：130-140

315. 基于“不公厌恶”与“风险厌恶”的经理人持股激励契约/孙自愿（中国矿业大学管理学院，江苏徐州 221116)，黄元元，董晶晶//中国管理科学（北京)，2011（6)：177-184

316. 金融危机下企业职业经理人风险防范研究/唐靖雯（洛阳理工学院经济与工商管理系，河南洛阳 471023）//中国流通经济（北京)，2011（6)：79-83

317. 垄断行业企业高管薪酬问题研究：基于年报重述的视角/杨蓉（华东师范大学商学院，上海 200241）//上海经济研究（上海)，2011（6)：59-72

318. 基于利益集团政治的委托—代理模型的药品价格规制研究/蒋建华（暨南大学，广东广州 510632）//经济问题探索（昆明)，2011（6)：39-43

319. 中国上市公司高管薪酬总体性描述及高管激励对策研究/张金麟（云南民族大学，云南昆明 650031)，高文品，赵勍//经济问题探索（昆明)，2011（6)：25-31

320. 现代企业内部控制的新制度经济学探讨/古淑萍（云南财经大学会计学院，云南昆明 650000）//经济问题探索（昆明)，2011（6)：81-84

321. 上市公司社会责任会计信息披露问题探讨/叶陈毅（石家庄经济学院会计学院教授，河北石家庄 050031）//企业经济（南昌)，2011（6)，170-172

322. 创业板高管集体辞职套现现象探析/罗荷英（江西旅游商贸职业学院会计金融分院，江西南昌 330100 ）//企业经济（南昌)，2011（6)：78-80

323. 基于公司治理的商业银行风险研究/ 刘银国（安徽财经大学国有企业公司治理研究中心，安徽蚌埠 233000）张琛//经济学动态（北京)，2011（7)：80-84

324. 关于中小企业信用治理问题探讨/ 郭亮（山西大学商务学院，山西太原 003006）//经济学动态（北京)，2011（7)：85-88

325. 国企高管薪酬制度存在的问题及对策/高前善（上海立信会计学院，上海 201600）//经济纵横（长春)，2011（7)：106-108

326. 制度环境、政治联系与政策性负担——基于民营上市公司的经验证据/郭剑花（广东商学院会计学院，广东广州 510320）//山西财经大学学报（太原)，2011（7)：33-40

327.“拜托债权人”还是“拜托机构投资者”——论二者在代理冲突中的角色扮演/熊艳，李常青（厦门大学管理学院，福建厦门 361005）//山西财经大学学报（太原)，2011（7)：41-48

328. 债务重组准则变更、盈余管理与政府监管/李伟（北京大学光华管理学院，北京 100871），张然//山西财经大学学报（太原），2011（7）：66–73

329. 控股股东特质与亏损上市公司扭亏途径及效果——基于中国 2005 年亏损上市公司的经验证据/杜勇（西南大学经济管理学院，重庆 400715）//山西财经大学学报（太原），2011（7）：83–91

330. 制度安排缺陷、声誉机制缺失与审计合谋/赵国宇（广东商学院会计学院，广东广州 510320）//山西财经大学学报（太原），2011（7）：115–124

331. 国资控股企业实施股票期权激励的探讨/饶雨平（南开大学经济学院，天津 300071）//经济问题（太原），2011（7）：58–660

332. 基于多理论视角的董事会–CEO 关系与公司绩效研究述评/周建（南开大学商学院，天津 300071），李小青，金媛媛；尹翠芳//外国经济与管理（上海），2011（7）：49–57

333. 股权分置改革、终极控制者和公司绩效/于静（河南理工大学经济管理学院，河南焦作 454000）//当代财经（南昌），2011（7）：69–75

334. 基于股权分置视角的中国上市公司 MBO 股东财富效应研究/彭元（江西财经大学 MBA 学院，江西南昌 330013）//当代财经（南昌），2011（7）：76–84

335. 终极控制、利益一致性与公司价值/冉戎（重庆大学贸易与行政学院，重庆 400030），郝颖//管理科学学报（天津），2011（7）：83–94

336. 机构投资者持股对上市公司盈余管理影响的实证研究/李善民（中山大学管理学院，广东广州 510275），王媛媛，王彩萍//管理评论（北京），2011（7）：17–24

337. 利益相关者关系与企业财务绩效的实证研究——基于中国房地产上市公司的面板数据分析/纪建悦（中国海洋大学经济学院，山东青岛 266100），李坤//管理评论（北京），2011（7）：143–148

338. 新股发行、盈余管理与高管薪酬激励/陈胜蓝（内蒙古大学经济管理学院，内蒙古呼和浩特 010021），卢锐//管理评论（北京），2011（7）：155–162

339. 基于 SFA 的能源消耗、代理成本及股权结构与钢铁企业效率关系研究/张庆芝（北京科技大学经济管理学院，北京 100083），何枫，赵晓//管理学报（武汉），2011（7）：1086–1092

340. 双重委托代理下独立董事治理效应研究/杜育华（华中科技大学控制科学与工程学院，湖北武汉 430074）//管理学报（武汉），2011（7）：1081–1085

341. 幸福感、社会资本与代理成本/修宗峰（中南大学商学院，湖南长沙 410083），杜兴强//中国工业经济（北京），2011（7）：107–117

342. 家族上市公司与机构投资者持股内因：权限抑或公司价值/吴从锋（华中科技大学管理学院，湖北武汉 430074），赵卫斌//改革（上海），2011（7）：138–143

343. 大股东控制、机构投资者治理与公司绩效——基于深交所上市公司的经验证据/彭丁（中央财经大学金融学院，北京 100081）//宏观经济研究（北京），2011（7）：50–56

344. 国企高管薪酬管制的有效性：一个理论分析/吴春雷（辽宁工程技术大学工商管

理学院，辽宁葫芦岛 125105），马林梅//经济问题探索（昆明），2011（7）：156-160

345. 高管变更与现金持有价值/王立新（中山大学管理学院、广晟资产经营管理有限公司，广东中山 510600），沈金洲//南方经济（广州），2011（7）：70-80

346. 论公司控制权的资源配置效应/周军（武汉理工大学经济学院，湖北武汉 430070）//企业经济（南昌），2011（7）：5-8

347. 公司治理中风险管理的组织结构及职责/刘凤娟（中国矿业大学，江苏无锡 214151）//企业经济（南昌），2011（7）：26-30

348. 产权主体与上市公司财务治理结构模式研究——以江西长运上市公司为例/黄国其（中国人民解放军理工大学气象学院，江苏南京 2100070）//企业经济（南昌），2011（7）：155-157

349. 大型上市企业组织结构趋同的实证分析——基于新制度主义视角/楼园（北京科技大学经济管理学院，北京 100083），魏文姬//经济与管理研究（北京），2011（7）：111-119

350. 我国上市公司治理信息披露有效性分析/胡静波（东北师范大学商学院，吉林长春 130024），李洪英//经济学动态（北京），2011（8）：43-46

351. 经理薪酬规制研究新进展/黄再胜（上海财经大学管理学院，上海 200433），曹雷//经济学动态（北京），2011（8）：122-126

352. 银行贷款、债务期限与上市公司内部控制/杨德明（北京大学光华管理学院，北京 100871），冯晓//山西财经大学学报（太原），2011（8）：44-50

353. 公司治理与证券投资基金持股决策关系研究——基于中国上市公司的证据/戚晓曜（深圳市宝安区贸易工业监测研究中心，广东深圳 518101）黄炳艺，王泽填//山西财经大学学报（太原），2011（8）：101-107

354. 薪酬管制、薪酬委员会与公司绩效/高文亮（河北金融学院会计系，河北保定 071051），罗宏//山西财经大学学报（太原），2011（8）：84-91

355. 股权结构与投资者关系管理——基于中国上市公司的实证研究/赵颖（天津外国语学院国际商学院，天津 300204）//山西财经大学学报（太原），2011（8）：92-100

356. 我国石油企业跨国并购财务风险分析/庞明（西安石油大学经济管理学院，陕西西安 710065）//经济问题（太原），2011（8）：63-68

357. 债务期限结构影响公司价值吗？/李琪（西安交通大学经济与金融学院，陕西陕西西安 710061），杨红芬//经济问题（太原），2011（8）：9-13

358. 中国上市公司资本结构趋势研究/孙青霞（天津财经大学商学院，天津 300222）//经济问题（太原），2011（8）：38-40

359. 公司治理评价研究前沿探析/李维安（南开大学公司治理研究中心，天津 300071），徐业坤，宋文洋//外国经济与管理（上海），2011（8）：57-64

360. 股权集中、大股东掏空与管理层自利行为/吴育辉（厦门大学管理学院，福建厦门 361005）吴世农//管理科学学报（天津），2011（8）：34-44

361. 控制性股东与CEO的亲缘关系对企业技术创新能力的影响/李婧（上海财经大学国际工商管理学院，上海 200433），贺小刚//科学管理研究（呼和浩特）2011（8）：148-155

362. 资本监管、公司治理结构与银行风险行为/高国华（上海交通大学安泰经济管理学院，上海 200052），潘英丽//软科学（成都），2011（8）：49-53

363. 金字塔结构、法律环境与超控制权收益——来自中国上市公司的经验证据刘立燕（江汉大学商学院，湖北武汉 430056），熊胜绪//商业经济与管理（杭州），2011（8）：30-35

364. 控制权转移、股权结构与目标公司绩效——来自深、沪上市公司 2001~2009 的经验数据/徐向艺（山东大学管理学院，山东济南 250100），王俊韡//中国工业经济（北京），2011（8）：89-98

365. 企业集团公司治理法律规范体系建设研究/王珊珊（武汉理工大学，湖北武汉 430070）//经济问题探索（昆明），2011（8）：149-152

366. 外资控制权、企业异质性与FDI的技术外溢——基于Olley-Pakes半参法的实证研究/才国伟（中山大学岭南学院，广东中山 510275），连玉君//南方经济（广州），2011（8）：45-53

367. 钢铁上市公司经营业绩综合评价研究/朱清香（燕山大学经济管理学院，河北秦皇岛 066004）//企业经济（南昌），2011（8）：183-186

368. 信息透明度对公司过度投资与融资约束的影响研究/张兴亮（嘉兴学院商学院，浙江嘉兴 314001），夏成才//经济与管理研究（北京），2011（8）：39-49

369. 大股东持股、治理环境与信息披露质量/姜涛（南京农业大学经济管理学院，江苏南京 210095），王怀明//经济与管理研究（北京），2011（8）：5-11

370. 金融契约、控制权配置与管理者投资决策//徐细雄（重庆大学经济与工商管理学院，重庆 400030），吕金晶//经济与管理研究（北京），2011（8）：19-26

371. 我国上市公司资本投向分布与结构效率研究——追溯产权控制路径的实证考察/郝颖（重庆大学经济与工商管理学院，重庆 400030），李静明//经济与管理研究（北京），2011（8）：73-81

372. 控股股东对过度投资影响的实证研究——来自中国上市公司的经验证据/唐蓓（山东大学管理学院会计系，山东济南 250100），潘爱玲，王英英//经济与管理研究（北京），2011（8）：92-98

373. 企业社会责任信息披露的市场反应——基于我国上市公司发布社会责任报告的事件研究/江炎骏（中山大学管理学院，广东广州 510275），徐勇，刘得格，周美华//经济与管理研究（北京），2011（8）：123-128

374. 不同所有权上市公司股利分配意愿的比较研究/郑蓉（四川大学工商管理学院，四川成都 610039），干胜道，舒铁//经济与管理研究（北京），2011（8）：12-18

375. 社保基金持股后上市公司的股权筹资偏好与盈余管理/唐大鹏（东北财经大学研

究生院，辽宁大连 116023）//经济与管理研究（北京），2011（8）：34-38

376. 公司资本投资决策中管理者非理性行为及其原因研究/邵希娟（华南理工大学工商管理学院，广东广州 510640），孟慧//经济与管理研究（北京），2011（8）：82-91

377. 国有企业性质的比较制度分析/邵传林（兰州商学院金融学院，甘肃兰州 730020）//经济学动态（北京），2011（9）：37-43

378. 公司治理与会计信息披露质量关系研究/韩道琴（吉林财经大学会计学院，吉林长春 130117）//经济纵横（长春），2011（9）：110-113

379. 股权结构、境外背景独立董事与公司绩效——来自沪市上市公司的证据/马连福（南开大学商学院/ 公司治理研究中心，天津 300071），高楠//山西财经大学学报（太原），2011（9）：74-82

380. 外部监督与盈余管理——针对媒体关注、机构投资者与分析师的考察/于忠泊（西安交通大学管理学院，陕西西安 710049），叶琼燕，田高良//山西财经大学学报（太原），2011（9）：90-99

381. 上市公司高管更换对审计独立性影响的研究/王进朝（郑州航空工业管理学院会计学院，河南郑州 450015）//山西财经大学学报（太原），2011（9）：116-124

382. 产权性质、股权集中度与企业社会责任履行/冯丽丽（中南财经政法大学会计学院，湖北武汉 430073）林芳，许家林//山西财经大学学报（太原），2011（9）：100-107

383. 家族控制机制与企业融资效率关系的实证分析—— 一项基于家族上市公司的经验研究/王素莲（山西大学管理学院，山西太原 030006），杨国玉//经济问题（太原），2011（9）：61-65

384. 外部监督、股权激励与股权代理成本/王昌锐（中南财经政法大学会计学院，湖北武汉 430073），倪娟//经济问题（太原），2011（9）：66-70

385. 民营上市公司资本结构与股权再融资绩效/李传宪（西南政法大学管理学院，重庆 401120），朱渝//经济问题（太原），2011（9）：57-60

386. 关联担保上市公司隧道效应的存在性与实施路径——上市公司关联担保偏好原因探析/陆正华（华南理工大学工商管理学院，广东广州 510640），钟婉怡//现代财经（天津），2011（9）：19-27

387. 社会责任与企业效率：基于新制度经济学的理论与经验分析/苏冬蔚（暨南大学经济学院金融系，广州 510632），贺星星//世界经济（北京），2011（9）：138-159

388. 信息披露委员会的制度设计/邱龙广（重庆大学经济与工商管理学院，重庆 400030），刘斌//财经问题研究（大连），2011（9）：57-61

389. 家族企业治理结构与经营绩效的实证研究——以中国上市家族企业为例/田银华（湖南科技大学商学院，湖南湘潭 411201），邝嫦娥，张敏//当代财经（南昌）2011（9）：79-84

390. 董事会结构与公司绩效关系的再探索——基于动态内生性视角的实证/周翼翔（浙江树人大学管理学院，浙江杭州 310015）//科学学与科学技术管理（天津），2011（9）：

132–136

391. 不同股权结构的国有企业治理效率比较研究——以山东省为例/郝书辰（山东财经大学财政金融学院，山东济南 250014），陶虎，田金方//中国工业经济（北京），2011（9）：130–139

392. 治理与战略的双重嵌入性——基于连锁董事网络的研究/郑方（山东大学管理学院，山东济南 250100）//中国工业经济（北京），2011（9）：108–118

393. 央企的公司绩效更优吗？——来自 2007~2009 年中国证券市场的经验证据/郭照蕊（上海财经大学会计学院，上海 200433）//上海经济研究（上海），2011（9）：85–97

394. 关系差序偏好、董事会羊群行为与掏空/蒋神州（南开大学公司治理研究中心、南开大学商学院，天津 300071）//南方经济（广州），2011（9）：3–16

395. 我国上市公司社会责任信息披露的管理模式研究/蔡刚（西北民族大学管理学院，甘肃兰州 730030），钟朝宏//现代经济探讨（南京），2011（9）：55–59

396. 基于业务相关性的母子公司文化控制与子公司绩效研究/王晓静（山东大学管理学院，山东济南 250100），陈志军，董青//经济与管理研究（北京），2011（9）：81–88

397. 东亚终极所有权结构比较研究/甄红线（东北财经大学应用金融研究中心，辽宁大连 116025）//经济学动态（北京），2011：149–153

398. 上市公司治理风险的影响因素研究/孙慧杰（中国社会科学院金融研究所，北京 100097）杨静//经济纵横（长春），2011（10）：113–116

399. 对价方式、盈余管理与市场绩效/聂志萍（河海大学商学院，江苏南京 210098）//山西财经大学学报（太原），2011（10）：72–84

400. 控制权收购、多元化经营与公司财富效应/韩忠雪（西安电子科技大学经济管理学院，陕西西安 710071），程蕾//山西财经大学学报（太原），2011（10）：96–104

401. 大股东控制、管理层过度自信与现金股利/黄莲琴（福州大学管理学院，福建福州 350002）屈耀辉，傅元略//山西财经大学学报（太原），2011（10）：105–113

402. Business Group、企业集团和关联企业概念辨析及研究范畴、主题、方法比较/郑小勇（浙江大学管理学院，浙江杭州 310058），魏江//外国经济与管理（上海），2011（10）：17–25

403. 监事会、董事会特征与信息披露质量/张振新（东北财经大学金融学院，辽宁大连 116025），杜光文，王振山//财经问题研究（大连），2011（10）：60–67

404. 控制权转移中的内幕交易者收益研究/岳宝宏（北京信息科技大学经济管理学院，北京 100085），孙健//财经问题研究（大连），2011（10）：68–75

405. 独立董事制度，真的有效吗？——基于上市公司行业数据的实证研究/姚伟峰（中国社会科学院，世界经济与政治研究所，北京 100081）//管理评论（北京），2011（10）：31–34

406. 市场化进程、机构投资者与薪酬激励/伊志宏（中国人民大学商学院，北京 100872）李艳丽，高伟//经济理论与经济管理（北京），2011（10）：75–84

407. 社会资本、非正式制度和农业企业发展：机制抑或路径/欧晓明（华南农业大学经济管理学院，广东广州 510642），汪凤桂//改革（上海），2011（10）：116-125

408. 信息对称悖论与中小企业融资行为/孙林（重庆大学经济与工商管理学院，重庆 400043），杨俊，邵传林//上海经济研究（上海），2011（10）：29-39

409. 代理成本、外部性与我国地方政府投融资平台过度举债/类承曜（东北财经大学产业组织与企业组织研究中心，辽宁大连 116025）//宏观经济研究（北京），2011（10）：10-15

410. 中国上市公司治理结构评价研究/杨建仁（景德镇陶瓷学院，江西景德镇 333401），左和平，罗序斌//经济问题探索（昆明），2011（10）：66-72

411. 业绩预悲披露“群聚”现象——基于管理者羊群行为的研究/谢玲红（北京航空航天大学经济管理学院，北京 100191），魏国学，刘善存，邱菀华//南方经济（广州），2011（10）：27-37

412. 官员腐败、审计师选择与公司价值/黄新建（重庆大学经济与工商管理学院，重庆 400044），冉娅萍//南方经济（广州），2011（10）：47-57

413. 薪酬管制降低了经理人的激励效率吗？——基于迎合效应的薪酬结构模型分析/陈菊花（东南大学经济管理学院，江苏南京 211189），隋姗姗，王建将//南方经济（广州），2011（10）：38-46

414. 中央企业履行社会责任信息披露研究/赵杨（北京交通大学经济管理学院，北京 100044），冯梅，李琳//现代经济探讨（南京），2011（10）：66-70

415. 企业家视角下的中小企业公司治理问题研究/张志华（盐城工学院经济与管理学院，江苏盐城 224051）//企业经济（南昌），2011（10）：40-44

416. 机构投资者持股会影响家族上市公司价值吗/张谊浩（南京大学商学院，江苏南京 210093），裴平，伦晓波//经济学家（成都），2011（11）：73-82

417.我国企业内部控制规范实施中存在的问题与对策/刘丽梅（长春工业大学人文信息学院，吉林长春 130122）//经济纵横（长春），2011（11）：122-124

418. 中小上市公司资本结构、公司治理与企业绩效/张益明（盐城工学院经济与管理学院，江苏盐城 204051），张志华//山西财经大学学报（太原），2011（11）：73-86

419. 终极控制、国家控股与现金持有价值/吴德胜（南开大学公司治理研究中心，天津 300071），孙志东//山西财经大学学报（太原），2011（11）：80-86

420. 公司内部治理结构与整体销售绩效关系研究——来自中国信息技术企业的经验证据/刘石兰（广东外语外贸大学国际工商管理学院，广东广州 510006）//山西财经大学学报（太原），2011（11）：88-96

421. 公司治理结构对债务期限结构影响的实证研究/武晓玲（西安交通大学管理学院，陕西西安 710049），翟琦//山西财经大学学报（太原），2011（11）：97-107

422. 信用制度变迁、商业信用与企业绩效/晏艳阳（湖南大学统计学院，湖南长沙 410079），蒋恒波//经济问题（太原），2011（11）：58-60

423. 媒体监督、政府干预与公司治理：来自中国上市公司财务重述视角的证据/戴亦一（厦门大学管理学院，福建厦门 361005），潘越，刘思超//世界经济（北京），2011（9）：121-144

424. 制造业上市公司股权特征对公司绩效影响实证研究/安烨（东北师范大学商学院，吉林长春 130117），钟廷勇，朱欣悦//财经问题研究（大连），2011（11）：43-49

425. 高层管理团队异质性对企业绩效的影响研究——以股权集中度为调节变量/黄越（西北工业大学管理学院，陕西西安 710072），杨乃定，张宸璐//管理评论（北京），2011（11）：120-125

426. 我国董事专业性与政治关联性的实证研究/余玮（上海对外贸易学院金融学院，上海 201620）//管理评论（北京），2011（11）：25-30

427. 分立、公司治理与市场反应——东北高速公路股份有限公司案例研究/赵立彬（北京交通大学经济管理学院，北京 100044），张秋生，魏乐//华东经济管理（合肥），2011（11）：137-142

428. 企业战略形态、外部董事认知与董事会结构/王平（四川大学工商管理学院，四川成都 610064），刘秀清，吴萌//华东经济管理（合肥），2011（11）：110-112

429. 公共项目伙伴合作契约的治理机制与责任主体找寻/后小仙（复旦大学国际关系与公共事务学院，上海 200433）//改革（上海），2011（11）：126-133

430. 国有企业改革的背景差异与变革型领导者催生/李琳（四川大学工商管理学院，四川成都 610064），陈维政//改革（上海），2011（11）：120-125

431. 公司法人治理的治标之策和治本之道/周冰（申银万国证券股份有限公司，上海 200031）//上海经济研究（上海），2011（10）：68-73

432. 国有上市公司投资行为异化：投资过度抑或投资不足——基于政府干预角度的实证研究/周春梅（华侨大学旅游学院，福建泉州 362021）//宏观经济研究（北京），2011（11）：57-62

433. 信息共享、银企关系与融资成本——基于中国上市公司贷款数据的经验研究/周继先（四川九鼎投资咨询有限公司）//宏观经济研究（北京），2011（11）：83-92

434. 政治联系、制度因素与企业的创新活动/江雅雯（汕头大学商学院，广东汕头 515063），黄燕，徐雯//南方经济（广州），2011（11）：3-15

435. 日常消费类上市公司外部治理与公司绩效实证研究/檀文（南京农业大学经济管理学院，江苏南京 210095），王海涛，王凯//现代经济探讨（南京），2011（11）：33-36.

436. 中小上市公司治理结构对盈余管理的影响/王太林（淮阴工学院经济管理学院，江苏淮安 223001）//企业经济（南昌），2011（11）：34-36

437. 终极控制股东与关联担保关系的实证研究——基于民营上市公司的经验证据/宋理升（山东经济学院会计学院，山东济南 250014），徐向艺//经济与管理研究（北京），2011（11）：5-16

438. 控制性大股东资产注入对上市公司价值影响的事件研究/孙容（首都经济贸易大

学，北京 100070），张璇//经济与管理研究（北京），2011（11）：17-23

439. 股权制衡、两权特征与公司价值——基于中国民营上市公司的实证研究/高楠（南开大学商学院/公司治理研究中心，天津 300071），马连福//经济与管理研究（北京），2011（11）：24-29

440. 产权性质、控制权和现金流权分离与企业投资行为/田立军（暨南大学管理学院，广东广州 510632），宋献中//经济与管理研究（北京），2011（11）：68-76

441. 低碳服务业网络治理结构与机制研究/曹莉萍（同济大学经济与管理学院，上海 201804）；诸大建（湖南商学院工商管理学院，湖南长沙 410205），易华//经济学家（成都），2011（12）：63-69

442. 利他行为的治理机制及效率研究/王明琳（杭州师范大学企业发展与战略研究所，浙江杭州 310036），徐萌娜//经济学家（成都），2011（12）：23-31

443. 我国国有企业性质的重新审视——由“国进民退”或“民进国退”引发的思考/刘建华（吉林财经大学经济学院，吉林长春 130117），付宇，周璐瑶，徐东辉//经济学家（成都），2011（12）：57-62

444. 担保企业高管领导能力与内部控制绩效的关系——基于直接效应和中介效应的研究/李铁宁（中南大学商学院，湖南长沙 410083），罗建华//山西财经大学学报（太原），2011（12）：71-78

445. 投资者参与、企业内在价值与 IPO 抑价——基于中国 A 股市场的经验证据/潘俊（南京大学会计与财务研究院，江苏南京 210093），赵一春//山西财经大学学报（太原），2011（12）：79-87

446. 连锁董事、审计师选择与盈余管理/杨蓓（西安交通大学管理学院，陕西西安 710049），张俊瑞//山西财经大学学报（太原），2011（12）：117-124

447. 大股东对投资—现金流敏感性影响的实证研究——基于我国制造业上市公司样本数据/聂丽洁（西安交通大学管理学院，陕西西安 710049），高焙//经济问题（太原），2011（12）：62-65

448. 控股股东、投资者法律保护和公司价值研究综述：基于不对称股权结构视角/周方召（哈尔滨商业大学经济研究中心，黑龙江哈尔滨 150028），潘鹏杰//外国经济与管理（上海），2011（12）：42-48

449. 董事会战略介入模式研究——基于董事会能力的分析/王鹏飞（南开大学商学院，天津 300071），周建//外国经济与管理（上海），2011（12）：33-41

450. 企业社会责任的多重价值博弈与长效实现机制——基于公司治理的视角/易开刚（浙江工商大学杭州商学院，浙江杭州 310018）//经济理论与经济管理（北京），2011（12）：61-67

451. 上市金融企业高管薪酬体系及其监管制度催生/王淑慧（北京化工大学经济管理学院，北京 100029），贾婧//改革（上海），2011（12）：136-141

452. 治理环境、终极控制人两权分离与股权融资成本/魏卉（石河子大学经济与管理

学院，新疆石河子 832003），杨兴全，吴昊旻//南方经济（广州），2011（12）：3–15

453. 产品市场势力、公司治理与股票价格信息含量/张益明（复旦大学经济学院，上海 200433）//南方经济（广州），2011（12）：26–40

454.加强上市公司外部监管法律制度的研究/李秀萍（泰州师范高等专科学校图书馆，江苏泰州 225300）//企业经济（南昌），2011（12）：183–186

455. 国有企业公司治理结构存在的问题及其改进/陈齐芳（江西省社会科学院，江西南昌 330077）//企业经济（南昌），2011（12）：34–37

456. 中国海外直接投资企业控制权转移风险防范机制研究——以中钢南非铬业有限公司为例/刘小元（中央财经大学商学院，北京 100081），陈序桃//经济与管理研究（北京），2011（12）：86–92

后 记

一部著作的完成需要许多人的默默贡献，闪耀着的是集体的智慧，其中铭刻着许多艰辛的付出，凝结着许多辛勤的劳动和汗水。

本书在编写过程中，借鉴和参考了大量的文献和作品，从中得到了不少启悟，也汲取了其中的智慧菁华，谨向各位专家、学者表示崇高的敬意——因为有了大家的努力，才有了本书的诞生。凡被本书选用的材料，我们都将按相关规定向原作者支付稿费，但因为有的作者通信地址不详或者变更，尚未取得联系。敬请您见到本书后及时函告您的详细信息，我们会尽快办理相关事宜。

由于编写时间仓促以及编者水平有限，书中不足之处在所难免，诚请广大读者指正，特驰惠意。